CARTAS DA PRISÃO

FREI BETTO

# Cartas da prisão

Copyright © 2017 by Frei Betto

*Grafia atualizada segundo o Acordo Ortográfico da Língua Portuguesa de 1990, que entrou em vigor no Brasil em 2009.*

*Capa*
Mateus Valadares

*Imagem de capa*
Texturify.com

*Preparação*
Maria Helena Guimarães Pereira
Andressa Bezerra Corrêa

*Revisão*
Valquíria Della Pozza
Clara Diament

Dados Internacionais de Catalogação na Publicação (CIP)
(Câmara Brasileira do Livro, SP, Brasil)

Betto, Frei
    Cartas da prisão / Frei Betto. — 2ª ed. — São Paulo : Companhia das Letras, 2017.

    ISBN 978-85-359-2935-5

    1. Betto, Frei, 1944 – 2. Dominicanos – Brasil – Atividades políticas 3. Prisioneiros políticos – Brasil – Correspondência I. Título.

17-04299                      CDD-920.936545

Índice para catálogo sistemático:
1. Prisioneiros políticos : Correspondências
   920.936545

[2017]
Todos os direitos desta edição reservados à
EDITORA SCHWARCZ S.A.
Rua Bandeira Paulista, 702, cj. 32
04532-002 — São Paulo — SP
Telefone: (11) 3707-3500
www.companhiadasletras.com.br
www.blogdacompanhia.com.br
facebook.com/companhiadasletras
instagram.com/companhiadasletras
twitter.com/cialetras

*A meus pais,
que plantaram em mim
a fé em Deus,
o amor à vida,
a esperança no futuro,
dedico este livro.*

*A Júlia Christo Brandão e Viviane van Doornik Christo,
vindas depois, com a esperança de colherem, no futuro,
os frutos de liberdade adubados nessa estação do inferno.*

# Sumário

*Lista de siglas*........................................................ 9
*Introdução* ........................................................... 11

1. Cartas de 1969 ................................................... 15
2. Cartas de 1970 ................................................... 20
3. Cartas de 1971 ...................................................116
4. Cartas de 1972 ...................................................182
5. Cartas de 1973 ...................................................316

*Obras de Frei Betto* .................................................393

# Lista de siglas

ALN  Ação Libertadora Nacional

Cenimar  Centro de Informações da Marinha

CNBB  Conferência Nacional dos Bispos do Brasil

Deic  Departamento Estadual de Investigações Criminais

Deops  Departamento Estadual de Ordem Política e Social

Dipe  Departamento dos Institutos Penais do Estado

Doi-Codi  Destacamento de Operações e Informações — Centro de Operações de Defesa Interna

Dops  Departamento de Ordem Política e Social

FAB  Força Aérea Brasileira

JEC  Juventude Estudantil Católica

JOC  Juventude Operária Católica

PM  Polícia Militar

PUC  Pontifícia Universidade Católica

Sedoc  Serviço de Documentação — publicação da Editora Vozes sobre a Igreja Católica

Senai  Serviço Nacional de Aprendizagem da Indústria

UNE  União Nacional dos Estudantes

VPR  Vanguarda Popular Revolucionária

# Introdução

O Brasil viveu sob ditadura militar de 1964 a 1985. A resistência mais significativa veio do movimento estudantil. Implicou manifestações de rua, passeatas, panfletagens, pichações e também ações armadas, praticadas por grupos guerrilheiros que realizaram de expropriações bancárias a sequestros de diplomatas.

Um grupo de estudantes da Ordem Dominicana, em São Paulo, aderiu àquele movimento de resistência, atuando como base de apoio aos que lutavam na linha de frente, em especial à ALN (Ação Libertadora Nacional), comandada por Carlos Marighella. Alguns frades engajados na militância política lograram escapar da repressão policial-militar refugiando-se no exílio. Outros, no entanto, foram presos a partir de 1º de novembro de 1969, envolvidos nos episódios que culminaram no assassinato de Marighella, na capital paulista, na noite de 4 de novembro.*

Fui preso em Porto Alegre, no dia 9 de novembro. Estudante de Teologia em São Leopoldo (RS), minha atuação revolucionária consistia, principalmente, em facilitar a fuga de perseguidos políticos pelas fronteiras do Brasil com

---

* Cf. *Batismo de sangue*. Rio de Janeiro: Rocco, 2007.

Uruguai e Argentina. Transferido para São Paulo, fui levado para o mesmo presídio onde já se encontravam os confrades encarcerados.

Este livro contém cartas escritas por mim durante os quase quatro anos (1969-73) em que estive preso pela ditadura militar. Na década de 1970, essas cartas foram editadas em dois livros: *Das catacumbas* (cartas de 1969 a 1971) e *Cartas da prisão* (1972 e 1973). O primeiro concerne ao período em que estive sob o regime especial reservado aos presos políticos. O segundo, ao período em que vivi em penitenciárias, submetido ao mesmo regime dos presos comuns.

Antes de editado no Brasil, o primeiro volume de cartas foi publicado na Itália sob o título *Dai sotterranei della storia* [Nos subterrâneos da história], pela Mondadori, em 1971. Em seguida, traduziram-no em francês, espanhol, sueco, holandês, alemão e inglês. No Brasil, as cartas dos últimos dois anos foram as primeiras a serem editadas, pela Civilização Brasileira em 1977, com o título *Cartas da prisão*. Em 1978, as demais foram publicadas, pela mesma editora, com o título *Das catacumbas*.

Agora, a Companhia das Letras oferece aos leitores o conjunto das cartas em um único volume. Vinte cartas, até agora inéditas, foram incluídas nesta edição. Muitas se resumem a simples bilhetes, outras tiveram trechos confidenciais suprimidos pelos destinatários, o que explica os cortes abruptos. Todas foram redigidas entre os meus 25 e 29 anos.

Não escrevi estas cartas no intuito de publicá-las nem cuidei de tirar cópias. O trabalho de coletá-las entre os destinatários demandou esforços e nem sempre foi coroado de êxito. Sob ditadura, muitas foram lidas e destruídas. Felizmente, recuperei a maioria, sobretudo as remetidas à família, amigos e religiosos. E, a partir de 2013, encontrei cartas inéditas, como as que escrevi à minha prima Ruth Libanio (nascida Maria Inês), que há décadas vive em Roma, e a religiosos do Brasil.

Este livro é um documento histórico. Retrata as duras provações a que foram submetidos os presos políticos, bem como as lutas de resistência travadas dentro da prisão. Algumas dessas cartas não passaram pela censura carcerária, como se exigia. Saíram por vias clandestinas, colocando em risco seus portadores. Esta é a razão pela qual nem todos os destinatários estão identificados: alguns preferem permanecer no anonimato.

Espero que estas cartas permitam, sobretudo às novas gerações, uma visão contundente e realista do que significou a luta de jovens brasileiros pela queda da ditadura e pela redemocratização do país. Resgatar no presente o passado é a melhor forma de manter viva a memória das vítimas e impedir que tais atrocidades se repitam no futuro.

*Frei Betto*
São Paulo, primavera de 2017

# 1. Cartas de 1969

*Presídio Tiradentes, São Paulo, domingo, 7 de dezembro de 1969*

Queridos pais* e manos,

A novidade é a própria vida da prisão. Cheguei há uma semana, tudo é novo. Talvez eu fique longo tempo neste presídio. Somos quase duzentos presos políticos, entre rapazes e moças. Ocupamos uma cela grande, espaçosa, ventilada, equipada com dois banheiros, chuveiro, tanque de lavar roupa, cozinha e fogão. Somos 32, quase todos jovens. Há dois feridos: Carlos Lichsztejn levou quatro tiros da polícia ao ser preso; Antenor Meyer se atirou do quarto andar de um edifício ao tentar fugir. Estão em fase de recuperação.

O coletivo é dividido em equipes. Cada dia uma se encarrega do serviço geral. Ontem foi a minha: levantamos cedo, varremos a cela, preparamos o café. Enquanto uns cuidavam da limpeza e dos feridos, outros cozinhavam. Consegui fazer um arroz soltinho...

Ocupações: aulas de francês, ginástica, ioga, Teologia, conversas. Quando

---

* Antônio Carlos Vieira Christo (1913-2002) e Maria Stella Libanio Christo (1918-2011).

o espírito é forte, a prisão é suportável. Ninguém se mostra abatido ou chateado. Todos demonstram bom estado de espírito. Felizmente, cessaram os interrogatórios. Agora é saber aproveitar o tempo. Esse período não é um hiato em minha vida, é o seu prosseguimento normal; sei que passo por uma importante experiência.

*Presídio Tiradentes, quinta, 25 de dezembro de 1969 — Natal*

Queridos pais e manos,

Tivemos visita do meio-dia às cinco da tarde. Contando amigos e parentes, cerca de mil pessoas. Os padres do convento trouxeram cigarros e alimentos.

À noite, improvisamos a ceia. Houve ato litúrgico, com cânticos e leituras bíblicas. Não celebramos missa, falta autorização do juiz auditor.

Sei quanto este Natal representa para a nossa família. Algo nasce dentro de nós, algo que nos aproxima do pobre menino de Belém. Este Natal repete o mistério de Deus manifestado na criança da manjedoura. A prisão é lugar de malfeitores, ladrões, vagabundos, criminosos; lugar de banidos do convívio social. Para nós, é honra, glória e alegria poder gerar uma parte de nossas vidas nessa "manjedoura".

Mas nem a todos é dado entender isso, como nem a todos foi dado entender o mistério daquele filho de carpinteiro padecido entre ladrões. Só se pode compreender por um ideal mais profundo ou à luz da fé. Os que nos prenderam são incapazes de entender por que permanecemos fortes, alegres, bem-dispostos. Jamais daremos a eles o prazer de nos verem abatidos e tristes.

Recebemos visita de nosso advogado, dr. Mário Simas. Impetrou recurso a nosso favor no Superior Tribunal Militar. Creio que não será julgado antes de 1º de janeiro.

*Presídio Tiradentes, terça, 30 de dezembro de 1969, cela 7*

Meu caro Nando,*

Há tempos penso em escrever-lhe. Minha intenção é tranquilizá-lo quanto aos fatos decorridos de minha prisão. Sei que, fora, as pessoas imaginam o pior; temos gravada na mente a imagem do cárcere como lugar deprimível, onde são guardados ladrões e assassinos.

Não lhe escrevi antes porque fiquei incomunicável de 9 de novembro — ao ser preso, às 7h30, na avenida Independência, em Porto Alegre — ao último dia 12, em que se decretou minha prisão preventiva. Papai conseguiu avistar-se comigo no Dops de Porto Alegre e no Deops de São Paulo — a condição de juiz facilitou-lhe o acesso.

Fui preso por um major e um coronel do serviço secreto do Exército. Na mesma manhã, iniciaram-se os interrogatórios presididos, em Porto Alegre, pelo diretor do Dops e um major. Só descansei a partir das cinco horas da manhã seguinte.

No Dops gaúcho, fiquei em cela improvisada por tabiques no meio de um corredor. Havia dois beliches com colchões e cobertores. A luz ficava acesa durante a noite; estranhei de início, logo me acostumei. A comida vinha em bandejas, tipo restaurante estudantil. Não havia sanitário na cela.

Dias depois, transferiram-me para outra cela, com cama individual. Consumi o tempo — quando não era interrogado — lendo Pearl S. Buck, Somerset Maugham, Erico Verissimo e a Bíblia. Escrevi um diário espiritual, aprendido no Dops paulista.

Em Porto Alegre, interrogaram-me policiais do Dops paulista, do serviço secreto da Marinha (Cenimar) e do I Exército. Recebi a visita do cardeal Scherer,** em presença do secretário de Segurança e do diretor do Dops. Durante o período em que estive foragido, doze jesuítas do Seminário Cristo Rei foram levados ao Dops para depor a meu respeito.***

---

* Luiz Fernando Libanio Christo, meu irmão.
** Dom Vicente Scherer (1903-96), arcebispo de Porto Alegre.
*** Ao ser preso, eu cursava Teologia no seminário dos jesuítas em São Leopoldo (RS).

Duas moças, Aidé e Iria, que nunca vi, serviram-me de anjos da guarda enquanto estive na capital gaúcha. Me levavam frutas e lavavam-me a roupa.

No dia 26 ou 27 de novembro, não tenho certeza, trouxeram-me para São Paulo num avião C-47 da FAB. Embarquei na base aérea de Canoas; três horas e meia depois, desci em Cumbica. Havia mais quatro presos políticos comigo, dos quais dois seguiram para o Rio.*

Em Cumbica, às três da tarde, a polícia da Aeronáutica entregou-me ao Deops. Duas viaturas, cujos policiais portavam armas pesadas, conduziram-me com os outros presos ao prédio do Deops. Na carceragem, guardaram num cofre o que eu trazia de dinheiro, relógio, gilete, canetas, livros, cadernos e fósforos. Fui trancado, com mais três presos políticos, na cela 7, do *fundão*. Além de dormir e conversar, nada havia a fazer. A cela tinha privada e colchões espalhados pelo chão. Um lençol, estendido de uma parede a outra, servia de "porta" da privada.

A prisão é a melhor escola da arte de improvisar.

Uma semana depois, fui transferido para a cela 1, onde fiquei em companhia de mais de dez presos. Ali tínhamos livros, revistas em quadrinhos, direito a um banho por semana. Papai e mamãe me visitaram duas vezes. Visitaram-me também os cardeais Agnelo Rossi** e Vicente Scherer, acompanhados por delegados que se encarregavam de me interrogar.

Decretada minha prisão preventiva, dia 12, vim transferido para o Presídio Tiradentes; afinal me encontrei com os demais dominicanos. Nos primeiros dias, ficamos na *cela dos incomunicáveis,* no pavilhão dos presos comuns. Pouco depois, viemos para o pavilhão de celas especiais reservadas aos presos políticos. Estão aqui cerca de duzentos. Em minha cela, 32. Temos alguns livros e *Tio Patinhas* em quantidade. Recebemos visitas todas as quartas. O banho de sol é de apenas uma hora, às terças e sextas.

Thereza aparece nos dias de visita.*** A presença dela me faz muito bem.

---

* Os dois que seguiram viagem para o Rio de Janeiro eram Caio Venâncio (desaparecido) e Joseph Calvert. Os outros dois eram o monsenhor Marcelo Carvalheira, da arquidiocese do Recife, e o seminarista jesuíta Francisco Castro.
** Agnelo Rossi (1913-95), cardeal arcebispo de São Paulo.
*** Minha irmã, Maria Thereza Christo Brandão.

Estou certo de que tudo isso veio estreitar nossos laços de família e nos tornar mais próximos uns dos outros.

De resto, confio plenamente no Senhor. Começo a aprender quanto pesa a minha cruz. Mas, como diz Jesus, "meu fardo é leve; meu jugo, suave".* Daí a íntima felicidade interior que experimento nessa primavera de minha vida.

Um abraço amigo e saudoso.

---

* Mateus 11,30.

# 2. Cartas de 1970

*Presídio Tiradentes, segunda, 5 de janeiro, cela 7*

Queridos pais,

Não nos permitiram ter missa no Natal e Ano-Novo. É incrível que, num país que se diz cristão, prisioneiros não possam participar do sacrifício do Senhor. Entretanto, ninguém pode nos proibir de rezar, de agradecer a Deus tudo que temos vivido à semelhança de seu Filho.
[...]
Meditei muito sobre o mistério da eucaristia. Ela foi instituída por Jesus na última refeição com os apóstolos, quando lhes falou dos sofrimentos que deveria abraçar pela nossa redenção. Este sacrifício deveria ser perpetuado e atualizado através do tempo. Jesus tomou em mãos aquilo que havia de mais trivial na refeição humana, o pão e o vinho, e consagrou-os em seu corpo e sangue. "Quem beber deste sangue e comer desta carne terá a vida eterna. Fazei isto em memória de mim." Toda vez que o sacerdote repete o mesmo gesto é Jesus quem o faz, e seu sacrifício se atualiza continuamente.

"Este é o meu corpo, que será entregue por vós. Este é o meu sangue, que será derramado por vós. Fazei isto em minha memória." O que significam essas palavras de Jesus repetidas na missa? Significam simplesmente que a consagração é feita em memória de Jesus, como recordação de seu sacrifício? Não. De fato, a missa torna atual para nós o seu sacrifício. Mas ao mesmo tempo é um apelo para que repitamos o gesto redentor de Cristo. Para que sejamos seus imitadores. Quando o sacerdote repete o gesto na missa e acrescenta "Fazei isto em minha memória", entendo que Jesus nos diz: "Eu vos amei radicalmente. Amei a ponto de aceitar morrer por vós. Dei tudo que tinha por vossa libertação. Restava-me apenas a vida. Não a poupei. Entreguei-a também para vos ensinar que o limite do amor é amar sem limites. Dei a vós o meu corpo e o meu sangue. Fiz desse gesto um sacramento, para que possais receber, em qualquer lugar e época da história, a minha vida em vós. Para que possais em vossa vida repetir a minha. Quando disse: 'Fazei isto em minha memória', eu não quis dizer apenas que deveis lembrar o que fiz. Queria dizer que deveis fazer o mesmo que fiz. Que deveis também entregar o vosso corpo e sangue pela redenção da humanidade. Assim como na missa recebeis meu corpo e sangue, na vida deveis entregar o vosso. Fazei isso para que o meu gesto seja sempre atual e presente através do vosso. Portanto, se me recebeis na eucaristia, outros deverão receber-vos na vida. Assim, estaremos em perfeita comunhão".

Pena que muitos cristãos tenham uma visão estática da missa. Veem nela apenas uma cerimônia dominical, sem nenhuma repercussão em suas vidas concretas. Ignoram que a missa não é para ser assistida, mas para ser vivida, na medida em que aceitamos também sacrificar-nos pela libertação dos homens. Longe de ser um sofrimento, esse sacrifício é suprema alegria, pois nele encontramos o amor em toda a sua transparência. E nos tornamos também sacramento de Deus no mundo.

*Presídio Tiradentes, segunda, 12 de janeiro, cela 7*

Queridos pais e manos,

Agradeço os envelopes, o papel de carta, o bloco de batalha-naval. No Deops, Castro e eu, em celas separadas, jogávamos batalha-naval. Um gritava ao outro através das grades: "B-12, G-8, A-5...". Um carcereiro pensou que falávamos em código. No cárcere, qualquer movimento estranho é motivo de suspeita. Frequentemente deixamos os policiais intrigados com um simples olhar.

Semana passada, transferiram os antigos carcereiros. As autoridades assim procedem, periodicamente, com receio de que sejam aliciados pelos presos. Vieram para cá, a título provisório, policiais do setor de roubos do Deic. O clima tornou-se mais pesado, a vigilância maior. Todavia, não nos incomodam dentro da cela.

Não ouvi o discurso do presidente no Ano-Novo. Aguardo os fatos — evito dizer "atos", com receio de que sejam "institucionais"... O tratamento recebido aqui é devido, exclusivamente, às nossas famílias e ao nosso próprio esforço. A comida é insuportável; vem diariamente da Penitenciária do Estado, em grandes latões. Graças aos alimentos enviados pelas famílias e ao fogão instalado por nós, podemos comer razoavelmente bem. A limpeza fazemos nós.

Há apenas dois "banhos de tempo" por semana (digo *de tempo* e não *de sol* porque, mesmo com chuva, descemos ao pátio nos horários determinados). Nosso médico, dr. Madeira,* é também preso político; seus serviços representam economia e abuso por parte do Estado. A assistência dentária — dada por outro preso, dr. Guilherme Simões, professor catedrático na Faculdade de Ribeirão Preto — foi cortada sem explicações.

Há um fato mais grave: embora estejamos sob responsabilidade da Justiça Militar, frequentemente o Deops aparece e leva um ou mais presos para novos depoimentos, sem apresentar autorização do juiz ou fazer qualquer comunicação ao advogado. O companheiro permanece vários dias no Deops, sob o risco de novos sofrimentos. Enfim, vivemos sem nenhuma garantia.

---

* Antônio Carlos Madeira, militante comunista, incluído no processo da ALN. Já falecido.

Um decreto do presidente Café Filho (nº 38 016, de 05/10/1955) regulamentou a prisão especial a que temos direito na condição de presos políticos. Entre outras, essa lei assegura-nos "recreio, visita de parentes de sangue sem horário determinado, recepção e envio de correspondência livremente, assistência de médico particular, transporte diferente do empregado para presos comuns", o que não temos. Enviamos petição ao juiz auditor, solicitamos o *cumprimento da lei*. Não pedimos muito. Até agora não há resposta e nenhuma modificação de nossa disciplina carcerária.

Isso é para terem ideia realista de nossa situação. Não reclamo, apenas insisto em não me submeter a qualquer forma de injustiça. Entrei de cabeça erguida e espero sair do mesmo jeito.

Soube ter sido aprovado o novo Código de Processo Militar. Não o li ainda, mas ouvi dizer que não melhora muito a situação. Além do mais, continuamos proibidos de celebrar missa...

Não peço nem espero regalias. Quero ter o mesmo tratamento dos demais presos. Este é meu dever como cristão. Aliás, nada tenho a lamentar em comparação com os que são pais de família e não sabem como socorrê-la. Muitos nem mesmo têm recursos para contratar um advogado que os defenda. Aqui estamos, todos os presos, sem culpa formada.

Leiam a *Epístola aos Efésios*, escrita no cárcere por são Paulo. Minha tranquilidade e alegria continuam, porque sei que aqui estou "pelo crescimento do Evangelho". Rezo para que o Senhor faça de nós, dominicanos presos, instrumento de sua justiça e de sua paz.

Um enorme e amigável abraço a todos vocês.

P.S. 1: Durante a ditadura de Getúlio Vargas, o dr. Sobral Pinto invocou a Lei de Proteção aos Animais para a defesa dos presos políticos. Talvez seja a hora de repetir a mesma atitude.

P.S. 2: Fiz o doce de leite de acordo com a receita enviada por mamãe. Dupliquei a dose de leite, tornou-o menos açucarado. Saiu muito bom. Enviem outras receitas simples.

*Presídio Tiradentes, sábado, 31 de janeiro de 1970*

Querida Aída,*

A prisão não proporciona muitas alegrias, até pelo contrário, mas permite grandes descobertas. Esse período é tão importante para mim quanto o ano de 1965, quando fiz o noviciado.

Em 1965 descobri a dimensão da fé; agora, sei como vivê-la. Pode ser que não consiga levar muito adiante essa descoberta. Mas não terei mais a consciência tranquila de um cristão dominical, acostumado à espiritualidade do mínimo.

Entre grades, encara-se a liberdade humana na sua radicalidade. Impossível ser livre por mero acaso, muitas vezes aprisionado por limitações supérfluas que a vida impõe. Pelo menos aqui a limitação física completa — viver indeterminadamente entre quatro paredes — dilui todas as outras herdadas de uma educação burguesa. Não há como trapacear. O jogo é limpo, a verdade de cada um é o que vale. As palavras inócuas, as aparências, as ilusões perdem o sentido. Cada um é reduzido à sua condição mais humana e, portanto, mais significativa. O homem se vê face a face, sem rodeios ou fantasias. Restam então dois caminhos: de um lado, a fuga, o ócio, o medo, a loucura; de outro, a ruptura com o passado, o compromisso com o futuro, mesmo que esse futuro signifique a morte.

A partir de certo momento — mais psicológico que temporal — o prisioneiro passa a vislumbrar a saída, a hora da liberdade. Uma antevisão da ressurreição! A liberdade não significa apenas a recuperação do movimento físico. Representa também uma nova maneira de viver, novo critério de valores, a superação de velhos hábitos.

Por isso, esse período é tão importante. Talvez eu chegue a meia dúzia de conclusões apenas, mas fundamentais para a vida toda. Não é possível ser a mesma pessoa após passar pelos subterrâneos da história. Talvez, na falta de luz, nossos olhos aprendam a enxergar no escuro, a vislumbrar o interior das coisas, lá onde elas se definem, se encontram, se exprimem.

* Amiga dos dominicanos de São Paulo. Já falecida.

Assim, confesso não ter muito a lamentar. Vale a pena, apesar de tudo, passar por essa experiência. Por iniciativa própria, jamais eu iria ao encontro de situações que a cadeia impõe. Agora só resta assumir e tirar o máximo proveito disso.

Daqui a pouco iniciaremos a nossa roda de samba. Todos os presos, de dentro de suas celas, num mesmo ritmo da mesma música. As tristezas estarão esquecidas. Voltará entre nós a alegria que parece volatilizar as grades. Uma alegria que nasce de corações livres e sempre jovens.

Aída, muito obrigado, não apenas pelo bolo, sobretudo por sua amizade. Rezaremos por você e por todos os seus.

*Presídio Tiradentes, terça, 10 de fevereiro de 1970, cela 7*

Querida irmã Marguerite,*

Gostei de sua carta e dos biscoitos. É consolo e força sentir apoio e compreensão de nossos irmãos na fé. O caminho da Igreja é o do Mestre: a pobreza e a perseguição, diz a *Lumen Gentium* (8b).** Por que não aceitar com alegria a graça de viver isso na carne e no espírito? Não foi Jesus perseguido, lançado ao cárcere, torturado, condenado à morte na cruz?

A verdadeira consagração de minha vida religiosa se realiza na prisão. Não tenho do que reclamar e, muito menos, me arrepender. Nessa quaresma permanente, de preparação para a grande Páscoa, só tenho orações de louvor a fazer. Agradeço à senhora e às irmãs de sua congregação o que me ensinaram na fé. Aí nesse colégio, sob as árvores do pátio, aprendi o catecismo e fui preparado para a primeira comunhão.*** Aquelas simples noções evangélicas são o suficiente para que possamos viver o mistério da fé e o exercício da caridade.

A nossa comunidade dominicana no cárcere agradece as suas orações; por

---

* Religiosa da congregação do Sagrado Coração de Maria. Já falecida.
** Documento do Concílio Vaticano II.
*** Colégio Sagrado Coração de Maria, em Belo Horizonte.

elas temos sido sustentados. De nossa parte, esperamos ser um sinal da Igreja dos pobres, a Igreja perseguida de que nos falam os Atos dos Apóstolos.

De fato, nós, cristãos, não podemos viver segundo a lei, mas segundo o Espírito. O que é loucura para os homens é sabedoria para Deus.

Na alegria da Páscoa que se anuncia.

*Presídio Tiradentes, segunda, 16 de fevereiro de 1970, cela 7*

Queridos pais e manos,

Meus companheiros de prisão até hoje comentam "a simpatia do casal". E a tranquilidade com que encaram tudo isso. Infelizmente, nem todos os pais têm essa largueza de visão. Alguns lamentam pela situação dos filhos. Quem sabe preferissem vê-los usufruir de uma liberdade inútil...

Doentes, sentimos o valor da saúde. Presos, conhecemos o preço e, sobretudo, o valor da liberdade. Uma liberdade egocêntrica não exerce sobre mim nenhuma atração. Ser livre é poder viver por uma fé ou uma causa comum. Ninguém se faz a si mesmo. Cada um representa o esforço e o trabalho de uma comunidade. Na solidariedade nos realizamos como pessoas; no outro, encontramos a nós mesmos. Nisso se baseia a mais fundamental e elementar relação humana — o amor.

O juiz auditor veio ao presídio sábado. Fizemos reivindicações. Seria bom transferir a visita das famílias para o fim de semana, assim não prejudicaria quem trabalha. Pedimos também mais banho de sol, o que temos é insuficiente, estamos brancos como giz.

Até hoje o Deops não concluiu o nosso inquérito. A Auditoria Militar, impaciente com a demora, pediu que tudo lhe seja entregue até dia 20. Caso contrário, alguns presos considerados *frios* serão soltos. Não estou nessa — a máquina publicitária da classe dominante me transformou em *quente*. Uma maneira fácil de entrar para a história sem fazer força...

Reinicio meu curso de Teologia. Os livros, antes de chegarem às minhas mãos, são censurados pela Auditoria. Hoje recebi volumes referentes ao primeiro tratado que estudarei: a esperança, tema relacionado com a situação em que vivo. Creio que toda a nossa força consiste justamente em ter os olhos voltados ao futuro. O que seria de nós sem esperança? Ela nos imprime confiança e coragem.

Continuamos proibidos de celebrar missa. Recebi o queijo e o doce de leite. Abraços.

*Presídio Tiradentes, domingo, 22 de fevereiro de 1970*

Christina,*

Hoje é domingo, chuvoso e triste. Cinquenta presos se acomodam como podem pela cela. Muitos dormem no chão, sobre colchões; não há mais espaço para camas. O silêncio reflete o clima úmido desse dia cinza. Não é um silêncio de calma, de paz interior. É quase uma sufocação. Tantos juntos e poucos falam. Alguns talvez gostassem de gritar bem alto. Mas engolem esse desejo e aguardam. O quê? Não sei, ninguém sabe. Na prisão sempre se aguarda. É como a plataforma de uma estação sem trem e trilhos.

É um silêncio triste, de alguém que, sentindo-se provocado, resiste, acumula forças para uma investida posterior. Sentimos nossa impotência. Nada a fazer, ninguém pode ajudar. Não é fossa, porque não chegamos ao desânimo. Nem ódio, pois não há desespero. Talvez raiva, uma raiva muda, paciente, diante desse labirinto do absurdo que se nos apresenta.

O que pensavam judeus e comunistas trancados em campos de extermínio, sabendo que a qualquer momento morreriam na câmara de gás? Talvez não pensassem nada, como muitos aqui agora. Talvez só ficassem calados, surdos, à espera (não da morte ou do milagre de escapar, mas só à espera), incapazes de raciocinar o irracional ou sentir medo perante o inevitável. Medo se sente quando a situação é evitável. Quando se sabe que nada depende de nós, e o medo já não significa resistência, então restam o silêncio e a espera.

* Maria Christina de Assis Fonseca, de Belo Horizonte, amiga de longa data.

[...]Ele estava bem, alegre, tranquilo, recuperado do que havia sofrido no Deops. Estava bem como todos nós, livres da fase de interrogatórios. Pouco implicado, aguardava o momento de o colocarem em liberdade. Mas veio o Doi-Codi e o levou. Isso há pouco mais de uma semana. Por quê? Ninguém soube responder, nem ele mesmo na hora de sair. Esperávamos a sua volta para o dia seguinte. Não voltou. Passaram-se os dias e ele foi ficando. Ficando naquele lugar que os próprios militares chamam de "sucursal do inferno".

Hoje, soubemos que frei Tito de Alencar Lima* "tentou suicídio" no Doi-Codi... Levado ao Hospital Militar, recebeu transfusões de sangue, mas continua incomunicável. Ninguém consegue visitá-lo, nem ao menos saber o que se passa exatamente com ele. O núncio apostólico, dom Umberto Mozzoni, que nos visitou ontem, tentou vê-lo e foi barrado.

Por isso estamos em silêncio. Amanhã o mesmo pode ocorrer com qualquer um de nós. Não temos nenhuma proteção ou garantia. Como judeus e comunistas condenados pelo nazismo. Os tempos mudam, a maldade perdura, a opressão recebe novos nomes e novas formas. Nosso silêncio é o mesmo de Maria diante de seu Filho.

Obrigado pelas receitas. Ainda não tentei o arroz com brócolis.

*Presídio Tiradentes, domingo, 22 de fevereiro de 1970*

Querida família,

Gostei de ver as fotos do Flavinho.** Ao vê-lo gordo, disposto, alegre, mas ignorante quanto ao futuro que o espera, sinto que só vale viver pelas gerações que nos sucedem. Elas têm o direito de encontrar um mundo mais justo, onde

---

* Tito de Alencar Lima (1945-74). Banido do Brasil em 1971, foi levado ao suicídio, na França, em consequência das torturas sofridas. Cf.: Leneide Duarte-Plon e Clarisse Meireles, *Um homem torturado: Nos passos de frei Tito de Alencar*. Rio de Janeiro: Civilização Brasileira, 2014.
** Flávio Rabelo Christo, meu sobrinho.

homens e mulheres possam se chamar de irmãos e irmãs. Mundo em que não haja essa coisa ignominiosa chamada prisão.

Por que homens prendem homens e os enjaulam como animais selvagens? Não há explicação, senão considerando que vivemos num estágio primitivo. Embora materialmente evoluídos, somos atrasados no que se refere à evolução moral e espiritual da humanidade. Ainda não descobrimos toda a força e a riqueza do espírito humano. Talvez as sociedades orientais sintam essa realidade melhor do que nós. Não é à toa que todas as grandes religiões nasceram no Oriente. O Ocidente sabe produzir apenas geladeiras, automóveis, bombas. Nessa engrenagem industrial, tornamo-nos simples peças, que devem ser afastadas quando prejudicam o funcionamento que os poderosos imprimem à engrenagem. De fato, nenhum de nós é livre nesse contexto. Uns mais, outros menos, somos todos vítimas dessa sociedade de consumo, onde o principal é o lucro financeiro.

Existe em mim um sentimento de justiça que não me permite aceitar o que está aí como normal, certo e verdadeiro. Olho para o que está aí e olho para o Flavinho; sinto vergonha em não lhe oferecer coisa melhor. A razão de ser de nossa luta e de nosso sacrifício está no Flavinho, nos filhos pequenos de nossos companheiros de prisão, nas crianças brasileiras que aprendem na escola que somos uma nação livre porque um monarca português deu um grito de independência à beira de um rio...

Ontem, recebemos a visita fraterna do núncio apostólico, dom Umberto Mozzoni. Padres e religiosos encarcerados falaram com ele durante duas horas. Relatamos a nossa situação. Assegurou-nos o seu apoio, mostrou-se interessado e compreensivo. Disse que o papa* está a par de nossa situação; a Comissão Justiça e Paz do Vaticano sabe o que ocorre no Brasil. Ao sair, deixou-nos chocolates e cigarros. E nos deu a bênção papal.

Pedimos a ele para visitar os demais prisioneiros, pois a Igreja deve se interessar pela sorte de todos, não somente por alguns eclesiásticos encarcerados. O diretor do presídio permitiu a descida de todos os companheiros ao pátio. O núncio lhes dirigiu algumas palavras, referiu-se especialmente aos sofrimentos deles e à compreensão que merecem os que lutam por justiça. Ao

---

* Papa Paulo VI.

final, deu a bênção a todos, "mesmo aos não cristãos, pois a bênção do Santo Padre não faz mal a ninguém!". Pedimos que a Igreja se interesse pelas famílias mais pobres dos presos políticos. Prometeu-nos solicitar ajuda à Caritas Internacional, organização católica de auxílio aos necessitados.

Hoje, recebemos a visita do cardeal Scherer, de Porto Alegre. Entrou em cada cela, ouviu cada preso, inclusive Carlinhos, que está com gesso desde setembro, imobilizado no leito, sem poder mudar de posição, e sem assistência médica adequada...

*Presídio Tiradentes, quinta, 26 de fevereiro de 1970, cela 7*

Liana,*

Incrível a sintonia da Palavra de Deus com o que ocorre conosco. O Evangelho não é uma teoria, é norma de vida baseada na experiência existencial de Jesus Cristo. Daí a sua força e atualidade. Nele encontramos luz para o labirinto do absurdo em que vivemos. "Eu sou o caminho, a verdade e a vida." Caminho de perseguições e tribulações, no qual nos forjamos como homens e cristãos. Só quem se dispõe a seguir por esse caminho encontra a vida, que se afirma por opções, definições, rupturas, saltos qualitativos, e não o simples passar dos anos, como se as datas escorregassem por nossa ociosidade.

Se algum dia assisti de perto à ação da graça, foi em você. Ela atravessou como espada o seu coração. O que prova como Deus a ama. Há pessoas que vivem cobertas por uma máscara, que as disfarça muito mais perante si mesmas que perante os outros. A fé faz cair essa máscara. Não temos mais que fingir ou representar. Somos o que somos. A prisão tem o mesmo efeito sobre nós: faz descobrir toda a nossa dimensão interior.

Tudo isso tem um profundo significado na luta que travo e pela qual estou

---

* Liana Duval, atriz de teatro e cinema. Já falecida.

preso. Considero esse período, não como hiato em minha vida, mas o prosseguimento normal de minha opção.

Espero vê-la antes de sua viagem ao Japão. Estou certo de que terá grande influência em sua vida. Procure aproveitá-la ao máximo, sobretudo no conhecimento das religiões orientais. Tenho um amigo que foi a Paris e não viu o Louvre. Ao regressar, acharam um absurdo ele não ter visitado o famoso museu. Então citou uma série de lugares que conhecera em Paris, dos quais ninguém jamais ouvira falar. Mostrou que não viajara para consumir museus, cinemas, atrações turísticas. Viajara para conhecer outro povo em suas manifestações mais reais e profundas. Espero que o mesmo ocorra a você. Não se preocupe em trazer coisas na mala. Antes, traga-as dentro de si. Essas são as lembranças mais duradouras e importantes.

Um imenso e afetuoso abraço.


*Presídio Tiradentes, terça, 3 de março de 1970, cela 7*

Queridos pais e manos,

Tito já se encontra conosco. Acamado, manca, recupera-se dos sofrimentos recebidos. A intenção do Exército era interrogar de novo todos os dominicanos; considerava que nossos depoimentos no Deops haviam sido colhidos a toque de caixa.\* Agora Tito está bem, com o moral altíssimo. Todos os que resistem ficam com o moral bem alto.

Dentro de nossas limitações, tudo fizemos para que a Igreja emitisse uma nota de protesto. É preciso que ela se posicione a respeito da gravidade da situação brasileira, antes que seja tarde. Os bispos, porém, estão acostumados à

---

\* O general Emílio Garrastazu Médici, então presidente da República, inquietou-se com a repercussão no exterior sobre a prisão de frades acusados de terroristas... Para justificá-la, ordenou que voltássemos aos interrogatórios (entenda-se: torturas) até assinarmos que havíamos participado de ações armadas, como expropriações bancárias. Fomos salvos pela heroica resistência de frei Tito.

posição defensiva. Preferem a omissão ao risco. Talvez seja necessário que alguém se sacrifique para que reajam. Não posso compreender, à luz do Evangelho, como é possível suportar calado declarações como esta que o governo acaba de fazer: "No Brasil nunca houve democracia!"...

O padre Vincent De Couesnongle, representante do mestre da Ordem,* veio rapidamente de Roma. Ele e frei Domingos Maia Leite** passaram a tarde de ontem aqui. Conseguiram entrar na cela e ver o Tito. Disseram ser grande a repercussão do nosso caso na Europa. Todos se interessam, perguntam; o mestre da Ordem tem recebido muitas manifestações de solidariedade. Em Roma, o apoio a nós é irrestrito, inclusive da parte da Secretaria de Estado da Santa Sé.

A Bíblia mostra-nos claramente que Deus fala por meio dos acontecimentos. João XXIII lembrava que devemos observar os "sinais dos tempos" para compreender a ação de Deus na história. Creio que Deus fala à Igreja no Brasil e na América Latina também através do que se passa conosco.

É provável que o nosso inquérito seja enviado à Auditoria no próximo dia 10. Então, seremos denunciados. Meu desejo é que passe logo a fase do processo a fim de que, conhecida a pena, possa planejar melhor a vida na prisão. Sinto-me psicologicamente preparado para o que der e vier. Quando se convive com outros que provavelmente terão penas superiores a vinte anos, o nosso caso parece irrisório. Ainda mais porque temos cobertura da Igreja. Eles, apenas a força de seu ideal. Vivem em desafiante tranquilidade.

Recebi os doces de leite na palha. Quanto à primeira comunhão do Tonico,*** opino que é melhor educá-lo na fé, esperar que ele próprio manifeste o desejo. Nada de obrigá-lo. Nada de sacramentalismo. Em princípio, ninguém deve ser "preparado para a primeira comunhão", mas formado na fé.

Continuemos unidos na expectativa da Páscoa. Agora é o momento da Paixão. Logo tudo se fará luz!

---

* Superior dos frades dominicanos em todo o mundo.
** Superior dos dominicanos no Brasil. Já falecido.
*** Antônio Carlos Vieira Christo Filho (1961-2009), meu irmão caçula.

*Presídio Tiradentes, sábado, 7 de março de 1970*

X.,

Aqui tudo bem, sem novidades. Vivo uma experiência rica ao lado desses cinquenta irmãos. A cada dia aprendo a pertencer menos a mim e mais aos outros. Aqui ninguém tem direitos sobre a maioria. O que é de um é de todos. Temos o dia todo para ouvir rádio, ler, estudar, jogar buraco ou bridge, conversar, mas devemos dormir antes da uma da manhã e acordar antes das nove. Prefiro dormir às 23 horas e levantar entre 6h30 e sete horas, assim aproveito melhor o dia.

Com o passar dos meses, é como se tivéssemos escolhido viver dessa maneira. O organismo se adapta aos poucos, e ocorrem em nós certas modificações curiosas. Depois de certo tempo de prisão, não há nada de novo a ver e tocar. Então se aguça o sentido auditivo. Qualquer ruído exterior é captado, a ponto de identificarmos a marca de um carro pelo simples barulho do motor. Sabemos perfeitamente quando o caminhão do *boião* entra no presídio ou o carcereiro sobe a escada em direção às celas. O embotamento de alguns sentidos faz despertar outros.

Às vezes, tento imaginar como será a minha vida em condições normais. Será diferente após ter passado por aqui. Por exemplo, comemos sempre com colher, aprendemos a manejá-la tão bem como se usássemos garfo e faca. Estes dois instrumentos tornam-se perfeitamente dispensáveis, tudo é questão de costume. Não há necessidade de usar dois pratos na mesma refeição. O mesmo prato serve para a comida e a sobremesa. Aprendemos a descascar laranja com as mãos tão bem como ao usar faca.

Outrora, eu era incapaz de ler deitado. Logo ficava sonolento e abandonava o livro. Hoje, posso passar o dia todo deitado, lendo, sem a menor preguiça. O organismo adapta-se progressivamente, quase sem a gente perceber. Nossas necessidades ficam reduzidas, a resistência física aumenta. Hoje me bastariam duas calças e duas camisas. Nesse sentido, a prisão é muito educativa. Ensina-nos a viver em comunidade, a saber estudar com barulho, a dormir de luz acesa...

*Presídio Tiradentes, terça, 10 de março de 1970, cela 7*

Queridos pais e manos,

Ótima a surpresa de encontrar mamãe na visita de quarta passada. O presunto trazido foi vorazmente devorado no mesmo dia. Aliás, aqui se consome mais do que se gasta energia. Resultado: no último fim de semana deu uma diarreia generalizada, talvez por intoxicação, da qual escapei incólume. Saboreei tranquilo o lombo de porco, contemplado pelo olhar melancólico da maioria dos companheiros.

Domingo decidimos desprender energias: arredamos as camas, improvisamos duas traves, fizemos uma bola de meia e jogamos futebol. Com uma bola tão pequena entre tantos jogadores, houve um festival de caneladas. Atuei como goleiro. Apesar de engolir frangos homéricos, meu time foi vice-campeão. O que dá ideia da qualidade dos adversários...

A receita do feijão funcionou, com panela sem tampa e água fria. Ensino (vejam só!) Fernando* a cozinhar. Não sabe nem fazer café.

Nosso processo deve ter chegado hoje à Auditoria Militar.

Na Europa, prossegue a repercussão favorável ao nosso caso. O *Estadão* noticiou domingo. Soubemos que o papa, emocionado, recebeu a carta que lhe enviamos.

*Presídio Tiradentes, terça, 10 de março de 1970*

Meu caro frei Carlos,**

Esta carta deveria ser só de agradecimento às suas orações, ao apoio dado pelos carmelitas à minha família, aos dois livros brotados da sua reflexão e

---

* Frei Fernando de Brito, companheiro na Ordem Dominicana. Nos quatro anos de prisão, teve o cuidado de anotar em diário tudo o que nos ocorria. O resultado está contido em meu livro *Diário de Fernando: Nos cárceres da ditadura militar brasileira* (Rocco).
** Frei Carlos Mesters, carmelita, biblista.

vivência. Transferidos do Deops para o presídio, recebemos seu livro *Palavra de Deus na história dos homens*. Foi como se víssemos num espelho toda a situação que enfrentamos.

Já frequentamos demasiadamente a mesa dos ricos, as tapeçarias dos palácios, os poderosos nos palanques. Chegou a hora de retornar aos pobres, aos perseguidos, aos que lutam por justiça, aos cárceres em tempo de opressão.

Em nenhum momento lamentamos viver atrás das grades. Aqui, em nossos companheiros políticos e comuns, encontramos a imagem viva de Jesus Cristo. Para nós, a prisão é uma profunda experiência teologal. Só vivendo-a pode-se avaliar quanta riqueza proporciona. Compreende-se por que, para nós cristãos, o caminho da glória passa pela cruz. É a lógica do servo de Javé.\*

Muitos presos políticos leem seus livros e perguntam: por que só agora a Igreja nos mostra as coisas por esse ângulo? A mesma resposta explica por que só agora os cristãos vêm parar na prisão.

O livro de Salmos é lido diariamente por nós. As autoridades decidiram que não somos religiosos e cristãos, e nos proíbem de celebrar missa. Impossível nos proibirem de rezar. Recitamos os salmos todos os dias. Companheiros leigos também rezam no mesmo livro. Souza, nascido na Índia, todas as manhãs dedica meia hora à oração dos salmos. Tudo isso me lembra Bonhöeffer\*\* na clandestinidade e na prisão, ele que descobriu nos salmos a melhor forma de oração.

A prisão é lugar privilegiado de *metanoia*\*\*\* e *koinonia*.\*\*\*\* Nela se forjou são Paulo, por ela passaram apóstolos, mártires, grandes místicos (como João da Cruz e os que fizeram de suas celas cárceres do amor divino). Nela vemos a vida como o negativo da foto: não a revelação em cores, sob o jogo de luz que, muitas vezes, cria falsa imagem do real, mas o que é diretamente captado do real e só nele é plenamente visível. Rasgam-se as fantasias quando a tortura nos faz pressentir a morte. Descobre-se o homem interior em toda a sua dimensão,

---

\* Vide Isaías 53,1-12.
\*\* Pastor e teólogo luterano alemão, prisioneiro de Hitler em campo de concentração, foi enforcado em 9 de abril de 1945.
\*\*\* Termo grego que significa "conversão, mudança radical de mentalidade e atitude".
\*\*\*\* Termo grego que significa "comunhão".

enquanto o homem exterior é reduzido a um pequeno espaço. Então compreendemos que a vida se faz de poucas necessidades e valores essenciais.

Essa redução à nossa dimensão primordial mostra que, de fato, a vocação única é participar da intimidade divina. Intimidade tanto mais próxima quanto mais agarramos o sofrimento como quem pega o touro pelo chifre (do sofrimento não se foge, enfrenta-se com toda coragem possível, pois é a única maneira de sermos superiores a ele).

Assim como a doença leva-nos a reconhecer o valor da saúde, a prisão revela-nos o valor da liberdade. Mas só se é livre dentro do risco histórico: ao decidir alterar as coisas de tal forma que sejam transfiguradas por nossa ação. Pode ser (e é provável) que, por enquanto, essa ação permaneça um mistério para alguns, mas do mistério surgem as realidades mais puras e verdadeiras. Não havia alternativa: Deus não poderia pairar metafisicamente sobre nós. Era inevitável que Ele mergulhasse na história e, revelando-se, revelasse o homem a si mesmo. Todo diálogo pressupõe encontro.

Inserido na história, Cristo a transcende. Nesse ponto a liberdade do cristão se completa. A encarnação é seguida da ressurreição. Por isso, falamos aos nossos companheiros que, enquanto houver um homem oprimido, seremos sempre subversivos. Nosso compromisso não é com esta forma de governo, aquelas relações de trabalho ou tal ideologia. É com a pessoa humana, cuja dignidade conhecemos na medida em que é negada em nós. Sem dúvida, o purgatório deve existir como momento de tensão entre o amor e o desamor. Aqui, porém, já não optamos. O que nos precede decide por nós.

Deus decide por nós. Decide mesmo contra nós, como ocorreu com alguns profetas recalcitrantes. Estou certo de que isso ocorre com sete dominicanos, um jesuíta e dois padres seculares presos aqui. A opção está feita. Qualquer recuo já não é prudência, é traição. Parece-nos bem claro o papel que temos a desempenhar atrás dessas grades.

Da *Igreja no cárcere*, um abraço cheio de amizade e confiança.
Agora é Paixão, logo será Páscoa.

*Presídio Tiradentes, terça, 17 de março de 1970*

Queridos pais e manos,

Há menos um na cela 7. Otávio Ângelo,* a quem cedi minha cama quando aqui chegou, há cerca de um mês, está no México. Ele e Diógenes de Oliveira saíram do Tiradentes trocados pelo cônsul japonês.**

Se um de nós algum dia escrever memórias do cárcere, sem dúvida o capítulo sobre esse sequestro será dos mais interessantes. O que vivemos aqui durante essa semana foi algo excepcional; um jogo de vários parceiros e poucas oportunidades.

Logo que ouvimos a notícia, na quarta à tarde, ficamos céticos. Os sequestradores haviam levado o cônsul sem deixar nenhuma notificação em seu carro. (Quando o mesmo ocorreu com o embaixador estadunidense, as primeiras exigências ficaram em seu automóvel.)*** Havia uma possibilidade, levantada pelo pessoal do consulado, de que o sequestro tivesse sido obra de marginais em busca de resgate. A tensão, mesclada de tênue esperança, cresceu com o passar das horas e tomou conta de nós. Se fosse ato político, quem seriam os escolhidos? De quarta a domingo, todos os rádios ficaram ligados.

Na quinta, o silêncio dos sequestradores nos deixou nervosos. Cigarros eram consumidos um seguido ao outro. Não se pensava, nem se falava em outra coisa. A certo momento, já não havia nada de novo a dizer, esgotaram-se todas as especulações em torno do caso, e mesmo assim voltávamos a elas na esperança de descobrir novas hipóteses.

À tarde daquele mesmo dia, as rádios anunciaram que o sequestro fora praticado em vista da troca do cônsul por presos políticos, segundo comunicado enviado pelos sequestradores. Na cela, a expectativa era geral. Alguns

---

* Otávio Ângelo, após ser libertado em troca do cônsul japonês, foi banido para o México e, de lá, rumou para Cuba. Retornou clandestinamente ao Brasil, em 1971, e assumiu a identidade de Antônio Luiz Carneiro da Rocha, com a qual viveu, no interior de Minas Gerais, até 2007, quando revelou sua dupla identidade ao deputado estadual Durval Ângelo (PT-MG).
** O cônsul japonês em São Paulo, Nobuo Okuchi, foi sequestrado em 11 de março de 1970 e libertado em troca de prisioneiros políticos remetidos para fora do Brasil.
*** Em setembro de 1969, o embaixador dos Estados Unidos no Brasil, Charles Elbrick, foi sequestrado no Rio de Janeiro e trocado pela libertação de quinze presos políticos.

companheiros, ameaçados por vinte ou trinta anos de prisão, ficaram tomados por uma euforia singular. Seus rostos se transfiguravam diante da imediata possibilidade de se verem livres e seguros fora do país. Sentia-se neles a força de atração da liberdade.

Restava saber que grupo político fizera o sequestro, quantos entrariam na lista e quem. Todos os presos políticos são enquadrados pela polícia num grupo de esquerda. Mediante a sigla que assinasse o sequestro, poderíamos mais ou menos prever quem seriam os escolhidos. Ficava a dúvida se, desta vez, a lista seria superior à que foi pedida em troca do embaixador dos Estados Unidos.

Quinta à noite anunciou-se que os comunicados traziam a assinatura do Comando Lucena, VPR, e exigiam a libertação de cinco presos políticos. Muitos ficaram frustrados. Pela assinatura previmos que, entre os cinco, figuraria a mulher de Lucena (morto recentemente em tiroteio com a polícia),* e que ao menos mais três sairiam do presídio, onde estão detidos vários acusados de pertencerem à VPR. Nem passava pela cabeça de Otávio Ângelo que seria um dos indicados, sobretudo por ser militante da ALN.

Divulgou-se na sexta à tarde a lista de nomes. Otávio Ângelo ficou pálido, emocionado ao ouvir o seu. Fazia apenas dois meses estava preso. Ao momento de emoção, seguiu-se uma explosão de alegria. Arrumou a mala à espera de virem buscá-lo. Enquanto aguardávamos, toda a cela, a uma só voz, cantava a liberdade. O júbilo assemelhava-se à véspera de uma anistia geral.

Surpreendeu-nos a inclusão do nome da madre Maurina Borges da Silveira.**

Só o cansaço, provocado pela expectativa tensa e nervosa desses dias, permitiu a alguns dormirem na noite de sexta para sábado. Os rádios permaneceram ligados, as autoridades não encontravam o preso conhecido como Toledo. Novas esperanças, novas hipóteses. Pela manhã, os sequestradores propuseram, em lugar de Toledo, Diógenes de Oliveira, da cela 5.

O Deops veio buscá-los para o embarque, rumo ao exílio, às catorze horas.

---

* Antônio Raimundo de Lucena foi assassinado pela repressão, em São Paulo, em janeiro de 1970.
** Maurina Borges da Silveira (1926-2011), religiosa franciscana, foi presa e torturada em Ribeirão Preto (SP), em outubro de 1969, acusada de homiziar terroristas. Era irmã do frade dominicano Manoel Borges da Silveira. O arcebispo local, dom Felício da Cunha, excomungou os delegados que a prenderam.

Saíram sob vivas e palmas, emocionados, sem demonstrar alegria, tentando manter a calma e a altivez.

Uma lista de cinco não nos permitiu muitas especulações. Antes da divulgação, achávamos que seriam incluídos os sequestradores do embaixador estadunidense que se encontram presos. Dois estão aqui, Paulo de Tarso Venceslau e Manoel Cyrillo. A mãe deste chegou a vir ao presídio para se despedir do filho. Tudo, porém, não passou de conjecturas em torno de um jogo inesperado e rápido.

É possível que este fato interfira no andamento de nosso processo. Ao contrário do que esperávamos, o inquérito ainda não foi enviado à Auditoria.

Recebi os queijos e a goiabada.

Toda noite é o prenúncio de um dia claro.

P.S.: Recomendo-lhes o livro *O jogo das contas de vidro,* de Hermann Hesse.

*Presídio Tiradentes, segunda, 23 de março, cela 7*

Queridos pais,

A coragem com que vocês encaram os fatos e a confiança que têm perante o futuro me animam muito. Às vezes, lamento intimamente a preocupação que dou a vocês. Logo percebo que não é bem uma preocupação, é o desejo natural que todos temos de alcançar a liberdade.

Mas o que é a liberdade? Eis uma pergunta que me faço com frequência. Há a liberdade garantida pelo dinheiro e pelo trabalho alheio; há a liberdade do homem que se encontra no ato de se dar, no ato de serviço. Grandes homens como Júlio César e Napoleão terão sido livres por não deverem obediência e satisfação a ninguém? Jesus Cristo e Francisco de Assis, que escolheram o caminho do sacrifício, do serviço ao próximo, da obediência total, foram livres?

O filósofo Marcuse, num estudo sobre a liberdade no mundo atual, diz que nos Estados Unidos — país tido no Ocidente como protótipo da liberdade — quase não há homens livres. O alto nível de organização social, através de um espantoso desenvolvimento, onde o homem é condicionado pela máquina, faz com que o aparelho industrial estatal exerça poderoso controle sobre cada indivíduo. As opções que o norte-americano médio tem a fazer são muito reduzidas. Ele escolhe a marca de automóvel, um horário de viagem, um filme ou um tipo de cerveja. Mas tem poucas possibilidades de escolher outra maneira de viver fora do "American way of life". Carece especialmente de conteúdo espiritual (embora possua arraigados costumes e sentimentos religiosos) e objetividade filosófica. Pouco questiona a sua existência, e muito menos pensa em modificar seu status; pelo contrário, preocupa-se em expandi-lo.

O resultado da liberdade americana nós conhecemos pelos jornais diários: a manutenção de uma infecção que se alastra pelo Sudeste Asiático (Vietnã, Laos, Camboja — sem falar no Oriente Médio), o maior consumo de drogas no mundo, o erotismo desenfreado, produções artísticas desprovidas de qualquer mensagem construtiva (vide os filmes de Hollywood, que só ensinam a beber coca-cola), a desintegração racial etc. Essa liberdade tecnológica foi muito bem criticada por Aldous Huxley em seu livro *Admirável mundo novo*.

Muito menos se poderia falar em liberdade nos regimes personalizados por Stálin ou Hitler, onde todo poder emana do Estado e só em seu nome é exercido. Onde o povo é colocado à margem do processo político e os discordantes enviados à prisão, banidos do convívio social ou mortos pela polícia. Nesse caso, o grave é que o Estado pode tirar ou restringir a liberdade, nunca porém dá-la. A liberdade é algo que se conquista e pela qual os homens sempre haverão de lutar, mesmo que isso lhes custe o sacrifício da própria vida.

Creio que liberdade, enquanto conquista social, ainda não surgiu na América do Sul. Existem momentos de liberdade, espaços de liberdade e homens livres. Mas a liberdade enquanto status histórico ainda não foi alcançada. Há apenas um século a escravidão, legalmente admitida, foi abolida. Mas os homens continuam a criar novos mitos que compensem suas frustrações, novas formas de sujeição, como o colonialismo e o imperialismo. A própria estrutura social em que vivemos é essencialmente coibitiva: desde os primeiros dias da vida aprendemos o que "não devemos fazer", somos sujeitos a leis restritivas, vemos a polícia em cada esquina. A coisa é de tal modo agravada pela estrutura social que muitos homens, tendo oportunidade de serem livres, não sabem o que fazer de sua liberdade.

Há apenas um século o homem começou a descobrir a si mesmo pela psicologia, pela sociologia, pela biologia. Ainda estamos demasiadamente voltados para fora de nós mesmos. A riqueza psíquica e espiritual existente dentro do homem foi até agora pouquíssimo explorada. Creio que só atingiremos a verdadeira liberdade quando chegarmos àquele estágio da evolução que Teilhard de Chardin denomina "noosfera" — a esfera do espírito. Certamente o espírito será a última grande descoberta da humanidade. Então seremos livres...

É o testemunho de povos e homens livres que nos faz desejar a liberdade. Uma liberdade que brota e irradia de dentro deles. Nenhuma prisão é capaz de arrancar-lhes isso. Esse testemunho tenho encontrado em companheiros de prisão, crianças, poetas, loucos, santos e pobres. São pessoas que nenhuma grade pode aprisionar. Falam pelo olhar, comunicam pelo silêncio, impõem-se pela serenidade. São os profetas do espírito que sabem captar os rumos da história. Esses, sim, são os homens verdadeiramente perigosos, que devem ser temidos pelos que nem podem ouvir falar em liberdade, quanto mais admiti-la.[...]

*Presídio Tiradentes, sábado, 28 de março de 1970*

Queridos confrades,*

[...] Sentimos que não estamos sozinhos nessa empreitada e que, de alguma maneira, ela repercute em benefício do Evangelho. Isso é suficiente para justificar a nossa prisão. Não importa o tempo que vamos ficar aqui. Importam os frutos que resultarão dessa semente lançada nos cárceres. Talvez — Deus saberá — nosso carisma seja o testemunho cristão através

---

* À comunidade dos frades dominicanos.

dessas grades, e o nosso roteiro semelhante ao de são Paulo, que se movimentou de prisão em prisão.

Estamos tranquilos, porque sabemos que esse é o caminho que Jesus traçou para a sua Igreja. Quase todos os apóstolos viveram o martírio. A Igreja primitiva escreveu sua história dentro das prisões, com sangue derramado nas torturas. Hoje, o testemunho que damos não é apenas de fé, mas da consequência da nossa fé e presença na história — a esperança. Redescobrimos a dimensão escatológica da revelação e da teologia. E é a perspectiva histórica de nossa esperança que nos traz aos cárceres.

Logo que fui preso, mantido na cela solitária durante quase um mês, duvidei que escapasse com vida. Sentia, porém, uma alegria interior em sacrificar-me pela esperança. Em outras palavras, percebia que a promessa que nos foi feita em Abraão e em Jesus Cristo é irreversível. Daí a garantia de nossa luta.

Sei que não é fácil para a comunidade cristã aceitar como *normal*, sem compaixão ou perplexidade, mas com alegria, o que ocorre conosco. Ela ignora talvez que, se outrora os cristãos não receberam a pecha de "terroristas", foram chamados de "sectários", "ateus", "perturbadores da ordem", acusados de "idólatras" que promoviam orgias e, como canibais, sacrificavam carne humana em suas reuniões eucarísticas...

Muitos cristãos ainda acreditam que o cristianismo é mais uma ordem social que uma atitude de contestação na história. Esquecem que o compromisso do cristão com ideologias, organizações políticas ou projetos históricos deve ser com a construção do futuro onde se localiza o Reino de Deus.

Nesse sentido, ele pode assumir determinadas posições, mas sempre em caráter de provisoriedade e contestação, pois enquanto houver um só homem oprimido, o cristão permanecerá inquieto. Por vezes, essa atitude se assemelha a posições políticas definidas, e isso é normal, uma vez que vivemos na Terra, dentro das contingências históricas que nos cercam. Impossível tocar na massa sem sujar as mãos. Não há redenção sem risco.

Para muitos cristãos, o cristianismo não passa de uma moral burguesa que exige fidelidade matrimonial, missa aos domingos e orações eventuais em que expõem suas dificuldades a Deus. Creem em um Deus lá em cima e esquecem que realmente só podemos conhecer Deus em Jesus Cristo. Jesus é a presença de Deus na história. O homem que rompe e denuncia a moral farisaica, o homem que, pela sua pregação e vida, contesta a ordem estabelecida, é condenado à cruz por "sublevar o povo" [...].

A fé é a consciência de uma promessa, e essa consciência supõe uma determinada atitude diante da história. O problema, parece-me, não é apenas de uma nova mentalidade secularizada dentro de uma sociedade em vias de secularização e de uma nova linguagem a respeito de Deus. É muito mais de recuperação do sentido essencial-existencialmente-escatológico do cristianismo.

Quando Jesus afirma que "não somos do mundo" ou quando são Paulo diz que não devemos nos conformar com este mundo, entendo a não conformidade com o século, com o aqui e agora da história, e não propriamente com o mundo enquanto Terra. Não somos a presença secularizada na história, mas a irrupção do sagrado dentro da sociedade secular. Eu falaria da secularização, não do mundo, mas dos cristãos, enquanto testemunho e anúncio da promessa escatológica, pois nós temos, pela revelação, a certeza daquilo que os homens mais temem e desafiam: o futuro. Somos a presença agora daquilo que ainda não é. A presença de Deus que irrompeu na história dos homens.

Tem sentido falar em secularização em uma Igreja que esteve encerrada no sagrado e quis fazer de seu clima religioso o clima do mundo. Mas temo que a secularização seja apenas um problema de linguagem, de mentalidade e costumes, em vista de uma adaptação ao mundo. O século aspira pelo sagrado e a nossa presença dentro dele só pode ser de desafio e contestação, nunca de conformidade.

Daí por que o cristianismo é a religião dos pobres que, enquanto explorados e oprimidos, são sempre a negação da ordem estabelecida. O burguês só pode entender o cristianismo enquanto moral individualista, pois interessa a ele manter o statu quo, que inclusive qualifica de cristão, como se o cristianismo fosse uma força de resistência à dinâmica da história.

Já o pobre, por sua condição e mentalidade, é o mais apto a receber e viver o Evangelho, porque nada o prende ao aqui e agora. Ele é cheio de esperança, expectativa, vontade de mudar e, como ninguém, pela própria liberdade interior de que goza, é capaz de serviço, sacrifício e amor. Resta, porém, que apresentemos a ele um cristianismo, não como um corpo de doutrina ou costumes litúrgicos, mas como uma práxis, pois quem se converte não pode continuar a agir da mesma maneira.[...]

*Presídio Tiradentes, domingo de Páscoa, 29 de março de 1970, cela 7*

Queridos pais e manos,

Faço votos de que vocês estejam tão alegres quanto eu neste dia da Ressurreição. Creio que o tempo participa de minha alegria, pois está um dia luminoso, azul, cheio de vida. Hoje, às primeiras horas, cantamos e rezamos por tudo isso que ao nosso lado e em nós passa da dor à alegria, da prisão à liberdade, do desinteresse à luta, da morte à vida. Lemos em comum algumas passagens do Novo Testamento, especialmente trechos das cartas que são Paulo escreveu nos cárceres. Partimos um ovo de Páscoa do tamanho de uma bola de futebol, recheado de bombons. Coqueiro* dedilhava ao violão, enquanto o coro improvisado cantava sambas, e outros batucavam com colheres, frigideiras e panelas. A única nota lamentável é a ausência do Tito. Provavelmente no Deops, ele está vivendo a Paixão na carne.

Esta foi a Semana Santa que vivi mais intensamente. Colocados em situação semelhante à de Cristo, participamos melhor de seus sofrimentos. Eles se prolongam em nós.

> Mas em tudo somos oprimidos e não sucumbimos. Vivemos em completa penúria, mas não nos desesperamos. Somos perseguidos, mas não ficamos desamparados. Somos abatidos, mas não destruídos. Trazemos sempre em nosso corpo os traços da morte de Jesus, para que também a vida de Jesus se manifeste em nosso corpo. (2 Coríntios 4,8-11)

A Páscoa, que é libertação, ainda não chegou para nós que somos prisioneiros no Cristo. Interessa antes que ela chegue para a Igreja. Que a nossa prisão sirva para libertar a palavra divina de qualquer tipo de sujeição e concessão. Esta é a nossa missão, e não podemos nos acomodar enquanto ela não estiver terminada.

---

* Aderval Alves Coqueiro (1937-71), banido do Brasil em 1970, em troca do embaixador alemão, retornou clandestinamente no início de 1971, instalando-se no Rio de Janeiro. Em fevereiro do mesmo ano, cercado por policiais no prédio em que se abrigava no bairro do Cosme Velho, teria sido torturado e, em seguida, alvejado pelas costas.

Tudo isso nos proporciona grande alegria. Alegria de poder padecer por Cristo, alegria de poder confiar em sua promessa de que seremos vitoriosos. Esta vitória é sobretudo atestada pela ressurreição. De que valeria a nossa fé se Cristo não tivesse ressuscitado? Daí por que vejo, hoje, a minha vida como algo de muito pequeno no espaço-tempo, e que só tem sentido na relação morte-ressurreição.

*Presídio Tiradentes, terça, 7 de abril de 1970, cela 7*

Queridos pais e manos,

Faz frio. Difícil sair da cama cedo, como costumo fazer. Acordo por volta das seis horas e dedico uma hora à ioga. Me faz muito bem. Temos na cela um professor de ioga, Nestor Mota.* Diariamente ele controla os exercícios de duas turmas, uma às nove horas e outra às dez da manhã.

Os movimentos devem ser lentos, tudo se baseia na respiração. Enquanto a ginástica tradicional serve para fortalecer os músculos, a ioga dá resistência e flexibilidade ao corpo, domínio do organismo, concentração, equilíbrio emocional e muita saúde. Tem ainda a vantagem de não cansar, todos os movimentos devem ser no ritmo da respiração normal.

Aos poucos, aprendo a corrigir uma série de erros a que acostumei o organismo. Nunca respirar pela boca e pelos pulmões, sempre pelo nariz e pelo diafragma. Deixei de usar travesseiro e, aos poucos, aprendo a ficar de cabeça para baixo alguns minutos, a fim de irrigar o cérebro. Toda a tensão nervosa desaparece quando me concentro. Cesso a respiração e volto a ela normalmente, corrijo a alteração cardíaca provocada pela emoção ou apreensão, e recupero a tranquilidade. Enfim, descubro verdadeira fonte de milagres na ioga.

Saudades permanentes, aliviadas pela presença de Thereza.

---

\* Ex-noviço dominicano.

*Presídio Tiradentes, quarta, 8 de abril de 1970*

Christina,

Ontem eu esperava tranquilamente as visitas entrarem, quando o carcereiro subiu com a minha ficha (a cela fica no terceiro andar, o último do pavilhão 1). Quando o carcereiro sobe com a ficha de alguém, é sinal de que ele vai ser novamente interrogado. Disse que eu iria para o Deops. Depois de vários meses de prisão, não é normal ter de novo interrogadores pela frente — mas isso acontece, mesmo com os que estão presos há um ano. Imaginei alguma coisa relativa às prisões no Rio Grande do Sul. O secretário de Segurança daquele estado havia declarado à imprensa que "tudo começou com Frei Betto". Peguei algumas roupas, diante da eventualidade de uma viagem, e fui para a carceragem, onde os policiais me aguardavam. Poucos notaram quando, em direção à carceragem, atravessei o pátio cheio de visitas. Mas todos olharam ao ver-me regressar algemado e escoltado. Tinham um olhar de espanto e apreensão. Nunca se sabe o que vai ocorrer a um preso quando sai daqui. Rose Nogueira, esposa do companheiro Luiz Roberto Clauset,* se aproximou e me beijou. Os policiais me puxaram pelo braço e me conduziram à viatura, estacionada à porta do presídio.

Foi minha primeira saída à rua desde que entrei aqui, a 12 de dezembro do ano passado. O percurso do Tiradentes ao Deops é rápido, não dá pra ver muita coisa. Eu quis achar o movimento da rua diferente, mas não achei. Tudo o mesmo: gente, carros, clima, e o ar contaminado e irrespirável de São Paulo. A cidade prossegue em seu ritmo, alheia a seus presos e mortos. Senti que nunca tive nada a ver com esta cidade. Apesar dos vários anos de atividade, como frade, assistente de direção do Teatro Oficina** e jornalista, ela nunca me pareceu nem familiar nem estranha. Talvez insólita. Tão insípida como o céu frio e cinza. Incapaz de me seduzir, tão sem encantos ela é. Atravessei-a como um fantasma, irreal, assustador, que vai e volta às suas sombras.

* O casal de jornalistas trabalhou comigo no jornal *Folha da Tarde*, entre 1967 e 1968. Militantes da ALN, faziam parte da base de apoio coordenada pelos frades dominicanos.
** A convite de José Celso Martinez Corrêa, do Teatro Oficina, fui assistente de direção da primeira montagem de *O rei da vela*, de Oswald de Andrade, em 1967.

46

Percebi claramente que meu mundo hoje é outro. Cinco meses de prisão e a perspectiva de ficar aqui durante anos tornam-me distante do mundo dos horários, dos afazeres obrigatórios, dos dias úteis e feriados, das manhãs de sol e das noites de lua, do ruído das ruas e dos jardins floridos. Meu mundo agora se faz de grades, muros cercados de metralhadoras, algemas, celas clareadas de dia pela luz elétrica, entrevistas com o advogado, semblantes jovens cheios de amor e liberdade, marcados pela dor e o sofrimento. Mundo repleto de peculiaridades próprias, onde a imaginação desenvolve toda a sua criatividade. Mundo no qual sentimos a vibração viva e subterrânea da história.

No Deops me interrogaram sobre duas pessoas, uma do Sul, outra de São Paulo, cujas atividades ignoro completamente. Feitas as perguntas, sem que eu pudesse esclarecer qualquer coisa, pedi para me trazerem de volta. Ainda consegui alcançar as visitas.

Tenho estado bem. Acordo cedo, faço ioga, leio jornal, estudo, rezo, jogo cartas. Dia a dia cresce a amizade com os companheiros — talvez a maior riqueza da prisão.

Um beijo com muita paz e saudade.


Tonico,

Gostei muito de sua carta, do desenho que fez do cometa, dos ovos de Páscoa. Vejo que vai bem nos estudos. Não tive, como você, a oportunidade de ver o cometa: naquela noite, me levantei às quatro horas para vê-lo, mas o céu estava encoberto, sem uma estrela. Um dia o cometa voltará e vamos vê-lo juntos. Agora passou rápido, Deus mandou-o só dar uma olhada para ver como estamos. O cometa veio de madrugada, quando todos estavam deitados, e fiscalizou a Terra. Não viu guerra, nem fome, nem desastre, nem briga, nada que há de ruim, porque todos dormiam quietinhos. Viu apenas os olhos das crianças que acordaram de noite para olhá-lo. E os olhos das crianças estavam cheios de luz e alegria.

Aí o cometa foi girando, girando, passou pelos Estados Unidos, pelo México, pelo Brasil, pela Europa, pelo Japão (viu os olhinhos apertados dos japonesinhos), e depois voltou para junto de Deus. E ao chegar no céu não encontrou Deus. Soube que Deus havia ido morar no coração das crianças e dos pobres. Então o cometa mandou um recado a Deus, dizendo que tudo na Terra estava bem, todos se comportavam direitinho. Deus ficou satisfeito e disse ao cometa que ele podia descansar até o outro ano, quando voltaria à Terra. Aproveitando as férias, o cometa foi passear em Marte.

Feliz Páscoa para você. O menino Jesus mora em seu coração. Um abração de tamanduá.

*Presídio Tiradentes, sábado, 11 de abril de 1970, cela 7*

A um padre carmelita,*

[...] Estranho, como você, que o clero esteja tão preocupado com os problemas do celibato e da profissionalização. Tais preocupações como prioritárias se justificam muito bem na Europa. Ocorre que ainda não cortamos o cordão umbilical. Continuamos vivendo sob os reflexos do Velho Mundo. Esquecemos que a nossa realidade é totalmente diversa e exige engajamentos e preocupações próprias. Não é justo que num país subdesenvolvido como o nosso, neste continente em plena ebulição político-social, o clero se reúna para tratar de problemas pessoais. Creio que não é exatamente esse tipo de resposta que os homens esperam de nós. Ou será falta de espírito evangélico, de motivação apostólica?

Na última carta me referi ao problema da práxis cristã. Vou tentar esboçar o que tenho refletido a respeito.

A filosofia contemporânea procura ensinar que o homem se define essencialmente como um ser prático. Como alguém que, pelo seu trabalho e ação, transforma a realidade dada e produz nova realidade. A história do homem é a história de uma práxis. Quando falamos de um homem, falamos de sua ati-

---

* Todas as cartas "a um padre carmelita" foram destinadas a frei Carlos Mesters e frei Cláudio van Balen que, à época, viviam na mesma comunidade junto à igreja do Carmo, próxima à casa de meus pais, em Belo Horizonte.

vidade e de sua obra — que o define e realiza. Toda a história é o produto da atividade prática do homem. Não existe homem à margem de sua história, da história de sua própria práxis, nem a história como uma potência supra-humana à parte. Homem e história se conjugam, assim como só através da história temos conhecimento da revelação de Deus, daquilo que Ele nos comunica a Seu respeito.

"A história não faz nada: ela é a atividade dos homens que perseguem seus objetivos", dizia um filósofo alemão.* Os homens transformam e se transformam a si mesmos, e essa história de suas transformações é a verdadeira história.

Todo homem, consciente ou inconscientemente, desenvolve uma práxis. Por vezes age espontaneamente, buscando objetivos pessoais, sem alcançar o resultado social de sua atividade. Assim ocorre com o operário que trabalha tendo em vista sua sobrevivência e ignora o caráter opressivo das forças produtivas com as quais ele colabora. Outros desenvolvem uma práxis que obedece a um fim previamente traçado, havendo certa adequação entre suas intenções e os resultados objetivos de sua ação. De qualquer maneira, o determinante na atividade prática é o seu resultado, aquilo que fica objetivado como fruto dessa atividade. Uma obra de arte não pode ser avaliada pelas intenções do autor, mas por seu valor objetivo. Assim, é o resultado prático que importa. Nem mesmo um santo se faz apenas de boas intenções. A caridade é fundamentalmente ação.

Penso que o cristianismo é antes de tudo uma práxis. Não teria valor apenas como doutrina ou como teoria religiosa. Pouco significaria como simples discurso sobre Deus (teologia).

A revelação de Deus, conforme atesta o Antigo Testamento, é a revelação de um desígnio cujos traços se desenvolvem através da práxis histórica do povo de Israel. É pelo resultado objetivo dessa práxis que o povo toma consciência da palavra divina. Palavra que é o resultado objetivo dessa práxis, que é igual à ação, conhecimento que se identifica com amor. O autor do livro sagrado é inspirado para saber ler o desenvolvimento do processo histórico. A presença e condução divinas são identificadas pelo resultado da ação do povo de Deus. O autor não teoriza sobre a práxis: constata-a, relata-a e mostra a ação divina aí presente.

---

* Karl Marx, cujo nome se evitava nas cartas devido à censura.

Os Evangelhos são também a constatação de uma práxis. Jesus se mostra muito mais interessado em ensinar uma norma de vida que verdades de fé. Suas parábolas visam a determinar nova maneira de agir. É implacável com os fariseus que não agem como ensinam. Ele próprio testemunha pela ação, uma ação que exige consciência e ruptura, compromisso e audácia, fé, esperança e muito amor. A partir daí já não podemos falar em práxis espontânea. Para o cristão, o Evangelho é exemplo e consciência determinante de sua ação. Norma de vida, cuja fidelidade se avalia pela capacidade de dar-se, amar, agir. Ação que necessariamente quebra resistências, transforma, restaura, constrói, santifica. Ação que se desenvolve na história, no devir-escatológico.

O que me parece grave, hoje, é que nós, cristãos, perdemos essa práxis evangélica. Temos hábitos religiosos, um espírito tranquilizado pelas verdades de fé, nas quais acreditamos, e não uma atividade prática na qual objetivamos a nossa fé, aquilo que nos é comunicado por Deus. Por quê?

Talvez a raiz dessa acomodação esteja no fim da Idade Média. A cristandade medieval, marcada pela *ratio*, pela *auctoritas*, pela *ordo universalis*, pela teologia especulativa das realidades celestes, perdera sua antiga seiva apostólica. Tratava-se de preservar a fé cristã e a sociedade que a professava, impedindo, a qualquer custo, a infecção das "heresias". Os cristãos passam da ofensiva à defensiva. Mas a marcha da história é mais forte que o conservadorismo cristão. Despreparada para enfrentá-lo, a Igreja conheceu o cisma, a decadência moral do clero, o aumento das contradições em seu seio.

Se esse período, por um lado, nos deixou na defensiva apologética (se me permite o pleonasmo), por outro nos legou um corpo de doutrina límpido, cristalino. Daí para frente passamos a girar em torno desse corpo, a tal ponto que só recentemente abrimos os olhos para as realidades terrestres.

Os cristãos ainda não possuem uma práxis operante, transformadora e santificadora da história. Primeiro, porque não temos consciência do devir histórico. Apesar do Antigo Testamento, isso é ainda privilégio de uma pequena porção dentro da Igreja. Segundo, porque nos acostumamos a ter como único ponto de referência a doutrina: ela nos fornece todas as respostas, menos a maneira de agir diante de fatos concretos... Terceiro, porque julgamos cristã a sociedade em que vivemos.

A ação exige um ponto de partida e um ponto de chegada. Aonde queremos chegar? Que objetivos prioritários tem hoje a Igreja num mundo assolado pela fome e pela guerra? O que pretende o plano pastoral da Igreja no Brasil?

Não se pode ficar apenas no plano das puras intenções como atitude subjetiva. Há sempre uma inadequação entre o ponto de partida (intenção originária) e o ponto de chegada (resultado prático). A obra de arte exposta nunca reflete o esboço original do artista. É o próprio desenvolvimento da intenção originária na ação que determina seu efeito objetivo. A vida cristã não seria hoje muito mais uma intenção subjetiva?

Vejamos: você reúne em sua paróquia um grupo de cristãos. Leem a Bíblia, estudam um pouco de teologia, discutem, aprendem a refletir. São cristãos cientes e responsáveis de suas obrigações religiosas. Mas você não sente que falta alguma coisa? A maneira de objetivar tudo isso que eles refletem e assimilam? Enfim, uma práxis, com métodos e objetivos determinados, na qual formem uma unidade com o que realizam?

Falamos tanto que o cristão deve transformar o mundo. Mas onde nossa ação é planejada? Em que comunidade cristã se aprende de fato como agir para que o fermento faça crescer a massa?

Se aceitarmos que a vida cristã não admite separação entre intenção e resultado, subjetividade e objetividade, então aceitamos que é em nível da ação prática que as intenções se provam. Essa ação não deve ser espontânea, ingênua, subjetiva e "espiritual". Deve ser consciente, crítica, objetiva e "material", enquanto capaz de alterar o presente em vista do futuro escatológico (cuja parcela já é realizada no futuro individual, físico, de cada um de nós).

[...]

*Presídio Tiradentes, quarta, 15 de abril de 1970*

Queridos pais e manos,

Quanto ao que podem enviar, sugiro: queijo, bolinho de feijão, doce de abóbora.

O inquérito já está na Auditoria.

Estou bem, cheio de vida.

*Presídio Tiradentes, terça, 21 de abril, 1970, cela 7*

Léo,* meu chapa,

Hoje é seu aniversário, né? Aquele abraço apertado (mas só por carta, pessoalmente você me pegaria à traição num golpe de judô). Como foi a luta em Itabira? Muito estrago por lá?

Hoje é um grande dia para nós brasileiros: não só pelo seu aniversário, mas pela comemoração de Tiradentes, que lutou contra aqueles que dominavam o Brasil e acabou na forca, em defesa de justiça e liberdade. Curioso, os homens que lutam por liberdade, quase todos, passam pela prisão, e alguns morrem condenados pelos juízes de seu tempo. Que seria de Tiradentes hoje?

Autêntica ironia do destino é Tiradentes, protomártir da independência brasileira, ter se tornado nome de presídio. Lá do céu, ele não deve gostar muito. Bem que o presídio, para comemorar condignamente o seu patrono, podia abrir as portas...

Amanhã é dia do descobrimento do Brasil. Os filólogos (veja aí o Aurélio) distinguem "descoberta" de "descobrimento". "Descobrimento" faz entender que o Brasil já existia como país, até que os portugueses o encontraram. O que havia, de fato, era essa imensidão de terra habitada por índios. Um erro de trajetória fez Cabral bater aqui, embora hoje haja quem afirme que já saiu de Portugal com a ideia de descobrir o Brasil.

Mário Simas, nosso advogado, nos tem visitado. Havia entrado com recurso no Superior Tribunal Militar para obter o relaxamento de nossa prisão preventiva, mas retirou-o na última hora. Considerou, pelo parecer do relator, sem possibilidade de obtê-la. O relatório a nosso respeito, bem desfavorável, pintava aquela "caveira". Quem impetrou recurso e conseguiu sair foi o Catão.** Também nada constava contra ele (e vários ministros do STM foram amigos do pai dele, um general). Estamos agora à espera da denúncia que o promotor prepara com base no inquérito policial. Provavelmente seremos enquadrados nos artigos 18, 23 e 25 da Lei de Segurança Nacional. Quase todos os presos políticos, quando denunciados, são enquadrados nesses artigos.

---

* Leonardo Libanio Christo, meu irmão.
** Francisco Catão, teólogo, ex-dominicano e ex-superior da Ordem Dominicana no Brasil.

Ótimo que tenha corrido bem a operação de Cecília.* E a infecção de mamãe, desapareceu?

A você, aquele abraço.

*Presídio Tiradentes, domingo, 26 de abril de 1970*

Meu caro Cláudio,**

O *Estado de S. Paulo* publicou ontem, na primeira página, a notícia da visita do papa à Sardenha. Em Sant'Elia, o mais pobre bairro de Cagliari, o papa andou pelas ruas e conversou com os moradores. Entrou na casa de uma família bem pobre, falou com a sra. Graciella Murcia, doente sobre a cama. As únicas palavras que ela conseguiu pronunciar, por forte emoção de que foi tomada — diz o noticiário —, foram: "Santidade, arranje um emprego para o meu marido".

A nota não acrescenta se houve resposta do papa. Diz apenas que ele lembrou à sra. Murcia que tivesse confiança em Deus, e deu-lhe a bênção. Ao marido dela, sr. Silvio, Paulo VI entregou uma medalha comemorativa de sua visita, e à filha do casal, uma caixa de caramelos.

Este simples encontro me parece muito significativo. O papa abandona o conforto do Vaticano, vai a uma das regiões mais pobres da Itália e, pela primeira vez, o brilho de sua viagem é sombreado pelos protestos dos anarquistas, diz o jornal. Estes consideraram a visita uma afronta à miséria daquele povo. Disposto a participar "das alegrias e esperanças, das tristezas e angústias do homem de hoje, sobretudo dos pobres e dos que sofrem" (*Gaudium et Spes*, 1),*** Paulo VI provavelmente viu-se embaraçado diante da questão clara, direta e concreta que a sra. Murcia lhe colocou: "Um emprego para o meu marido".

Veja bem, não pediu a cura de sua doença, nem orações por sua família,

---

* Maria Cecília Christo Pereira de Castro, minha irmã.
** Cláudio van Balen, frade carmelita.
*** Documento do Concílio Vaticano II.

nem esmola. Pediu o mínimo pelo qual o homem se realiza e ganha o necessário à sobrevivência: trabalho.

Por sua vez, também o papa fez um pedido na Sardenha. Pediu aos ricos que não fechassem seus corações às necessidades do próximo e procurassem suavizar os sofrimentos dos famintos. De certo modo, repetiu aquele insistente pedido que João XXIII fazia às nações superdesenvolvidas, para darem ajuda maior e desinteressada às nações pobres. (Toda a ajuda dos Estados Unidos aos países subdesenvolvidos não chega a 1% de seu PIB.)

Qual a diferença entre os pedidos da sra. Murcia e de Paulo VI? O dela representa o apelo das populações pobres, cansadas de receber bênçãos e esmolas, desejosas de que a Igreja contribua sem paternalismo, para que possam se promover. O que ela pede ao papa não é o mesmo que ele pede aos ricos. Ela não solicita uma concessão, um ato de complacência ou piedade. O trabalho é o mínimo que qualquer pessoa necessita para poder comer, vestir-se, morar e viver com dignidade. É um direito e um dever da pessoa humana.

Mas resta a pergunta: é tarefa da Igreja dar trabalho aos desempregados? Penso que não é sua missão montar uma "agência internacional de empregos". É sua tarefa lutar para que todos tenham trabalho. Lutar por uma estrutura social capaz de absorver toda a mão de obra disponível. Enfim, construir o mundo de maneira a ordená-lo ao Reino de Deus. É isso que os pobres esperam dela, participar ativamente da solução dos graves problemas que afligem a humanidade. Não à maneira de um partido político, organização de classe ou Estado, mas à sua própria maneira de "mestra" da história, servidora dos homens, instauradora da justiça divina do mundo.

> De que aproveitará, irmãos, a alguém dizer que tem fé, se não tiver obras? Acaso esta fé poderá salvá-lo? Se a um irmão ou a uma irmã faltarem roupas e o alimento cotidiano, e alguém de vós lhes disser: "Ide em paz, aquecei-vos e fartai-vos", mas não lhes der o necessário para o corpo, de que lhes aproveitará? (Tiago 2,14-6)

Como agiu Jesus diante da multidão faminta à beira do lago? (Marcos 6,30-44).

Por sua vez, o papa pede aos ricos que tenham compaixão dos pobres. Seu apelo demonstra uma falta de visão muito comum entre cristãos. Não incentiva os pobres a lutarem por seus direitos (o que seria mais coerente com a visão cristã do homem sujeito da história), nem atenta para a dimensão global do problema — ou seja, que tal situação não depende da boa ou má vontade dos ricos. É fruto de toda uma estrutura complexa, de todo um sistema fortemente estabelecido, com leis próprias que determinam o jogo entre opressores e oprimidos.

Suponhamos que um rico da Sardenha decidisse aliviar o sofrimento do povo de uma região pobre. Mandaria construir casas para os favelados. Com que dinheiro? Com o lucro obtido do trabalho de seus operários. Trabalho pago muito aquém do seu valor real. O salário é um meio de estabilizar injustamente o preço da força de trabalho representada pelos operários, força que produz mercadorias que, na concorrência do mercado, obtêm preço muito maior que aquele pago aos operários para produzi-las. Com esse lucro seriam construídas casas. O que representaria um enorme prejuízo ao rico italiano, uma vez que esse investimento não lhe traria novos lucros financeiros. Esse capital empatado poderia levá-lo à falência e, portanto, ao desemprego de seus operários. Assim, a solução de um problema serviria para gerar outro. O rico da Sardenha só o é porque se mantém dentro das relações de produção ali existentes.

Essas relações são determinadas pela estrutura capitalista reinante. Só a modificação dessa estrutura e, portanto, dessas relações de produção trará a solução dos problemas das populações pobres.

A Igreja mantém uma infinidade de obras assistenciais: colégios, hospitais, creches... Todas tiveram que entrar no jogo capitalista, não por interesse financeiro, mas *por questão de sobrevivência*. Se recusarem as regras do jogo, irão à falência, simplesmente desaparecerão. E na medida em que essas obras (ou o gesto altruísta do rico da Sardenha) aliviarem o sofrimento de alguns pobres, estarão, ao mesmo tempo, colaborando para que surjam outros tantos pobres. É um círculo vicioso que só pode ser erradicado pela raiz, ou seja, pela alteração das relações de produção existentes na sociedade.

A você um grande abraço. Permaneçamos unidos nas orações e no amor ilimitado a esta Igreja que busca o seu caminho.

*Presídio Tiradentes, terça, 28 de abril de 1970*

Queridos pais e manos,

Mário Simas esteve aqui hoje. Não há novidades sobre o processo. O promotor se dedica a estudá-lo "com carinho". Em geral, o andamento dos processos na 2ª Auditoria é demorado. Há gente presa há um ano e que, só agora, é submetida a interrogatório. Se obedecida a fila dos processos, é provável que sejamos julgados no ano que vem. Duvido que a solução final seja dada antes.

É curioso: depois de certo tempo o advogado tem poucas novidades a comunicar. Pode apenas nos orientar sobre os mecanismos jurídicos penais e aliviar o nosso pessimismo. (Muita gente procura o confessor, não em busca de perdão, mas por necessidade de desabafar.) Mesmo que o advogado não possa interferir diretamente no processo, o simples fato de vir aqui já é um alívio.

O frio ainda não chegou. Atualmente faz muito calor. Tenho agasalhos suficientes, não vou precisar de mais. Em último caso, a gente se enrola num cobertor, pois quem se preocupa com o tipo de agasalho dentro da prisão!

*Presídio Tiradentes, sábado, 2 de maio de 1970*

Caríssimo pai,

Houve uma transformação substancial em minha saúde e disposição física e mental depois que comecei a praticar ioga. Como uma de suas finalidades principais é eliminar o cansaço e a tensão, a ioga deve ser praticada pela manhã. É fundamental haver silêncio, sem o que se torna impossível a concentração.

Atrevo-me a dar algumas indicações baseadas em três meses de exercícios diários. A ioga não é uma ginástica e tem efeito mais benéfico. A ginástica visa a desenvolver os músculos e a resistência física. A ioga tem por objetivo o controle total do corpo e da mente. Jamais deve produzir cansaço em quem a pratica. Todos os movimentos devem ser lentos, no ritmo da respiração. Esta se processa sempre pelo nariz e pelo diafragma, nunca pela boca e pelos pulmões. O ideal é praticá-la no mesmo ritmo da respiração de uma pessoa quando dorme. Não se deve inspirar nem expirar pelas narinas, mas pela barriga. É fácil controlar: basta puxar ou expelir o ar pela garganta, com a boca sempre fechada. Repare como as narinas não se mexem.

Para praticar ioga é melhor sobre um cobertor estendido no chão. Ou numa esteira, desde que a superfície não seja macia demais. O exercício mais elementar é o *relaxamento*, ótimo para eliminar a tensão e facilitar o sono. Estenda todo o corpo, deixe os braços caídos de lado. Nas duas mãos, junte o indicador com o polegar, para fechar o circuito energético do corpo. Esqueça qualquer ruído exterior e controle a respiração, até que se torne bem lenta e ritmada. Não pense em nada. Concentre-se inteiramente em sua respiração e procure sentir com o pensamento cada parte do corpo. Verá que há membros tensos. Relaxe-os, deixe tudo bem frouxo: pernas, ombros, cabeça, pescoço etc. Verifique se a expressão facial está relaxada: nada de lábios tensos, deixe a língua cair para o fundo da boca. Distensão total. Sempre concentrado no próprio organismo, controlando o ritmo da respiração e o relaxamento de cada membro. Ao expirar, sinta expelir toda a impureza do organismo, os resquícios de ar acumulado nos pulmões e a própria tensão. Ao inspirar, sinta que nova vitalidade ingressa em você, um oxigênio novo traz tranquilidade, lucidez e paz. Faça isso durante meia hora antes do jantar ou de dormir. Nunca de estômago cheio, mas pelo menos duas horas após a refeição.

De resto, aguardamos a libertação do padre Augusti,* que deve sair por esses dias.

*Presídio Tiradentes, segunda, 4 de maio de 1970, cela 7*

Thereza** querida,

Hoje o dia está excepcionalmente belo, ensolarado. Experimentei-o na pele como nunca antes havia ocorrido aqui. Há na cela um rapaz, Carlinhos,

---

* Padre José Eduardo Augusti, da diocese de Lins (SP), já falecido.
** Maria Thereza Christo Brandão, minha irmã.

que por recomendação médica deve tomar sol todos os dias. Não pode descer as escadas, suas pernas foram afetadas pelos tiros recebidos no ato da prisão. Carreguei-o até o pátio e ficamos uma hora sob o melhor sol do mundo. Suei bastante, como numa sauna. Pena que isso não ocorra com frequência.

Há exatamente seis meses fazia um dia tão bonito como esse em São Leopoldo. Fui nadar no lago do Seminário Cristo Rei e, logo após a chuveirada, quando me vestia no quarto, soube que a polícia estava à minha procura. Imediatamente iniciei a fuga que me tornou manchete nos jornais — e que durou pouco tempo.*

*Presídio Tiradentes, domingo, 10 de maio de 1970*

Christina,

Escrevo entre uma e outra partida de futebol. Meu time ganhou de 6 × 2 a primeira. Fico no gol, não sei jogar em nenhuma posição, e esta é a menos prejudicial ao time, quando a defesa impede que a bola se aproxime de mim. É uma algazarra geral na cela. A mais completa descontração.

Também na prisão domingo é domingo. Só neste dia jogamos bola. Cada time conta com três jogadores: um no gol, um na defesa, outro no ataque. Se não houvesse futebol, a tensão seria maior. Ele serve de válvula de escape aos cinquenta presos aqui reunidos. E abre magnificamente o apetite. Hoje teremos uma neofeijoada (como não temos os ingredientes clássicos, ao fazer um prato acrescentamos coisas que não lhe são próprias, criando receitas que não se repetem).

Esta madrugada estampidos de tiros na rua nos acordaram. Sete ou oito tiros. Não conseguimos saber de onde partiram. Nem o alvo que buscavam.

As flores. Agradeço as sete rosas em nome da turma. Lindas. Abriram-se em infinitas pétalas e morreram ontem. Mas viveram o suficiente para trazer um pouco de luz. Isso basta. Não importa que tenham durado pouco. Importa

---

* Procurado pela repressão em 2 de novembro de 1969, fui preso em Porto Alegre no dia 9 (cf. *Batismo de sangue*, op. cit.).

que souberam não se fechar em botões, saíram de si, ergueram-se em delicadas ondulações vermelhas na direção do sol. Deixaram a marca de sua presença, Christina.

O jogo está sensacional. Cada partida dura dez minutos. Perdíamos de 8 × 2 e conseguimos vencer de 13 × 11 na prorrogação, pois esgotamos o tempo empatados de 11 × 11. Falta jogar mais uma para decidir o campeonato. São nove times em três chaves. Vencemos na nossa.

Ontem os jornais publicaram nota oficial do governo; afirma que no Brasil não existem presos políticos, só bandidos. Veja a que fui promovido! Bandido para o Estado e frade para a Igreja. Mas Cristo não foi crucificado como marginal ao lado de dois ladrões? Portanto, para nós a piada não é nova.

Vencemos o campeonato: 8 × 6.

Bem, vou à feijoada. Deixo o banho para a tarde. Hoje é dia de a minha equipe fazer a limpeza completa da cela.

Beijos.


*Presídio Tiradentes, domingo, 10 de maio de 1970*

Querida Cecília, meu caro Dotte,*

Parabéns a você, Cecília. Quem recebeu o melhor presente esses dias fui eu: a visita de mamãe, do Rodrigo** e do Léo. Trouxeram o testemunho que papai escreveu a respeito de minha prisão. Achei-o admirável, tanto na forma, bela peça literária, quanto no conteúdo. Nada a modificar, nada a observar. Ele e mamãe exprimiram muito bem o que ocorre comigo dentro da dinâmica de renovação da Igreja. Há uma ligação direta entre essa renovação e a prisão.

Durante séculos a Igreja justificou a ordem social em que vivemos. Os valores dessa ordem eram tidos como cristãos: a propriedade privada, a tradi-

---

\* Henrique Nelson Pereira de Castro, cunhado, casado com minha irmã Cecília.
\*\* Rodrigo Libanio Christo, meu irmão.

ção, o liberalismo etc. De tal modo uma e outra coisa se identificavam que se chegou a falar em "civilização ocidental cristã".

De fato, havia uma interpretação ideológica do cristianismo feita pelos poderosos. E a ordem social, que tem no abuso a sua própria essência, encontrou nessa interpretação a sua justificativa. Então, em defesa das "minorias católicas", Eisenhower (que era protestante) enviou soldados ao Vietnã. Em defesa do "mundo livre", o Camboja foi invadido e suas aldeias, dizimadas. Na África do Sul, os cristãos invocam a Bíblia para tentar demonstrar a origem divina do apartheid. E um bispo como dom Sigaud* pode afirmar, sem risco de ser considerado herético, que a ordem social, dividida em ricos e pobres, provém da vontade divina que não quer todos os homens iguais...

Agora, na época pós-conciliar, estamos em fase de retorno às fontes. Vemos claro que o cristianismo não se identifica com nenhuma ordem social; o cristianismo desafia e contesta todas elas. As leis são feitas por homens e, no capitalismo, por homens interessados em defender seus interesses e privilégios. O Estado não representa nenhum direito divino. Então é inevitável o choque entre Igreja e Estado. Entre cristãos animados pela caridade e poderosos apegados à letra da lei.

Vejo com otimismo a renovação da Igreja. Mas ela se fará a custo de muito sacrifício. Já não será tão fácil ser cristão, implicará riscos, ações concretas, tomadas de posição, e não apenas um vago sentimento religioso, de quem aguarda a vida eterna com muito apego à vida presente.

*Presídio Tiradentes, segunda, 11 de maio de 1970, cela 7*

Ana** e Nando (pena que o Flávio ainda não saiba ler),

Se não escrevo mais é porque na prisão os assuntos são tantos quanto numa ilha deserta. Só que a ilha é cercada de águas e, aqui, de grades. E nada

---

* Dom Geraldo de Proença Sigaud, arcebispo de Diamantina (MG) e fundador da organização católica ultramontana Tradição, Família e Propriedade (TFP). Já falecido.
** Ana Cândida Rabelo Christo, minha cunhada.

deserto. Quando cheguei ao presídio, em dezembro, havia uma população carcerária de cerca de cem presos. Hoje, somos quase trezentos, de todas as classes sociais e atividades. Médicos, como o dr. Davi Unovicht; escritores, como Caio Prado Jr.; ex-deputados, como Hélio Navarro; universitários, como Carlos Eduardo Pires Fleury; operários, como os irmãos Carvalho; e muitos outros. Dentro da cela não há ricos nem pobres. Todos recebem o mesmo tratamento, têm os mesmos direitos. O que vem de fora para um é de todos. O único desnível é de ordem intelectual. Mesmo assim, procuramos atenuá-lo através de cursos improvisados.

Quase todo prisioneiro se torna um bom jogador de cartas. Aqui aprendi bridge, king e crapô. É a higiene mental mais corriqueira na prisão, principalmente no Deops, onde são raros livros e revistas, sem contar a quase total indisposição de lê-los, devido à tensão em que se fica sob interrogatórios e torturas.

Ao contrário do que possa parecer ao pessoal de fora, sentimos o tempo passar com incrível rapidez. Estranho pensar que já estou aqui há meio ano. Procuro não dormir mais de oito horas por dia. Sou quem deita mais cedo na cela. O horário de *silêncio absoluto* começa à uma da madrugada e vai até nove da manhã. Deito por volta de 22 horas e acordo às seis. Rezo, leio os salmos, faço ioga, tomo café. Atualmente dedico toda manhã ao estudo de francês, com intervalo para leitura do *Estadão*.

Almoçamos por volta de 12h30, e temos silêncio absoluto obrigatório, imposto pelo coletivo da cela, até as quinze horas. Passo a tarde dedicado ao estudo de Teologia. Não há lanche no período vespertino. Às dezessete horas, começa a ginástica coletiva. Após o jantar, cerca de 19h30, jogo baralho ou leio um romance. Nessa hora, quase todos os rádios ficam ligados num programa de música clássica da Eldorado. De vez em quando, à noite, fazemos uma roda de samba ao som de dois violões. Graças ao rico repertório de alguns companheiros, como Chiquinho,* revivemos os grandes temas da música popular brasileira.

Nando já assusta o Flavinho com baratas? Pode estar certa, Ana, se ele não tiver medo, vai virar um criador de bichos que nem o pai, que passou a infân-

---

* Francisco Gomes da Silva.

cia entretido com seu zoológico doméstico, enquanto eu dançava rock e fazia ponto no Minas Tênis Clube e na praça da Savassi, no que fui precocemente interrompido após passar a frequentar o "chá das seis" à porta da igreja São José, nos meus tempos de JEC.

Tendo dito e passado o que ora me consta, dou fé enviando o ósculo da paz à mãe e ao filho, e o amplexo da amizade ao pai. Paço da cela 7, véspera do aniversário da Cecília e antevéspera do dia da libertação dos escravos. Na expectativa da minha e sem mais, subscrevo-me.

*Presídio Tiradentes, quarta, 13 de maio de 1970*

Queridos pais e manos,

Esteve aqui ontem dom Avelar Brandão,* presidente da Conferência Episcopal Latino-Americana (Celam). Batemos um bom papo. Creio que os bispos já estão suficientemente informados a respeito do andamento do nosso processo.

*Presídio Tiradentes, sábado, 16 de maio de 1970*

Christina,

Hoje tivemos lanche no lugar do jantar: cachorro-quente, pepino, queijo, salada de frutas. Decidimos eliminar o jantar sábado à noite. Basta o que consumimos durante a semana, sem muitas oportunidades de despender energia. Além disso, cozinhar para cinquenta pessoas não é fácil. O pessoal é de uma voracidade canina. Se servir pedra ensopada, não fica sobra. Agora, felizmente, contamos com pratos bem melhores. Como nossas atividades não são muitas,

---

* Dom Avelar Brandão Vilela (1912-86) foi cardeal arcebispo de Salvador. Era irmão do senador Teotônio Vilela.

aprendemos a cozinhar razoavelmente bem. Apesar de a cozinha funcionar como "laboratório culinário", às vezes temos pratos muito bons.

Mas não é sobre culinária que pretendo falar hoje. Como as notícias de prisão resultam de nossas experiências e reflexões, devo dizer que tenho pensado muito nesse meio ano de cadeia. A prisão é uma instituição tão absurda como enterrar um homem vivo. Nem pune nem corrige. Sua única finalidade é afastar do convívio social aqueles que atentam contra a segurança dos donos dessa sociedade.

No decorrer desses seis meses, estive em três prisões e passei por oito celas. Conheci-as tão bem como, hoje, conheço a cela 7. Apesar de abrigar cinquenta prisioneiros, não tenho dificuldade de encontrar qualquer objeto de que necessite. Sei exatamente onde cada coisa pode estar.

O fato de vivermos em comunidade torna o fardo mais leve a todos. Há momentos de euforia, em que parecemos esquecer estar presos. Há também momentos de tensão, o ambiente fica carregado e cada rosto se transforma em apreensiva expectativa.

De minha parte, sinto algo crescer dentro de mim, como se eu saísse da neblina para ver tudo claro: o que eu quero, como, de que sou capaz, a que estou disposto. Cheguei a um ponto do qual é impossível regressar. Qualquer recuo significa traição ou suicídio.

[...]

*Presídio Tiradentes, quarta, 20 de maio de 1970, cela 7*

Queridos pais e manos,

Os jornais noticiaram, semana passada, que a nossa denúncia deve sair por esses dias, com "ampla divulgação", conforme palavras do promotor. Podem aguardar nova campanha difamatória. Vão falar o diabo a nosso respeito.

Aguardo ansioso o resultado da reunião dos bispos em Brasília. Espera-se um documento sobre as relações Igreja-Estado. Não estou otimista, embora onze bispos de Goiás tenham lançado um documento condenando os maus-tratos a presos políticos (vide *Estadão* de domingo).

Aqui ocorre um fato curioso: um grupo de meia dúzia de presos políticos aderiu ao atual governo, que acreditam ser nacionalista e anti-imperialista. Um deles esteve em Brasília para dialogar com assessores da Presidência da República. Agora percorrem as celas, expõem suas posições, afirmam que o governo tende a uma abertura democrática, começando por soltar os presos políticos sem implicações em ações armadas.

Esses rapazes estão é cavando a saída deles. Um está condenado a 22 anos. Deve ter entrado em desespero. Se a minha liberdade dependesse de acordo com o atual governo, preferiria passar a vida na cadeia. Também entre nós há mercenários.

A César só podemos dar o que lhe pertence e interessa: o dinheiro. A Deus, tudo o mais, sobretudo a vida.

*Presídio Tiradentes, domingo, 31 de maio de 1970*

Queridos pais e manos,

Não se concretizaram as esperanças depositadas por mamãe na reunião dos bispos. O Espírito Santo sopra, mas não faz força. A declaração dos bispos é fruto de inúmeras emendas costuradas sobre o texto original, uma colcha de velhos retalhos, cheia de lugares-comuns. Escreveram para si próprios. Gritaram *vive le roi*\* e entregaram-nos, entre papos de anjo e babas de moça, ao braço secular. O fato é que, em todo o documento, nem uma só vez, uma só!, aparece a palavra "pobre" ou qualquer de seus sinônimos. O que iriam dizer ou não a nosso respeito não importava. Para nós, a sorte está lançada, e César nos destina ao espetáculo na arena. Importava, isso sim, aqueles que não têm pão nem circo. A esses, nem uma palavra. Uma só. Porque a vida nacional vai bem e tudo irá melhor graças aos esforços do governo...

Em pequenas aldeias do interior da Alemanha, durante a última guerra, as donas de casa reclamavam da fuligem expelida pelas chaminés das "fábricas"

---

\* Expressão francesa: "Viva o rei".

nazistas. Ninguém via nada, o único sinal era a fuligem. Derrotado o nazismo, o mundo soube que aquelas "fábricas" eram campos de extermínio de judeus e comunistas. Tarde demais. A fuligem desaparecera, as vítimas também. O vigário permaneceu calado.

O ar que respiramos agora está poluído. Quem percebe isso?

Mas a Igreja não são os bispos, afirma o Concílio. É o povo de Deus reunido em Jesus Cristo. Na história, quem errou por ficar ao lado do futuro?

*Presídio Tiradentes, segunda, 8 de junho de 1970, cela 7*

Queridos pais e manos,

A rádio noticiou agora à noite que "foi derrubado o ditador Juan Carlos Ongañía". Curioso, até ontem todos o chamavam de presidente. Derrubado, passa à história como ditador. É claro que nenhum ditador, nem Hitler ou Stálin, jamais se considerou como tal. Enquanto estão no poder, são tratados como presidentes, generais ou chefes de Estado.

Ninguém dá nome aos bois enquanto dispõe de suficientes poderes para dar chifradas. Quando cai, recebe o título que merece. E, sob a fama de ditador, ocupa as mais nefastas páginas da história.

A notícia acrescentou que a Junta Militar que depôs o "ditador" dentro de dez dias vai indicar "o novo presidente do país". Desce um, sobe outro, mudam os rótulos para designar o mesmo veneno. Como se o fato de ser tratado de presidente pudesse abrandar o despotismo e tornar mais popular o novo ditador. O povo argentino continuará oprimido, sem direito ao voto e condições de interferir no destino de sua pátria. E não duvido que a Igreja, afastado Ongañía, louve o novo mandatário, lembrando que ele veio em boa hora para livrar o país da tirania...

Bem, isso são coisas da Argentina. Estamos no Brasil, guardadinhos neste presídio até a poeira torna-se familiar a nós.

Continuo aprimorando meus dotes culinários: em moda, o bife de hambúrguer — misturo carne moída com pedaços de pão velho ensopado em leite, cebola, alho picadinho e ovos batidos. Depois é só fritar, pacientemente.

De artesanato, para ajudar famílias necessitadas, cujos chefes estão aqui, fazemos tapetes e belas sacolas de fios plásticos coloridos. O companheiro Buda* destaca-se como o melhor sacoleiro. Aprendemos um pouco de tudo: cozinhar, fazer da cama uma autêntica minicasa com lugar para guardar roupas, livros e abajur, lavar chão, pequenas costuras, estudar e rezar com barulho, ler deitado sem ficar com sono, ter um pouco mais de coragem e amar mais.

De Brasília, os bispos mandaram-nos uma carta de solidariedade pelos sofrimentos. Em compensação, ontem dom Agnelo Rossi deu entrevista ao *Estadão*, na qual afirma que a nossa atitude nada teve a ver com o cristianismo. Disse que não fomos presos confessando, nem comungando... Como se o cristianismo fosse apenas confessar e comungar — coisa, aliás, que Jesus não fez. Ao contrário, ressaltou: "Nem todo aquele que diz 'Senhor, Senhor' entrará no Reino dos céus".**

Continuamos tão prisioneiros quanto antes: sem denúncia nem nada. Acho que estão mais interessados em nos dar chá de cadeia que condenar. (Prefiro não usar o verbo "julgar".)

A todos, grande abraço cheio de amizade e saudade.

*Presídio Tiradentes, segunda, 8 de junho de 1970*

Liana,

Tenho certeza, somos motivados pela mesma realidade espiritual. Só que você é mais céu, e eu, mais terra, ou seja, acredito que um e outro não se opõem, são complementares, têm igual valor perante Deus. Por isso, não podemos ficar indiferentes, nem ignorar os problemas reais de nossos irmãos, "imagem e semelhança de Deus". Há que libertá-los espiritual e materialmente. Quem tem a barriga vazia não consegue rezar.

Mas compreendo perfeitamente a sua missão. Antes você tinha momentos

---

* José Anselmo da Silva.
** Mateus 7,21.

para amar, hoje tem todo o tempo para amar. O amor não é feito de momentos, de contatos epidérmicos, embora isso possa ser expressão do amor entre duas pessoas. O amor existe dentro de nós, é algo que nos envolve e supera, faz com que sejamos capazes de mais doação e coragem que as nossas forças permitem. Quando a gente se encontra preso por uma causa e não por um crime, sabe como isso é verdade.

Gostei muito das fotos que tirou no Japão e me enviou. Mostrei-as à japonesada da cela: João Amano, Takao Amano, Issami, Terada. Vale a pena atravessar o mundo para rezar em lugares tão lindos como aqueles.

*Presídio Tiradentes, segunda, 22 de junho de 1970*

Liana,

Recebi as suas duas cartas: a que você contava o sonho no qual dançava como uma japonesa, e falava das rosas que trouxe e não pôde entregar; e outra, repleta de temas espirituais. Você não pôde entregar as rosas naquele dia por causa do sequestro do embaixador alemão — quando ocorrem fatos dessa natureza, costumam impedir a entrada de coisas de fora.

Sei que a sua conversão é sólida. Deus existe em você. Mas continuo receoso quanto ao que significa vida espiritual para quem está desesperado e procura uma tábua de salvação. Tenho medo de que Deus, para essas pessoas, seja apenas um narcótico, algo que ajuda a aliviar o sofrimento e esquecer as dores.

Prefiro não falar de um Deus "lá em cima"; isso exprime uma visão cosmocêntrica e nada significa para o homem atual, que já viu o "lá em cima" na TV. Só podemos conhecer uma pessoa se ela se revela. Milhares de pessoas a conhecem apenas como atriz. Têm uma visão superficial de você. Da mesma maneira, temos uma visão superficial de Deus quando nos referimos a ele "lá em cima". Só posso conhecer Deus como se fez conhecido: em Jesus Cristo.

Por isso, ser cristão significa agir de uma nova maneira, amando eficazmente, combatendo as injustiças, vivendo na pobreza e na perseguição. Ser cristão não é um "clima", mas uma atitude concreta. Você, crescendo sempre mais na fé, vive isso hoje. É importante não abandonar sua profissão de atriz para dedicar-se à atividade missionária. Devemos ser fermento na massa; de nada serve o fermento deixado fora da massa.

Um grande abraço cheio de paz e amizade.

*Presídio Tiradentes, terça, 23 de junho de 1970*

Queridos pais e manos,

Fomos vacinados contra a varíola.
Até agora a denúncia não saiu; ouvimos dizer que não será publicada nos jornais. Não duvido mesmo que também o nosso julgamento — se houver! — seja a portas fechadas, como já tem ocorrido.
Frei Tito compareceu ontem à Auditoria por implicação em processo da União Nacional dos Estudantes. Soube que os dominicanos foram denunciados nos artigos 22, 23 e 25 da Lei de Segurança Nacional. Aguardamos Mário Simas, que esteve doente, para maiores esclarecimentos. O artigo 25 tem pena mínima de cinco anos e máxima de quinze.
Não quero assustá-los (eu é que deveria ficar assustado, mas não consigo, é como se tudo isso fosse uma piada de mau gosto), mas, nesta semana, um companheiro foi condenado a três anos por participar de uma reunião onde se falou de marxismo. Três anos por uma reunião! Está preso há nove meses. Tinha tanta certeza de ser absolvido que no dia do julgamento arrumou a mala para ir embora. Por aí vocês têm uma ideia da total incerteza que tanto clientes quanto advogados vivem em relação aos processos. Diz a lei que a denúncia deve ser divulgada quinze dias após a conclusão do inquérito policial. No nosso caso, já se passaram quatro meses!
Quando tudo isso for contado no futuro, uma pergunta ficará: e a Igreja, não disse nada? Digo isso, não para que venha em nossa defesa, mas porque é sua obrigação defender os direitos da pessoa humana, promover os pobres, combater as [*riscado pela censura do presídio*]. Esta pergunta paira ainda sobre a Alemanha, onde 6 milhões de judeus foram dizimados sem que "ninguém

visse". Paira sobre o Vietnã; até agora ela não foi capaz de dizer quem tem razão naquela guerra. É a política do silêncio. O pecado da omissão. É justificável que se discuta em nível dos princípios, mas é inaceitável a covardia diante dos fatos.

Faz muito frio e chove, o que é bom para quem não tem que sair de casa...

Um enorme abraço a todos vocês.


*Presídio Tiradentes, domingo, 28 de junho de 1970*

Querido amigo [*a um padre carmelita*],

Creio que as condições de prisão não me permitem fazer um curso regular de Teologia, como eu esperava. Para que isso fosse possível seriam necessários orientação, biblioteca e calma. É limitado o recuo pessoal permitido pela cela. Temos, então, que nos sujeitar a essas condições, adaptar-nos, saber aproveitar o melhor possível os poucos livros que temos, e discutir entre nós temas teológicos de maior interesse. Essas discussões e a reflexão pessoal me fazem ver melhor certos aspectos da vida cristã.

Vivemos um período de profunda renovação em todos os planos da atividade humana e, à guisa de distinção, podemos usar a expressão *Igreja nova* para designar uma realidade que, no fundo, significa a tentativa de resgatar os mais velhos aspectos da vida cristã: aqueles que foram acentuados pela pregação e testemunho de Cristo e seus apóstolos. Sou refratário a qualquer adjetivação quando se refere à Igreja. Ela é única no decorrer de dois mil anos, e é na busca de maior identidade que constantemente se renova. Acredito que a renovação que ora presenciamos é a mais profunda após o Concilio de Trento (século XVI). Por isso, é, de certa forma, radical e, como tal, cheia de novidades que, para uns, são revelações e, para outros, heresias.

A renovação oficializada pela Igreja no século XVI teve seu maior período de fermentação nos séculos XII e XIII. Foram necessários três séculos para que a doutrina absorvesse experiências e ideias que, ao surgirem, provocaram indignação e escândalo. Pense, por exemplo, no que significou a reforma teológica de santo Tomás de Aquino, tendo como um dos pilares de base a filosofia pagã de Aristóteles.

A renovação da Igreja sempre se fez pelo mesmo caminho: o Espírito Santo suscita os carismas e abala conceitos e instituições tidos até então como definitivos. Tempos depois é que esses carismas são compreendidos e assimilados pela fé dos cristãos e pelo magistério da Igreja. É inútil insistir para que haja imediata correlação entre revelação e compreensão. Mesmo os apóstolos, que eram inspirados, foram incapazes de compreender alguns aspectos da revelação que lhes foi transmitida por Jesus Cristo.

Hoje abominamos a Inquisição, que foi celebrada como meio de levar os infiéis à salvação. Ninguém ou quase ninguém foi capaz de compreender a vida mística de são João da Cruz, mantido no cárcere, a pão e água, por seus próprios confrades. É sempre assim: o que no passado pareceu ruim é aclamado como bom no futuro e vice-versa. A história da Igreja está cheia de exemplos nesse sentido. Joana d'Arc não foi condenada à fogueira por uma comissão de teólogos?

Uma das principais dificuldades de qualquer período de renovação da Igreja é distinguir fé e cultura. Há dados de fé que são definitivos, indiscutíveis e absolutos, como a sagrada dignidade da pessoa humana. Há dados tidos como de fé que não passam de formulações próprias de um determinado contexto cultural, como a identificação entre democracia e cristianismo.

É claro que essa distinção tem seus níveis e a fé tem sempre determinada expressão cultural, como "fé de um homem que vive na história". A vivência da fé é sempre revestida de certa linguagem, expressão de uma cultura. Mas o perigo — fácil! — é generalizar os nossos valores culturais como dados contidos na revelação cristã. O progresso, o bem-estar, o prestígio e o poder são valores prioritários em nossa cultura.

Desde pequenos aprendemos que "vencer na vida" é adquirir uma posição social respeitável e, de preferência, bem remunerada. De tal forma isso está imbuído em nossa cultura que tratamos de modo diferente aqueles que são simples operários e vivem como assalariados. Os anúncios de rua e TV, querendo nos atrair para comprarmos um produto, mostram que a posse daquele produto é sinônimo de prestígio e poder.

Também a Igreja é influenciada por essa escala de valores que nada tem de cristã: o pároco da cidade do interior expressa o poder da Igreja construindo uma catedral; os bispos moram em palácios e os padres se esforçam para obter carro de luxo, mesmo contrariando a exigência evangélica de pobreza que, antes de ser um estado de espírito, deve ser um testemunho de Igreja. Não quero dizer com isso que sejam antievangélicos o bem-estar e o progresso. Só o são quando se tornam ofensivos à maior parte da população.

O que é valor de fé? É renunciar ao interesse pessoal em benefício da coletividade. Veja Jesus: nasce em um lugar que abriga animais, é um simples operário, forma uma comunidade de homens iletrados, não tem uma pedra onde repousar a cabeça, morre pregado numa cruz entre dois ladrões.

Hoje, estou convencido de que, num mundo onde a grande maioria é de pobres, a Igreja deveria viver integralmente como eles. Identificar-se totalmente com os interesses e aspirações deles. Não têm sentido nossas construções majestosas, nossos edifícios luxuosos, nossas preferências burguesas. Nada disso é sinal. Nada disso leva os homens à conversão em Jesus Cristo. Nada disso rompe as barreiras de classe social que ajudamos a erigir e tememos destruir, como se a diferença social entre os homens fosse evangélica e a igualdade, subversiva.

Nesse espírito, diante dessa realidade, a prisão para mim não constitui nenhum peso. Elas estão abarrotadas de pobres, e os acontecimentos nos levam à identificação com eles. É o lugar daqueles que nada possuem, nem mesmo a liberdade. É o lugar por onde Cristo passou, e tantos outros que não se conformaram com as injustiças. Não faz mal que não sejamos compreendidos agora, que tenhamos que ficar aqui por um tempo indeterminado. O importante é que nada disso se perderá no tempo e contribuirá necessariamente para a renovação da Igreja e a transformação da história.

*Presídio Tiradentes, terça, 7 de julho de 1970*

Queridos pais e manos,

Na próxima semana, a nossa denúncia deverá ser enviada ao cartório. Padre Valiente* e o seminarista Castro foram soltos, com mais alguns outros.

---

\* Padre Manoel Valiente, pároco da igreja da Piedade, em Porto Alegre, preso por homiziar-me.

Ótimo, começavam a sentir o peso da prisão e, frequentemente, ficavam deprimidos. Dos que vieram do Sul, só eu continuo preso, o que em relação a eles me parece justo, uma vez que sou o único responsável pela fuga daqueles que atravessaram clandestinamente as fronteiras.*

A publicação da denúncia é sinal de que em breve seremos interrogados. Nada significa quanto ao julgamento. Há aqui quem, denunciado há um ano, permanece sem ser julgado.

É provável que Giorgio Callegari,** Roberto Romano*** e Nestor Mota também saiam logo; não há acusações contra eles.

*Presídio Tiradentes, sábado, 18 de julho de 1970*

A uma comunidade religiosa,

Temos feito trabalhos manuais. Fabricamos sacolas de plástico, bolsas de couro e tapetes de lã. A cela se transformou numa oficina de artesanato. Todos colaboram, a produção é razoável. Suficiente pelo menos para evitar o despejo de algumas famílias que pagam aluguel. Temos a vantagem de não ter horário fixo, o que nos permite trabalhar mesmo de madrugada. Alguns pensam que a prisão é o reino da irresponsabilidade. Não é verdade. Onde se encontra, mesmo numa ilha deserta, o homem se impõe um ritmo de trabalho e tarefas definidas.

Quase não sinto os dias passarem. Estou sempre muito ocupado: um livro a ler, uma carta a escrever, um trabalho manual a terminar. No cárcere, o perigo é a ociosidade, a falta de interesse pelas pequenas coisas que tecem a existência. O prisioneiro que conta os dias de prisão, como nas revistas em quadrinhos, é um homem perdido. Num certo sentido, é bom ainda não ter

---

* Minha tarefa revolucionária no Sul consistia em facilitar a fuga clandestina de perseguidos políticos pelas fronteiras do Brasil com Uruguai e Argentina (cf. *Batismo de sangue*, op. cit.).
** Frei Giorgio Callegari (1936-2003), italiano, seminarista dominicano.
*** Roberto Romano, seminarista dominicano, deixou a vida religiosa depois que saiu da prisão. Atualmente é professor de filosofia da Unicamp.

sido julgado. Retido por tempo indeterminado, não me entrego à ansiedade da saída.

Luther King, que admiro, revelou-se um homem capaz de optar morrer por amor aos outros, sobretudo por seus irmãos negros. Confesso, porém, não estar inteiramente convencido da validade, ou melhor, da eficácia de seu método de luta. Repare o exemplo de Gandhi. Um homem admirável, de méritos pessoais incomparáveis. Mas inconsequente do ponto de vista histórico. A Índia não mudou muito. Outrora dominada pelos ingleses, agora está em mãos dos estadunidenses. Não é através de iniciativas isoladas, de esforços generosos ou com homens carismáticos que construiremos um mundo melhor. É uma tarefa a ser assumida pela coletividade que aspira a um mundo melhor. E é difícil aprender a nadar sem se jogar na água.

Penso nas encíclicas sociais, cheias de proposições destinadas a melhorar a vida humana. São proposições ineficazes, ninguém toma remédio sem que todo o organismo sinta os efeitos; há infecções crônicas que não podem ser curadas senão por intervenção cirúrgica, mesmo contra a vontade do paciente.

Os jornais acabam de publicar as acusações contra nós. Estão curiosamente baseadas em dados teológicos e em documentos antigos, como também em declarações papais tiradas do contexto. Me encontro na situação de Joana d'Arc, sem poder identificar os "teólogos" que me acusam. É interessante observar os meandros da história e constatar que ela tende a repetir as mesmas situações grotescas.

São Paulo diz que a paciência gera a esperança. Se esta é grande, aquela é maior ainda. Daí a nossa disposição.

*Presídio Tiradentes, terça, 21 de julho de 1970*

Queridos pais e manos,

Recebi a sopa na sexta. Aprovada pelo paladar da turma, embora seja difícil de engrossar. Especializo-me agora em macarronadas.

O texto da denúncia contra mim é longo; a gente torce e não sai nada. Nenhuma grave acusação pesa sobre mim. Embora saiba que minha atividade no Sul é considerada delito, não espero convencer o Tribunal Militar de que auxílio aos perseguidos é dever e direito da Igreja. Diz o final da denúncia elaborada pelo promotor: "Está incurso nas sanções dos artigos 14, 23 e 25, do Decreto-Lei 898, de 29 de setembro de 1969, c.c. artigo 53, do Código Penal Militar, e artigo 154, da Constituição Federal de 17 de outubro de 1969 (suspensão dos direitos políticos por dez anos)". Agora espero o início dos interrogatórios.

Teresa e Zezé, duas irmãs muito amigas nossas, presentearam-nos com blusas de frio. Estamos muito bem agasalhados.

*Presídio Tiradentes, terça, 28 de julho de 1970, cela 7*

Queridos pais e manos,

Curioso como o ser humano adapta-se às circunstâncias. Lembro-me dos mineiros de Morro Velho. Dizia-se que, acostumados ao fundo da mina, estranhavam o sol ao saírem. Aqui ocorre algo semelhante. Com o passar do tempo, o organismo ajeita-se à nova situação. Basta dizer que todas as quartas, após a visita, muitos companheiros regressam direto para a cama. Voltam tão cansados como se tivessem feito longa caminhada.

Creio que, ao sairmos daqui, vamos estranhar muita coisa. Um rapaz recém-libertado foi jantar num restaurante e não conseguiu aguentar "o barulho". De fato, acostumados a um silêncio tão grande, sempre quebrado pelos mesmos ruídos, já não sabemos como é o burburinho aí fora. Os sentidos adaptam-se, alguns melhoram, outros pioram. A audição se desenvolve mais, é possível distinguir um pequeno ruído a certa distância. A visão sofre devido à falta de luz do sol, pois o costume é ler à luz elétrica, mesmo de dia.

Um grande abraço.

*Presídio Tiradentes, segunda, 3 de agosto de 1970*

Queridos pais e manos,

A respeito do meu aniversário: pedirei ao Simas para providenciar a licença para o sábado, caso queiram vir.* Mas não se incomodem, ainda farei muitos outros aniversários e tenho a esperança de passá-los junto a vocês. Pelo menos a partir dos setenta anos...
Sei que papai não gosta que eu fale assim, mas em matéria de cadeia é sempre bom ser pessimista. Vejo aqui companheiros em depressão porque sonham sair na próxima semana. São poucos, mas acontece. Sem data marcada, vivo mais tranquilo. Só olho o calendário ao escrever cartas.

P.S.: A goiabada fez sucesso.


*Presídio Tiradentes, sexta, 7 de agosto de 1970*

Christina,

É sempre bom ver alguém "aí do mundo" de vez em quando. Nesse sentido, minha cela é privilegiada. Basta subir nos beliches próximos à grade para avistar o movimento da rua. Mas não costumo fazer isso. Não sou do tipo saudosista, nostálgico, que fica ruminando o passado. Prefiro assumir o presente, mesmo que terrível, e encarar o futuro. Assim, esta cela de 160 metros quadrados aproximadamente (quase toda ocupada por beliches), 41 pessoas, constitui o meu pequeno e intenso mundo. Sei que aí fora se tem a impressão de que os presos passam a maior parte do tempo na ociosidade, sem ocupação ou responsabilidade. De fato não é assim, embora isso ocorra nos primeiros dias de prisão, talvez em função do impacto, obrigados a assumir uma nova e

---

* As licenças para visitar os presos políticos eram previamente retiradas na Auditoria Militar.

estranha vida. Com o tempo, nos adaptamos, descobrimos ocupações e estabelecemos responsabilidades.

Atualmente, por exemplo, tenho aulas de trigonometria, para desenvolver melhor o raciocínio e relembrar meus conhecimentos de matemática. Agora mesmo interromperei esta carta para fazer o *mocó*, que aqui significa "casa" ou, mais propriamente, a cama onde cada um monta a sua habitação. Se soubessem como uma cama e seus espaços em volta são bem aproveitados aqui, bastaria um pequeno quarto para abrigar seis ou sete pessoas. A cama é o lugar de dormir, comer (as primeiras mesas começam a aparecer agora), ler, estudar, escrever, jogar baralho...

Durmo na parte superior de um beliche. Estendo a mão e apanho o pijama e a blusa de frio dependurados num barbante estendido como um varal. Acima, na tábua entre as vigas do teto, guardo roupas e livros, como em um armário. É mínimo o movimento para alcançar qualquer objeto de uso pessoal. É verdade que, hoje, esses objetos são bem mais reduzidos: tenho uma calça de inverno e outra de verão, raramente usadas, pois passo a maior parte do tempo de bermuda ou calção. Duas calças já são demais. Espero, pelo resto da vida, viver com o mínimo necessário, sem sujeitar-me às exigências da sociedade de consumo ou a essa mania burguesa que não se conforma com o fato de vestir a mesma blusa de frio durante três ou quatro anos.

Nessa espera (de quê?) aprendemos muito. Principalmente a respeito da pessoa humana. A solidariedade é capaz de operar milagres. Daí a esperança, daí a paciência.

Agora estou no "mocó do clero": três camas onde costumamos nos encontrar à noite para rezar, ler textos bíblicos, bater papo, contar piadas. Na falta de um bom chope, comemos os bombons que a Thereza trouxe. De vez em quando, aparecem biscoitos e queijo subtraídos da despensa. Para beber, chá. Falamos da camisa do padre Augusti, que mais parece uma teia de aranha, de tão velha e rasgada. O pior é o apego que tem a ela. Mesmo possuindo outras, prefere aquela. Acho que não vai durar muito. Não só porque se desintegrará em breve, como também porque sua pena expira em 28 de setembro. A minha deve expirar na passagem do século, quando os presídios serão peças de museus...

Um beijo com muita amizade.

*Presídio Tiradentes, segunda, 10 de agosto de 1970*

Marlene,*

É significativo o fato de você, aos 26 anos, pôr-se em xeque. Demonstra disposição de mudança; esta é uma idade em que se pode perfeitamente continuar como está. Só mesmo a conversão é capaz de nos arrancar da ilusão de uma juventude epidérmica.

De início você diz que "muitas lágrimas, muita desesperança e muito desamor me levaram a crer num outro mundo melhor, além daqui". Pode ser que esse tenha sido o caminho pelo qual você encontrou Deus. Mas discordo de que seja o melhor.

Em função de um mundo extraterreno, o nosso não pode ser negado. Este mundo é obra de Deus, sagrado, assim como as pessoas que o habitam. As lágrimas, a desesperança e o desamor não são do mundo: são nossos. Atraídos pelo egoísmo, provocamos lágrimas, desesperança e desamor. Não sabemos optar, não sabemos negar, não sabemos decidir. Acredito também na vida eterna, quando então gozaremos da intimidade de Deus. Mas isso não é motivo para negar a vida atual e considerar o mundo um "vale de lágrimas". Aqui aprendemos a ser gente, amar, construir, encontrar Deus, lutar, transformar a história. Aqui o amor gera esperança e mais amor ainda. Viver e *viver para os outros* — eis a única maneira de encontrar a si mesmo.

"Não busco a felicidade. Ela é utópica. Não é daqui." Também não concordo. Utópica é a felicidade enquanto bem-estar, tranquilidade, ausência de problemas. Mas é possível e real; ser feliz é viver de acordo com nossas convicções; transpor os obstáculos que nos impedem de ser coerentes; não temer escandalizar o mundo e enfrentar com dignidade as adversidades. Compreendo perfeitamente que você se encontre cheia de amor para dar, "imenso como o universo". Mas como amar? Como transmitir esse amor que a envolve e sufoca?

Não vejo o amor apenas como relação entre duas pessoas. Vejo-o numa perspectiva mais ampla, de quem se coloca a serviço dos outros, *mesmo sem ser*

---

* Marlene França (1943-2011), atriz e diretora de cinema.

*entendido*. Então se traduz em renovação social, em luta por um mundo melhor, de superação da opressão humana. Se encaramos o amor apenas como relação com outra pessoa, não há solução, há sempre sofrimento quando não podemos expandir todo o potencial que possuímos.

Entretanto, noto quanto Deus passa a significar para você. Para mim, é a própria razão de ser da minha existência; sinto-o em mim. É preciso não encarar Deus como um sentimento, um "clima" espiritual, mas sim como PESSOA, cuja presença histórica foi marcada por Jesus Cristo. (A fim de não ser mal entendido, deixo claro que acredito no amor entre duas pessoas e considero *sagrada* qualquer relação sexual, porque ela só tem sentido como expressão desse amor. Mas o amor não se esgota aí.)

Na paz de nossa amizade.


*Presídio Tiradentes, terça, 11 de agosto de 1970, cela 7*

Queridos pais e manos,

No sábado recebemos, surpresos, a visita do núncio apostólico. Trouxe-nos cigarros, medalhinhas com a efígie de Paulo VI e estampas de Nossa Senhora do Perpétuo Socorro. Distribuímos aos companheiros. Tivemos uma conversa de duas horas. Disse que pediu ao ministro da Justiça* para apressar nosso processo, o que estaria sendo providenciado. Propôs ao ministro ficarmos em prisão domiciliar, o que não foi aceito (por nós também). O ministro garantiu-lhe que o nosso processo será o mais limpo possível.

Um abração a todos vocês.

---

* Alfredo Buzaid (1914-91), ministro da Justiça do governo Médici.

*Presídio Tiradentes, terça, 18 de agosto de 1970*

Queridos pais e manos,

Não foi ainda confirmada a notícia de que começaremos a ser interrogados na Auditoria a partir de 2 de setembro. É pouco provável; temos informações de que em setembro correrão outros processos. Em todo caso, Mário Simas ficou de apurar.

Ouvimos falar, sem confirmação, que o governo pretende soltar todos os *frios* e julgar logo os *quentes*; o Poder Executivo quer os presos políticos definitivamente em mãos do Judiciário. De fato, alguns têm sido soltos e as prisões diminuíram muito ultimamente. Há tempos que as pessoas nas celas são sempre as mesmas. Fica monótono, brinco com o pessoal: "Já pensou, Celsinho,* eu ter de aguentar sua cara todos os dias, durante trinta anos? Já pensou que, durante esses anos, você vai acordar todos os dias no mesmo lugar, ver as mesmas pessoas, fazer as mesmas coisas?". Levamos tudo na esportiva. Quem aguenta ficar sério quando o míope do padre Augusti enfia um saco de sal na salada de frutas achando que é açúcar? Foi obrigado a passar uma hora lavando a salada. Ainda bem que ele sai no próximo mês, mas vamos sentir muita saudade. Os laços de amizade criados aqui são muito fortes. Parece que conheço desde a infância Luiz Roberto Clauset, Fernando Casadei, Jacques Breyton e tantos outros. De repente um sai e fica a impressão de que nunca mais vamos vê-lo; aí fora nossos mundos são diferentes.

Aguardo a visita de vocês.

---

* Celso Antunes Horta.

*Presídio Tiradentes, quinta, 27 de agosto de 1970*

Christina,

Para quem está preso, até que a "festa" de aniversário foi boa. Além da presença de mamãe e do Tonico — o que muito me alegrou — e das várias cartas que recebi, fizemos uma confraternização: gordas fatias de pernil para cada um, bolo com o tradicional sopro de velinhas (sob aquela gozação) e aluá (suco de casca de abacaxi fermentada), feito com água de torneira mesmo. Cantamos "Parabéns", recebi abraços e os votos de não estar mais aqui no próximo ano...

Na cela há quem já passou dois aniversários na cadeia. Por via das dúvidas, guardei as duas velinhas que formam o número 26. Aproveitarei a primeira para comemorar o segundo aniversário de prisão; a segunda — quem sabe — para festejar os seis anos aqui; e as duas para, na pior das hipóteses, ao sair aos 62 anos. Assim, faço economia de velas e não perco a conta desse meu tempo de exílio na própria terra.

Espero que tenha gostado do colar de miçangas. É fruto de um trabalho paciente, de enfiar rodelinha por rodelinha na agulha, até formar o desenho. A paciência é uma virtude de quem sofre, ensina o Livro de Jó.

Aos amigos, a minha amizade. Aos inimigos, não mando flores. A você, um beijo.

*Presídio Tiradentes, domingo, 30 de agosto de 1970*

Liana e Marlene,

É madrugada, o sono me foge. Pouco acima de minha cama se estende a grade pela qual se vê o soldado dormitando na guarita. Um cochilo apreensivo, sem dúvida, como convém a uma sentinela que se faz de calma para disfarçar os receios que o serviço lhe impõe. Mais adiante é rua, pedaço de liberdade por onde trafegam faróis noturnos. Vão e vêm, vêm e vão, como se não tivessem aonde ir. Aqui dentro é silêncio, tranquilo, carregado de fé. Um fio de música brota do rádio do companheiro ao lado; lê um livro sobre Jesus Cristo: *Quem é este homem?* (de frei Mateus Rocha, editora Duas Cidades). Ouço o latido de cães, ignoro se no presídio, onde baionetas e metralhadoras nos guardam.

Penso nas últimas conversas que tivemos: a paz interior, a possibilidade, hoje, de vida espiritual. Talvez seja uma aspiração generalizada essa da paz. Tanto interior quanto exterior. É o que me dizem os jornais: o protesto dos jovens estadunidenses à invasão do Camboja; o heroísmo dos jovens norte--vietnamitas, que empunham armas para defender o que é seu; a fuga para um mundo irreal, menos cruel que a realidade, através de drogas; a disseminação de ritos e seitas exóticas, desde as concentrações hippies à fidelidade aos ensinamentos dos gurus da Índia. É claro que uma e outra coisa se colocam em planos e perspectivas diferentes. Inegável, porém, que algo queima dentro de nós. Há um barulho interior que, por vezes, nos deixa surdos. Corremos o risco de uma explosão incontrolável.

Talvez a distância que existe entre palavras e atos seja a principal causa da nossa ruptura interior. Aceitamos o jogo dos verbos e damos lances de acordo com o adversário. Falamos o que ele quer ouvir e não o que precisa ser dito. A ponto de cairmos em total contradição, porque não somos capazes de uma só palavra. Aceitamos a mentira como etiqueta de convivência e conivência. Nesse jogo, os únicos derrotados pela própria ilusão somos nós mesmos. Aos poucos nos perdemos no labirinto que armamos com a melhor das intenções.

Frequentemente confundimos fé com amor. Teoria e práxis. Achamos que atingiremos nossos objetivos apenas porque cremos. Caímos no círculo dos milagres. Na fase em que a evocação constitui a nossa única ação. Aguardamos os deuses solucionarem os nossos problemas. Olhamos para o céu como se quiséssemos forçá-los a descer à terra. E nos perturbamos quando percebemos a enorme distância entre o céu e a terra. Entre o que cremos e fazemos. O querer e o decidir. O que se propõe e o que se arrisca.

O único equilíbrio possível, a única maneira de encontrar a paz, a unidade, é no amor. No sair de si. Na ação. O amor é fundamentalmente práxis, transformação, crescimento. Sintonia entre desejo e decisão. Inútil esperar que o milagre venha substituir a nossa incapacidade de opção. A fé só é real quando traduzida em obras. Essas falam por si, dispensam palavras. Fazem-nos passar de espectadores a atores. Exigem risco, coragem diante do imprevisível, humildade perante a vida.

A paz, interior e exterior, não resulta do mero equilíbrio de polos opostos. Só é autêntica quando fruto da justiça. Daí por que a paz se constrói na luta implacável consigo e com os outros; com tudo que, de alguma forma, trai, deturpa ou encobre a justiça.

Vocês me mandaram bilhetes na outra quarta. *Não os recebi. Estavam fora de envelope, perderam-se na portaria.* [Frases riscadas pelo serviço de censura da prisão.] Quando o fizerem, mandem em envelope. Não precisam ser necessariamente enviados na quarta, podem ser deixados na portaria do presídio nos dias úteis, das oito às dezesseis horas.

Obrigado pelas rosas: abriram-se para a luz e morreram. Deixaram a presença de vocês.

Um beijo de paz.

*Presídio Tiradentes,* [*sem data*]

Tonico,

Fiquei feliz em receber sua carta. Você escreve muito bem e com ótima letra. Faça sempre ditado e cópia.

Conhece a história do rei que fez um concurso para saber quem era capaz de descrever, com menos letras possíveis, as maravilhas do Universo? Muitos concorreram. Um sábio escreveu um livro sobre a natureza: o mar, as pedras, a terra, o ar, o fogo, as plantas, os bichos, o ser humano. Outro descreveu as sete maravilhas do mundo: a muralha da China, o templo de Diana em Éfeso, as pirâmides do Egito etc.

Cada sábio escreveu sobre o que mais admirava. O rei, ao final do concurso, recebeu pilhas e pilhas de papéis, contendo as inúmeras descrições. Leu uma por uma, para escolher a melhor.

No meio de toda aquela papelada, encontrou um papelzinho, onde estava escrito: ABCDEFGHIJKLMNOPQRSTUVWXYZ. Viu que, com as vinte e seis letras do alfabeto, todas as maravilhas do Universo podem ser descritas em muitas línguas, formas e estilos. Viu também que, se essas letras não existissem, muitos não poderiam se comunicar por escrito com os semelhantes. Chamou o sábio que escrevera o alfabeto e deu a ele o prêmio do concurso: a mão da princesa, sua filha. Os dois se casaram e viveram felizes para sempre.

Um abraço tamandualesco.


*Presídio Tiradentes, segunda, 31 de agosto de 1970, cela 7*

Querida Thereza,

O melhor presente foi a vinda de mamãe e Tonico. Tonico achou que isso aqui é uma embaixada (antes fosse) e ficou toda a visita correndo pelo pátio. Não gostou muito, o que é bom sinal...

Meu aniversário foi especial: hóspede do Estado, cama e comida de graça, em pleno centro de São Paulo, e a casa toda cercada por guardas armados (gentileza da Polícia Militar), janelas e portas artisticamente gradeadas, jardins iluminados por possantes holofotes. Havia uns quarenta convidados, a sala ficou cheia. Como drinque, água torneiral do Tietê. Graças à arte culinária de dona Stella, devoramos, na velocidade da luz, o pernil e o bolo. Quase engolem a bandeja. Soprei as velinhas, acenderam e logo se apagaram, como vocês previram. Ficaram um pouco inibidas sob tantos olhares. Os convidados gostaram tanto da festa que, até hoje, não foram embora. Decidiram ficar para comemorarmos juntos os próximos aniversários.

[...]

*Presídio Tiradentes, segunda, 31 de agosto de 1970*

Aos padres carmelitas,

Quem vive sempre morre um pouco a cada dia. A fé nos permite penetrar esse mistério e ter em vista sua verdadeira dimensão. Villaça diz em seu livro *O nariz do morto* que o homem só não tem coragem de encarar a morte, o sol e a si próprio. Sinto que, mesmo sem aquela coragem predisposta e consciente dos bombeiros, as circunstâncias da vida me levaram a só não encarar o sol (que aqui, aliás, também não me encara).

A mim mesmo encarei, pela primeira vez, no noviciado, em 1965. Foi um ano duro de roer, mas dos melhores e mais intensos de que tenho lembrança. Ficar no convento da Serra\* não foi fácil. Pareceu que o circo se esvaziara e, de repente, percebi que já não havia para quem representar. Era necessário dissolver as ilusões, abraçar a realidade de uma opção de vida religiosa, olhar-me de frente, sem máscaras, sem disfarces.

Vi, então, que eu não era exatamente o que imaginava. Que a vida religiosa não era uma aventura, um prazer estético; antes de tudo era um testemunho, um compromisso radical de fé. E era justamente isto que me faltava: fé, o encontro pessoal com Cristo, certa garantia interior de que aquele era o meu caminho. As dúvidas foram sufocadas pela escuridão. Durante alguns meses não vi nada, não acreditei em nada, senti-me numa encruzilhada sem rumo ou direção. Vivera tantos anos como leigo, descobrira, falara e escrevera sobre o papel do leigo, os leigos eram exaltados pelo Concílio; e, em meio a toda aquela efervescência do mundo, do laicato e seu papel na Igreja, eu optara pela vida religiosa.

O que significava isso? Não seria um recuo? A escuridão me impedia de raciocinar. O fato é que ali estava eu, de hábito branco, ouvindo as aulas do padre-mestre, cuidando da horta do convento. Mas tudo aquilo soava esquisito, qual um pesadelo em que os fatos não se interligam. Eu procurava o Cristo, a fé, e ele fugia de mim, escondia-se de maneira absurda em seu mistério eucarístico. A liturgia me parecia um conjunto proporcional do ponto de vista

---

\* Bairro de Belo Horizonte.

estético, mas sem nenhum conteúdo; e, entre ela e eu, havia uma parede de aço que impedia a comunicação. Por certo orgulho que conservo ainda hoje, recusei olhar para trás e aceitar a derrota. O amor-próprio me impelia a avançar, a caminhar em frente, mesmo com os pés mergulhados no atoleiro.

Na época, meu confessor era frei Martinho Penido Burnier. Coloquei-lhe as dúvidas, as resistências, as incertezas que me invadiam. Ele me respondeu com uma frase simples, banal, mas que teve seus efeitos: "Quando a gente se perde em uma floresta, à noite, não deve caminhar nem para frente nem para trás; o melhor é esperar o dia clarear". Foi o que fiz. Parei. Esperei, mesmo sem saber exatamente o que esperar.

Uma coletânea de textos patrísticos, sobre o Espírito Santo, cujo mistério eu não conseguia apreender, foi a primeira luz. Em seguida, mergulhei nos místicos: João da Cruz e Teresa d'Ávila. Esta última teve uma influência bastante forte em minha vida cristã... Ninguém me falou mais sensível e profundamente do que ela. Preso em Porto Alegre, foi dela a primeira obra que pedi que me trouxessem.

No último período do noviciado, minha visão era translúcida, transparente, cristalina. Senti o gosto da fé, aquilo que ela tem de doce e amargo. Até hoje busco a intimidade com Deus que ele me permitira àquela época, quando a bonança sobrepujou a tempestade.

No noviciado, encarei-me pela primeira vez. A mim estava ligada a opção pela vida religiosa. Não propriamente por aquilo que ela tem de acidental e que frequentemente foi tido como essencial. O que eu buscava era um encontro total com Cristo, uma disponibilidade completa ao serviço evangélico. A Ordem seria apenas o meio pelo qual eu atingiria o fim. A experiência da Ação Católica e o Concílio me ajudaram muito. Jamais os acidentes pesaram com a mesma força que eles tinham outrora. Não conheci a obediência cega, sem diálogo, nem as rubricas respeitadas quais sacramentos. Não sucumbi sob a cultura clássica. Por isso não pude me dedicar a ler os comentaristas de santo Tomás de Aquino, os velhos manuais, os tratados. Preferi ler Congar, Rahner, Chenu, Ratzinger, Schillebeeckx, Teilhard, De Lubac etc.

Mas nunca tive o que se chama uma vocação intelectual. Nunca pesquisei, comparei, confrontei. Li sempre motivado pelas necessidades imediatas, o que me legou várias carências intelectuais. Toda a minha vida, os meus estudos, tiveram sempre como objetivo a ação. Sou uma pessoa em busca de eficácia.

Uma espécie de militante teológico. Sempre preocupado em como aplicar, como comunicar, como extrair resultados concretos, como determinar a práxis. Embora carregado de grande nostalgia pela vida contemplativa...

Esse período, o primeiro de encontro comigo mesmo, durou até a minha prisão. Creio que aqui se iniciou um novo período, com novos dados, novas fases, novas perspectivas. O fato é que a experiência sempre teve grande valor para mim. Tudo que aprendi foi na experiência e é dela que trago maior assimilação. Transformei-a num jogo, por vezes arriscado, do qual extraio meus melhores prazeres e no qual enfrento também as maiores adversidades. Dessas não tenho temor, porque sei que são apenas fases do jogo. São peças imprevistas que se intercalam na sequência dos lances. Como sei a chave do jogo e conheço o resultado, sou otimista quanto à vitória, transformo as adversidades em simples recuos para avanços maiores...

*Presídio Tiradentes, segunda, 7 de setembro de 1970, cela 7*

Liana,

Você, a cada dia, adquire maior profundidade espiritual e humana. Não costumo acreditar em milagres, mas isso não se confirma quando vejo o que ocorreu a você. De fato, Deus não a esqueceu em nenhum momento. Apenas esperou o momento oportuno de você se abrir à graça. Toda a sua vida, pelo que sei, foi uma busca do Amor.

Você titubeou durante muito tempo, confundiu as coisas, fez tentativas por vários caminhos e, no fundo, permanecia a insatisfação, uma fome não saciada, a solidão. Até que percebeu que o Amor não é propriamente epidérmico. Não é uma aventura, o prazer fortuito de alguns momentos. É encontro interior, sair de si para os outros, na consciência de que buscamos, sobretudo, o bem do próximo. Esta é a graça que Ele lhe concedeu. A maravilha desse Amor dá sentido e profundidade a todos os outros amores, mistério só entendido por quem tem experiência e sabe que a paz interior, a transparência pessoal, é o melhor que podemos obter.

Infelizmente nem todos têm olhos para ver e ouvidos para ouvir. Muitos caminham na noite e gostam, porque não conhecem o dia. Estão de tal forma envenenados pela cultura que respiramos, pelos falsos valores que a sociedade de consumo impõe, que só lhes resta permanecer na busca constante de algo que compense suas frustrações e lhes atenue o vazio interior. Até que ocorra um milagre ou que a consciência deles se modifique em direção ao outro e ao social.

Só quem conhece os dois lados da moeda, como você, pode afirmar qual o melhor caminho. Sabemos que a nossa fé não convence a todos, mas seria inútil se não provocasse atitudes concretas diante do mundo e da história. São as nossas atitudes que falam por nós e traduzem na prática a nossa fé. Por isso, é importante não haver distinção entre o que pensamos, pregamos e fazemos.

O livro não entrou, como você já sabe. Apanhe-o na portaria.

Saiba que eu a admiro cada vez mais. E lembre-se de que o discípulo pode ser maior que o mestre. Rezemos um pelo outro.

Um beijo de paz.

*Presídio Tiradentes, segunda, 14 de setembro de 1970, cela 7*

Queridos Cecília e Dotte,

Vocês estão em ampla preparação para a vinda do primogênito. Só espero que não fiquem no unigênito. Aliás, li no jornal uma entrevista do grande historiador Arnold Toynbee. Perguntaram: "Como explica a explosão demográfica?". Respondeu: "Por um método muito antigo e agradável, parece que inventado pelo primeiro casal que surgiu na face da Terra".

Aqui tudo na tranquilidade carcerária.

Embora não estejamos pessimistas nem otimistas, a prisão é degradante para o ser humano. Como instituição, abominável. Representa tal contradição com o mundo exterior que acaba por nos ensinar muito, sobretudo a respeito da liberdade. Faz-nos revirar a vida, o pensamento, a escala de valores. É um subterrâneo de onde se enxerga as raízes do real. E pode-se avaliar até que ponto são ou não consistentes.

Aguardemos, porém, que decidam sobre a nossa sorte. Pelo mundo afora há muitos em igual situação; inútil preocupar-se, como se isso só ocorresse a nós. O que sofremos é sintoma da época em que vivemos. Se os tempos passam, o nosso sofrimento também.

Na certeza de que essa gestação dará muitos frutos.

*Presídio Tiradentes, terça, 29 de setembro de 1970, cela 7*

Ana e Nando,

Ontem fizemos a festa de despedida do padre Augusti; terminou a pena de um ano a que foi condenado. Quem conviveu conosco durante tanto tempo, ajudando-nos nos momentos mais difíceis, não podia sair sem a nossa profunda manifestação de amizade e agradecimento.

Fizemos uma roda de samba, lembramos momentos e fatos que caracterizaram sua passagem por aqui. Ele nunca deixou de roubar no buraco e, até hoje, ninguém descobriu suas técnicas, nem seus parceiros de baralho. Sempre acordou na hora do almoço, não importa a hora em que era servido. No serviço de cozinha, enganou a todos, não aprendeu a cozinhar, nem a lavar pratos — o mínimo que alguém deve fazer aqui. Mas não lembramos apenas os fatos folclóricos. Sequestramos o caderno de poesias dele e, para sua surpresa, as melhores foram lidas. Ressaltamos seu testemunho cristão, a realidade viva de sua fé entre nós. Ganhou de presente vários trabalhos de artesanato feitos na cela. Não é preciso dizer que sua emoção foi grande. No fim da noite, rezamos em conjunto e lemos a parábola do semeador.*

Iniciativas como essas quebram a rotina da prisão. Aqui não perdemos tempo, ganhamos. Imaginem o que representa a supressão, em nossa vida, de todos os horários supérfluos: nunca saímos para qualquer coisa. Apesar disso, o tempo é curto. O ritmo de trabalho e estudo, intenso. Tenho muitos livros a

---

* Mateus 13,4-9.

serem lidos e não encontro ocasião. Sei que isso parece incrível a vocês aí fora, que nos imaginam com todo o tempo do mundo para ler, tranquilamente, a *Enciclopédia Britânica*. Mas, de fato, não é assim.

Os dias mais calmos são sábado e domingo. Não há visitas de advogados, não entra nada de fora. Nunca saímos da cela nesses dias. Na terça e na sexta, tomamos banho de sol à tarde, agora ampliado para duas horas e meia. A quarta é o nosso domingo. Passamos a manhã preparando-nos para a visita, fazemos a barba, vestimos a melhor roupa. É dia de grande movimentação interna: engraxamos sapatos, só usado neste dia, trocamos lençóis, arrumamos a roupa suja que os parentes lavam em casa, embora muitos lavem aqui mesmo. À tarde, recebemos visitas no pátio. Parece a reunião de uma grande família, quase todos se conhecem. É o dia em que chegam revistas novas, doces, salgados. Após a visita, fazemos um lanche extra, reforçado e sortido. Falamos de nossas famílias e trocamos notícias. Uns estão alegres, outros tristes por terem conhecimento de problemas familiares que não podem, de modo algum, ser solucionados por quem está preso. A pior sensação do prisioneiro é a de impotência diante do mundo exterior, no qual não pode ter nenhuma influência. Aqui, a semana não vai de domingo a domingo, mas de quarta a quarta. [...]

*Presídio Tiradentes, quarta, 30 de setembro de 1970, cela 7*

Liana,

Agradecemos sua presença em nosso interrogatório na Auditoria. Pena não ter sido possível bater um papo. Mas gostei de vê-la; nesses momentos importantes, a gente se sente feliz por se ver acompanhado de amigos. A simples presença é uma forma de solidariedade, de companhia silenciosa, de comunhão. Muitos que lá estiveram nunca conheci pessoalmente. Senti por cada um a afeição profunda dos grandes encontros ou dos momentos de separação inevitável. Cada olhar valia por uma porção de palavras — talvez todas insuficientes diante do que os olhos distantes podiam exprimir.

Esse apoio e essa amizade, principalmente da parte da Igreja, têm sido, sem dúvida, o maior estímulo que recebemos. Em nenhum momento, nem quando ficamos em celas solitárias, nos sentimos abandonados ou esquecidos. "Eu estarei com vocês todos os dias, até a consumação dos séculos", nos prometeu o Senhor.* De fato, Ele está sempre conosco, principalmente nas pessoas que, de um modo ou de outro, marcam sua presença junto a nós. Pessoas que nunca vimos se sentem, agora, irmanadas a nós.

A prisão nos faz participar dessa intensa solidariedade própria aos pobres. Quem já morou em bairro pobre sabe o que isso significa. As pessoas naturalmente se unem para vencer as dificuldades, sobreviver com um mínimo de dignidade. Aqui também é assim, embora tenhamos que crescer muito nesse sentido. Ao chegar aqui, imediatamente fomos colocados numa cela sem nada; logo apareceram lençóis, panelas, comidas, remédios, livros etc. Tudo enviado pelos companheiros presos. Essa mesma atitude sentimos de sua parte e de todos os irmãos aí fora. Vocês não nos esquecem, e nós não deixamos de falar constantemente em vocês. Não precisam nos trazer coisas, importa é sentir que comungam conosco, mesmo à distância — a intensidade dessa comunhão é maior que as barreiras que fisicamente nos separam.

Na vida, nem sempre existe solidariedade, respeito e amor pelo próximo. Conheço dois tipos de solidariedade. No primeiro, somos capazes de fazer tudo pelo próximo, menos aceitar o risco dessa solidariedade implicar provável prejuízo próprio. Essa é a "solidariedade supérflua", damos o que nos sobra: roupas usadas, dinheiro etc. Mas, antes de ir ao próximo, cuidamos de nós mesmos e exigimos todas as garantias, a fim de que a ajuda não se reverta em desgaste para nós. É sempre um auxílio previdente, calculado, limitado e, por isso, paternalista, assistencialista. Assim é a "solidariedade" de quem só dá o que lhe sobra — e nunca se dá.

A verdadeira solidariedade é sinônimo de serviço gratuito. Não exige nada em troca, não se limita ao supérfluo; antes, é entrega de si ao outro. Aceita riscos, sacrifícios, derrotas, problemas e dissabores. Não é calculada, medida, legalista. Jesus tinha repulsa aos fariseus por causa do legalismo que os carac-

---

* Mateus 28,20.

terizava. Várias vezes entrou em atrito com eles, que insistiam em colocar o ser humano dentro de uma asfixiante prisão de preceitos e normas.

Essa solidariedade nada tem de paternalista. Não resolve o problema do próximo, mas ajuda-o a encontrar solução própria. É muito fácil dizer a alguém "faça isso", "não faça aquilo". Se adiantasse alguma coisa, a Bíblia já teria sido preterida pelo livro de Dale Carnegie, *Como fazer amigos e influenciar pessoas.* Com suas soluções em conserva, a *Seleções,* da Reader's Digest, já teria inaugurado a paz celestial sobre a Terra.

Em um de seus livros, Lauro de Oliveira Lima diz que "o professor não é aquele que ensina, mas o que ajuda o aluno a aprender". A solidariedade exige certa pedagogia, em função de sua própria eficácia. O que podemos fazer é fornecer elementos à pessoa para que ela mesma encontre soluções. Esses elementos não podem ser simplesmente "jogados" sobre ela: devem surgir da reflexão em comum. Ao refletir, as pessoas se encontram. Há aqueles que têm medo de se encontrar e, por isso, nunca refletem. Thereza, minha irmã, diz que só gosta de boate quem não aprecia conversar. É um fato. Ali deve ser o lugar mais impróprio para duas pessoas dialogarem.

Há ainda um outro aspecto a ser considerado na solidariedade. Ela deve ter dimensão social. Diz um provérbio oriental: "Melhor que dar o peixe é dar o caniço". Procurar propiciar às pessoas não soluções paliativas, eventuais ou provisórias, mas condições para se emanciparem. Podemos dar um prato de comida ao miserável, mas o melhor é dar-lhe condições para jamais ter fome.

Pode ser que recuperemos a liberdade ainda este ano — caso o promotor não recorra ao Superior Tribunal Militar. Se o fizer, não teremos direito à liberdade condicional.

Temos mais um companheiro de cela: o padre Hélio Soares do Amaral, sacramentino, recentemente condenado a vinte meses de prisão. Um ótimo companheiro. Já esteve três meses aqui, ano passado. Agora regressou.

*Quartel-General da Polícia Militar, Prisão Especial, São Paulo, domingo, 11 de outubro de 1970*

Meu caro Rodrigo,

O meu abraço mais forte, cheio de amizade e felicidade, pelo seu aniversário. Faço uma turnê pelas prisões paulistas. Passei vinte dias como eremita involuntário na prisão do Regimento de Cavalaria da Polícia Militar. Experiência ao mesmo tempo rica e assustadora. Não havia muito a fazer, ou, mais propriamente, não havia nada. De modo que me entreguei mais afoitamente à oração. Eram dias longos como horas de espera do imprevisível. Acordava ao som estridente do toque de alvorada, caminhava a curtos passos pelo pequeno espaço da cela, fazia as preces matinais. Tomava um gole de café preto com pão e manteiga, voltava a caminhar, sentava na cama e estirava as pernas sobre a parede em frente. Como ocupação, para não deixar a imaginação solta, dava aulas, em voz alta, sobre todas as matérias que sei e não sei, a fim de manter o raciocínio alerta. Como distração, cantarolava as poucas músicas que sei, inventava outras, deixava a memória bailar por fatos que renasciam com vivacidade fotográfica. Um dia refiz todo o trajeto que, aluno do Barão do Rio Branco, eu percorria para ir do grupo escolar à nossa casa.

No Regimento, servia-se o almoço num prato de folha de alumínio; eu comia com a colher de pau que os soldados usam para fazer café. Arroz, feijão, macarrão de vez em quando, umas folhas de salada e peixe frito. O suficiente, sobretudo porque eu não tinha fome, devido à completa falta de atividades. À tarde e à noite, o silêncio maior era quebrado apenas pelo tropel e relincho dos cavalos, de modo que podia entreter-me melhor com o Cristo, meu companheiro de solidão. À noite, havia uma distração diferente e não muito agradável: acompanhar o passeio das baratas, bastante desenvolvidas para uma região escassa em alimentos. Cuidava de enxotá-las da cama, ali só havia espaço para mim.

Passados uns dias, recebi meu exemplar do Novo Testamento. Foi uma maravilha. Entreguei-me avidamente à leitura, tratei de decorar algumas passagens que mais me agradam. Li os quatro evangelhos, aprendi o roteiro das viagens de são Paulo, fiquei impressionado com o realismo e a atualidade do Apocalipse de são João.

Num domingo, permitiram-me receber o *Estadão*; continha onze cadernos. Procurei lê-los como quem bebe um bom vinho, desses que o paladar degusta a cada gole. Há mais de uma semana não sabia o que era notícia, nem que Nasser* tinha morrido ou que Nixon** viajara pela Europa. Levei três dias para devorar o jornal de ponta a ponta. Não escaparam nem os cadernos de anúncios classificados.

Dia 8, fui transferido para o Quartel-General. Bem melhor; cela ampla com banheiro dentro, banho de sol todas as manhãs, jornal diário. E tomei o primeiro banho desde que vim para a solitária. Senti-me renovado.

Apesar de tudo isso, sinto no íntimo uma grande alegria. Não por estar preso, mas por certificar-me de que verdadeiramente continuo livre.

*Presídio Tiradentes, terça, 3 de novembro de 1970, cela 17, pavilhão 2*

Queridos pais e manos,

Soube que ficaram satisfeitos com meu depoimento na Auditoria. Fui feliz ao deixar clara minha posição. Voltei ao presídio com grande alívio, como quem se vê livre de uma prova oral que há tanto tempo esperava. Alegria maior foi a restituição da liberdade ao Roberto Romano e, na véspera, ao padre Augusti. Soube da comemoração que vocês fizeram no convento. Agora a cela ficou mais vazia. Somos cinco dominicanos, mais o padre Hélio, sacramentino, recentemente condenado a catorze meses por causa de um sermão no Sete de Setembro, quando afirmou que o Brasil não é um país independente.

Estamos completamente segregados dos demais presos (cela, visita e banho de sol separado). É o prosseguimento da punição que nos levou às solitárias dos quartéis. Aos poucos, ajeitamos a cela. O importante é ter o mínimo de condições para estudo. Conseguimos que a administração do presídio ins-

---

* Gamal Abdel Nasser (1918-70) derrubou a monarquia egípcia e governou o país de 1954 até a sua morte.
** Richard Nixon (1913-94) presidiu os Estados Unidos de 1969 a 1974, quando foi obrigado a renunciar.

talasse prateleiras e mesas; só falta reforçar a luz, fraca à noite. Giorgio Callegari e eu, que éramos os únicos cozinheiros do grupo, já ensinamos ao Fernando, Ivo* e Tito. Cada dia um cuida de toda a alimentação e limpeza da cela.

Recebemos hoje a visita de dom Tomás Balduino, bispo dominicano de Goiás. Dom Paulo Evaristo Arns, novo arcebispo de São Paulo, veio visitar-nos no dia seguinte à sua nomeação pelo papa Paulo VI. Ouvimos pelo rádio a sua posse, gostamos de sua locução, firme e simples.

Ainda não tirei a radiografia, já não sinto dor no peito, exceto um fim de gripe chato e demorado. Dia 5, comemoramos os 34 anos de Giorgio. Segunda, dia 9, completo um ano de prisão. Certamente meu ano mais rico e surpreendente, vivido com mais intensidade.

*Presídio Tiradentes, segunda, 9 de novembro de 1970, cela 17*

Queridos pais e manos,

Todos fomos felizes nos interrogatórios, sem receio de falar a verdade, mostrar que o espírito cristão, em suas exigências de caridade, transcende o que a razão concebe para preservar interesses que nem sempre são os do bem comum.

O eixo central na explicação da minha maneira de agir foi a parábola do bom samaritano.** Ele não perguntou ao homem estirado na estrada se era bom ou mau, se fizera o bem ou fora agredido porque tentara assaltar um viajante. Jesus só diz que ali estava um homem ferido, jogado à beira do caminho, necessitado de quem o ajudasse. Foi o que fez o samaritano, sem perguntar-lhe por seu passado, suas intenções ou razões. Transportou-o dali, deixou-o numa hospedaria, providenciou para que fosse curado e bem tratado. Essa parábola é resumida no ditado popular: "Faça o bem sem olhar a quem".

Hoje faz exatamente um ano que estou preso. Não o senti passar. A prisão

---

* Ivo do Amaral Lesbaupin era seminarista dominicano e permaneceu junto a Fernando de Brito e a mim nos quatro anos de prisão. Deixou a vida religiosa ao sair do cárcere.
** Lucas 10,25-37.

é dura para quem vive na ilusão de sair na próxima semana. As preocupações não irão libertar-me. Um ano na cadeia é um roteiro de livro ou filme. Estive no Dops de Porto Alegre, em celas coletiva e individual. Estreia assustadora e cansativa. O Deops de São Paulo era um pequeno eremitério, onde os dias não findavam. Depois, cela coletiva, quadro de romance do século passado. Dez meses na cela 7 do pavilhão 1 do presídio, ou melhor, nove, suficientes para a gestação de um novo homem. Passei vinte dias na solitária do Regimento de Cavalaria, e dez dias numa cela isolada do Quartel-General. Agora, cela 17 do pavilhão 2.

Ao todo, cinco prisões e oito celas. Cada uma com seus mistérios e surpresas. Cada uma com suas histórias de tristezas e alegrias. Experiência inaudita! Reverso sem verso de um longo poema do humor negro.

Cela 17: seis ou sete metros por três, meia dúzia de pessoas, após a saída do Roberto e do Augusti. Uma privada turca guarnecida por uma cortina de plástico enfeitada com pássaros que não cantam nem voam. Um fogão, onde preparamos nossa comida. Duas mesas, prateleiras para mantimentos, roupas e livros. Uma ampla janela gradeada, por onde o frio ou o calor entra sem barreiras. Um pequeno rádio, que enche o ambiente de música o dia todo. Tal qual uma cabine de navio que navega pela sucessão dos dias.

A todos um grande abraço, com muita amizade.


*Presídio Tiradentes, domingo, 15 de novembro de 1970, cela 17*

Queridos pais e manos,

Desta vez o correio bateu o recorde — a carta postada dia 11 chegou às minhas mãos dia 14 (sem demora da censura). Pela primeira vez, após um ano de prisão, recebemos na cela o corpo vivo do Senhor. Na quinta, padre Luiz Marques, capelão da Polícia Militar, celebrou em nossa cela e deixou hóstias consagradas. Deu-nos um grande apoio quando estávamos incomunicáveis nos quartéis. Todas as noites, após o tradicional joguinho de cartas, rezamos os salmos e comungamos.

Na quarta, revimos frei Domingos. Imaginem a nossa alegria! Trouxe inúmeros abraços da família dominicana da Europa. Em Roma, manifestou desejo de ver o papa, sem muita esperança. No dia seguinte, recebeu a notícia de que a audiência seria dali a vinte e quatro horas. Dificilmente o papa concede audiência com tanta rapidez. Quando frei Domingos entrou, Paulo vi fez menção de levantar-se e abraçá-lo, mas o protocolo não o permitiu. Disse que acompanha de perto o nosso processo e recomendou à nunciatura nos dar toda assistência. Manifestou solidariedade ao nosso sofrimento e enviou-nos a sua bênção. Ao final da visita, deu a frei Domingos um presente, no qual escreveu: "Como testemunho de afeição, Paulo vi". É uma bela caixa, contendo uma cruz em oliveira de Jerusalém. Geralmente, o papa presenteia as pessoas que o visitam com um terço. (Ao ser enterrado, De Gaulle tinha em mãos o terço recebido do papa.) Portanto, a afeição é comprovada ainda mais nesse presente excepcional. Há tempos, enviamos a Paulo vi uma pequena cruz em madeira, esculpida por nós, com nossos nomes gravados. Soubemos que a recebeu.

Na França, frei Domingos visitou três mosteiros de monjas contemplativas dominicanas. Mostraram-se interessadas por nós e enviaram pequenas lembranças. No mosteiro de Blagnac, há um regime especial: recebe pessoas doentes dispostas a abraçar a vida religiosa. Há uma monja, ainda jovem, que lá ingressou após sofrer um acidente de carro. Já se submeteu a diversas cirurgias e deverá ainda passar por mais algumas. Após ouvir a pregação de frei Domingos, escreveu um bilhete à madre priora, como é costume nos mosteiros. Um bilhete simples, de comunicação pessoal e interna, que a priora entregou a frei Domingos. Veio parar em nossas mãos. Diz (em francês é mais bonito ainda, mas vou traduzi-lo):

> Minha querida mãe: se queres, podeis dizer ao padre que uma de vossas filhas oferece especialmente seu sofrimento ao Senhor por nossos irmãos presos, e Deus sabe quanto eu sofro... Na minha próxima operação tentarei ser mais corajosa, mais fiel, mais religiosa, na intenção de ajudar nossos irmãos.
> Vossa pequena irmã e filha,
> Irmã Marike

Eis a resposta enviada a ela:

Querida irmã,

O bilhete que você carinhosamente escreveu à madre priora chegou às nossas mãos. Veio daí até o fundo desse cárcere, onde há um ano estamos presos por causa do Evangelho de Jesus Cristo. Aqui o temos diante dos olhos cheios de lágrimas e emoção. O sofrimento é o ponto de encontro dos cristãos, porque é o prenúncio de nossa ressurreição. Sabemos de seu sofrimento e sabemos que o Senhor já o transformou em graça para nós. Ao ler seu bilhete, fomos tomados pelo impulso de uma nova conversão, na intimidade do Senhor crucificado.

O Senhor deu um banquete e pela sua graça nós, os cativos, fomos convidados. À mesa encontramos você, vestida de luz, alegre, sentada num dos primeiros lugares. Como pedira em seu bilhete, havia sido "mais corajosa, mais fiel, mais religiosa". É também o que pedimos hoje, e pedimos pensando em você, a quem nos sentimos unidos pela fé, pela esperança e pelo amor. Sabemos que nem a falta de liberdade no mundo, nem a carência de saúde no corpo, pode impedir que cresçam a nossa liberdade no Espírito e a nossa vida em Deus.

Tudo é graça. O caminho que conduz à ressurreição passa pelos corredores de uma prisão, passa por uma sala de cirurgias. Um abraço bem brasileiro, com muito amor.

Pois é, quanto mais isolados estamos, mais integrados nos sentimos numa grande família sem barreiras de nações, línguas e culturas.

Bem, são duas da madrugada e a companheirada já foi dormir. Chove muito. Amanhã é dia de improvisar uma macarronada — pelo menos temos boas linguiças para o molho (que, como diz o Giorgio, é o segredo).

A cada um de vocês, um grande abraço.

*Presídio Tiradentes, quinta, 19 de novembro de 1970, cela 17*

Meu caro Carlos,*

Ficamos satisfeitos com a nomeação de dom Rossi para a Propaganda Fidei, em Roma, e mais ainda com a indicação de dom Paulo Evaristo Arns para arcebispo desta cidade.** A primeira visita que este fez, logo após sua nomeação, foi a nós.

A você um forte abraço da Igreja no cárcere.

*Presídio Tiradentes, quarta, 25 de novembro de 1970, cela 17*

Queridos pais e manos,

São sete da manhã. Pelo alambrado que cobre a grade da janela, contemplo o sol de domingo a erguer-se lá fora. Contudo, hoje é quarta. Ontem foi meu dia de trabalho na cela. Acordei cedo para providenciar a retirada do lixo, todos os dias recolhido em latões que atravessam de ponta a ponta o corredor do pavilhão. Arrastados, fazem muito barulho e nos acordam. Em seguida vem o pão, num grande cesto de vime. Dois por cabeça, geralmente cinco ou seis de quebra. O leite chega às oito e meia. Outro latão se arrasta puxado pelo *corró* (preso correcional, comum), gritando pela grade das celas: "Olha o leite!". Os *corrós* fazem os serviços do corredor do pavilhão, levam cigarro de uma cela a outra, revistas, dois tomates, um copo de açúcar etc. Quando estão *na tranca* (guardados na cela), usamos a *teresa* — uma corda de barbante ou fio de plástico, tendo na ponta um saco de plástico. A outra ponta fica na minha mão.

---

* Frei Carlos Mesters.
** Paulo VI demitiu o cardeal Agnelo Rossi da função de arcebispo de São Paulo, em fins de 1970, e o nomeou para importante função em Roma, como forma de afastá-lo do Brasil, devido à sua covardia diante da ditadura militar. Imediatamente o papa nomeou dom Paulo Evaristo Arns para a arquidiocese paulistana.

Jogo o cigarro, dentro do saco plástico, para a cela em frente ou vizinha. Se erro, puxo de volta e tento novamente, até o companheiro apanhar a encomenda. A teresa passa tudo, inclusive vassoura. Jogo o saco de plástico com um pé de chinelo dentro (para dar peso), o companheiro apanha do outro lado e puxa. Na ponta de cá, segue a vassoura amarrada. Viva a teresa!

Ontem era nosso dia de banho de sol. Das nove às dez e meia. Comecei a discutir com o carcereiro às oito. É sempre assim, após um ano de cadeia. Ele dizia que não era dia de banho de sol. Eu retrucava. Banho de sol separado dá nisso: ninguém se lembra do nosso horário, duas vezes por semana. Às dez e meia conseguimos descer. Já tinha preparado o feijão e picado legumes para a salada. Fazia sol. Porém, roubaram-nos meia hora. Nova discussão, lá embaixo, à porta do gradeado. É uma enorme jaula. Se o sol entra no gradeado, bem; se não entra, amém. Subimos às onze e meia, sob promessa de mais meia hora de sol à tarde. Meia hora de sol! Como isso significa para quem passa todo o tempo trancado! Jamais pensei que um dia iria brigar para poder ficar mais meia hora exposto ao sol. Hoje sei o que pensa e sente o pobre. Quando não se tem nada, o pouco que se recebe é muito.

Fiz o almoço. Arroz, feijão, salada e um gomo de linguiça para cada um. Depois, o que não gosto de fazer: lavar pratos e panelas. Mas lavei tudo, inclusive o banheiro. Quem disse que lavou o banheiro esta semana pecou, porque mentiu. Estava sujo, cheio de gordura. Lavei o fogão. Pus cera nos cantos da cela, a fim de congestionar o tráfego das baratas. Tomei um banho. Deixei as batatas no fogo para o purê do jantar. Arroz e feijão a gente faz uma única vez para as duas refeições. É só requentar à noite. O purê ficou delicioso; sobrou e enviamos à outra cela. Jantamos sem a meia hora de banho de sol à tarde.

Após o jantar, nova lavação de pratos e panelas, varrer a cela, arrumar o lixo, deixar na porta para ser recolhido no dia seguinte. Cansaço. Os companheiros fizeram a digestão jogando buraco. Caí na cama de roupa e tudo e dormi. Não me acordaram para a oração da noite. Despertei à meia-noite, pus o pijama, voltei a dormir após um copo de chá quente.

Hoje é dia de trabalho do Pipo.* Ele dorme como uma pedra. Adiantei o

---

* Apelido de frei Giorgio Callegari.

café, apanhei o pão e o leite. Agora só trabalho daqui a cinco dias. Cinco dias para estudar, ler e escrever.

Sábado passado acordamos todos às seis horas. Às sete, chegou à cela dom Paulo Evaristo Arns. Veio celebrar conosco. Foi uma missa muito expressiva, cantada. Tomou café conosco, reforçado pelo pão de ló trazido pelo padre Luiz, capelão da PM.

O Caldas* foi libertado na segunda. Teve sua prisão preventiva relaxada pela Auditoria.

Agradeçam à Bertula pelas balas delícia. O doce de leite estava ótimo também.

Um grande abraço.

*Presídio Tiradentes, domingo, 29 de novembro de 1970*

A um padre carmelita,

Em sua última carta você se refere à dificuldade de diálogo com os pobres, cuja linguagem é quase incompreensível para os cristãos clericais. Creio que essa dificuldade é estabelecida por nós mesmos, que nos afastamos do convívio normal com as pessoas, sob o pretexto de estarmos mais disponíveis para a pregação do Evangelho. Muitos de nós nascemos em famílias operárias e há mesmo cardeais filhos de camponeses. O ingresso precoce no seminário tirou-nos da realidade de nosso meio e deu-nos condições de vida que serviram como promoção para melhores categorias sociais. A cultura clássica modificou-nos o raciocínio e a linguagem, os tempos prolongados de formação enclausurada afastaram-nos dos problemas reais que são problemas vivos e dramáticos de todo mundo, menos dos ricos e dos padres. É possível agora construir uma ponte entre o nosso mundo e o mundo que está fora de nossas instituições eclesiásticas? É possível modificar a nossa maneira de ver e de viver?

---

* João Antônio Caldas Valença, ex-dominicano.

Quando Pio XI afirmou que a Igreja havia perdido a classe operária, quis dizer que a Igreja havia se aburguesado a ponto de perder a sensibilidade para os pobres. Posteriormente foi feita a experiência dos padres operários. Creio que a solução só virá quando tivermos operários padres, quando eles encontrarem um lugar em nosso meio sem traírem o seu meio de origem. Para chegar a isso, porém, é preciso antes quebrar muitas barreiras, acabar com inúmeros tabus, passar da reflexão doutrinária à vivência cristã, pois de que vale a pregação sem o testemunho?

O que temo é que cheguemos a essa renovação não por opção própria, por iniciativa pessoal, mas forçados pelas circunstâncias. Pois é um fato que essas circunstâncias se delineiam, vão se estabelecendo à nossa volta e nos condicionando a novos tipos de comportamento.

Vocês sabem que, aqui, não nos permitem receber os sacramentos. No entanto, jamais tive vivência sacramental como aqui. Creio que as circunstâncias de tal modo nos levam a interiorizar o espírito do Evangelho — basta que a morte se apresente como uma realidade — que todo o conjunto da prisão forma um grande canal de transmissão da vida divina. E como é sensível esse sinal! Só o termo *kenosis* pode traduzir a transformação que sofremos, pois somos levados a atingir aquele ponto em que todo valor passa a existir dentro de nós. Aceita-se a existência em completo despojamento, pois não se sabe quando sairemos daqui e muito menos o que será a nossa vida depois. O certo é que essa situação nos coloca na "estatura de Cristo".

Por isso entendo agora o que dizia um pároco de minha paróquia no Rio: "O pobre, pelo simples fato de ser pobre, chega a uma união tão íntima com Cristo, tão íntima e real quanto aquela conseguida pelos místicos". Ele dizia ainda que a presença real de Cristo pode ser encontrada nos sacramentos e nos pobres. Isso é verdade, pois creio que os homens que, por sua condição de vida, se assemelham a Cristo têm mais facilidade de encontrá-lo e reconhecê-lo.

O que não é fácil é chegar a essa "redução" teológica que nos revele Cristo. Estamos muito marcados pela concepção helênica de Deus e perdemos a realidade daquele que é a própria negação dessa concepção: Jesus Cristo. Nossa referência religiosa é mais na linha da ideia de Deus que da vida de Cristo pobre e perseguido. Com isso perdemos a dimensão semítica, bíblica, histórica, escatológica da vida cristã. [...]

*Presídio Tiradentes, domingo, 29 de novembro de 1970*

Christina,

Não é fácil, após um ano de prisão, quase o tempo todo no mesmo lugar, encontrar assunto para cartas. Não há propriamente carência de fatos, talvez de imaginação, que deveria funcionar mais que o espírito crítico nesse mundo em que a liberdade é, tão somente, uma esperança... sem data, pelo menos para mim. Devo, pois, contentar-me com os poucos momentos em que os sonhos encobrem a nudez vergonhosa da realidade. Então, sou transportado ao alívio de meus planos futuros, de lembranças passadas, quase sem perceber como são duras e frias as barras de ferro dessa cela. Basta virar os olhos e reencontrar as grades surdas e impassíveis diante do sofrimento humano — um sofrimento que me recuso a aceitar e transformo em expectativa irrefreável.

A natureza concedeu-me serenidade, e esta tem sido a minha melhor companheira. A seu lado, assisto ao desfile das horas, dos dias, dos meses. Tudo passa e eu fico; estou à espera, não posso abandonar o posto. Não é bem resignação diante do destino, como quem sofre calado por considerar a covardia a situação mais cômoda diante de um mundo agressivo. É uma atitude consciente de quem sabe que as causas vão muito além dos homens que as defendem.

Há um saldo positivo em tudo isso. Hoje, sinto-me mais maduro, mais realista, mais experiente. Sei que a prisão me imprime reflexos e hábitos que me acompanharão ao longo da vida. Haverei de conservar alguns, outros ficarão aqui, são próprios da vida de reclusão. Talvez eu não resista à contaminação e readquira velhos hábitos. Algo, porém, pretendo conservar: o gosto pela solidão.

Breve será o meu segundo Natal na cadeia. Quantos virão? Aqui, tudo é imprevisível; a única realidade é o presente em que estamos mergulhados. Felizmente ninguém sofre pela minha ausência. Lamento pelos companheiros que têm esposas e filhos e, provavelmente, longos anos de cadeia pela frente.

Leio vorazmente, embora disponha de reduzida biblioteca.

De você, muita saudade.

*Presídio Tiradentes, [sem data]*

Meu caro Carlos,

Alegria, alegria! É preciso coragem para se sentir alegre em meio a tanto sofrimento. De dentro de mim tento arrancar alegria para dar um pouco aos que habitam as celas lúgubres e frias deste pavilhão 2. Um edifício assustador; foi senzala de escravos e é tão velho quanto a tragicidade da condição humana. No térreo, os convidados ao banquete.* Uma ou duas centenas de homens vivem segundo a lei da selva. À noite, espalham suas mágoas ao vento, ao som do batuque de latas e caixotes. Cantam o próprio desespero. Gritam a impotência diante do mundo e da vida. Sofrem no silêncio de suas vidas anônimas, são os *marginais*. Desde a margem, assustam os que passam pela estrada.

No andar de cima, outra centena, presos comuns, quase todos enquadrados na Lei de Segurança Nacional por assaltos a bancos, enfiados em celas que mais parecem compartimentos de um grande frigorífico. Ao fundo, estamos nós, os presos políticos. Numa cela, isolados, separados, meia dúzia de cristãos. Não nos permitem falar e conviver com os demais presos.

Sei quanto resisto ao ódio. Mesmo àqueles que, porventura, me odeiam. Não estamos numa querela de opiniões. Estamos num tempo histórico. O futuro mostrará quem tem razão.

Sei como o desespero espreita essas paredes. E como lágrimas secas corroem corações ainda jovens. A interrogação, a suprema interrogação do valor da vida humana... Nem todos resistem à situação em que se encontram. Nem todos conseguem enxergar dentro das trevas. Para quem prende, um a mais; para quem é preso, toda uma existência.

Em frente à minha cela há uma outra de presos comuns, assaltantes de bancos. Um deles, aos 24 anos, está condenado a uma pena igual à sua idade. Esse é o tempo necessário para que um homem se recupere? É preciso tanto tempo para que ele assuma um novo rumo na vida? Em que condições? Guardado indefinidamente numa jaula, entregue à ociosidade?

É preciso estar alegre, saber amar com todas as forças para que o desespe-

---

* Marcos 14,12-4.

ro e o ódio não nos dominem. É preciso serenidade, se não o vasto corredor que atravessa essas celas nos engole. É preciso paciência, se não o barulho de portas e chaves que não nos pertencem nos ensurdece. É preciso confiança, a existência humana é radicalmente transcendente, e essa transcendência, sentida mesmo por quem não tem fé, é o que nos impede o suicídio.

Reze por nós.

*Presídio Tiradentes, sexta, 4 de dezembro de 1970*

Querido Cláudio,*

Gostamos muito de sua carta. Foi lida à noite, em comum, logo após a recitação dos salmos na tradução do Mesters e antes de recebermos o corpo do Senhor. Ela levanta muitos problemas e coincide com as reflexões que temos feito nesses porões da história. Eu gostaria de dar minha opinião a respeito de alguns pontos que, creio, são hoje os mais discutidos no seio da Igreja.

Inicialmente devo dizer que concordo com a opinião de dom Fragoso** a respeito da Igreja institucional. "É *nesta* Igreja...", como ele diz, nesta Igreja que vamos chegar à renovação, à salvação. Simplesmente porque esta Igreja somos nós. Não há uma Igreja no Céu, uma Igreja do papa, uma Igreja que paira sobre os homens qual uma imagem intocável e venerável. Se a Igreja erra, é porque nós erramos. Se a Igreja reflete a verdadeira imagem de Jesus Cristo, é porque nós nos deixamos conduzir pelo Espírito. Pois sair da Igreja é uma tentativa inútil de sair de si mesmo, o que é impossível. Se a instituição é pesada, retrógrada, enferrujada, é porque a fizemos assim. O que significa que podemos fazê-la leve, avançada e elástica. Creio que essa foi a grande responsabilidade que Cristo nos entregou: a Igreja. Ela não se confunde com ele, mas se

---

* Frei Cláudio van Balen, carmelita de Belo Horizonte.
** Dom Antônio Batista Fragoso (1920-2006), bispo de Crateús (CE), vinculado às Comunidades Eclesiais de Base e à Teologia da Libertação.

confunde conosco. Fundada por Cristo, é obra dos homens. Podemos repudiá-la, prostituí-la, purificá-la e santificá-la. Podemos até desmembrá-la. O fato, porém, é que a Igreja somos nós, é nossa, e só é Igreja enquanto sintonizada com o Evangelho. Não existe uma Igreja de diversões, uma Igreja de promoções sociais etc. Existe apenas uma Igreja de fé na palavra de Deus.

Quem quer renovar a Igreja "por fora" pode renovar-se a si mesmo, mas nunca a Igreja. Se a renovação por dentro é custosa, é porque não temos coragem de falar e humildade para ouvir, porque aprendemos no seminário que o bispo é o dono da verdade e o bispo nem sempre sabe distinguir aquilo que é sua verdade pessoal e a verdade evangélica... O que nem sempre coincide!

Quando fui preso em Porto Alegre, senti que alguém no episcopado olhava-me com desconfiança.* Mas eu sabia como minhas atitudes tinham sido pesadas na oração. Sabia que deixar de agir era, para mim, objeto de confissão e penitência. Então confiei. Hoje o pastor desta cidade vem à nossa cela repartir conosco o mesmo pão e o mesmo vinho.**

E se o contrário tivesse ocorrido? Se eu recebesse impedimento à ordenação, cartão azul da Ordem? Levantei essa hipótese. Pensei no silêncio imposto ao padre Congar, ao padre De Lubac, a Teilhard de Chardin, e meditei sobre como eles souberam guardar a fidelidade. A fidelidade é a garantia da esperança. Se o Senhor trouxe-me ao cárcere — onde eu jamais queria estar —, a tantos outros lugares ele poderia conduzir-me. Há muitas maneiras de servi-lo, e muitos são os caminhos que conduzem à redenção — mesmo completamente fora da instituição da Igreja.

"Aumenta o número dos que pulam fora", escreve você. Isso é certo. Sobretudo entre o clero. Há muita gente cansada de ser padre, esvaziada quanto ao sentido de seu sacerdócio, fascinada pelas delícias e possibilidades da vida leiga. Isso também é culpa da estrutura que montamos, enfeitamos, canonizamos e agora queremos destruir. Não é culpa dos que "pulam fora". Eles saem para ser mais autênticos. Saem para viver com mais realismo. Saem porque não encontram "dentro" o que buscavam. Saem lançando um desafio a nós que ficamos.

---

\* Referência ao cardeal Vicente Scherer.
\*\* Referência ao cardeal Paulo Evaristo Arns.

Não acredito que eles propriamente estejam insatisfeitos com a instituição, que permanece. Acho que a insatisfação é com as estruturas da instituição, que têm valor absolutamente transitório. Seminários, regras, instituições, disciplinas, direito canônico, cúria, colégio cardinalício, paróquia etc. — fazem parte da estrutura, não têm nenhum valor perene. A Igreja nasceu sem isso e pode viver sem isso. O drama é quando absolutizamos a estrutura a ponto de identificá-la com a instituição. Se quebramos a estrutura, temos a impressão de que um pedaço da Igreja foi arrancado e esta ficou mutilada em sua essência. Cristo fundou a Igreja com uma dúzia de homens pobres e iletrados. Vamos afundá-la se não nos lembrarmos disso.

Os padres que "pulam fora", em sua maioria, deixaram a estrutura e não a instituição. Muitos, inclusive, gostariam de exercer o sacerdócio dentro de *novas* estruturas. Mas não têm paciência para esperar a longa gestação (pelo menos para eles) de uma Igreja enraizada em dezesseis séculos de estratificação estrutural. Infelizmente a contribuição que eles poderiam dar "de fora" nem sempre surge como era de esperar. Com frequência são de tal maneira envolvidos por sua problemática pessoal que não conseguem enxergar para além do novo mundo doméstico.

O que considero mais grave na saída de todo aquele que habita o interior da Igreja é a eventual perda de fé. Grave para nós, que não demos um testemunho convincente. É um escândalo que dentro de nossos seminários se perca a fé. Significa que a vida cristã que levamos é morosa, escorregadia, moralista, individualista, pouco corajosa, pouco arriscada, pouco ousada. Significa que os nossos seminários formam padres, pregadores, filósofos, teólogos... e quantos cristãos? Quantos homens capazes de arriscar sua vida pela fé?

Conheço vários que saíram para casar. Aqui se coloca a questão do celibato. Coloca-se também — e creio que isso é o que importa — a questão da formação para o celibato. Se consideramos tratar-se de um carisma, cujo valor reside no serviço integral ao Reino de Deus e no testemunho escatológico, não devemos esquecer que esse carisma supõe um desabrochamento, uma consciência de sua plenitude. Partindo do princípio de que todo padre — até que haja modificação — deve necessariamente possuir vocação para o celibato, é muito importante uma formação que não faça do celibatário um neurótico, um ser cuja inadaptação ao mundo da sensualidade gere conflitos e ilusões. De fato, em nossos seminários, supõe-se que todo candidato é um celibatário em potencial. Para proteger o seu carisma, criam-se dificuldades ao contato com tudo aquilo que representa sensualidade, principalmente a mulher. O pior é quando o seminarista não teve adolescência, foi "recrutado" aos onze anos de idade: é um ser arrancado precocemente do seio da família, das amizades naturais, e jogado na estrutura artificial e anti-humana de qualquer seminário menor. Aos trinta anos, ele vai agir como um rapaz de dezesseis.

É grave também a ilusão que se procura impor ao celibatário. A maior é a de que "o amor de Deus substitui e preenche o amor humano". Isso é mentira. O celibato é uma renúncia mesmo. O vazio fica e nenhuma vida mística preenche. Santa Teresa d'Ávila fala disso em sua autobiografia. E creio que Deus quer justamente que sintamos esse vazio: é aí que descobrimos que somos capazes de amar e de renunciar por amor. É nesse vazio que sabemos se somos homens, machos, capazes perfeitamente de amar e fazer feliz uma mulher. Quem duvida disso deve sofrer muito, pois a assexualidade é uma anormalidade. É com plena consciência de sua masculinidade que um sacerdote pode se realizar em seu celibato. O grande valor desse carisma é a possibilidade de libertação para o serviço que ele apresenta e o testemunho da grandeza da fé. Não creio que um padre assexuado possa dar um bom testemunho de seu celibato.

A propósito: todo preso é, por força das circunstâncias, um celibatário. Muitos companheiros já vieram me dizer: "Nunca pensei que isto fosse possível. Hoje, por experiência própria, compreendo como vocês padres podem passar sem mulher". A maturidade emocional de um homem não depende do casamento. Mas é um fato que, entre o clero, a imaturidade emocional é frequente. Isso só pode ser explicado por uma formação defeituosa, racionalista, pouco existencial. Daí tantos padres inteligentes, cultos, mas de uma ingenuidade, de uma insegurança de fazer dó. Por isso, eu acho que ninguém deve ingressar no seminário antes dos vinte anos. E será muito bom o dia em que pudermos ser celibatários ao lado de padres casados. [...]

*Presídio Tiradentes, domingo, 6 de dezembro de 1970*

Querido Carlos,*

[...] Só na consciência da comunidade histórica, através da "memória" do passado, é que podemos, no presente, interpretar os desígnios de Deus para o futuro. Você faz-me ver como a Bíblia é atual e nos fornece um instrumental empírico-teológico para a análise do presente-futuro à luz da fé. Seu trabalho não trata a Bíblia como um livro mágico, só acessível aos entendidos. Ela é o colóquio claro e amoroso de Deus na história dos homens. Graças ao seu método, qualquer operário é capaz de entender a Palavra de Deus, de buscar ali uma orientação normativa.

A impressão que tenho é de que toda a nossa Teologia é erudita. Usamos uma linguagem inacessível ao homem do povo. Este se satisfaz com suas superstições, com seu sincretismo, com suas magias. Como fazê-lo entender a mensagem religiosa fora de um plano onírico, sentimental? Como fazê-lo encontrar em Jesus Cristo uma atitude consciente de vida? A própria espiritualidade que transmitimos é individualista, desencarnada, neutralizante, enfraquecedora, submissa, resignada e aburguesada. Não é uma espiritualidade de coletividade, de encarnação, de ousadia, de engajamento, de risco, de coragem, de uma fé encarnada e redentora.

Por isso, a atitude do cristão no Ocidente é frequentemente de passividade, de fatalismo, de obediência a tudo aquilo que aparece com o rótulo de tradicional, de ordem, de prestígio, de situação legal estabelecida. A fé não desperta uma atitude crítica. A religião serve de anestésico para os sofrimentos da vida, de consolação nos infortúnios, de ópio.

O cristão acomoda-se dentro da Igreja, onde está assegurada sua salvação e garantida a promessa de recompensa futura. Sua preocupação religiosa é com uma vida reta, honesta, direta, ordeira, de acordo com o conteúdo falso e oportunista que a cultura burguesa confere a tudo isso.

O bom cristão é o bom cidadão, aquele que não contesta, não desafia, não indaga, não subverte, não reclama, não reivindica. Sua dimensão de pecado é

---

* Frei Carlos Mesters.

exclusivamente individual e o seu Deus é um Deus do branco, do colonizador, do patrão, da autoridade pública, do europeu que ergue a bandeira da liberdade, da igualdade e da fraternidade para, com a ponta do mastro, esmagar os povos da África, submeter os povos da Ásia e explorar os povos da América Latina.
[...]
Ah! Não basta um ato de contrição para que os nossos pecados de cumplicidade sejam apagados da história. Ainda devemos muito. Os crimes continuam, e nós pregamos a paz, queremos a paz e não temos coragem de denunciar ao mundo os assassinos, nem de lutar ao lado das vítimas. Tudo se transforma para nós numa questão delicada diante da qual devemos manter uma atitude de "prudência". Não seria a "prudência" o maior pecado da Igreja? [...]

*Presídio Tiradentes, sexta, 11 de dezembro de 1970*

Queridos pais e manos,

Mal se consegue pensar numa situação dessas, em que o imprevisível se transforma em realidade decisiva. Voltamos àquele estado de expectativa total. Tudo é espera, tensão, surpresa. Não há prazos nem certezas. No ar, a fatalidade como presente.

É o terceiro sequestro que acompanho de dentro da prisão. É curioso, não me acostumo com acontecimentos desse tipo. Há sempre um impacto novo, forte, que atinge o inconsciente. O preso, mesmo convencido de que seu nome não será reivindicado, dificilmente consegue abstrair-se da possibilidade de uma liberdade inesperada. Participa da expectativa coletiva, que envolve todos. Cada notícia, cada nova negociação, é como se a sua vida estivesse sendo decidida num jogo de dados. Há uma pequena margem de previsibilidade, como a de saber que serão libertos aqueles que têm contra si as mais pesadas acusações. Há, porém, muita surpresa, como foi a inclusão do nome de madre Maurina na lista dos prisioneiros trocados pelo cônsul japonês.

De minha parte, não conto nem mesmo com a surpresa. Não vejo que interesses podem ter em mim grupos responsáveis por esse tipo de ação. Uma madre Maurina se explica por ser superiora, possivelmente a única mulher nessa condição presa no Ocidente. Buscava-se com isso, me parece, uma repercussão política. Padres e religiosos presos há em toda parte. Não constituem novidade. Freiras, no entanto, são raras. O que nos atinge agora não é tanto a possibilidade de uma libertação pessoal. É a psicose, a expectativa incontrolável que se cria entre os prisioneiros.

A todos, um abraço na expectativa Daquele que vem.

P.S.: Tito, incluído na lista dos sequestradores, já assinou o termo de banimento.

*Presídio Tiradentes, Natal de 1970, cela 17*

Liana,

Estamos em tempo de festas. Tempo de confraternização num mundo tão dividido. Tempo de alegria em que há tantas lágrimas. Tempo de amor sobre ódios. Tempo de presentes em meio a tanta solidão. Nessa contradição, descubro o sentido do Natal. Cristo vem, justamente, estabelecer a paz onde há guerras, pregar a justiça onde há opressão, promover a unidade onde há desencontros.

Não podemos ser complacentes com os limites visíveis ou invisíveis que segregam as pessoas, separando-as em brancos e negros, ricos e pobres, crentes e ateus. Temos o péssimo costume de achar que só é bom o que está ao nosso lado. Tudo o mais é suspeito ou desprezível. Faltam-nos paciência e humildade para reconhecer o que há de válido e positivo além de nossas razões. Nem sempre temos segurança na verdade do que cremos — o que nos leva a considerar a verdade alheia uma grande mentira.

É tempo de revisão, de exame de consciência. O cárcere é uma espécie de genuflexório onde ajoelhamos diante da própria vida. É uma janela do mundo, da qual vemos tudo e todos. É, sobretudo, a reunião dos segregados, banidos do convívio social. Na carência da liberdade reside a nossa solidariedade. Mas a prisão tem seus limites, por pior que seja. Retém o corpo, não o espírito, nem a mente, a fé, a história. Faz reconhecer que a liberdade é muito mais que simples movimento físico; nem sempre estar livre significa ser livre.

Essa é a angústia do homem moderno, sobretudo nos países desenvolvidos: julga-se livre sem saber o que fazer dessa liberdade. E sente-se preso, cada vez mais preso, ao abusar de sua liberdade. Busca, então, a realidade imaginária, a vertigem dos sonhos, o frenesi das sensações, numa tentativa desesperada de libertar-se. De quê? De si mesmo, em si mesmo, para si mesmo. Às vezes, procura destruir-se, ir ao limite supremo de sua resistência, arriscar-se a ponto de desafiar a morte — que, pelo menos, o arranca dessa opressão vital. Ou, então, mergulha numa egolatria que o leva à total insensibilidade diante da liberdade alheia. Para esses, a morte é sempre uma perda, estigma implacável do fracasso. Tanto num caso como noutro, o homem só conhece a "liberdade de". Em outras palavras, não conhece liberdade nenhuma, pois só existe *liberdade para* — ela é sempre intencional.

A liberdade do ser humano se mede pela liberdade de seu próximo. Se o próximo é desrespeitado, injustiçado, usado, o que existe é libertinagem. Se o bem comum não é favorecido pela minha liberdade, o que existe é liberalidade.

O Natal me faz meditar sobre o sentido cristão da liberdade. Qual a liberdade de Cristo? Não foi, como ele mesmo deixou claro, a de fazer qualquer coisa, mesmo o que estava a seu alcance. Poderia ter convocado uma legião de anjos para salvá-lo da morte na cruz e, no entanto, não o fez. A liberdade dele foi sinônimo de serviço. Mesmo na cruz, permaneceu livre.

Deus, que é amor, renasça em seu coração.


*Presídio Tiradentes, noite de Natal de 1970*

Queridos pais e manos,

Hoje é noite de Natal no cárcere. A gente volta à infância, aos presentes de criança, à Missa do Galo, à carne com vinho da ceia. A gente tem vontade de fazer poesia, mas sabe que não é poeta. Esta noite me sinto profundamente unido a vocês. Dentro de mim há uma liberdade e uma alegria imensas, forjadas sem dúvida no sofrimento, como a água infinda do rio que brota da rocha.

Há um clima contagiante de alegria no presídio. É claro que todos nós aqui trazemos uma saudade de tudo e de todos que nos são queridos aí fora. Mas é claro que também aqui, numa convivência tão longa, íntima, formamos uma só família de prisioneiros. Em cada um de nós, sedento de justiça, paz e liberdade, renasce aquele que encarna tudo isso: Cristo no presépio.

[...]

É noite de Natal no cárcere. Os carcereiros vieram dar e receber os nossos cumprimentos. Pouco antes da meia-noite fizemos a nossa liturgia. Cantamos o "Glória", meditamos sobre o nascimento de Jesus descrito por Lucas, cantamos o "Magnificat", rezamos os salmos. Nossa ceia foi um sanduíche de bife, ovo e tomate. De sobremesa, uma caixa de bombons que entrou após algumas dificuldades, pois são recheados com licor.

Agora todo o presídio canta. Como se só o nosso canto alegre e livre devesse ecoar pelo mundo. Do pavilhão feminino, as meninas cantam e nós aplaudimos. Daqui, nós cantamos e elas aplaudem. As grades e as paredes do cárcere não conseguem reter nossa voz. Esta brota em coração quente de amizade e carinho, e nos une numa única esperança. Lá embaixo, os presos comuns também cantam. Revivem a batucada do morro em latas e caixotes. Todos sabem que é Natal. Que alguém renasce. E pelo canto nós testemunhamos que também renascemos para reivindicar um mundo sem lágrimas, sem ódio e sem opressão.

É maravilhoso ver esses rostos jovens pregados à grade, cantando o amor. Este momento a gente não esquece nunca. É um espetáculo proibido aos nossos juízes, promotores e policiais que nos prenderam. Eles não suportariam a beleza desta noite. Quem gera lágrimas deve ter medo de um simples sorriso.

O corredor do pavilhão produz uma boa acústica. Tudo parece vibrar aqui dentro como se, de repente, o vento fino desta noite de verão trouxesse consigo a vida que há no mundo da liberdade. Um mundo que nos invade por dentro, pois foi por fazer outros livres que fomos presos. Bem em frente à nossa cela há um negro enorme, de voz possante, que dirige o canto. É o chantre do cárcere. Possui um repertório tão grande como seu corpo. Um homem de notável humor. Passa o dia gritando pela grade: "Quer dizer que, além de preso, tenho que ficar no xadrez?". "Tirem-me daqui que já estou me familiarizando." Foi preso recentemente, e é bem provável que fique aqui uns vinte anos. Agora, ele adverte: "Vamos no tom de *lá*, porque o de *ré* está dando pra trás". [...]

*Presídio Tiradentes, domingo, 27 de dezembro de 1970*

Querida irmã Paula,*

[...] Em matéria de vida ativa, o Senhor fez-me ultrapassar barreiras até então inexpugnáveis. Meus caminhos sempre foram agitados e arriscados. Hoje aceito isso como vocação. O Senhor chamou-me ao cárcere. Jogou-me nos subterrâneos da vida e da história. E onde outrora imaginávamos que só havia maldade, indiferença e pecado, encontrei a graça, a fidelidade, o amor, a esperança.

Pode ser que certos apóstolos não queiram ir longe demais. Preferem a área limitada e segura da paróquia, do convento, das reuniões catequéticas e educativas, da casa burguesa onde o padre ajuda a enfeitar a mesa.

Mas Cristo vai mais longe. Não teme ser tentado, difamado, chamado de belzebu, amigo das prostitutas e dos pecadores. Não importa que o chamem de beberrão, comilão, desrespeitador da lei e indiferente às tradições.

Cristo vai aonde não temos coragem de ir. Quando o procuramos no templo, ele está na estrebaria; quando o procuramos entre os sacerdotes, ele está entre os pecadores; quando o procuramos livre, ele está preso; quando o procuramos revestido de glória, ele está coberto de sangue na cruz. Nós é que criamos os limites. Dividimos o mundo entre bons e maus, achamos que Deus se submete às nossas ideias, aos nossos preconceitos, às nossas racionalizações. Quantas vezes ele não esteve aí, sentado na escada da portaria, à espera de um pouco de comida...

Eu também fui criado num meio capaz de exprimir repugnância pelo pobre, pelo negro, por tudo aquilo que conhecemos como a escória do mundo.

---

* Irmã Paula Ramos, OSB, monja beneditina que residia em uma favela de Salvador. Em 2017, vivia no mosteiro de Santa Cruz do Sul (RS).

De repente, vejo-me entre essa gente. Atirado numa cela apertada, fétida, onde o ar tem cheiro de suor. Vejo-me lado a lado com presos comuns, bandidos, assassinos, ladrões, estupradores. Gente com quem não teríamos coragem de cruzar numa rua à noite.

Então penso, em meu orgulho pequeno-burguês: devo levar Cristo a essas pessoas, devo melhorá-las. E o que descubro? São elas que me revelam a verdadeira imagem de Cristo. São elas que estão a seu lado na cruz, e com ele realizam a nossa redenção.

Fico envergonhado, já não sei o que dizer. Sei apenas que devo receber, entender, na companhia dessa gente que chamo de "os convidados ao banquete", o sinal de Deus. Disso estou certo: eles estão salvos. Os roubos e assassinatos que cometeram não foi por culpa deles — foi por culpa nossa. Culpa nossa, porque não soubemos respeitar o direito do próximo, fomos egoístas, gananciosos, opulentos, fechamos as janelas das nossas casas diante de suas favelas, aceitamos a divisão entre ricos e pobres, olhamos para eles com suspeita, nojo e medo. Eles são pobres, humildes, rejeitados e condenados como Cristo. São a imagem viva do Senhor. [...]

*Presídio Tiradentes, quinta, 31 de dezembro de 1970 — Réveillon*

Maria Inês,

Permaneço na prisão com os meus três confrades dominicanos: Fernando de Brito, Ivo Lesbaupin e Tito de Alencar Lima. Este último foi incluído na lista de prisioneiros a serem libertados em troca do embaixador da Suíça. Por ora, as negociações estão paradas.

Roberto Romano foi libertado a 28 de outubro, depois de tentativa de suicídio (cortou as veias dos dois pulsos) causada pelo clima psicológico da vida no cárcere. Não foi um ato de fraqueza, mas de protesto de quem se encontrava na prisão havia quase um ano sem que houvesse acusação contra ele.

João Caldas, que deixou a Ordem Dominicana, saiu da prisão em novembro. No dia 24 deste mês, o nosso presente de Natal foi a libertação do frei Giorgio Callegari, italiano; também contra ele não havia nenhuma acusação.

Ficamos, então, os quatro, esperando um processo/julgamento cuja data ainda não foi marcada. Somos acusados de um "crime", isto é, de haver escondido e ajudado a sair do país pessoas consideradas "subversivas" procuradas pela polícia: esse "delito" não consta na legislação brasileira, mas sim na tradição da Igreja, a começar com o momento no qual Maria, José e o menino Jesus partiram para o Egito, para fugir da perseguição do rei Herodes.

A Ordem nos tem dado total apoio. Porém, até agora os bispos foram incapazes de dizer se somos inocentes ou culpados. Esperam que a Justiça Militar se pronuncie... Resta uma espécie de apoio implícito, pois, se nada foi dito a nosso favor, também nada há contra nós. *In dubio pro reo* ("em caso de dúvida, em favor do réu"). As vozes isoladas não contam. [...]

# 3. Cartas de 1971

*Presídio Tiradentes, sábado, 2 de janeiro de 1971, cela 17*

Ana e Nando,

Tivemos o nosso réveillon carcerário. Todo o repertório dos companheiros gastou-se numa cantoria que durou das onze às três da madrugada. Muita animação e desafinação. Ouvi mais que cantei. Não tenho esse dom das aves que, por benevolência, Deus estendeu a algumas pessoas. Os outros três frades quase ficaram roucos. É o trio mais singular que já conheci. Tito sabe as letras, conhece até os velhos boleros do tempo em que malandro usava sapatos de duas cores. Ivo conhece as músicas; Fernando berra.

De cada cela, um pequeno coro entoava o canto único que fazia vibrar o presídio. Mãos atravessadas nas grades batucavam nas pesadas portas de ferro. Um ano terminava, um ano começava. Para uns, menos um ano de prisão; para outros, mais um de espera. Como nós, muitos nem sabem quanto tempo ainda ficarão aqui.

Aliás, virou moda dizer que vamos sair logo. Tomara que o boato pegue! Mas isso não é bom. Bom é saber que sairemos no dia em que chegarem os alvarás de soltura. Essas "saídas psicológicas" podem nutrir esperanças, mas as grades continuam tão impassíveis como antes. E nós dentro delas. Por isso, prefiro não alimentar ilusões; nada pior que um prisioneiro impaciente para se ver livre.

Constatei isso no caso de frei Giorgio. Durante os últimos seis meses, semanalmente aparecia alguém para garantir que ele sairia "na próxima semana". Resultado: depois de certo tempo, não conseguia mais se concentrar, e a cada semana que passava crescia sua irritação por continuar preso. É melhor aguardar a liberdade vir até nós e não pretender alcançá-la daqui de dentro.

Aqui chove mais que nas formigas de poste em sombra de cachorro. Refresca a cela, a água entra pelo teto e pelas paredes rachadas. É o nosso "ar refrigerado" natural. Com o calor, temos a impressão de morar dentro de uma panela de pressão. Até os carcereiros perguntam como suportamos esse abafamento. Não que a gente aguente: acostuma-se... quando não há outro jeito.

Um feliz 1971 para vocês!

*Presídio Tiradentes, sábado, 9 de janeiro de 1971*

Queridos pais e manos,

Faz um calor intenso. A cela parece uma fornalha. Não há circulação de ar e o forro é quente como uma prensa de ferro. O suor escorre em bicas pelo corpo. O banho engana, mas não refresca. Nem dá vontade de comer. Deitar é quase impossível, acorda-se todo molhado de suor. Basta dizer que nem os carcereiros suportam o calor do corredor, onde há sempre um bendito ventinho que não entra nas celas. De vez em quando chove, mas não alivia. Soma-se a tudo isso o fogão: quando aceso, é um perfeito aquecedor.

Voltamos a fazer colares. Estudo pela manhã e passo as tardes de agulha nas mãos catando miçangas. É trabalho de chinês, mas distrai e descansa. Por enquanto, não aceitamos encomendas, nossa produção é reduzida, sai por aqui mesmo. O novo modelo adotado dispensa o tear, onde foram feitos os primeiros. Os peritos conseguem terminar um em oito horas. Estou há dezoito e só fiz a metade de um...

Pelo fim da tarde, ginástica, para desemperrar os músculos e aumentar a resistência. Passei o último verão fazendo ioga. Agora prefiro a ginástica, não há espaço nem clima para ficar deitado e concentrado no chão.

Os mosquitos perturbam o dia inteiro, sobretudo à noite. A formiga-lava-pés se reproduz com rapidez e em quantidade impressionante. Resultado: como ninguém aqui é tatu, o jeito é comer formiga escaldada. Outro dia, chegou-nos ravióli; amanheceu coberto de formigas. Comemos ao molho de tomate e formiga.

Na porta de nossa cela está escrito: "Prisão, ame-a ou deixe-a". Impossível as duas coisas. Amá-la ou deixá-la, pelo menos por vontade própria. O jeito é suportá-la.

Dia 12: Tito deixou-nos ontem pela manhã. Passou vários dias sob tensão. Levaram-no várias vezes para ser identificado. Afinal, seguiu para o Rio. Talvez, a essa hora, já tenha deixado o país.* Agora somos apenas três: Ivo, Fernando e eu. É muito bom ver que diminuímos. Há três meses éramos oito. A cela ficou grande.

Hoje mudaram a instalação elétrica do pavilhão 2. Era frequente ficarmos sem energia.

Tentamos conseguir que o dia de nossa visita seja transferido de quarta para sábado, junto com os demais presos políticos. Sei da dificuldade de vocês viajarem durante a semana. A mesma dificuldade enfrentam as famílias do Ivo e do Fernando, obrigadas a faltar ao trabalho para poder visitá-los.

É possível que tão cedo não haja nenhuma novidade quanto ao nosso processo — no mínimo até o carnaval, conforme Mário Simas. O juiz auditor entra em férias depois de amanhã. Portanto, mais um verão entre as grades.

---

* Frei Tito de Alencar Lima desembarcou no Chile, passou por Roma e exilou-se na França. Afetado irremediavelmente em seu psiquismo por causa das torturas sofridas, pôs fim à vida em agosto de 1974, aos 28 anos. Seus restos mortais, trazidos para o Brasil em 1984, repousam no cemitério de Fortaleza (cf. *Batismo de sangue*, op. cit.).

*Presídio Tiradentes, terça, 12 de janeiro de 1971, cela 17*

Caríssimos tios Maria do Carmo e Paulo,*

Ainda é tempo de agradecer-lhes o cartão de boas-festas. Recebemos muitas cartas e cartões de comunidades religiosas, sempre solícitas em rezar por nós. Isso é bom, tenho uma fé cega no valor da oração, embora prefira não fazer dela uma lista de pedidos.

O importante na prisão é aguardar paciente a hora da liberdade e saber aproveitar o que essa experiência proporciona. Ela nos ensina muito. Sobretudo agora que estamos no mesmo pavilhão onde há presos comuns, embora, por lei, tenhamos direito à prisão especial. Chega-se assim ao outro lado da medalha. Estar preso coloca-nos em contato com tudo aquilo que a sociedade abomina, deplora, prende e condena. É inegável, essa situação influi até na alteração de nossa personalidade. O castelo de ilusões desaba pela fragilidade de um sopro.

Após catorze meses de reclusão, não posso dizer que me acostumei. Nem os animais, como os pássaros, se acostumam, quanto mais o homem. Mas a inteligência permite que nos adaptemos às situações mais deploráveis. Pelo menos, não nos deixa ser tragados por elas. No sofrimento é preciso, sobretudo, ter dignidade — e reconhecer que, afinal, não é em vão.

Este é apenas um momento de nossa história. Ela caminha indelevelmente. Daí a minha plena confiança no futuro. Agora somos três dominicanos. Ocupamos uma pequena cela de paredes cinza e branca, com grades tríplices na janela. O calor, nessa época do ano, é quase insuportável. Mesmo assim, conseguimos ler, estudar, fazer trabalho manual. Não há rotina. Num presídio repleto há sempre novidades, sobretudo nessa fase em que muitos chegam e muitos saem.

Meu abraço cheio de saudades e amizade.

---

* Paulo Campos Christo, irmão de meu pai. Ele e a esposa já faleceram.

*Presídio Tiradentes, quarta, 20 de janeiro de 1971*

Querido Carlos,*

[...] Você coloca bem a questão de que não é possível ler a Bíblia sem levar em conta as condições subjetivas do leitor, com o cuidado de não reduzi-la à sua dimensão individual. É através dessas condições que eu me reconheço na Palavra de Deus. Todavia, é lamentável que a pregação da Igreja nem sempre tenha respeitado essas condições subjetivas — e mesmo objetivas. Provavelmente esse foi o erro daqueles que se apegaram exclusivamente à letra da Escritura, o que resulta no apego à letra da lei. Basta constatar isso nas missões do Brasil Colônia, quando os índios deveriam se submeter ao batismo... Na época atual, eu diria que os frequentes apelos de paz do papa nem sempre levam em conta as condições objetivas... O povo quer a paz, sem dúvida, mas como fruto da justiça.

"O que a Bíblia quer e pretende não é comunicar uma determinada visão cultural e histórica do mundo, pois *a Palavra de Deus se adapta a todas*. Ela quer que cada homem seja confrontado em sua vida com Jesus Cristo e chegue a ter condições de fazer uma verdadeira conversão de vida, tanto individual como coletiva. Este último aspecto da conversão implica a transformação do mundo em que vivemos", escreve você [grifo meu]. É certo o que você diz, sobretudo quanto ao resultado da conversão — que significa o cumprimento da promessa pela manifestação do Reino de Deus —, mas coloco em dúvida se a Palavra de Deus se adapta a todas as visões culturais e históricas do mundo.

Creio que há visões que são a própria negação da Palavra, como a mecanicista e a liberal. A primeira reduz a autonomia da ação humana e, portanto, a liberdade. A segunda é fundamentalmente individualista e anárquica. O mais grave é que, frequentemente, a palavra da Igreja adapta-se à visão liberal — em flagrante contradição com a Palavra de Deus. É que o mundo subjetivo e alienado de muitos cristãos os leva a ler a Bíblia com uma visão míope. Não conseguiram ainda romper o invólucro que envolve e envenena suas consciências.

* Frei Carlos Mesters.

Se o nosso presente só se explica a partir daquele passado, e só toma sentido a partir do futuro que esse passado aponta, é certo que devemos encarar a Bíblia como Palavra atual de Deus para nós hoje. Em outras palavras, a ação de Deus tem sua continuidade na história. É uma ação permanente e duradoura. Podemos, às vezes, identificá-la, mas jamais conhecê-la com todos os seus critérios e na totalidade dos seus instrumentos.

Sabemos que a ação de Deus hoje e sempre não reduz a do homem. O próprio homem tende naturalmente a agir em conformidade com a vontade divina — mesmo sem crer nela. Por outro lado, essa ação visa ao benefício do mundo e do povo, não de pessoas ou visando à projeção do Reino celeste pelo desprezo da Terra. É uma ação histórica, identificada em toda aspiração de justiça, progresso, liberdade, paz e amor. Ela escapa às nossas dimensões e limitações, não é necessariamente uma ação que se produz pelo povo de Deus que se reúne na Igreja. É a ação do homem justo pelo seu povo.

A Bíblia é exatamente o cenário onde essa ação se projeta mais claramente. Mostra-nos que só não há ação de Deus onde não há perspectiva de futuro, onde o presente é absolutizado e o passado produz incurável nostalgia.

"O mesmo Deus que orientou a nossa vida no passado continua orientando hoje a nossa vida. No nosso presente, Deus está prolongando a marcha do passado para o futuro." Você deixa claro a consciência histórica inerente à Bíblia e a necessidade dessa consciência histórica para que, hoje, possamos entender a Palavra de Deus.

Pergunto-me se a catequese centrada na história da salvação tem conseguido isso. Há muitas maneiras de encarar a história. Frequentemente encontramos catequistas capazes de enforcá-la apenas factual e alegoricamente. Conhecem a história do povo hebreu como a do povo persa ou a da Revolução Francesa. O que são incapazes de reconhecer é o próprio momento histórico em que vivemos, e se sentirem integrados nele. Não têm consciência da história que ora se desenrola. Daí a impossibilidade de estabelecerem a continuidade da história da salvação. Pois se o Deus dos cristãos não é Deus presente no momento histórico atual, então os cristãos ainda não encontraram o Deus de Jesus Cristo.

Assim como pelo contato com a Bíblia devemos sentir-nos inseparavelmente ligados ao passado, da mesma forma devemos sentir-nos irremediavelmente comprometidos com o futuro. E o futuro não se constrói na intencionalidade e, muito menos, pela manutenção e aperfeiçoamento de uma ordem social desumana.

A construção do futuro exige ruptura com o presente, pois a árvore má não pode dar bons frutos. É o que a Bíblia nos ensina. Os hebreus romperam violentamente com os egípcios. Eles tinham consciência de que seu futuro exigia uma nova realidade. Impossível dobrar o faraó, foi preciso romper com ele.

Portanto, pergunto: com que futuro a Igreja se encontra comprometida? A tão almejada paz pode brotar das mãos dos que provocam a guerra? O futuro vai surgir dos escombros de uma ordem social que reduziu o homem a mero instrumento de trabalho?

A dificuldade que a Igreja encontra em responder a perguntas como essas mostra como carecemos de uma consciência histórica que nos mergulhe na ação de construção do futuro — que não é uma simples aspiração, mas uma exigência concreta de luta.

Quando alguém se lança na denúncia do presente para suscitar o engajamento na construção do futuro, corre o risco de perder a cabeça (foi o caso dos profetas). Então, prefere-se só denunciar os "abusos" do presente e acreditar que o futuro possa advir de um presente corrompido e agonizante... A minoria atuante que se lança ao processo de ruptura arca com as piores consequências, pois em vista do futuro só pode esperar do presente a mais cruel perseguição. É a velha dialética da história, aquela do pequenino Davi diante do gigantesco Golias.

Parece-me que ainda devemos precisar o que entendemos por história. Da Bíblia, podemos extrair uma concepção teológica. Mas, à primeira vista, creio que os cristãos nem se preocupam ainda com essa concepção teológica, e muito menos com qualquer outra concepção de caráter filosófico. Simplesmente aceitam a história dentro de um conceito meramente didático, de registro dos fatos ocorridos no passado, envolvendo pessoas proeminentes. Há, por exemplo, quem julgue conhecer a história do Império Romano porque sabe algo a respeito dos imperadores e de suas conquistas. Isso é tão errado como querer contar a história da República no Brasil através da biografia de seus presidentes.

Visto de relance, fico com a impressão de que o magistério da Igreja tem uma concepção idealista da história. Os acontecimentos ocorrem independentes da ação humana. Não somos nós que a conduzimos, mas é a história que nos conduz. Enfim, chega a identificá-la com Deus. Ou então crê que a história é sempre edificada "pelos outros". A nós cabem a advertência e a inspiração. A nós cabem a verificação e a avaliação do desenvolvimento histórico. Mas quem se engaja, luta, sofre e sente as dores do parto são os outros.

[...]

Gostei quando você acentua como a Bíblia quer ser lida. "A Bíblia desperta-nos, hoje, para a convicção central da fé de que Deus caminha conosco." De fato, deveríamos estar imbuídos dessa certeza. Na história que ora se desenrola ao redor de nós, estampada na TV e nos jornais, Deus está presente. Como porém discernir sua presença aí? Deus está presente na história — isso é fácil dizer. Deus está presente na guerra do Vietnã, do Oriente Médio, na luta dos Panteras Negras, dos judeus da União Soviética, nos movimentos de libertação da América Latina — isso é difícil reconhecer.

Mas é a realidade que a Bíblia nos ensina, não? Não foi necessário que Ciro fosse um virtuoso santo para que Isaías visse nele um enviado do Senhor — o importante era o papel histórico que Ciro representava para Israel naquele momento. Por isso, lhe digo que sou capaz de crer na presença de Deus em todas as guerras e revoluções do mundo hoje. Por que já não discernimos os sinais de sua presença hoje?

A verdade é que estamos em contradição com os nossos próprios princípios. Ou a Palavra de Deus nos orienta diante de fatos concretos e palpáveis, ou então não tem sentido para nós. Ficamos nos princípios teóricos e gerais sem saber como e quando aplicá-los. Defendemos com unhas e dentes no Ocidente o direito individual à propriedade privada, mas permitimos que no Oriente o direito coletivo de um povo ser dono de sua própria terra seja vilipendiado pelos norte-americanos.

A Bíblia é um "livro que nasce do povo e se destina ao encaminhamento da vida do povo". É o projeto de Deus para a história humana. É grande a responsabilidade de quem tem, pela fé, consciência desse projeto, e grande a culpa de quem se omite em sua realização.

Por isso, você tem toda razão ao dizer que "hoje existe completa separação entre interpretação do texto e vida". Não vai ser fácil estabelecer a ligação. O longo período em que a Bíblia permaneceu fechada na Igreja Católica nos custa muito caro. Quando encontramos um católico que lê o Novo Testamento já é grande coisa... Mesmo assim não sabemos se conseguiu retirar o véu que o impede de ver a luz...

Muito bom o capítulo "Como a Bíblia encara a ação de Deus fora do povo de Deus". Acho que hoje é grande essa ação. Na pedagogia divina, isso obriga o povo de Deus a reconhecer os seus erros e retomar o caminho certo. É o que a Igreja começou a fazer a partir do Vaticano II. Para mim, não há dúvida de que Deus nos lançou um grande desafio ao suscitar um movimento proclamadamente ateu, disposto a pelo menos erradicar a miséria material do homem.

[...]

Acho que a sua proposta é oportuna: ampliar o conceito de história da salvação para a nossa história. Mas devemos levar em conta que nem todos têm uma história capaz de entrever o futuro como promessa. Há tanta alienação por aí. Enquanto não rompermos o invólucro da consciência alienada, vamos marcar passo. E esse rompimento é tarefa bem árdua.

[...]

*Presídio Tiradentes, domingo, 24 de janeiro de 1971, cela 17*

Queridos pais e manos,

Aqui tudo como sempre: momentos de alívio, momentos de tensão. Do presídio, três incluídos na lista do sequestro não aceitaram viajar.* Dois foram à TV declararem-se "arrependidos", "este é o melhor governo que já tivemos", "preferimos ficar presos a sair do Brasil"... Ao retornarem ao presídio, houve manifestação de protesto.

Doze companheiros foram transferidos para a Penitenciária do Estado, e toda a cela 7 do pavilhão 1 (quarenta pessoas) veio para o pavilhão 2. Os "ar-

---

* Refere-se ao sequestro do embaixador suíço Giovanni Bucher, em dezembro de 1970, trocado em janeiro de 1971 por setenta presos políticos, entre os quais frei Tito de Alencar Lima.

rependidos" ficaram no pavilhão 1 no mais completo "gelo". E o pior: continuam obrigados a comer a "deliciosa" comida que o governo gentilmente oferece aos presos! Já que estão tão satisfeitos com tudo, que aproveitem o que tanto gostam.

O pessoal da cela 7, onde moramos dez meses, veio para o nosso pavilhão. Imediatamente a administração quis transferir-nos para o pavilhão 1. Entenderam a jogada? Neste pavilhão somos obrigados a ficar isolados; no outro, podemos estar acompanhados... de traidores! Recusamos a oferta, é melhor continuar isolados aqui do que mal acompanhados do outro lado.

Recebi o manual de ginástica inglesa. É mais ou menos o que faço, só que acrescento um pouco de caratê.

Nosso recurso foi votado pelo Tribunal Militar no dia 24 de dezembro. Giorgio saiu por 3 × 2; Nestor ficou por 4 × 1; nós três fomos contemplados com um sensacional 5 × 0. Agora Mário Simas entra com recurso no Superior Tribunal Militar. Enfim, nem nos soltam, nem nos julgam.

Mamãe, você pede que lhe envie cintos e gargantilhas. Ivo terminou ontem o primeiro cinto de nossa produção. Dedico-me a fazer colares de muitas voltas, multicoloridos. Não dá para enviar nada por enquanto. Reiniciamos o trabalho agora e não temos ainda estoque para presente. Essa primeira remessa é para vender e custear o que comemos. A situação financeira do convento vai de mal a pior. Os frades tentam nos esconder isso, como se não tivéssemos meios de ajudar. É até bom trabalharmos, não estamos doentes, mas presos. Com o que produzimos aqui, dá para tirar de quinhentos a seiscentos cruzeiros por mês.

Em fevereiro, os bispos estarão reunidos em Belo Horizonte. Procurem manter contato com eles. É preciso abrir-lhes os olhos, não para obterem a nossa liberdade, mas para lutarem com todas as forças pelos direitos humanos nesse país. "Se a Igreja se calar, as pedras falarão", diria Cristo hoje.

Na tranquilidade de sempre, aquele abraço.

*Presídio Tiradentes, domingo, 24 de janeiro de 1971*

Querida tia Ritinha,*

Soube que a senhora foi operada e graças a Deus já está se recuperando bem. Creio que, nessas ocasiões, a gente nem sempre consegue aquela coragem de quem olha o sofrimento como passageiro e superável.

Para nós, cristãos, isso não é difícil, pois sabemos que o caminho da ressurreição passa pela cruz. Isso não quer dizer que a gente deva estar simplesmente resignado diante do sofrimento. Se ele é consequência de um mal, não vejo como Deus pode querer que sejamos simplesmente resignados. Acho que o que ele espera de nós é que tenhamos coragem suficiente para enfrentá-lo e nos colocarmos acima dele. De alguma maneira o sofrimento nos liberta, e é isso que cabe a cada um de nós descobrir dentro de sua paixão.

Hoje, eu me encontro mais convencido de que não posso lamentar, de modo algum, o que sofro, sob o pretexto de que essa é a vontade de Deus. Primeiro, porque tenho consciência de que o nosso sofrimento pessoal é pequeno, mesquinho, diante do que sofrem milhares de pessoas. Penso nessas famílias miseráveis que padecem de fome; penso naqueles que nasceram com alguma deficiência física e psíquica; penso nos presos comuns, que agora estão no andar de baixo da minha cela e que amanhã serão levados para a Central de Polícia...

Em segundo lugar, porque Deus negaria a sua bondade se nos quisesse ver sofrendo, como se nisso ele pudesse sentir algum prazer. Ao contrário, Deus quer o bem, a paz, a alegria, a saúde, o respeito pelo outro. Se eu estou aqui preso, não é por vontade de Deus, é pela vontade dos homens que me julgam um criminoso político que atentou contra a segurança do Estado. Se a senhora se encontra doente, é por uma deficiência do organismo que a ciência procura dominar.

Todavia, é certo que Deus interfere em todos os momentos e situações da nossa vida. Se aqui não estou por vontade dele, aqui a sua vontade se manifesta a mim. Como se manifesta à senhora, tenho certeza. E o que Ele nos pede é

---

* Irmã do meu pai.

que sejamos fortes, que saibamos carregar a cruz — "meu fardo é leve e meu jugo é suave" —, e não sucumbir sob ela. Pede-nos também que transformemos o nosso sofrimento num ato de solidariedade para com todos que padecem sobre a Terra. Esta é a comunhão dos santos que conduz à libertação, que restaura nossas energias, que nos enche de coragem.

Por isso, nada devemos temer. Nem deixar que as dores nos abatam e nos vençam. Para o cristão, o sofrimento deve ser uma opção livre. Como foi para Jesus Cristo, que escolheu o caminho da cruz, não por masoquismo, mas porque toda redenção autêntica é como a vida que surge das dores do parto.

[...]

*Presídio Tiradentes, domingo, 31 de janeiro 1971*

Querida Valéria,*

Espero que esta carta chegue às suas mãos. A última a censura reteve porque escrevi que "enquanto o motivo pelo qual estou preso continuar existindo aí fora, não importa que eu esteja aqui". Referia-me à ânsia de liberdade que envolve a nação. Eles temem as consequências dessa ânsia...

Estamos aqui: Fernando, Ivo, eu e o padre Giulio Vicini, da Zona Sul, preso semana passada. Ele e a Iara Spadini, secretária do vicariato episcopal, passaram pelo crivo do Deops e vieram direto para cá.** Creio que não ficarão muito tempo.

A cela parece uma panela de pressão. Há dois dias estamos sem uma gota d'água. O pavilhão não possui telhado e o forro esquenta muito de dia. A ventilação é absolutamente imperceptível. Não tente imaginar o que isso significa. É impossível. A impressão que se tem é de que, a qualquer momento, haverá

---

* Maria Valéria Vasconcelos Rezende, escritora e religiosa cônega de Santo Agostinho. Foi ela quem reuniu estas cartas e encaminhou-as à Europa para serem publicadas em livro.
** Foram presos por divulgarem manifesto em protesto contra a morte do operário Raimundo Eduardo da Silva, que se encontrava recolhido ao Hospital Militar à disposição das autoridades policiais. Após a prisão, Vicini deixou o ministério sacerdotal e se casou com Iara.

um motim. Nas celas mais cheias, o cheiro é insuportável. Chove; procuramos aproveitar as goteiras do teto para nos refrescar. Mas o calor continua *saárico*.

Dia e noite, os presos gritam "água, água!", mas a nossa voz ressoa em vão pelos lúgubres corredores dessa prisão. É fácil ao homem deixar de ser racional para ser simplesmente animal. De vez em quando, consegue-se uma vasilha de água barrenta, tirada não sei de onde, que fervemos para beber. Em cada gole, desmoronam-se os nossos hábitos burgueses. Hábitos, aliás, bastante solapados por esses catorze meses de prisão.

As circunstâncias atuais modificam a nossa escala de valores. Muita coisa perde a sua importância, novos critérios são introduzidos. É quase uma mudança de classe social. Toda a nossa visão do mundo sofre profunda modificação. O que se enxergava pelo ângulo da teoria apresenta-se agora como exigência política. Quem não se adapta, se dana. Quem consegue enfrentar a nova situação, redescobre-se em novas dimensões.

Obrigado por suas orações. Faço o mesmo por você.

*Presídio Tiradentes, terça, 2 de fevereiro de 1971*

Aída,

Não precisava exagerar ao enviar bombons tão gostosos. A receita da torta teve bom resultado. Na cozinha, a diferença entre nós é que improviso por conta própria... e tenho coragem de comer o que faço. Mesmo quando entornei o pote de sal no feijão, arrisquei equilibrar o sabor com açúcar, e deu certo. O que faço é bem mais comível que o *lavoisier* do presídio. Nos primeiros tempos de prisão, o que o estômago digeria os olhos não viam...

Seu cartão agradou a todos nós, principalmente pelos efeitos psicoclimáticos. Fechado dentro dessa panela de pressão o dia todo, derretendo sob o intenso calor desse verão, é um alívio contemplar as montanhas cobertas de neve de Albiez-le-Vieux. E saber que lá você pensou em nós. Aqui sonhamos com um simples pedacinho de gelo para refrescar o copo d'água. Os canos da cidade esquentam muito a água do Tietê. E o forro da cela arde sob o sol.

Certa vez, estive a 5300 metros de altitude, nos Andes bolivianos, junto ao lago Titicaca. Não vi neve, tudo era gelo. Faltaram-me oxigênio e agasalhos próprios. Inexperiente, tomei uma dose de uísque puro. Meu coração começou a bater forte, tive a impressão de que saltaria pela boca. Desci na carroceria de uma velha camioneta sacolejante, direto para uma bomba de oxigênio. Hoje, vivo a experiência inversa.

Aqui há oxigênio e nenhuma ventilação. A cela possui duas grades de ferro cobertas por um alambrado. No meio da porta maciça, há uma abertura gradeada. O resto é o oxigênio que trazemos em nós, a força que nos coloca acima dessa situação de opressão e permite-nos enfrentá-la com coragem.

Muitas pessoas que nos visitam se perguntam se seriam capazes de suportar a prisão. De fato, temos visto aqui casos de profunda depressão e até mesmo loucura. Durante a madrugada, o presídio é o retrato do inferno. Gritos, batuques, cantos desesperados ecoam pelo pavilhão como explosões de corações amargurados. Essa é a manifestação habitual dos presos comuns, com quem estamos misturados. Os políticos têm mais resistência. E uma enorme solidariedade. Ninguém está só entre nós. O importante é superar antigos hábitos. Logo, já não estranhamos viver numa cela que tem uma fossa sanitária dentro — ou numa fossa sanitária que tem camas ao lado. Há uma única torneira.

Aos 26 anos, sinto volatilizarem-se todos os meus sonhos e ilusões da adolescência. E descubro-me jovem e realista diante do futuro. A fé nos descortina o imprevisível. Como imprevisível é tudo o que nos realiza — o amor, por exemplo. Ou tudo isso que leva uma pessoa a possuir a si mesma: a pobreza, a prisão, a agonia, a luta, a esperança em um futuro que, como uma rosa, brota de mãos que agora se agarram a um caule cheio de espinhos.

A crueldade da prisão leva-nos a desejar ser bons, sem cumplicidade com o mal. Despe-nos da velha roupagem social, arrebenta o invólucro colorido que outrora nos encobria a consciência.

Sua família é presente em nossas orações. Um abraço cheio de amizade.

*Presídio Tiradentes, quarta, 10 de fevereiro de 1971, cela 17*

Cecília e Dotte,

Somos os mais antigos presos do Tiradentes. Dos que encontramos ao chegar, em dezembro de 1969, restam uns dez. Alguns foram transferidos para o Carandiru, onde o regime é de cela individual, mas com banho de sol quase diário. Muitos foram libertados. Vi muita gente entrar e sair da prisão. Houve um que saiu, foi preso novamente e tornou a sair.

São quinze meses de cárcere, nos quais muito aprendi e também esqueci. Esqueci o que não devia ter aprendido, certos hábitos e valores que só servem para acentuar o dualismo que qualquer pessoa de boa vontade é obrigada a aceitar no meio social em que vivemos. Vendo os companheiros saírem, imagino que renascerão, começarão tudo de novo. Não creio que alguém saia daqui para retornar ao passado. Este é um ponto de não retorno.

Para onde irei ao sair? Que caminho seguirei? O de Roma ou o de Jerusalém? A partir do momento em que se conclui que a nossa vida já não nos pertence, não vejo alternativa senão o caminho de Jerusalém. Jesus disse aos discípulos que deveria seguir para Jerusalém (Mateus 16,21-3). Pedro imediatamente se opôs: "Que Deus não permita isso, Senhor. Isso não te acontecerá". Pedro acreditava interpretar a vontade de Deus, quis barrar o caminho de Jesus. A resposta deste foi imediata e violenta: "Afasta-te, Satanás, tu és para mim um escândalo, teus pensamentos não são de Deus, mas dos homens".

Giulio Vicini, preso recentemente, logo se entrosou em nossa pequena comunidade. Já aprendeu a trabalhar com miçangas. Chegou um pouco alquebrado, agora já está melhor. A declaração de dom Paulo Evaristo Arns provocou um rebuliço.* Giulio foi visitado pelo médico, pelo novo secretário de Segurança e pelo diretor do Deops. Infelizmente, o advogado dele ainda não apareceu.

Um abraço a todos vocês, com muita amizade.

* O cardeal arcebispo de São Paulo invadiu as dependências do Deops e constatou as marcas de torturas no corpo de Giulio Vicini. Indignado, denunciou em nota afixada em todos os templos católicos de São Paulo.

P.S.: Dia 2, recebemos a visita do padre Caminada. Disse que, na Alemanha, a opinião pública acompanha o que se passa conosco. Trouxe-nos o abraço de dois grandes teólogos jesuítas: o padre Karl Rahner e o padre J. B. Metz. Convidou-nos para ir à Alemanha, ao sair daqui, "pois todos têm grande interesse em ouvi-los". Resta saber quando sairemos...


*Presídio Tiradentes, quinta, 18 de fevereiro de 1971*

Queridos pais e manos,

Hoje pela manhã recebemos a visita do núncio apostólico, dom Umberto Mozzoni. Veio acompanhado dos monsenhores Benedito Ulhôa, capelão da PUC, e Ângelo Gianola, vigário episcopal da Região Sul de São Paulo, à qual pertence o padre Giulio. O núncio trouxe-nos boas notícias e cigarros. Contudo, não falou da reunião da CNBB.

Aqui, muito calor e a boa-nova de que voltamos à visita semanal, todos os sábados. Tratei os dentes com o professor Guilherme Simões. Preciso colocar uma ponte. Como é impossível a ele, como preso, fazer esse serviço aqui, pôs um cimento que, em sua opinião, deve durar dois ou três anos.

Li hoje nos jornais o resultado da reunião dos bispos, em Belo Horizonte. Pela primeira vez, nesses últimos anos, o episcopado toma posição, exige sindicância sobre os fatos. Sem dúvida, os tempos estão mudando... Parece que deixamos de viver na Igreja do silêncio. A Igreja cheia de "prudência" não foi capaz de uma atitude enérgica por ocasião de nossa prisão.

Nada como ter fé no Espírito Santo. Muito boa a nova diretoria da CNBB. Acabou-se o primado do cardinalato. A direção deixou de ser um cargo *de autoridade* para ser uma *tarefa executiva*. Creio que a década de 1970 será decisiva para a Igreja no Brasil. Só agora começamos a colher os frutos das sementes lançadas pela Ação Católica, na década de 1960. Mas ainda são frutos tenros, tímidos, de uma árvore que, por vezes, balança ao sabor dos ventos.

A carta a D. Waldyr Calheiros foi um êxito. Imagino a alegria que deve ter sentido. Penso, neste momento, num velho e miúdo bispo do Nordeste, que caminhou sobre as ondas sem nenhum apoio público interno. Foi difamado, calado, julgado por uns e condenado por outros, sem que ninguém ousasse dizer claramente que ele estava na linha do Evangelho. Penso neste bispo que, no futuro, a Igreja venerará como profeta e santo.*

Ouço no rádio que morreu dom Jaime de Barros Câmara. Conheci-o no dia em que inaugurou a capela particular da mansão dos Guinle Paula Machado, à rua São Clemente, no Rio. Lembram que eu e o Nando passávamos as férias em casa de Isá Guinle Paula Machado e Nelson Libanio? Mais tarde, como permanente da Ação Católica, encontrei o cardeal nas reuniões do episcopado, no convento do Cenáculo, vizinho ao prédio em que eu morava, na esquina das ruas Pereira da Silva com Laranjeiras. Quando fui preso pela primeira vez, em 1964, junto com dirigentes da Ação Católica, ele intercedeu a nosso favor.

[...]

*Presídio Tiradentes, sábado, 27 de fevereiro de 1971*

Querida Maria Inês,

Sua carta chega a nós como uma presença amiga e estimulante. É esse o tipo de apoio que nos conforta e anima. A gente sente que não está só, que já não vive numa Igreja do silêncio. Foi essa a sensação inicial quando fomos presos.

Apesar de todos os princípios discutidos e definidos quanto à situação do cristão no mundo de hoje, a nossa práxis deixou alguns prelados estupefatos e mudos. Então, lembrei da conversa de Jesus com seus discípulos, quando manifestou que tudo aquilo que havia anunciado haveria de ser assumido por ele em sua própria carne (Mateus 16,21-3). Pedro aprovava tudo enquanto ideia e programa, mas parecia não admitir que aquilo ocorresse *de fato*: "Que Deus não permita isso, Senhor! Isso não te acontecerá!".

---

* Dom Helder Câmara (1909-99), arcebispo de Recife e Olinda.

Pedro temia encarar a realidade. Achava que o programa evangélico era para os "outros", era para a Igreja, e não para eles que viviam naquela comunidade específica de discípulos e apóstolos. Pedro queria um Cristo só para ele, um Cristo bem protegido, afastado dos dissabores da vida, dos conflitos, do sofrimento cruel, da cruz. Não queria um Cristo que levasse seu engajamento até as últimas consequências. Cheio de prudência, Pedro julgava possuir ou interpretar os pensamentos de Deus. "Onde já se viu, você morrer dependurado numa cruz, como um bandido qualquer!?", teria dito Pedro a Jesus. "Essas coisas não são para nós, são para os outros."

Diríamos, hoje, no tom da lógica de Pedro: "Onde já se viu uma Igreja de encarcerados, de perseguidos, de marginalizados, de maltratados, de famintos e esfarrapados!?". Uma Igreja fora da lei... Jesus não teve a paciência de explicar a Pedro que não devia pensar daquele modo, na convicção de que mais tarde ele haveria de entender as coisas. Jesus ficou indignado, revoltado, pois Pedro não havia compreendido a essência do mistério redentor. "Então o que ensinei é apenas para ser pregado e não para ser vivido?", pensou Jesus. "Você sonha com uma comunidade de cristãos bem instalados, bem agasalhados, amigos dos ricos e dos poderosos, coniventes com o statu quo, sem risco, sem ousadia, sem rupturas profundas e radicais."

Porque os homens querem uma Igreja triunfante e não padecente: uma Igreja amparada pelas leis e não mergulhada nas catacumbas; uma Igreja capaz de perdoar os pecados, não uma Igreja capaz de evitar e extirpar o mal pela raiz.

*Presídio Tiradentes, quarta, 3 de março de 1971, cela 17*

Queridos pais e manos,

No domingo, celebrou em nossa cela padre Heitor Turrini, italiano, da congregação dos Servos de Maria. Há 21 anos trabalha num leprosário do Acre. Homem extraordinário, de sensibilidade aguda e incansável valor apostólico. Esteve no Paquistão, na época do maremoto, e ajudou no socorro às vítimas. Trouxe fotos que nos fazem pensar: naquela terra, infelizes não foram os que morreram, e sim os que continuam vivos. Foi à Índia e ao Japão. Nesse meio-

-tempo, conseguiu autorização para visitar a terra de Confúcio, que havia dezessete anos não concedia visto de entrada a nenhum sacerdote. Celebrou missa em Cantão. Padre Heitor deseja voltar à China e ficar lá definitivamente. Para quê? Poderá pregar a palavra de Deus? "Viver, apenas viver", disse ele. Muitas vezes, a simples presença fala mais alto que as palavras.

A missa foi simples, como são simples as coisas de Deus e a vida no cárcere. Mas a intensidade aqui é muito maior que todas as celebrações de que participei aí fora. A presença de Cristo torna-se mais próxima. Recorda as catacumbas. Padre Heitor chorou, encontrou aqui algo semelhante ao que viu no Oriente.

Como é muito mais significativa a missa que tem, por cálice, um copo; por altar, um banco de tábua; por templo, uma cela apertada; por fiéis, prisioneiros! Fomos nós que, no decorrer dos séculos, complicamos as coisas. Fizemos do familiar, cerimonial; do coloquial, protocolo. Agora estamos naquela fase em que não sabemos se andamos de calção para acabar com o pudor alheio, ou se primeiro acabamos com o pudor alheio para depois andar de calção...

Recebemos uma pilha de revistas italianas, francesas e alemãs (dessas últimas, só entendemos as fotos). Numa *Paris-Match*, de outubro de 1969, encontrei cartas que João XXIII enviou à família. A reportagem saiu por ocasião do lançamento do livro *Jean XXIII: Lettres a ma famille*; penso não ter sido ainda traduzido ao português. Traduzo a carta de Angelo Roncalli — futuro papa:

> Meus queridos pais e manos [assim mesmo que ele inicia, qualquer semelhança é mera coincidência],
>
> [...] De toda consciência, não desejo votar nos fascistas, como cristão e como padre. Todos são livres de julgar segundo seu sentimento. Só no fim veremos quem tem razão; façam como queiram. Eis a minha opinião: votar na lista popular, se houver liberdade de voto. Se, ao contrário, corre-se o risco de ser incomodado, o melhor é ficar em casa e deixar o barco correr. Estejam certos de uma coisa: a salvação da Itália não pode vir de Mussolini, por mais hábil que ele seja. Os fins que ele persegue são, talvez, bons e direitos, mas seus meios são iníquos e contrários à lei do Evangelho...
>
> Com muito afeto, vosso dom Angelo.

Isso foi escrito em 1924 — que visão histórica tinha João XXIII!

Segunda, Giulio Vicini foi interrogado na Auditoria. Dom Paulo Evaristo

Arns esteve presente. Parece que o Giulio nos fará companhia por um bom tempo. Quanto à nossa situação, não participo do otimismo de vocês. No momento, os ventos não me parecem nada favoráveis.

Abraços com muita amizade.

*Presídio Tiradentes, quinta, 11 de março de 1971*

Queridos pais e manos,

O neto Henrique* foi o melhor presente de aniversário ao papai. Ao ver alguém nascer, mais reconheço quanto é bom viver. Essa luta pela existência é, ao mesmo tempo, árdua e divertida. Sinto-me como quem viaja num veleiro, ao sopro dos ventos da história, balançando sobre as ondas do tempo. Não importa se, de vez em quando, sou atirado às águas. Sei nadar.

Giulio foi interrogado e as testemunhas de acusação e defesa, apresentadas. Só falta o julgamento; deve ocorrer dentro de um mês. E nós, em permanente compasso de espera. Talvez a correição, apresentada por nosso advogado ao Superior Tribunal Militar, seja apreciada este mês. Não alimento esperanças.

Entre um e outro livro de Filosofia e Teologia, li sobre o mundo do cinema em Hollywood — *Usina de sonhos,* de Ilya Ehrenburg. Apesar do título, nada tem de água com açúcar. Mostra como os Estados Unidos souberam não apenas fabricar e exportar chicletes, refrigerantes, geladeiras e automóveis, mas também ilusões que condicionam a vida e a mente de milhares de espectadores inebriados pela máquina de Hollywood.

Dom Paulo viaja para Roma. Veio nos visitar antes do embarque.

Façam uma feliz confraternização pelo aniversário de papai.

---

* Henrique Nelson, filho de minha irmã Cecília e seu marido, Dotte.

*Presídio Tiradentes, sábado, 20 de março de 1971, cela 17*

Querida Adriana,*

De dentro desse cárcere penso em você, que acaba de nascer para a liberdade e, no decorrer de sua existência, estará buscando ser cada vez mais livre.

Haverá um momento em que descobrirá que a chave da liberdade pertence ao amor. O amor tem seus estágios. Primeiro, nos libertamos no próprio ato de amar, na busca da pessoa a quem se ama. Depois, amamos para que os outros sejam livres. Enfim, aceitamos deixar de ser livres por amor à liberdade alheia. Agora, você não pode compreender isso, mas a vida lhe ensinará além de minhas palavras.

Rezo por você. Se o que sofro na carne, em meio à alegria de espírito, tem algum mérito, peço ao Senhor que reverta em seu benefício.

Durante a vida, você também terá suas lutas com o anjo. Haverá tempo de dúvida e de resposta, de desânimo e de coragem, de chuva e de sol. Mas na fé em si mesma, nos outros e em Deus, você conseguirá vencer o anjo.

Adriana, seja tão bela como a flor — simples, pura, sem vaidade; e tão iluminada como o sol, que não pede licença nem mesmo para penetrar entre grades de uma prisão, e traz sempre consigo a luz. Seja paciente como a borboleta; ela se faz bela mesmo dentro de um horrível casulo e não teme as investidas do vento sobre o seu voo calmo e tranquilo. Seja corajosa como a areia do mar, que nunca se importa com as ondas que avançam sobre ela.

E tenha a fé dos que lutam para vencer, a esperança dos que assumem o presente para construir o futuro, o amor dos que não temem morrer — por amor não se morre, se renasce.

Esses, os meus votos de felicidade. Confio na mão firme de seus pais. Hoje, eles a conduzem; amanhã, quem sabe, se apoiarão em sua firmeza. Este é o caminho da vida.

Para terminar esta primeira carta que você recebe, um primeiro pedido: jamais se esqueça dos pobres.

Um abraço a seu pai, Roberto; e à sua mãe, Cláudia, um beijo cheio de paz e alegria.

* Adriana Libanio Bittencourt, filha de Cláudia Brasil Libanio (minha prima) e Roberto Bittencourt.

*Presídio Tiradentes, segunda, 22 de março de 1971*

Meu caro Carlos,*

A saudade ia grande quando chegou a sua carta. Imaginava-o peregrinando por aí, com seu vidrinho de colírio na mão, para ajudar muita gente a enxergar melhor. Você diz (modestamente) não ser exegeta. Certo, você é oculista. Está bem assim. A cada dia mais me convenço de que os óculos são mais importantes do que a vista. Através deles conseguimos ver com exatidão, sem que as imagens se deturpem. Quanta gente julga ver com clareza, nem percebe como está cega! Se os óculos ajudam a ver melhor a realidade, a consciência funciona como raio X e permite penetrá-la, ver o *interior* das coisas.

O mundo do cárcere me faz ver as entranhas da realidade. Descubro que, sob pétalas de rosa, há espinhos; sob largas avenidas, passam esgotos cheios de detritos; e que uma árvore se corta pela raiz. Nada de enxertos ou remédios se a árvore produz frutos amargos. O Evangelho recomenda cortá-la e lançá-la ao fogo. Mas quanta gente ainda espera tirar alguma coisa da figueira estéril!

Quando o vejo participando de encontros teológicos, com plena liberdade de ler e escrever, confesso-me impelido a certa inveja. Logo resisto. Resisto porque o meu lugar é outro; a minha contribuição ao plano de Deus tem conotação diferente da sua. Você é como o engenheiro, traça o plano no papel e estabelece suas dimensões; sou como o operário, com esforço físico abro a picada na mata com risco da própria vida, ali onde mais tarde haverá uma rodovia pavimentada.

Nessa comparação não vai nenhuma diminuição do mérito de seu trabalho, ao contrário. Nem vaidade de minha parte. Sinto certo medo de não suportar o trabalho pesado, pois sou teologicamente subnutrido. O que me impele para frente é uma confiança exagerada na Providência. Agarro-me a ela como quem se prende à expectativa do milagre. Mas conheço a dimensão e o risco do meu trabalho. Não espero Deus fazer por mim o que devo fazer por ele.

Nesses dezesseis meses de prisão, ainda não passei pela crise do desânimo. Em nenhum momento considerei o passado em vão e o futuro perdido. O tem-

---

* Frei Carlos Mesters.

po de cárcere é apenas a travessia do deserto, rumo à libertação. Vale como um segundo noviciado, onde descubro ainda mais o mistério encerrado em Jesus de Nazaré. Hoje sei como é falsa qualquer ideia de Deus que não esteja centrada no jovem galileu. Nele me encontro e defino. Mas reconheço que estamos mal preparados para entender o apelo de Deus. Não que seja difícil, é simples demais. Difícil é sair dos labirintos que os condicionamentos tradicionais nos colocaram. Não temos suficiente força para resistir às tentações a que Jesus foi submetido no deserto. Sofremos fascinação pelo poder, aspiramos segurança em demasia, achamos que não é nada uma genuflexão perante quem tem dinheiro.

A Igreja tem enorme capacidade de perdoar e absolver as situações históricas, mas flagrante incapacidade de promovê-las, incentivá-las ou evitá-las quando estigmatizadas pelo mal. E dizem que a história é uma boa mestra. Pode ser, mas somos péssimos alunos.

De qualquer maneira, como diz Teilhard de Chardin, tudo converge, apesar de curvas e momentâneos retrocessos.

Permaneçamos confiantes, a Páscoa se aproxima.

*Presídio Tiradentes, quarta, 24 de março de 1971*

Queridos pais e manos,

Não vimos O Globo que publicou a correição enviada ao Superior Tribunal Militar pelo Mário Simas. Deve ser julgada na sexta ou, o mais tardar, na próxima quarta. Só então Simas entrará com o recurso, pedirá nossa libertação por excesso de prazo. Vamos ver no que dá. Eu, como sempre, sem muito otimismo. Melhor não fazer previsões antecipadas. Ao ver companheiros condenados à prisão perpétua ou à morte, não posso lamentar a minha sorte, embora longe de gostar disso aqui.

Hoje saíram quatro, entre eles Nestor Mota, ex-noviço dominicano. Todavia, outros quatro foram condenados a dois anos e, um outro, a três (está detido há um ano e meio). Na carta, papai diz: "Nunca vi ninguém condenado antes do julgamento". Eu já.

Ao lado de estudo e reflexões teológicas, continuamos firmes na produção artesanal. Tivemos que sistematizá-la. Fernando e Giulio estão na seção de colares com medalhão, Laércio,* na de colares sem medalhão. Ivo, na de couro, esforça-se para atender a uma encomenda de vinte porta-guardanapos. Eu, na seção de descansos para copos, feitos com rodelas de plástico ligadas por barbante. A cela parece uma oficina de artesanato do século XIII.

Na alegre expectativa da Páscoa.

*Presídio Tiradentes, terça, 6 de abril de 1971, cela 17*

Queridos pais e manos,

Fernando caiu doente ontem. Tivemos um susto grande. Graças ao dr. Madeira, nosso companheiro, já se recupera de violenta gripe.
Dom Paulo regressou da Europa; deve nos visitar por esses dias. Provavelmente, celebrará a missa de Páscoa do presídio. O padre Turrini passa de cela em cela para preparar o pessoal.
Giulio Vicini ficará mais dois meses, embora o advogado tenha entrado com apelação no Superior Tribunal Militar, pedindo anulação da pena.
Aprovada a nossa correição, vocês devem ter lido nos jornais. Agora é fazer subir o recurso, solicitando relaxamento da prisão preventiva. Isso não é rápido. Laércio deu entrada no recurso dele em setembro e, até hoje, nada. No próximo mês, termina de cumprir a pena. O STM está com acúmulo de processos; tudo lá anda devagar.
Fico satisfeito em saber que papai lê *Compromisso da fé*, livro de textos de Emmanuel Mounier. Esse autor exerceu, em certa época, forte influência sobre mim. Nele descobri o significado do engajamento cristão.

Uma feliz Páscoa, com grande abraço!

* Laércio Barros dos Santos, ex-seminarista, professor de religião. Esteve preso conosco alguns meses.

*Presídio Tiradentes, terça, 13 de abril de 1971, cela 17*

Querida Liana,

Na tarde do domingo de Páscoa, participamos de missa junto com as presas políticas. Depois, confraternização. Foi a primeira vez que ocorreu. Durante a celebração, o pregador falou sobre o sentido da Páscoa no Antigo e no Novo Testamentos. Mostrou que desde muitos séculos antes de Cristo os judeus comemoram a data em que se libertaram da escravidão no Egito. Descreveu a evolução da pedagogia de Moisés frente ao faraó (veja o livro do Êxodo). Em seguida, destacou a figura do Ressuscitado. Disse que muitas pessoas não creem porque adquiriram uma visão deturpada da fé e da Igreja. Creem num deus "lá em cima", espacial, etéreo, produto da imaginação.

O Deus no qual devemos crer é o de Jesus Cristo. Em Jesus, Deus se faz homem com os homens, vive na companhia de rudes pescadores, é amigo de coxos, hansenianos, estropiados e prostitutas, dorme à beira das estradas e dos lagos, discute com os fariseus que se sentem donos da religião, expulsa do Templo os que fazem da religião comércio, é perseguido como um bandido, preso como um marginal, torturado como um desgraçado, e morto na cruz. Seu corpo devia ter sido atirado à vala comum, não fosse a boa vontade de José de Arimateia. Este Jesus ressuscitou.

Por que tenho certeza da ressurreição de Cristo? Não é porque está escrito. É porque tenho uma experiência íntima, pessoal, intraduzível, de relacionamento com ele. Impossível duvidar de algo que se experimenta no coração. É como a experiência do amor. Não é possível defini-la, medi-la, não se pode apalpá-la, vê-la, mas há a certeza do amor. É algo que mexe com todo o nosso ser e a nossa vida.

Mana, continue rezando pela gente. Aqui fazemos o mesmo por você. Mantenha-se firme na fé.

Um beijo com muita amizade.

*Presídio Tiradentes, quarta, 14 de abril de 1971, cela 17*

Queridos pais e manos,

No domingo de Páscoa, padre Heitor Turrini reuniu as presas políticas e todos os companheiros de nossa cela para celebrar a eucaristia. Foi no fim da tarde, na sala de TV das presas comuns. Fizemos um quadrado com os bancos, a mesa serviu de altar. Fernando e Giulio concelebraram. Cantamos músicas atuais. Um de nós fez rápida pregação, falou do sentido da Páscoa e da figura do Ressuscitado. Uma companheira leu a epístola, e Giulio, o Evangelho. Eram cerca de 25 moças, a maioria jovens. Após a missa, fizemos uma confraternização no galpão do pavilhão feminino, com doces e refrigerantes que o padre Heitor trouxe.

Foi um dia magnífico, não só pelo significado da data, também pela excepcionalidade em relação ao nosso ritmo de vida aqui. É incrível, o simples fato de passar de um pavilhão ao outro e ver caras novas provoca uma mudança, quebra a rotina.

Naquele dia tive uma sensação muito estranha: fiquei extasiado ao ver a lua, coisa que não acontecia fazia tempos. Para mim, a lua havia se reduzido a uma notícia de jornal. Da cela é impossível enxergá-la.

O condicionamento da reclusão faz voltar-nos sobre nós mesmos. Descobrimos coisas antes imperceptíveis. Cela coletiva tem vantagens e desvantagens. Permite diálogo contínuo, troca de experiências, distribuição de trabalhos, distração e oração em comum. Porém, priva-nos dos momentos de solidão, de estar fora da vista alheia por algum tempo, de poder modificar o ritmo diário conforme nossa disposição pessoal. Ao sair daqui gostaria de desfrutar da solidão, em contato com a natureza. Não me agrada a ideia de fazer "comemorações" e me ver cercado por muita gente.

O mestre da Ordem Dominicana chega a São Paulo no dia 20. Deverá falar com o presidente. A visita será um estímulo para nós. Conheci-o em 1964, quando passou pelo Rio. Leigo, fui apresentado a ele pelo frei José Renato, no convento do Cenáculo, onde se realizava reunião da CNBB.

Sobre a nomeação de dom Eugenio Sales para a arquidiocese do Rio, tenho pouco a dizer. Sei que fez um bom trabalho em Natal, mas ignoro sua atuação em Salvador. Prefiro aguardar para opinar. Mas estou de acordo com os padres que reclamam por não terem sido consultados a respeito e, agora, se veem obrigados a trabalhar com um bispo que nem de longe mereceu a preferência deles. Então, para que a consulta? Antigamente, na Igreja, era o povo cristão que escolhia seus bispos. Hoje deveria ser, ao menos, o clero.

Dom Paulo Evaristo Arns visitou-nos na Sexta-feira da Paixão.

Viram o que disse dom Vicente Scherer a meu respeito? Declarou-me culpado antes que o tribunal se manifestasse? Não sabe o que diz...*

Com muita saudade de todos.

*Presídio Tiradentes, terça, 20 de abril de 1971*

Queridos pais e manos,

Hoje tivemos um dia excepcional. Um dia profundamente marcante e inesquecível. Por volta das dez horas da manhã, o funcionário abriu a cela para que descêssemos para o banho de sol. Fui o primeiro a descer e, quando chego ao pátio, vejo atravessando o portão frei Edson,** o padre De Couesnongle*** e o mestre da Ordem, Aniceto Fernández. Foi uma grande surpresa. Pensávamos que eles não nos veriam mais. Como as visitas estão suspensas, não seria fácil abrir uma exceção. Na última sexta-feira, eles tentaram e não conseguiram. No sábado, quase houve nova tentativa, o mestre estava disposto a suspender qualquer compromisso para nos ver, mas acabou não dando certo. Afinal, ontem Edson conseguiu autorização com o diretor do Deic.

Subimos todos para a cela. O vice-diretor do presídio sugeriu que cele-

---

* O cardeal de Porto Alegre declarou à imprensa que eu era, sim, culpado das acusações que me eram feitas. Meu pai, que era juiz, escreveu-lhe em protesto, dizendo que, se uma autoridade eclesiástica me condenava antes do julgamento, imagine qual seria o veredito do tribunal militar... O cardeal tentou se retratar em resposta a meu pai.
** Prior do convento dominicano do bairro de Perdizes, em São Paulo.
*** Francês, na época era assistente do mestre da Ordem. Posteriormente, foi eleito mestre da Ordem Dominicana.

brássemos logo a missa — durante a qual Ivo faria a sua profissão* — para que ele pudesse assistir. Com ele, veio uma funcionária que já havia participado de outras liturgias conosco. (Como a entrada de uma mulher numa cela é um acontecimento tão raro como o flerte entre americanos e chineses, esquecemos as cuecas do Fernando dependuradas no meio da cela.)

O último banco que temos serviu de altar, enquanto todos sentavam sobre os cobertores dobrados em cima de caixotes. O mestre, como celebrante principal, vestiu apenas uma estola. Por feliz coincidência, a missa do dia era a de são Pedro, mártir dominicano do século XIII, que morreu assassinado por aqueles que se opunham à sua pregação evangélica.

A oração da missa rezava: "Ó Deus onipotente, nós vos suplicamos, fazei-nos seguir com a devida devoção a fé de vosso mártir são Pedro, que, pela pregação dessa mesma fé, mereceu a palma do martírio".

Cantamos o "Glória" e logo Ivo leu a epístola do dia, extraída do livro da Sabedoria 5,1-5:

> Os justos se erguerão com grande confiança (no juízo final) contra aqueles que os atribularam e lhes arrebataram o fruto dos seus trabalhos. Vendo-os assim, os maus se perturbarão, cheios de pavor, e ficarão assombrados com a súbita e inesperada salvação dos justos. De si dirão, fazendo penitência e angustiados: estes são aqueles de quem outrora zombávamos e a quem igualmente injuriávamos. Nós, insensatos, considerávamos a sua vida uma loucura e a sua morte uma ignomínia. Ei-los contados entre os filhos de Deus e entre os santos está a sua glória.

Frei Edson leu o Evangelho (João 15,1-7), que fala da vinha que é Cristo e do agricultor, o Pai. "O que permanece em mim e eu nele, este produz muito fruto, porque sem mim nada podereis fazer."

O mestre fez uma pregação diretamente dirigida ao Ivo, que hoje firmou o seu compromisso definitivo com a vida religiosa. Falou de modo simples, profundamente amigável, num clima que nos fez recordar as antigas celebrações dos cristãos nas catacumbas. Lembrou ao Ivo que ele precisa se dispor totalmente ao serviço do Evangelho de Jesus Cristo, sem reter nada para si.

---

* Profissão religiosa, ou seja, os votos de pobreza, castidade e obediência.

"Ninguém te amou mais do que aquele que deu a vida por ti. Ele te ama de maneira toda especial, por isso concedeu-te a graça da vocação religiosa. Se por um lado renuncias ao amor humano, às riquezas do mundo e à liberdade física, por outro ganhas o amor de Deus, a riqueza dos dons do Espírito e uma liberdade interior inigualável."

Eu não saberia reproduzir aqui exatamente tudo o que ele disse. Mas marcou-me muito quando, ao falar da pobreza, afirmou: "Poderíamos estar num ambiente mais pobre do que este?".

Após a pregação, Ivo firmou os seus votos. Uma grande graça, um enorme privilégio poder fazer a profissão solene dentro de um cárcere e diretamente ao mestre da Ordem. Ele e todos nós demonstrávamos imensa alegria. Cada um o abraçou com muita fraternidade.

Fizemos a celebração eucarística, comungamos sob as duas espécies. No fim da missa, cantamos em latim (como ocorria durante o noviciado) o *Salve Regina*. O mestre da Ordem ficou emocionado. Logo que acabamos a missa, o vice-diretor e a funcionária nos deixaram, e aqui ficamos conversando bem umas três horas.

Pela primeira vez, alguém de fora aceita almoçar conosco (outras pessoas que tiveram a mesma oportunidade preferiram recusar, com receio de prejudicar nossa alimentação). Por sorte, hoje tinha vindo o que encomendamos do convento para a alimentação durante a semana. Assim, foi possível oferecer aos três um almoço um pouco melhor, graças ao expediente do Giulio e do Laércio: um pouco de arroz e feijão, bifes, salada de tomates e alface, e batatas fritas. Por sorte também, a tia do Fernando enviou uns deliciosos quibes, e, como bebida, servimos laranjada. O mesmo banco que serviu de altar agora foi usado como mesa. O mestre usou o único garfo que temos, De Couesnongle e Edson comeram com colher. Como só temos uma faca, foi preciso pedir a eles que partissem logo a carne, para que pudéssemos fazer o mesmo. Acho que há tempos o mestre não comia em tais condições. Na sobremesa, goiabada com queijo que vocês enviaram. O mestre fez questão de lembrar que mamãe havia dito que o queijo era para ser comido após a missa. Uma refeição completou a outra.

Falaram-nos com muito entusiasmo da visita que fizeram a vocês. Disse o mestre que ficou impressionado com o ânimo e alegria de papai e mamãe. Gostou imensamente de ter estado aí em casa. Contou-nos que em todos os conventos por onde passa perguntam por nós, principalmente as monjas dominicanas. Disse também que aceita como válido meu ano passado na prisão como o segundo de Teologia. Era muito bacana vê-lo sentado em caixote aqui conosco, conversando despreocupado, como um amigo mais velho. De presente, trouxe-nos uns charutos cubanos. Demos a ele e ao De Couesnongle uma cruz de madeira e um marcador de livros com os nossos nomes gravados. Enviamos por ele mais um marcador de presente ao papa.

De uma coisa estou certo: não há nada, em todos os sentidos, que a Ordem Dominicana não tenha feito por nós. Só espero voltar à liberdade para fazer muito por ela. Hoje mesmo, à tarde, os dois viajam para o Rio e, amanhã cedo, seguirão para Brasília. [...]

*Presídio Tiradentes, terça, 20 de abril de 1971, cela 17*

Caríssimo papai,

Sua carta a dom Vicente Scherer, em resposta à entrevista que ele deu, foi considerada admirável por todos aqui. Previ que você o faria. Tenho em você um pai e defensor. Mas não esperava um texto tão incisivo e elevado, tanto na forma quanto no conteúdo. Se coubesse a mim escrever ao cardeal, certamente o faria com emoção e desabafo.

Sei como a Igreja de Porto Alegre foi, em relação ao meu caso, firme e decidida. Mas seus pastores foram titubeantes, incapazes de assumir riscos que a própria Santa Sé assumira durante a última guerra. Esqueceram que o asilo é um direito para quem o pede e um dever para quem o concede, direito e dever tão velhos como a própria Igreja. Sobretudo, como você diz muito bem, não foram capazes de perceber que o meu ato "brotou do mais puro sentimento de caridade".

Por que, desde o início, dom Scherer se refere ao nosso caso como quem atira a primeira pedra, antes mesmo que a Justiça se pronuncie? Tenho plena consciência de ter agido sem buscar nenhum proveito pessoal. E só eu sei quanto tenho sofrido nessa longa e indefinida espera, por causa de um gesto incapaz de provocar em mim o menor remorso ou arrependimento.

Sua carta, fina na maneira de argumentar, faz ver ao cardeal como ele se precipitou ao prejulgar-me. Era necessário que você respondesse, pois há bispos acostumados a exprimir opiniões gratuitas e comprometedoras para a vida alheia, sem que ninguém os conteste. Dom Scherer deu a sua contribuição à promotoria; a defesa não terá a mesma facilidade de encontrar pronunciamentos episcopais públicos a nosso favor.

No último sábado ficamos de castigo, sem direito à visita.

Um grande abraço a todos e um abraço a você com muita amizade!

*Presídio Tiradentes, terça, 11 de maio de 1971*

Querida Cecília,

Eu gostaria de passar a data de seu aniversário com você, comemorando junto de sua pequena família. Mas sei que devo suportar mais este sacrifício. É lamentável que o amor esteja tão enraizado dentro de nosso coração quando estamos encerrados numa prisão, sem possibilidade de abraçar aqueles a quem mais profundamente amamos.

Ao redor de nós existem grades que foram desenhadas, fundidas, moldadas, pintadas, parafusadas, pregadas e fechadas por mãos como as mãos que você tem, que eu tenho, e que agora não podem se unir...

Tal como a distância que nos separa, é grande o amor que sinto por você. Há qualquer coisa em seu silêncio, em sua simplicidade, que sempre me tocou. Você é dessas pessoas que sempre souberam ser pobres e, por isso mesmo, de uma imensa riqueza interior. Há muito em você que corresponde à imagem que faço de Maria. Talvez por ser uma dessas pessoas que não precisam fazer nenhuma força para amar a Deus.

Ele a ama de modo muito particular, e isso para mim se traduz claramente em sua vida. A minha relação com Deus é muito diferente da sua. Eu vivo em luta com ele, discuto, tenho minhas explosões, nunca estou satisfeito. Você é a própria paz; sabe dizer, como Maria, "faça-se em mim a tua vontade" e sabe deixar o resto por conta dele.

Ele me arrancou da família quando ainda eu não passava de um menino, pôs um pesado fardo em minhas costas e enviou-me a outras terras e outras gentes. De você ele não pediu nada em especial, não sobrecarregou, não separou da família. Apesar das resistências que apresentei, ele me venceu na luta e arrastou-me para uma vocação que eu não acreditava possuir. Creio que você nunca apresentou resistência a ele, sempre se mostrou paciente, compreensiva, amável. Comigo nem sempre foi assim. Houve momentos em que ele me sacudiu por inteiro. Houve tempo em que ele se calou e eu não pude encontrá-lo. Cheguei a ter raiva de seu silêncio e ameacei abandoná-lo. Mas ele já se acostumou ao meu temperamento e não acredita em minhas ameaças.

Ele deixou que você seguisse o seu caminho normal, sem fatos excepcionais, sem grandes novidades, senão a do amor que renasce a cada dia em você. Veja o que ele fez comigo: levou-me de uma cidade a outra, deixou que eu fizesse amizades para, logo em seguida, separar-me delas; conduziu-me por estranhos caminhos; permitiu que eu me transformasse em manchete de jornal e viesse parar numa prisão. Às vezes, pergunto: "Até quando, Senhor?". E tenho a impressão de que ele ainda não se cansou de exigir de mim muito além do que eu gostaria de dar. Houve dias em que só me mantive de pé porque ele quis, pois se dependesse de minhas próprias forças eu já teria dado com a cara no chão há muito tempo.

No fundo, peço a ele para ser como você, cheia de paz e com uma fé límpida como a água de um lago encravado nas montanhas. Mas que nada! Ele quer que eu viva entre tempestades e furacões, e sou obrigado a sustentar-me no fio da fé que me concede.

Sabe, Cecília, o drama é que Deus confia demais em nós. Ele quer que a gente seja a presença dele junto aos homens. Às vezes, imagino o drama do papa: chefe da Igreja de Jesus Cristo na Terra! E quem somos nós? O que podemos nós? Você sabe se entregar a ele e deixar que ele aja em você. Eu, não: estou sempre querendo agir antes dele. Não tenho a sua calma, vivo apressado, quero pôr logo as mãos à obra. Depois que já comecei é que ele vem me dizer que não é exatamente assim que se faz. Então recomeço tudo de novo, modifico os planos e entrego-me ao trabalho novamente. Ele acha que tenho a infinita paciência dele?

Penso que sua oração é toda silêncio, como a do carvoeiro que só sabia dizer: "Deus, eu te amo", e que Deus lhe respondia: "E eu te amo muito mais".

Eu não rezo, discuto. Quando rezo, coloco uma série de questões, faço sugestões, proponho, analiso, brigo. Há dias em que acho que ele nem quer me escutar... Mesmo assim, insisto. Peço uma coisa, ele me dá outra. Falo de um jeito, ele entende de outro. Acho que vai ser assim até o dia em que nos encontrarmos cara a cara. Aí, então, a gente acerta as diferenças.

Pensei num presente para você. O melhor presente você já ganhou: o bebê, que certamente conhecerei quando não for mais bebê. Lembrei de um fato que ocorreu quando você dava aula às crianças da favela: no dia do professor, os alunos levaram-lhe presentes. Um deles, o mais pobre, filho de um quitandeiro, levou um pedaço de goiabada que o pai lhe dera para comer na merenda... Nunca esqueci disso. Foi o melhor presente entre todos.

Hoje me encontro na situação daquele menino. Não posso lhe comprar nada. Mas envio-lhe este colar de miçangas que fiz com as próprias mãos.

*Presídio Tiradentes, terça, 11 de maio de 1971*

Queridos pais e manos,

Recebi hoje o telegrama de mamãe com a notícia do falecimento de tia Ritinha. Ontem, o correio já avisara por telefone e me foi transmitido pelo chefe de plantão da carceragem.

Todos nós lamentamos a sua perda, do mesmo modo que não duvidamos de que ela agora já desfruta da visão beatífica do Pai. É impossível lembrar da tia Ritinha sem pensar na intensidade da sua fé, da sua oração e dedicação aos outros. Em todos os momentos alegres e tristes da família, ela esteve presente.

Hoje, penso que o Pai quis chamá-la mais cedo. E encaro a sua morte como o gesto corriqueiro e habitual de quem fecha os olhos e descansa. Foi uma passagem de quem atravessa o limiar da vida com o corpo débil e o coração carregado de alegria. Tudo muito simples e definitivo, como a planta carregada pelo vento se desprende da terra.

Não há lugar para choro e para luto. A morte de todo cristão deve ser um anúncio de ressurreição. Uma luz que emerge das trevas. Isso me faz ver que a vida é um dom. Inútil querer possuí-la. Ela só tem sentido na medida em que passa a pertencer aos outros, em que somos suficientemente pobres, que já não temos mais a ânsia de posse sobre nós e sobre os outros. Então, o que nos for dado é dado aos outros. O que de graça recebemos, de graça ofertamos.

Para alguns, talvez isso soe como mero palavreado bonito. Num mundo em que o poder e a posse se transformam em aspiração quase geral, é difícil fazer entender o contrário. Mas creio que a experiência de prisão me colocou definitivamente, de modo realista, diante da grandeza e da miséria da vida humana. Aqui ela cresce em proporção gigantesca, se esvai como a água derramada sobre a areia. Aqui ela se desenvolve ou se atrofia, dependendo das condições subjetivas de cada um.

Há dias em que a alegria invade tudo, a esperança se acende como um relâmpago, a vida ressurge em toda a sua beleza e vigor. Há dias em que o espectro da morte ronda as grades, o sofrimento parece monstruoso e a realidade, absurda. É, então, que nos voltamos para nós mesmos e buscamos, lá dentro de nossa existência, toda a força que ainda nos resta. Vemos que essa força é inesgotável, porque se alimenta da esperança e se traduz no amor. Sentimo-nos lívidos, transparentes, tranquilos, porque é impossível arrancarem isso de nós. É impossível destruírem aquilo que é justamente a matéria-prima de tudo o que o homem é capaz de construir.

Estranha liberdade essa entre grades! Há dias em que penso: e se isso fosse definitivo, perpétuo? Não chego a me assustar. Não há nenhum mal que o homem não possa vencer. Nenhum sofrimento pode destruí-lo por completo, arrancar dele tudo o que tem de bom. Como a cegueira faz aumentar a percepção dos outros sentidos, a falta de liberdade desenvolve em nós uma imensa capacidade de percepção das coisas. Do banco dos reservas, a gente consegue ter uma visão mais ampla dos momentos do jogo. Hoje, minha visão recai sobre a realidade de modo muito agudo. Não há por que temer as ondas se no fundo do mar corre a vida em ondulações tranquilas e cristalinas. Só o que vive imprudentemente à tona pode ser lançado sobre os rochedos.

Imagino que forças vocês tiveram de reunir para enfrentar, com paciência e dedicação, os últimos dias de tia Ritinha. Imagino ainda como vocês sentem agora a perda de uma pessoa que nos é tão querida, de quem só nos restam boas lembranças e por quem guardamos profunda veneração. Creio que ela nos deixou como quem parte feliz por ter cumprido sua missão. A dor da separação não se iguala à alegria que a presença dela sempre nos trouxe. A vida proporcionou à nossa família tanta felicidade que a gente acaba sofrendo um forte impacto com as pequenas tristezas. Digo pequenas porque vim a conhecer o sofrimento humano numa escala que mal podemos imaginar. Reconheço, então, que somos privilegiados, que desfrutamos de uma condição que muitos não podem ter.

Muita gente lamenta que eu esteja preso todo esse tempo, mas como posso lamentar convivendo com rapazes mais jovens do que eu, condenados a dezenas de anos? Não quero dizer com isso que devemos ficar resignados diante do mal. O Evangelho nos ensina que o mal deve ser combatido até seu último limite. Se nos atinge e nos faz suas vítimas, não é o desespero que deve restar em nós, mas a esperança, pois só nela reunimos forças para continuar vivendo e lutando pela diminuição do sofrimento humano.

A morte é inevitável, mas não significa o fim. É o começo de uma vida. O que sabíamos nós quando ainda éramos um embrião? O que sabemos nós a respeito daquilo que virá? Por isso seria inútil crer num Deus que não nos prometesse a ressurreição. Como seria inútil esperar essa ressurreição se vivêssemos resignados com tudo aquilo que aniquila o ser humano.

O importante é não se deixar abater, não se deixar vencer por aquilo que pode e deve ser vencido por nós. Temos, pois, que viver com todas as nossas forças, com todas as nossas energias, para que, quando chegar o nosso dia de partir, possamos desfrutar da mesma tranquilidade da tia Ritinha, na certeza de que nossa existência teve valor e sentido.

*Presídio Tiradentes, quinta, 13 de maio de 1971*

Querido amigo,

[...] Aqui, é claro, tenho todo o tempo para pensar e repensar tudo. Parece que nessas condições adquirimos uma visão de totalidade das coisas: estamos fora do jogo, no banco dos reservas, de onde podemos ver melhor os movimentos daqueles que estão em campo.

O próprio fato de vivermos continuamente trancados entre quatro paredes (ficamos fora da cela apenas umas cinco horas por semana) coloca-nos diante de descobertas e questões que, antes, nos passavam despercebidas. É um processo de sístole, embora sem cairmos no subjetivismo. Aqui não há lugar para uma problemática intimista. O prisioneiro está sempre em companhia dos outros, o que o obriga a revelar-se como pessoa. Toda problemática afetiva tipicamente burguesa desmorona, pois o apelo à objetividade é constante. É uma situação que pode humanizar ou animalizar o ser humano. Coloque uma porção de ratos dentro de uma caixa: eles se destruirão, se devorarão uns aos outros. Se fizer o mesmo com os homens, o perigo pode existir, mas entre os presos políticos é eliminado. Dá-se o fenômeno contrário: o processo de humanização atinge níveis surpreendentes. Como não há recurso à fuga, ao isolamento, à fantasia, o sujeito é obrigado a raciocinar, a fundamentar-se, aceitar as limitações próprias e alheias, e, na convivência diária, nascem a solidariedade profunda, a capacidade de viver lado a lado com um cara o dia todo e todos os dias, e poder descobri-lo a cada momento, ao mesmo tempo que você se descobre no relacionamento com ele.

Neste mundo de grades, a pessoa não vale pelo que aparenta, mas pelo que carrega dentro de si. De que valem posições sociais, tradições de família, nível cultural etc., se o que conta é a sua abertura para o outro? Sofre quem não é capaz de ser simples, descontraído, atencioso e profundamente amigo.

É incrível a metamorfose que se dá em certos presos. Eles chegam com todas as manias que lhes foram impregnadas pela classe, pela profissão. Aos poucos, vão perdendo o interesse pela trapaça e acabam revelando-se de uma forma surpreendente. Param de fingir, de querer se impor, e vão adaptando-se a este estilo de vida que, em outras circunstâncias, leva o homem ao embrutecimento total.

É a nossa capacidade de resistência, de energia interior, que nos permite habitar num cárcere com o máximo de dignidade. Às vezes eu penso que é este o ideal que não conseguimos atingir em nossas comunidades religiosas: uma integração que exige de cada um de nós uma sempre maior personalização. Nas nossas comunidades se dá o contrário: em nome da integração, cuja existência é apenas jurídica, o sujeito abre mão da própria personalidade por temer entrar em choque. É o que chamo de trapaça e que só é possível na medida em que temos *nosso* quarto, *nossa* amizade, *nossos* interesses, *nossa* vida. Quando não há possibilidade de recuo, quando tudo o que é nosso é necessariamente do outro, quando a situação nos coloca frente a frente, então muito pouca coisa é *nossa* e de fato há uma vida comunitária.

Aqui se aprende a ser responsável por si e pelos outros. Veja você: convivi numa cela com cerca de quarenta pessoas, as mais diferentes pela origem, formação, cultura etc. A cela foi dividida em equipes responsáveis pela alimentação, limpeza, lazer, estudo. Tudo funcionava muito bem, sem que houvesse necessidade de um "superior" que fiscalizasse. Isso porque a omissão de um inevitavelmente repercutia em toda a comunidade. Quando a gente pode se omitir, sem que a comunidade reaja a isso, é que de fato não há comunidade, mas um conjunto de pessoas que só têm em comum o fato de habitarem sob o mesmo teto.

Tudo isso repercute bastante na gente. Em sua carta, você se pergunta se os cursos de formação para jovens terão efeitos duradouros. Fala da modificação da metodologia do curso de revelação. É claro que desconheço inteiramente as dificuldades reais que você tem encontrado em relação a uma coisa e outra.

Penso, entretanto, que a nossa pedagogia terá pouco resultado — tanto no seminário como fora dele — se oferecermos uma perspectiva e o mundo, outra. A gente ensina a solidariedade, a paz, a fé, a coragem etc. Alguém sai por aí e só encontra a concorrência desenfreada, a agressão, a incredulidade, a covardia.

Corremos o risco de ser os mestres da utopia. De conduzirmos o sujeito a uma superestrutura, que acaba servindo de válvula de escape à sua omissão da realidade concreta. Como não podemos trazê-lo para a segurança do mundo artificial do seminário, do convento, das estruturas eclesiásticas, o fiel acaba se perdendo, seu cristianismo se esvaindo, ou então entra em flagrante contradição: professa uma fé que, na prática, nega. (E o mais lamentável e profundamente escandaloso é que isso é admissível hoje: a pessoa se diz cristã e, em nome dos "princípios cristãos", dedica-se a acumular tesouros na Terra.) Como oferecer uma perspectiva que seja fermento no mundo?

Olha, quando cheguei aqui, o que mais os companheiros (são poucos os que têm fé) exigiram de mim foi ser consequente na minha vida cristã. Então, percebi que ser cristão nada tem a ver, ou melhor, é muito diferente de ser mineiro ou corintiano. Não basta o sujeito ter uma religião como quem pertence a um clube ou possui ação de uma companhia. O ser cristão é algo que se traduz em todos os ângulos da existência ou então é falso.

É claro que não devemos cair no radicalismo de querer impor a nossa fé ou querer justificar a nossa incompetência profissional com a desculpa de que a religião é o nosso único interesse. Mas entendo que a conversão deve obrigatoriamente modificar a maneira de agir do homem, o seu critério de valor e juízo.

O que ocorre é que supomos (erradamente) que já vivemos dentro de uma cultura cristã. Então, o homem que adere à fé em Jesus Cristo faz pouco mais que passar a frequentar os sacramentos. Dificilmente escapa ao dualismo que se traduz pela incapacidade de vivenciar a sua fé em qualquer circunstância.

Em suma, penso que só conseguiremos oferecer uma perspectiva cristã como fermento da realidade na medida em que oferecemos uma práxis fundamentalmente evangélica. E disso carecemos muito atualmente. Queremos libertar-nos da religião do rito, da magia, da missa aos domingos, mas não sabemos o que é uma práxis cristã. Não temos uma perspectiva de ação concreta que não nos leve novamente à cristandade ou à apologética, ou mesmo ao fanatismo religioso.

E o que me impressiona no Evangelho é ser o relato de uma práxis. Jesus não nos deixa outra coisa senão o seu testemunho ao sacrifício de sua própria vida. Assim vejo a Teologia não como uma coletânea do passado, mas como um guia para a ação no presente, em vista do futuro. E, se falamos em presente, devemos conhecê-lo o melhor possível, não através de conceitos generalizados, mas por meio de uma análise precisa, objetiva, que nos forneça os dados do campo em que vamos atuar.

A Bíblia nos mostra Deus orientando a ação dos hebreus em situações bem concretas, diante de fatos palpáveis. O autor descobre o desígnio de Deus a partir da reflexão que faz sobre os problemas do seu tempo e de sua gente. Desse modo, a práxis do cristão deve ter aqui consequências diferentes daquelas que teria na Europa, por exemplo. Senão o abismo entre a Igreja e o mundo, fé e vida, permanecerá.

Só conseguiremos transpô-lo quando conseguirmos tirar da fé consequências para a vida e, da vida, alimento para o crescimento da fé. No homem cristão, todas as coisas do céu e da Terra devem existir em perfeita unidade.

*Presídio Tiradentes, domingo, 16 de maio de 1971*

Queridos pais e manos,

Acabo de ler a encíclica *Octogesima Adveniens*, de Paulo VI. Acho que me torno cada vez mais rigoroso em relação aos documentos da Igreja. Na base desse rigor está um amor profundo, uma verdadeira paixão que sinto pela Igreja. Daí minha impaciência por vê-la plenamente identificada com seu Fundador. Se vejo falhas nesta carta, não as atribuo a uma culpa do papa, mas às limitações decorrentes de sua própria função nas atuais condições históricas.

Houve um avanço, é certo, e alguns aspectos até surpreendentes, como na crítica à democracia e na aceitação de um socialismo em que estejam salvaguardados, principalmente, "os valores de liberdade, de responsabilidade e de abertura ao espiritual, que garantam o desabrochamento integral do homem" (31). Mas não me conformo com certas falhas e vícios que ainda persistem em documentos desse teor — o que, na prática, o torna uma faca de dois gumes, que pode ser usada de um lado e de outro.

Já é alguma coisa não brigarmos mais por causa de termos. Lembram-se da *Mater et Magistra*? Todo mundo queria saber se o termo em latim merecia mesmo ser traduzido por "socialização". Agora o termo "socialismo" é claro, sem sofisticações, embora impreciso quanto à sua significação prática para o papa. Não faz muito tempo, soava como uma blasfêmia para os cristãos. Como mudam os tempos!

O texto apresenta uma boa enumeração dos problemas, embora com limitações inexplicáveis. É um documento escrito de europeu para europeu. Mais uma vez fica a impressão de que a universalidade da Igreja permanece restrita aos limites da Europa Ocidental. O resto é terra de missão. Nenhuma palavra sobre a guerra, a corrida armamentista, o aumento vertiginoso dos gastos bélicos (há uma rapidíssima alusão em termos comparativos). É claro, e o próprio autor o reconhece, que não é possível abordar *todos* os problemas. Seria, porém, imprescindível que fossem abordados os principais.

Percebo que, de um lado, o texto refere-se aos problemas como se fossem simples *abusos* de uma ordem social que, em seus fundamentos, é tida como natural e cristã. A gente tem a impressão de que o papa prefere um país onde os mosteiros contemplativos estejam na vizinhança das feiras pornográficas (pois, diria, pelo menos há liberdade) a um outro país em que os contrastes sociais sejam menos evidentes e a dignidade humana mais respeitada, ainda que com reservas às religiões ocidentais.

De outro lado, o texto propõe que reivindiquemos uma nova ordem, uma vez que nenhum modelo atual "proporciona completa satisfação". Não teria faltado ao autor uma metodologia de análise? Ele enumerou os problemas conforme aparecem na superfície, porém sem descer às suas causas e raízes históricas. Como superá-las? Devemos ficar entregues e dependentes de uma eventual conversão de quem está no poder? Esta é uma grave utopia que ainda permanece no magistério eclesiástico. Não me consta que Jesus tenha dirigido sua palavra aos chefes religiosos e políticos de seu tempo, exceto para repreendê-los. Ele se dirigiu aos pobres — com esses procurava dialogar.

É positivo o reconhecimento da impossibilidade de "propor uma solução que tenha valor universal" e a abertura de "opções das igrejas locais". Essa descentralização só pode trazer bem à Igreja, pois a experiência mostra que as soluções importadas e "oficiais" só aumentam os problemas.

O papa afirma que "às comunidades cristãs cabe analisar, com objetividade, a situação própria de seu país e procurar iluminá-la à luz do Evangelho" (4). Isso aumenta a responsabilidade de quem não deve mais ficar esperando uma palavra de Roma. Não é o papa quem vai dizer à Igreja do Haiti, do Senegal ou das Filipinas o que deve ser feito. São os cristãos dessas Igrejas quem devem decidir: "uma mesma fé pode levar a assumir compromissos diferentes" (50, *Gaudium et Spes* 43), mas nenhum desses compromissos pode trair aqueles que foram assumidos por Jesus ao anunciar a boa-nova aos pobres.

Foi um passo dado à frente a condenação do liberalismo como ideologia que "nas suas próprias raízes [...] é uma afirmação errônea da autonomia do indivíduo na sua atividade, nas suas motivações e no exercício de sua liberdade" (35). É incrível que, vivendo tanto tempo sob essa ideologia que chegou a contaminar a própria doutrina da Igreja, só agora percebemos como ela é perniciosa e antievangélica. Mas ainda não se chegou a conhecer todo o mal causado pelo liberalismo.

No nº 18, o autor revela que, apesar dos graves problemas que se apresentam, ainda crê que, dentro do sistema capitalista, possa haver um "movimento geral de solidariedade para uma política eficiente de investimentos, organização da produção e da comercialização e, de igual modo, de formação". Acredita que aqueles que integram o "grêmio das instituições internacionais" sejam capazes de "conformar os próprios atos com as suas declarações". Isso me parece mais difícil.

Os organismos internacionais como a OEA, a Otan, o FMI e outros servem unilateralmente aos interesses das nações mais fortes, que os dominam. Nem mesmo aceitam o pluralismo — segregam as nações que não aceitam as regras do jogo estabelecido pelo grupo econômico mais forte. Uma laranjeira não pode dar maçãs. Se quisermos maçãs, as condições deverão ser inteiramente outras.

Acho que o texto não conseguiu abordar as questões na sua etiologia. Chega a ter, ao lado de verificações geniais, afirmações gratuitas, como a de que certas ideologias "não têm como resultado senão uma mudança de patrões; instalados por sua vez no poder, estes novos patrões cercam-se de privilégios, limitam a liberdade e instauram novas formas de injustiça".

De fato isso ocorreu em alguns lugares, mas a afirmação não especifica nem encara as condições em que as mudanças se operaram naqueles lugares. Na maioria dos casos houve uma mudança em favor do povo, só que não podemos comparar a nova ordem instalada com os modelos corrompidos e decadentes do liberalismo. Não podemos confundir "caçarolinha de assar leitão" com "Carolina de Sá Leitão".

Interessante observar que o autor se dirige aos cristãos, nunca aos católicos em particular. Qual a visão da Igreja que ele deixa transparecer? No nº 3, descreve três situações em que se encontram os cristãos no mundo de hoje: a) "em uns lugares eles são reduzidos ao silêncio e olhados com suspeita" (sistemas totalitários); b) noutros, "constituem fracas minorias, cuja voz dificilmente se faz ouvir"; c) e noutros "a Igreja vê reconhecido o seu lugar", às vezes de maneira oficial.

Parece que o autor considera a última situação a mais adequada à Igreja. Sem dúvida, devemos querer que haja plena liberdade de pregação e vivência da fé cristã. A situação mais adequada, contudo, nem sempre é a mais evangélica. Corremos grave risco de utilizá-la como modelo. Em muitos países a Igreja vê reconhecido o seu lugar à custa de um preço muito elevado, que é pago pelo seu silêncio. Diz a *Lumen Gentium* (8b)\* que o caminho da Igreja é o da

---

\* O mais importante documento emitido pelo Concílio Vaticano II.

pobreza e da perseguição. Mas já não estamos convencidos disso. Encaramos a pobreza como uma pesada carga e a perseguição como desgraça que restringe a nossa liberdade. Caímos no oportunismo, perdemos o evangelismo. Não estamos preparados para a pobreza e a perseguição. O que é uma graça, recebemos como uma desastrosa infelicidade.

Confiamos ou não no Espírito Santo, na promessa do Senhor de que jamais seríamos abandonados? Que importa que não sejamos reconhecidos, que sejamos novamente apenas um "pequeno resto"? Deus precisa de nós para que os homens o conheçam, mas não precisa de nós para que os homens sejam salvos. A gratuidade do seu amor transcende todos os nossos esforços.

O que mais provocou o meu espanto foi o nº 48. Implicitamente, confessa uma triste realidade já proclamada por Pio XI — a de que perdemos a classe operária. Mas também, implicitamente, revela que o papa tem consciência de que a Igreja está enraizada na classe burguesa. Ao dizer que a Igreja "enviou em missão apostólica sacerdotes para o meio dos trabalhadores", fica a pergunta: onde estava a Igreja ao "enviar" padres ao meio operário? No mundo dos ricos? A relação devia ser inversa: deveríamos enviar operários-padres ao meio burguês. É junto aos pobres que deveríamos estar plantados e enraizados. Assim não teríamos que passar pelo fundo da agulha para atingirmos a salvação...

Dois trechos que faço questão de ressaltar, pois faço deles meus princípios: "Contornando, pois, todo e qualquer sistema, sem por outro lado deixar de se comprometer concretamente com o serviço de seus irmãos, o cristão deve procurar afirmar, no âmago mesmo das suas opções, aquilo que é o específico da contribuição cristã para uma transformação positiva da sociedade" (36). Só que eu substituiria a palavra "contornando" por *contestando*.

O segundo trecho é o nº 48: "Não basta recordar os princípios, afirmar as intenções, fazer notar as injustiças gritantes e proferir denúncias proféticas; estas palavras ficarão sem efeito real se não forem acompanhadas, para cada um em particular, de uma tomada de consciência mais viva da sua própria responsabilidade e de uma ação efetiva". Como afirma Medellín:* "A hora atual não deixa de ser a hora da palavra, mas já se tornou dramaticamente a hora da ação".

---

* Documento da Conferência Geral do Episcopado Latino-Americano realizada em Medellín, em 1968.

*Presídio Tiradentes, quarta, 19 de maio de 1971, cela 17*

Ana & Nando,

Fizemos uma reunião para sugerir o nome do bebê. Após delongas e milongas, de Pafúncio a Mirocas, decidimos sugerir Márcio ou Lúcia. Fica a sugestão, a opção final é de vocês, já que a natureza privou-nos da vaidade de escolher o próprio nome.

Pelo jeito vejo que, ao sair daqui, terei que enfrentar um simpósio de sobrinhos, onde serei oficialmente apresentado. Sobre o Henrique, mamãe e Thereza disseram que "é muito bonitinho", "uma gracinha". O mesmo foi dito pela mãe do Frankenstein quando ele nasceu. Sem duvidar de que Cecília e Dotte sejam capazes de fazer alguém muito mais bonito, continuo na mesma a respeito do mais recente sobrinho.

Outro dia casou um companheiro. Levaram-no algemado ao cartório. A esposa está em liberdade. No fim da manhã já estava de volta, para uma "lua de mel" de sonhos e recordações da que ele já teve aí fora, antes de ser preso, o que agora lhe assegura uma breve paternidade.

A carta que o Flávio "escreveu", apesar de seus dois aninhos, deu o maior bode aqui. Quase ele vai em cana. Em tempo de chuva, qualquer fagulha vira trovão. O jeito é esperar o Flávio crescer e aprender a escrever; atualmente muitos temem a inocência dele... Podem imaginar o clima em que vivemos aqui. Suspeitam até da nossa respiração. Os mantimentos que nos chegam toda semana são minuciosamente revistados e maldosamente cortados. Sabe aquele pão de forma Seven Boys que já vem todo cortado em fatias, embrulhado em papel celofane transparente? Pois é, metem a faca, dividem as fatias ao meio! Pura maldade, não há nada que possa ser escondido ali. São pequenas humilhações, repetidas diariamente.

Podem ter uma ideia recordando o tempo de infância, quando os adultos gritavam com a gente: "Não faça isso!", "O que tem aí na mão?", "Vamos rápido!". Isso acontece conosco, não é fácil suportar esse tratamento quando se tem mais de vinte anos e, em alguns casos, mais de quarenta. Um pobre coitado, que nunca teve oportunidades na vida e se sente revoltado por seus superiores o tratarem desse modo, acaba descontando na gente. Quem não tem formação, certa visão das coisas, como é o caso do preso comum, alimenta em si profunda revolta. Daí as inúmeras brigas que, diariamente, ocorrem nas celas dos comuns — é a única maneira que têm de extravasar toda a humilhação que sofrem. Já os presos políticos nunca perdem a cabeça: procuram exigir tratamento digno, muito embora isso não seja fácil da parte de um carcereiro que vem trabalhar cheirando a cachaça e preocupado com as dívidas que não pode pagar.

No início, essas coisas me impressionavam. Com o tempo, aprendi que quem vive na selva não pode ter medo de cobra.

Um enorme abraço a vocês!


*Presídio Tiradentes, terça, 25 de maio de 1971*

Querida prima,*

Ao ler suas cartas, percebo que nossas reflexões sobre a vida cristã coincidem, pois vivemos com intensidade particular o mistério da cruz e da felicidade. Estou convencido de que é realmente um privilégio viver nessa fase da história da Igreja, neste pós-Concílio que nos exige uma participação responsável no processo de renovação. Mas a renovação deverá vir de baixo, dos profetas, e não dos especialistas em Direito Canônico; dos que estão abertos ao futuro, e não daqueles apegados ao passado.

O nosso apego excessivo aos valores jurídicos (típico da mentalidade ocidental) nos faz esquecer que o homem é um ser em permanente evolução, capaz de se transformar e transformar, cheio de interrogações que se estendem ao infinito e que somente a fé nos permite compreender. Frequentemente nos refugiamos na utopia do statu quo e cremos que o presente é definitivo e imutável. Mas, na realidade, se não nos prepararmos para enfrentar o furacão que devasta a nossa época e a empurra a um futuro que ainda não conhecemos, corremos o risco de nos esfacelarmos nos obstáculos dos mitos e das utopias do presente.

---

* Maria Inês Libanio que, na Itália, adotou o nome de Ruth.

O mesmo fenômeno foi verificado nos séculos XV e XVI, quando a criatividade do homem superou muitas fronteiras até então consideradas insuperáveis. A navegação e o comércio internacional destruíram as barreiras entre os povos e aumentaram os limites geográficos; a técnica e a ciência ampliaram o domínio do homem sobre si mesmo e sobre a natureza; o subjetivismo filosófico inverteu o eixo da ordem universal e o homem se descobriu como o seu centro e sua medida. As fronteiras econômicas, sociais, artísticas, políticas e religiosas caíram, o mundo se tornou mais amplo e o homem, de certo modo, se sentiu inseguro e perdido nessa imensidão. Muitos pensaram que fosse o fim de tudo, quando, na verdade, era o início de uma nova era.

Vivemos, hoje, uma situação similar. "O mundo da lua" não é mais expressão de brincadeira, mas uma realidade que o homem conheceu.

Como fazer para conciliar os valores antigos com as descobertas de novos mundos no espaço, com o avanço da automação, com a fecundação artificial, com o progresso vertiginoso da ciência e a capacidade de o homem penetrar nos mistérios mais profundos do Universo? Em volta de nós tudo parece se romper, enquanto a nova realidade se apresenta com as dimensões do infinito e o poder do absoluto.

O furacão que atravessa o mundo nessas últimas décadas do nosso século não sacode somente aquilo que se encontra do lado de fora de nós, mas também as bases de nosso mundo interior. Caídas as barreiras morais e religiosas, a juventude é lançada a uma busca frenética, em que muitas são as tentativas e escassos os encontros. O ateísmo é um fenômeno coletivo; o sexo, uma diversão planejada comercialmente e com lucro; o salário, a suprema realização profissional. Atualmente multiplicam-se as contradições: fala-se muito em paz e vive-se em meio à guerra; a miséria e a riqueza são vizinhas de nossas casas.

É claro que essas convulsões, mais cedo ou mais tarde, acabarão, embora não saibamos quando nem como. Um cristão não pode ser pessimista perante o futuro. São as dores do parto que dão à luz uma nova realidade, uma nova terra prometida que é a meta de nossa marcha, mas na qual não conseguiremos colocar os pés, como aconteceu com Moisés.

Mas, então, qual deve ser a postura da Igreja diante de um mundo materialista e incrédulo, oportunista e dotado de uma consciência científica que desafia a nossa fé religiosa?

Devemos, talvez, tomar o caminho do deserto e lá esperar que a tempestade se aplaque e depois retornarmos? Devemos abandonar a nossa fé e entrar no redemoinho do mundo em convulsão? Certamente não existe somente a alternativa de sermos absorvidos pelo mundo ou dele nos afastarmos. Não é mais possível nos protegermos dentro da Igreja que faz somente penitência e oração por um mundo "lá fora". A nossa visão não deve ser de desespero, mas de fé.

Como Deus vê o mundo? Pode parecer uma pergunta retórica, a ser feita pela literatura. Para mim, no entanto, é uma interrogação radical. Da Bíblia sei que o Senhor não está somente na história do homem, mas se revela através dessa história. Abro o jornal para ler os desígnios de Deus. Qualquer gesto humano em um vilarejo no Ceilão,* na fronteira do Camboja, nos subúrbios de Nova York ou no centro de Paris é um ato de salvação ou perdição. O critério de juízo é fácil, e isso nos mostra o Evangelho: o homem se salva quando aceita se perder pelos outros e se perde quando se interessa somente pela sua salvação.

Dessa forma, creio que Deus vê o mundo com muita clareza. Ele não tem crises como nós, porque sabe que seu Reino é escatológico; nós assim o fizemos porque esquecemos justamente isso, e concentramos a nossa esperança no presente (ou vivemos com saudades do passado). Se os homens aparentemente se afastam de Deus porque abandonam a Igreja, nós, no nosso juízo, confundimos uma coisa com a outra. Acredito que os homens estejam à procura de Deus, mais ansiosamente hoje do que nunca. Se afastam-se da Igreja é nossa culpa, porque testemunhamos o deus da pátria, da propriedade privada, um deus que não quer mais sofrer na cruz, e não o Deus de Jesus Cristo. Se o mundo em convulsão nos espanta, que tipo de fermento nos propomos a ser?

Deve estar bem claro para nós, cristãos, que não nos compete julgar o mundo: a nossa missão é salvá-lo, ou melhor, *os homens serão salvos pela gratuidade do amor de Deus, que é o centro de nossa missão.* Assim sendo, como se pode pensar que os homens se afastaram de Deus? Já fala por si o fato de o homem ser uma bênção divina na Terra. Por isso, creio que os homens estão impregnados com os valores evangélicos, cobertos de amor e cheios de esperança, ainda que não conheçam a revelação de Jesus Cristo como algo que traduz ou explicita os fundamentos de sua existência.

---

* Atual Sri Lanka.

É verdade que há o pecado, mas também é certo que a graça é mais forte que o pecado. Deus cuida do mundo com amor e fidelidade. Se isso é verdade, nós também podemos ver, com olhos distintos dos seus, aquilo que acontece nos dias de hoje.

Às vezes, nos sentimos um pouco incomodados diante dos acontecimentos. O desânimo nos vence e nos surpreende com a sensação de absoluta inutilidade de todos os nossos gestos. Quem erra, o mundo ou nós? Prefiro sempre pensar que somos nós, muito bem preparados para catequizar as crianças, segundo nossa formação tridentina, segundo uma teologia medieval e uma filosofia neoplatônica, fechados em uma espiritualidade iluminista, acomodados no seio de uma instituição aristocrática.

Se não soubermos nos renovar, não entenderemos nem mesmo em que dimensões o mundo está mudando. O Evangelho diz que devemos ser o fermento e não um molde para o mundo, e nós sucumbimos à tentação de sermos o molde, a forma, e não o fermento.

Então, não importa a forma que o mundo, em uma dada época, pode assumir; a nós interessa poder ser realmente fermento, com tudo aquilo que a fé nos permite conhecer. A experiência mística, hoje, deve nos conduzir ao reconhecimento da presença de Deus, não somente em nossa vida, mas na vida dos homens e na evolução do Universo. [...]

Hoje tivemos a alegria de dizer adeus ao padre Giulio Vicini, posto em liberdade depois de haver cumprido quatro meses de pena. Dessa forma, somos agora três nesta cela.

Um abraço a você e às suas irmãs. Com muita amizade.


*Presídio Tiradentes, quinta, 27 de maio de 1971*

Queridos pais e manos,

Hoje Giulio Vicini nos deixou, após quatro meses de convivência. Saiu como entrou, absolutamente tranquilo e sereno. Poucas vezes vi tanta calma numa pessoa só. Seu alvará já se encontrava aqui desde ontem. Acreditem se quiser, Giulio só foi arrumar a mala, fazer a barba, tomar banho depois que vieram chamá-lo! Eu estaria pronto de véspera. Enquanto os amigos aguardavam ansiosos lá fora, ele calmamente se aprontava aqui dentro. Como sempre acontece quando alguém sai, todo o pavilhão cantou, uníssono, a "Valsa da despedida".

O juiz auditor esteve aqui na última sexta-feira; disse que o nosso caso "estará resolvido até julho". Uma nova esperança! Mas nosso advogado não está nada otimista, o processo nem foi desmembrado ainda.

Há dias em que essa cadeia mata a gente de rir. Frequentemente os presos comuns vêm pedir uma coisa ou outra em nossa cela: uma cebola, um copo de açúcar, um ovo. Como já começou o inverno, recebi de um *corró* o seguinte bilhete:

> Frei: ocorre que a cruviana num tá fácil, o frio tá de doer até pensamento e não tenho nada para livrar-me do cruel ataque da natureza, resta-me apenas e simplesmente recorrer confiante em vossa senhoria que certamente livrar-me-á de ser açoitado pela intempérie reinante.

Ninguém na cela sabe o que significa "cruviana".

Aída parece decidida a nos engordar: diz que fundou a Pia Sociedade de Amparo aos Dominicanos Presos, dedicada principalmente a atividades culinárias. Chegou, em homenagem ao Ivo, que fez 25 anos, um lombo à mineira de extasiar qualquer estômago. Uma festa. Comemos como frades!

Voltamos a ser três na cela. Muito tempo para estudar, trabalhar, cozinhar. Saí da lavação, por causa da sinusite. Fernando e Ivo lavam vasilhas, panos, fossa sanitária e o chão. Eu preparo as refeições. Aqui o leite é leite hoje, coalhada amanhã, queijo depois de amanhã (enrolo num pano e deixo desidratar) e manteiga na semana que vem (Giulio me ensinou a fazer). É o sistema *lavoisier*: nada se perde, tudo se transforma.

Estou morrendo de sono. Abração a todos!

*Presídio Tiradentes, sexta, 4 de junho de 1971*

Querido Carlos,*

Na última carta eu disse que, tão logo terminasse de ler seu livro, escreveria minhas apreciações. Li-o de ponta a ponta e confesso que cada página do *Paraíso terrestre: Saudade ou esperança?* agradou-me bastante. A maneira como você apresenta o Paraíso, e a Terra contaminada pelo mal, a visão do autor bíblico diante do seu tempo e do seu povo, o significado da narração do Gênesis e do pecado original alargaram minha visão sobre a Bíblia e sobre minha própria vida hoje.

Como você afirma no final do livro, o segredo da Palavra de Deus não deve ser penetrado com erudição e informação científica, mas pelo aprofundamento dessa Palavra na vida que vivemos hoje. Como seria bom que a Igreja ensinasse cada cristão a ler a Bíblia nessa perspectiva! Assim o simples operário seria capaz de entender a Sagrada Escritura e projetar a sua luz sobre a realidade em que vive. Não teríamos uma Igreja "de nível superior" de um lado e de "analfabetos" do outro. Uma Igreja de eruditos ao lado de uma Igreja que mal sabe a diferença entre são Jorge e Jesus Cristo.

Essa separação tornou-se tão acentuada que exigimos oito anos de exaustivos estudos para que um homem possa ser sacerdote; quando ele abre a boca, cheia de citações, todos acham muito bonito, venerável, mas de fato nada entendem do que diz. E quantos cristãos não poderiam ser presbíteros de suas comunidades, verdadeiros fermentos na massa, se a Igreja confiasse mais na força da fé que na estrita ortodoxia? A integridade da doutrina é mais importante que a liberdade evangélica vivida?

Não farei, sobre o livro, apreciação detalhada. Acho-o ótimo e prefiro entrar no plano concreto da vida. [...]

Pela leitura do livro, tiro as seguintes conclusões, ou melhor, reflexões: Deus criou o mundo segundo sua infinita bondade, em clima de completa felicidade. Criou o homem, a quem entregou toda a Criação. A própria Criação, o mundo da natureza anterior ao aparecimento do homem, já trazia em

* Frei Carlos Mesters.

si leis que exprimiam o ato criador de Deus. Nessa natureza surgiu a vida, e esta encontrou a sua mais alta expressão no homem. Ao contrário dos animais, o homem é dotado de consciência intencional. É capaz de refletir e estabelecer um projeto antes de dar início à obra. Nesse sentido, participa do ato criador divino, pelo qual age sobre a natureza e a transforma, humanizando-se sempre mais. Em sua atividade o homem, ser consciente, dispõe de um dom inefável: a liberdade. Se existe liberdade, existe opção. É aqui que entrevejo o mistério do mal. Ninguém é livre podendo optar numa única direção — a direção de si mesmo.

A própria consciência da liberdade levou o homem a entrever a realidade do mal, não como algo que exista objetivamente no mundo, mas como algo que se insinua dentro de si mesmo, dentro de suas possibilidades pessoais. O mal passa a existir objetivamente no momento em que o homem passa a abusar de sua liberdade. Nesse abuso ele se destrói e destrói a liberdade alheia. E isso é uma realidade que se repete na vida de cada um de nós. Não podemos dizer que houve um pecado original isolado, individual, que contaminou toda a humanidade.

Penso que no momento em que o homem peca altera profundamente a Criação. Então, nascer com o pecado original é muito mais nascer no mundo corrompido e adulterado do que propriamente nascer com uma espécie de mancha interior. Assim, o batismo é, de fato, o sacramento redentor de quem se torna apto a redimir a Criação alterada pelo pecado — muito mais do que algo que "apaga" a "mancha interior".

Pela maneira como aprendemos no catecismo, o batismo é uma espécie de realidade subjetiva, sem projeção, senão indireta, na realidade objetiva em que vivemos. Como se o homem pudesse se libertar sem, ao mesmo tempo, libertar os outros. Se a vida do cristão é vida-para-o-mundo e para-os-outros, intrinsecamente dotada de intencionalidade salvífica, então a vida nova que recebemos no batismo, a vida de Cristo que nos é comunicada, é vida-para-os-outros, algo que nos integra em Cristo e na Igreja, na medida em que um e outro só têm sentido enquanto voltados para o mundo. Imaginar um Salvador que não assumisse em si a responsabilidade de redenção de toda a Criação seria absurdo. [...]

O mesmo se passa em cada um de nós batizados: neste sacramento, adquirimos a graça explícita da opção pelo bem, ou seja, de responsabilidade pela restauração da unidade do homem consigo mesmo, com a natureza e com os outros homens. Assim, o batismo nos predispõe, como filhos de Deus, a vencer o pecado e suas consequências reais e objetivas. É deste modo que o paraíso terrestre nos aparece como esperança, na medida em que vamos restaurar a liberdade de todos os homens e suprimir as possibilidades de abuso. Só então nos tornaremos merecedores do Reino de Deus, que se há de manifestar.

Sou incrédulo quanto à culpabilidade das crianças. Não creio que nasçam com qualquer culpa interior pessoal. Creio que nascem na mais pura e abundante graça. Fazendo um paralelo, não acredito que alguém tenha tendência genética ao mal. O criminoso resulta da estrutura social que o cerca. A responsabilidade estrutural é maior que a pessoal, dependendo da situação. O autor do Gênesis mostra que, num certo momento, o homem teve pleno domínio sobre a natureza e, portanto, sobre a estrutura que criou. Assim, os que vieram depois dele já surgiram dentro de uma estrutura corrompida. A responsabilidade pessoal deles é modificar a situação, restaurando a unidade, e não uma culpabilidade inerente ao próprio fato de nascerem. Se não assumem essa responsabilidade, então, sim, tornam-se culpados pela situação que permite o pecado. E isso é culpa pessoal que, do mesmo modo, tem seus reflexos objetivos.

Essa reflexão é de aluno para professor. Quero que você tenha toda a liberdade de me corrigir. O que procuro é entender o significado do pecado original hoje, a partir do que você coloca em seu livro.

Se aceitamos esse reflexo objetivo e estrutural do pecado do homem, então temos de pesar bem a questão da culpabilidade pessoal. Por exemplo, se há desemprego pelo fato de um pequeno grupo de homens ter se apoderado dos meios de produção, como culpar uma moça que, para não morrer de fome, vende o seu corpo? Ainda mais quando a sociedade em que vive admite e estimula esse tipo de comércio. Como cristãos, devemos não só alertar para esse erro, mas sobretudo procurar cortá-lo pela raiz, lutando para que existam estruturas em que nenhuma moça necessite lançar mão desse recurso para sobreviver, pois os meios de produção e os seus frutos estariam ao alcance de todos, já que os bens da natureza pertencem a todos. Deus não passou escritura da Terra a ninguém, a nenhum grupo particular.

Pelo que exponho a você, eis o que entendo por pecado original e responsabilidade salvífica. Nossa missão não é apenas dizer aos que ocupam a casa em chamas: "Saltem, saltem, saiam para fora!...", mas procurar apagar o incêndio. Temos responsabilidade por toda a Criação. [...]

*Presídio Tiradentes, quinta, 17 de junho de 1971*

Querida Juliana,*

No dia em que você nasceu, houve uma reunião no céu. O Senhor convocou os anjos para escolher aquele que deveria acompanhá-la ao longo da vida. Os anjos compareceram em grande número. Embora quase todos já tivessem ocupação definida, nada impedia que qualquer um fosse substituído em sua tarefa, desde que houvesse uma justificativa convincente. Ultimamente casos de substituição eram frequentes, certas tarefas pareciam demasiado difíceis para os fiéis servidores de Deus.

O Senhor anunciou que uma menina nascera cercada de amor e que a ela seriam concedidos muitos dons — restava destacar um anjo capaz de cultivar, com carinho, toda beleza e bondade depositadas no coração da menina.

Ora, não faltaram candidatos. Como muitos se apresentaram, o Senhor decidiu ouvir-lhes as razões antes de indicar a quem seria entregue a vida da menina.

Após ouvir alguns anjos ansiosos por mudar de ocupação, seja por oportunismo, seja por considerarem suas atuais tarefas enjoativas (anjos da guarda de deputados, banqueiros, diretores de empresa, velhos monsenhores), apresentou-se ao Senhor o Anjo da Paz. Todos ficaram estupefatos ao vê-lo ali, sua ocupação sempre fora cobiçada pelos demais anjos. O próprio Senhor admirou-se. O que levava um anjo tão famoso, cujo retrato figura com destaque à entrada da ONU, a querer abandonar o cargo para ocupar-se com uma menina simples como uma flor-do-campo?

— Já não suporto mais a tarefa que me coube — disse o Anjo da Paz. —

---

* Juliana Rabelo Christo, minha sobrinha.

Quanto mais dissemino a paz, mais os homens desencadeiam guerras. Antigamente era mais fácil trabalhar. A guerra era algo extraordinário, todos a repudiavam como uma peste. Hoje, parece já não tolerarem a paz. Há guerras locais, regionais, internacionais. Guerras curtas e longas, aéreas e terrestres. Criou-se uma indústria especialmente para o mercado da guerra. Há homens cuja profissão é fabricar armas que matam em maior número e menor tempo. Se a guerra para, é o caos, o desemprego, a desvalorização da moeda, a crise política. Já não se pode viver em paz e, quando há, é apenas uma trégua entre uma guerra e outra. Há também guerras frias e quentes, santas e diabólicas. O mundo transformou-se em um grande arsenal. O mais forte é quem possui a melhor arma; o mais poderoso quem é capaz de matar mais adversários. Estou cansado, Senhor, e peço demissão. Quero levar paz à Juliana.

O Senhor anotou as palavras do Anjo da Paz; considerou convincentes as suas razões. Antes, porém, de decidir, concedeu a palavra a um outro candidato inscrito, o Anjo da Liberdade:

— Minha tarefa também é cada vez mais árdua — disse ele. — No orçamento das nações estão previstas a ampliação das forças policiais e a construção de novas prisões. A terra foi retalhada em propriedade de uns poucos e dividida por cercas de arame farpado. A aspiração de liberdade tornou-se ameaça aos poderosos. A própria liberdade de consciência parece precária diante da grande rede de propaganda que condiciona as opções das pessoas. Quando a liberdade resiste, os meios de comunicação procuram corrompê-la. Por isso, também peço demissão, até que os próprios homens possam encontrar o caminho da liberdade. Quero levar liberdade à Juliana.

O Senhor consultou suas anotações; verificou que não havia mais nenhum anjo inscrito como candidato. Diante dos dois primeiros, os demais haviam retirado seus nomes. Ia dar por encerrada a sessão quando um anjo muito popular levantou o braço e pediu a palavra. Era o Anjo do Amor:

— Pela longa experiência que trago através dos séculos, posso assegurar ser impossível haver paz e liberdade se não houver amor. Os problemas do mundo só encontrarão solução ao se unirem paz, liberdade e amor. É preciso que trabalhemos juntos. Ofereço-me também para levar amor à Juliana.

No dia em que você nasceu, Juliana, os três anjos, como os reis magos, apresentaram-se em sua casa. No céu, o Senhor acendeu mais uma estrela.

*Presídio Tiradentes, quinta, 17 de junho de 1971*

A uma religiosa,

Em sua carta, a senhora coloca três questões. A primeira, a consciência adulta hoje diante das normas de um sistema estruturado em formas legalistas, centralizado no mundo europeu. Isso é o próprio sistema de nossa vida religiosa. O juridicismo penetrou de tal forma na Igreja latina que as normas passaram a determinar a vida das pessoas, e não o contrário, como deve ser. O que deveria ser expressão do espírito de uma época e da experiência do passado tornou-se condicionante do futuro. O tempo evoluiu e as normas permaneceram — e nós, apegados a elas, ficamos para trás. A letra abafou o espírito, a autoridade matou os carismas, o passado travou o futuro.

De tal maneira a autoridade se identifica com a função que nela se esvai toda espontaneidade; o diálogo fica reduzido a um monólogo que consiste em traduzir de viva voz o que está escrito e não pode ser alterado. Perdem-se vocações para não perder a integridade da letra. A letra já não corresponde às aspirações, as pessoas passam a meros executores da letra. A Cúria Romana tenta impor um modelo único de Igreja para o mundo todo. Isso dificulta a pregação do Evangelho em muitas terras de missão.

Leia *A vida do padre Lebbe*, missionário na China. O livro mostra os missionários que o precederam muito mais preocupados em transplantar a Igreja romana para a Ásia que criar uma Igreja segundo as próprias exigências do povo de lá. Durante certo tempo o Direito Canônico pareceu ter mais importância que o Evangelho. Muitos bispos não conheciam este tão bem quanto aquele. Também em muitas ordens e congregações religiosas as constituições e as regras tinham mais peso que as palavras da Escritura. Ora, a Escritura é o Espírito, a liberdade, a caridade, enquanto constituições e regras não passam de normas jurídicas que nem sempre traduzem o espírito evangélico e incentivam mais que coíbem a liberdade.

A senhora diz bem ao afirmar que vivemos "num sistema centralizado no mundo europeu". De fato, tanto o Estado quanto a Igreja na América Latina sofreram forte influência do código civil de Napoleão e das normas emanadas das instituições europeias. Isso por motivo muito simples: fomos colonizados pelos europeus, não pudemos repetir a experiência dos gregos, que impuseram sua cultura aos romanos que os dominaram. Os europeus não nos trouxeram "a" civilização; de fato nos impuseram *sua* civilização.

Não sou ingênuo a ponto de pensar que isso foi negativo. Mas não foi completamente positivo. Até poucos anos se acreditava que o índio era um ser selvagem e primitivo porque anda nu, mora em cabanas, não sabe ler nem escrever. Hoje, os antropólogos sabem que a cultura indígena não é primitiva, mas paralela. A senhora pode estar certa de que muitos índios nos consideram primitivos, atrasados em relação a eles, que vivem nas selvas sem os problemas que enfrentamos nas cidades.

Mas o fato é que a Europa se impôs à América, África e Ásia. O branco tornou-se senhor do negro, do amarelo e do índio. Quem se colocava contra o europeu estava contra "a cultura", "a civilização", "a arte". Aprendemos no colégio mais história da Europa que de nossa própria terra. Todos os nossos valores, critérios, padrões e costumes são tipicamente europeus, salvo raríssimas exceções. Veja, por exemplo, o que conhecemos da literatura europeia: Shakespeare, Proust, Gide, Goethe, Kafka, Camus, Shaw, Camões, Dante, Cervantes etc. E o que conhecemos de literatura latino-americana e mesmo brasileira?

Na vida religiosa repetimos a anedota (não duvido ser verídica de origem) do monge designado missionário num país tropical. Como a constituição de sua Ordem europeia prescrevia hábito de lã, lá foi ele, muito obediente, derretendo-se dentro do hábito como picolé em forno de padaria. E quem enxergava sabedoria num homem de tamanha burrice? Essa burrice precisa ser corrigida. Em outras palavras, chegou a hora de cortarmos o cordão umbilical que nos prende à Europa. Estou certo de que o Vaticano II abriu imensas perspectivas, no sentido de caminharmos sem as normas legalistas europeias.

Na meditação do Evangelho, chama a atenção como Jesus identificava-se plenamente com o seu povo; falava em aramaico, e suas parábolas estão todas baseadas no sistema de vida da gente que o cercava: pastores, agricultores, pescadores, viajantes, cobradores de impostos, soldados, fariseus etc. Vestia-se como eles, seguia-lhes os ritos, celebrava as suas festas. Era ele próprio um homem do povo. Em Jerusalém, os que o perseguiam não conseguiam distingui-lo dos outros. Era fermento na massa.

De nossa parte, há que reconhecer, não somos fiéis ao exemplo de Jesus. Nas pequenas cidades, cercadas de casebres, ergue-se acintosamente a torre da igreja; nossos templos permanecem vazios à noite, enquanto os filhos de Deus abrigam-se ao relento, embrulhados em folhas de jornal; nossos colégios e conventos comparam-se às mais ricas mansões. Somos a imagem da Europa branca e rica em meio a um povo pobre, negro, mulato.

A consciência adulta diante dessa realidade é a consciência crítica de quem a assume para transformá-la. Precisamos ter a humildade de reconhecer nossos erros e partir quanto antes para a renovação. Criar instituições e estruturas de uma Igreja capaz de realizar o melhor possível a vocação à liberdade de seus filhos.

Só assim teremos autoridade evangélica que se coloque na linha do serviço e confie na responsabilidade daqueles a quem serve. Só assim acabaremos com a letra morta, coibitiva, constrangedora, infantilizante, para dar lugar ao espírito vivo, libertador — o Espírito de Deus que nos habita. Só assim viveremos numa Igreja nativa, de acordo com as características próprias de nosso povo; uma Igreja pobre, em comunhão com a Igreja mundial, assim como numa família em que as particularidades de cada um são salvaguardadas e enriquecem a vida em comum. [...]


[*Sem data*]

Caríssima irmã,

Quando Jesus se abaixou para lavar os pés dos discípulos, esse gesto operou uma transformação radical no significado da autoridade. Em Cristo, a autoridade é serviço. De tal forma representou uma ruptura que Pedro se negou a deixar-se lavar por Jesus. Ele não podia, dentro dos padrões cristalizados da época, entender que Jesus agisse como um servo. Este, porém, rompeu com os valores vigentes; e o fez de tal modo que necessitou pedir um voto de confiança. "O que agora faço não o compreendes; tu o compreenderás mais tarde" (João 13,7).

Atualmente, na Quinta-Feira Santa, quando o bispo se abaixa para lavar os pés dos homens do povo, esse gesto em nada contribui para reduzir a distância que os separa. É simples representação de um fato histórico. A ninguém, portanto, atinge e converte, todos sabem que o bispo "faz de conta". Escândalo seria se esse gesto fosse o coroamento da vivência do bispo, como alguém que de fato vive a serviço do povo. A hierarquia está tão distanciada do espírito da Quinta-Feira Santa que os bispos que constituem exceção precisam repetir aos seus irmãos de episcopado: "O que agora faço não o compreendes; tu o compreenderás mais tarde...".

O ofertório também perdeu o seu significado para a nossa vivência cristã. Antigamente, nesse momento da celebração, os fiéis depositavam junto ao altar suas oferendas para o sustento do ministro e dos pobres. A fé se traduzia em obras. Antes da comunhão do corpo e do sangue do Senhor, havia a comunhão de bens. Quem tinha dava a quem não tinha, de preferência dentro do espírito do óbolo da viúva.* Hoje, com o esvaziamento da vivência comunitária, a oferenda material quando muito se reduz a uma simbólica quantia monetária.

A pequena comunidade eclesial permite a recuperação do sentido primitivo das oferendas. Sendo conhecidos uns dos outros, é possível a cada membro da comunidade sentir de perto a necessidade do próximo. O sacerdote pode apontar concretamente necessidades e necessitados a serem assumidos pela comunidade.

Uma família precisa de alguém que financie a matrícula de um de seus filhos; um operário doente necessita de medicamentos; um jovem procura um emprego etc. Todas as necessidades são colocadas e resolvidas em comum. Se a comunidade é burguesa, é preciso ajudá-la para que o serviço aos pobres não seja paternalista nem represente um desencargo de consciência de quem, durante a semana, age indiferente aos problemas alheios.

A consciência burguesa estabelece uma distinção entre moral individualista e moral social. Enquanto indivíduo, o burguês é capaz de sensibilizar-se com as dificuldades de seu jardineiro, da filha de sua cozinheira, da esposa do faxineiro de seu escritório. Mas não se importa com o fato de não usufruírem dos mesmos direitos e benefícios sociais. Acha até "natural", como se os mais afortunados existissem para propiciar empregos aos menos afortunados.

* Lucas 21,1-4.

A oferenda de bens, que exprime a comunhão social entre os fiéis, deve estar voltada às necessidades daqueles que não participam diretamente da comunidade: doentes, órfãos, prisioneiros, mendigos. A maior oferenda, entretanto, não é abrir mão do que sobra, mas é se dar. É colocar-se sempre a serviço do pobre. Assim, o ofertório é o momento de renovar a oferta de nós mesmos ao próximo e ao Senhor. Colocamos toda a nossa vida — pensamentos, palavras e ações — a serviço daqueles com quem Jesus se identificou (Mateus 25,31-44).

O pão e o vinho são frutos da terra e do trabalho do homem. Simbolizam tudo aquilo que oferecemos ao nosso próximo e ao Senhor. Tornam-se, na missa, corpo e sangue de Jesus Cristo, alimento imperecível. Aqui vejo o sentido mais profundo da eucaristia. Nela participamos do ato em que Jesus entrega seu corpo e sangue por nossa libertação. "Este é o meu corpo. Este é o meu sangue. Tomai e comei, tomai e bebei, pois é dado por vós." O Senhor entrega-se a nós e por nós. E o faz para que possamos também dizer: "Senhor, o meu corpo será entregue e o meu sangue será derramado por vós e pelo próximo. Assim, estaremos celebrando a vossa memória".

Participar da missa é renovar, no sacrifício do Senhor, a nossa disposição de também nos entregarmos por ele e pelo próximo, de celebrar a sua memória tornando-nos hóstias vivas. A comunhão do sangue e do corpo do Senhor deve significar nossa resposta de que também entregamos por ele nosso corpo e nosso sangue. [...]

*Presídio Tiradentes, domingo, 20 de junho de 1971*

Querida Marlene,*

Acabo de reler sua carta tão humana e bela quanto os girassóis plantados em sua casa de campo. O contato com a terra faz bem. E me faz falta. Há muito tempo não vejo o verde. A paisagem que me envolve é toda ela cimento e

---

* Marlene França, atriz e cineasta, já falecida.

ferro. Uma atmosfera opressiva. Sinto falta de ar e espaço onde a vista possa se perder no infinito.

Nasci numa terra de montanhas. E passei os primeiros anos da infância à beira-mar. Minha mais remota lembrança é a de brincar com um balde na areia da praia de Copacabana. Conservo a imagem, devia ter três ou quatro anos. Para mim, não há nada na natureza mais belo que o mar. Parece não ter fim e irradia a imponente maravilha de quem esconde em seu seio uma misteriosa riqueza.

Mas não canso de lançar um olhar interrogativo sobre o ser humano. Pode haver algo mais belo que a vida humana? Ou mais expressivo? Todavia, o mesmo homem capaz de criar rosas, exprimir-se em poesia e produzir música também fabrica armas, decreta a morte e oprime os semelhantes! Há muito a fazer para recuperar a unidade descrita no primeiro capítulo do Gênesis. Somos um feixe de contradições.

Um dos momentos mais importantes de minha existência foi descobrir sua dimensão social. Só a partir daí tomei consciência, realmente, de sua dimensão pessoal. Até então vivi na ilusão da lei da selva, na qual a competição destrói a cooperação. Abandonei a competição para buscar a cooperação. Abandonei os meus desejos para dar lugar às escolhas necessárias. Descobri que toda opção implica renúncia.

Não se pode borboletear em torno das opções que a vida propõe. Numa encruzilhada, ao tomar uma direção, abandonamos obrigatoriamente as outras. Às vezes, temos a tentação de retornar, passar aos caminhos que parecem mais fáceis, mas que, de fato, são os mais acidentados. É preciso caminhar paciente e resolutamente, confiar nas próprias forças, fixar os passos na direção escolhida.

O que aprendi, outrora, nada tinha a ver com a dimensão social da existência. Aprendi a ler no *Pato Donald,* sonhei que um dia seria tão rico quanto o velho Patinhas. Jamais tive simpatia por Donald, cuja vida é uma luta sem êxito, até mesmo em seu amor por Margarida, atraída pela extraordinária sorte do Gastão. Passei minha infância com o Capitão Marvel, Batman e Zorro. Meus heróis eram os mais fortes, os mais poderosos, os que sempre venciam. Podia dormir tranquilo, certo de estar protegido por eles. Seus inimigos — os bandidos, os ladrões, os sábios malditos — assemelhavam-se aos porto-riquenhos. Toda essa literatura me ensinava que o crime não compensa, mas também que o velho Patinhas não comete nenhum crime ao acumular dinheiro, enquanto seu sobrinho trabalha como um desgraçado, inutilmente. Aprendi que o homem ideal, modelo de virilidade, era o superalimentado, superequipado, superinvejado. A qualquer preço, eu devia ser assim. Enquanto bebia Coca-cola, sonhava em ficar rico. E venerava o Tio Sam.

Minha sensibilidade foi educada pelo cinema. Os filmes mostravam-me, de modo mais vivo e cruel, o que já havia assimilado das revistas em quadrinhos. Convenciam-me de que o amor é um rosto bonito, um corpo bem-feito, e que, para ser boa, a vida deve estar repleta de aventuras incríveis. Para mim, o homem realizado era rico, bem-vestido, perfumado, cercado de mulheres, servido por empregados prontos a satisfazer seus menores desejos. Saía do filme convicto de que poderia repetir a lição, desde que fosse suficientemente esperto para ganhar muito dinheiro. O abecê do Tio Sam. Este personificava, a meus olhos, o progresso, a civilização, a liberdade.

Muitas imagens coloridas desfilavam em meu espírito adolescente. David Niven em seu Rolls-Royce, conduzido por um negro do Harlem; Elizabeth Taylor, venerada e adorada como rainha do Egito por milhares de escravos orientais; Gary Cooper, esvaziando seu revólver na cabeça de um bandido mexicano; John Wayne, semeando a morte entre os índios. Os brancos eram superiores, invencíveis, maravilhosos. Os brancos podiam amar uma loura de olhos azuis ou uma deusa de cabelos prateados.

Minha pele, meu cabelo, meus sonhos, meus olhos, meus desejos, minhas maneiras estavam próximos de Marlon Brando, James Dean, Frank Sinatra, Glenn Ford, e bem distantes das feições dos bandidos que eles matavam, dos inimigos que dizimavam na guerra de celuloide, dos servos que se ajoelhavam diante de seus reinos encantados. Eu buscava o herói, a glória do herói, a riqueza do herói, a mulher do herói, até o dia em que, com a morte de Marilyn Monroe, perdi boa parte de minhas ilusões.

Na cidade, aprendi a lei da selva. Ensinaram-me a competição. Mostraram-me como usar minha inteligência para aumentar minhas posses. Insistiram para que me tornasse insensível à dor alheia.

As mulheres. Nessa sociedade capitalista, vocês são formadas para ser um objeto vivo nas mãos do homem. Embonecadas. Caminhar, sorrir, sentar-se, falar, comer, vestir-se, de modo a que tudo desperte o instinto do homem. Estabeleceu-se que o homem é que estuda, decide, constrói, cria, comanda, realiza. Ele é o guerreiro e a mulher, o repouso do guerreiro. Ela deve fazer suas vontades, ser dócil, alegre e paciente com ele. Mesmo que ele se distraia com outras mulheres, ela não deve ser senão dele, inteiramente devotada. Deve ser apenas bela. Pouco importa que, na cabeça, não tenha nada além de cabelos. Ela é o Corpo e ele, o Espírito. Ele pensa e ela faz. Nele, o físico conta pouco; o que importa é o dinheiro, a posição social, a inteligência. Eis o que ela deve ver nele, mesmo que, ao olhá-lo, não perceba o seu espírito e a sua inteligência, mas apenas a sua aparência.

Entre os produtos oferecidos por nossa sociedade no mercado está o sexo. Não é uma causa, é um efeito. É a expressão da nossa incapacidade de amar, sintoma da assexualidade do homem contemporâneo. Por ser sexualmente impotente, ele tanto se preocupa com sexo. Todos os super-homens de minha infância eram seres assexuados, atrapalhados com namoricos inconsequentes: Fantasma, Capitão Marvel, Batman, Super-Homem, Mandrake. Na tela, os heróis de minha adolescência eram românticos arrivistas capazes de abraçar as mulheres melhor do que ninguém, mas antes que o amor começasse a se firmar aparecia o "The end". Assim, fomos formados nas peripécias do amor, nos artifícios do amor, sem jamais aprender a amar. Um divisor de águas estava traçado entre o corpo e o espírito. Como espírito, o homem contemporâneo perdeu sua masculinidade, a percepção de seu próprio corpo. Sua agressividade, seu machismo são o reflexo da repugnância que sente por si mesmo. Como corpo, a mulher perdeu sua personalidade, seu espaço interior. Sua passividade sexual traduz a atitude de quem se comporta como simples receptáculo.

Os dom-juans de nosso tempo nada têm de super-homens, como quer nos fazer crer James Bond. São impotentes, sempre insatisfeitos, à cata de novas aventuras. A ultrafeminina, a ultrasseduttora, é também a ultrafrígida. O corpo não é capaz de saciar o espírito; o espírito ignora que ele deve satisfazer o corpo.

Quem põe a mão no fogo se queima. Se fomos iludidos sobre o amor, não podemos viver senão de ilusões amorosas e de amores ilusórios. Não podemos nos libertar dessa alienação, onde a nossa egolatria chafurda como um porco no chiqueiro se não descobrimos a dimensão social da existência. É herói o povo que concretiza as suas aspirações. O poder torna-se sinônimo de serviço; o amor, de dom.[...]

*Presídio Tiradentes, sexta, 13 de agosto de 1971, cela 17*

Queridos pais e manos,

Durante as férias de vocês, tirei férias de escrever cartas. Recebi o queijo. Da sinusite, melhorei muito depois de instalar aqui na cela uma lâmpada infravermelha que nos foi emprestada. Diminui sensivelmente a umidade do ambiente e, nos dias frios, serve para nos esquentar. Se bem que esse foi o inverno mais quente que já passei em São Paulo. Dois ou três dias daquele frio de secar os ossos e, o resto, um sol imenso se erguia lá fora. Agora estou com problema de dentes — estão se descalcificando. Quando mastigo, sinto-os bambos e doloridos; a gengiva, latejante. Na situação em que me encontro, ingerir cálcio é praticamente inútil. Como quase não tomo sol, o organismo o expele sem efeito.

O juiz auditor esteve aqui no início da semana. Disse que o nosso julgamento será ainda este mês...

A todos, um abraço com muita amizade.


*Presídio Tiradentes, terça, 5 de outubro de 1971*

Queridos pais e manos,

Dom Paulo Evaristo Arns esteve aqui semana passada. Além do bom papo, trouxe-nos bolinhos feitos em casa, oferta do Conselho de Presbíteros da Arquidiocese.

Prestem atenção: dentro de poucos dias será canonizado o padre Maximiliano Kolbe, a quem se dedicou a famosa peça *O vigário,* sobre o silêncio de Pio XII durante a perseguição nazista. O padre Kolbe trocou a sua vida pela de um operário que estava marcado para morrer no campo de concentração onde se encontravam. Deixaram-no preso numa cela, sem água e alimentos. Como demorava a perecer e passava os dias cantando, seus carrascos não suportaram esse testemunho e aplicaram-lhe uma injeção letal. [...]

*Presídio Tiradentes, quarta, 10 de novembro de 1971, cela 17*

Queridos pais e manos,

Faz dois anos que estamos presos. Dois anos de sofrimentos e alegrias, trevas e luz, perdas e ganhos. Dois anos de muito amor sob muito ódio, de inefável liberdade entre grades. Nesses subterrâneos da história, sentimos como atua o Espírito de Deus, fazendo de todos aqueles que aspiram ao seu amor sinal de contradição. Estes matam sua sede numa fonte de água viva, capaz de inundar corações que batem em ritmo de futuro. Aqui habitam os redimidos. Aquela escória de que fala o Evangelho — os convidados ao banquete.*

Quantos anos viverei ainda sem ver o céu brilhando de estrelas e sentir a brisa do mar em meu corpo? Quanto tempo ainda fechado num quarto que é cozinha que é banheiro que é escritório que é oficina que é copa que é sala de ginástica que é templo, sem lá fora, sem poder ir e vir, vendo a liberdade física terminar numa pesada porta de placas de ferro e barras roliças, que jamais se abre senão pela vontade alheia? Quanto tempo transformado em folha de processo, entre tantos outros, em mãos de quem julga o réu desprovido de tempo e de espaço, reduzido a uma pena que soa como um número abstrato?

Devo ser conduzido ao Hospital Militar para ser operado de sinusite. [...]

*Presídio Tiradentes, terça, 14 de dezembro de 1971, cela 17*

Liana,

Pensei em fazer um presente de Natal para você e Marlene. Decidi dar-lhes o melhor presente por ser o mais significativo. Na cela fazemos cruzes de couro, nas quais gravamos nossos nomes. *Nunca* vendemos, nem aceitamos *nada* em troca — essas cruzes são dadas a algumas pessoas especialmente escolhidas

---

* Marcos 14,12-4.

por nós. São o símbolo de nossa passagem pela prisão. Chamamos de "comenda do cárcere". Não gosto, soa meio aristocrático, mas deixa assim. Envio uma para você e outra para Marlene.

Não sei se já lhe falei, mas andei mal de sinusite nesses dois anos aqui. Nunca reclamei muito, não adiantava. Agora, felizmente, depois de experimentar uma dúzia de remédios e de homeopatias, fui levado ao Hospital Militar. O médico fez raspagem, punção, melhorou bastante. Agora tomo injeções diárias de antibiótico. Devo voltar mais uma vez ao hospital para terminar o tratamento. Tive também problema de descalcificação, os dentes ficaram bambos, a gengiva sangrava. Com tratamento e um pouco mais de banho de sol, tenho melhorado.

As condições de prisão não são nada boas. Isso não é segredo, o próprio governador reconheceu quando esteve aqui. Mas nosso moral, sem falsa modéstia, é excelente. Sabe, há dias em que fico surpreendido com a alegria contagiante que reina aqui. Parece um bando de jovens em férias num albergue.

O fato de poder estabelecer o próprio ritmo de vida dentro da cela ajuda bastante. Às vezes, dá vontade de cantar e improvisamos um coro — é tudo muito espontâneo, transparente, sem nada de carrancudo, como é comum aí fora. Se não fosse pelo prédio, eu não diria que estamos numa prisão.

Aqui a gente encontra, de um modo difícil de definir, a verdadeira dimensão da liberdade. Isso, é claro, só pode ser compreendido por quem entende a liberdade de modo diferente do que, em geral, se pensa.

Nossas famílias lamentam estarmos aqui — e nós também —, mas o que elas entendem por liberdade é outra coisa, pois não lamentam pelos filhos que passam o dia todo trancafiados numa fábrica ou escritório. Não creio que seja liberdade viver unicamente em função da própria sobrevivência, alugando a um patrão sua força de trabalho ou inteligência. Também não creio que liberdade seja não trabalhar, poder dispor de dinheiro à vontade, fazer o que bem entende, divertir-se a valer. Livre é aquele que se coloca a serviço dos outros.

Bem, não vou entrar por caminhos "filosóficos".

Um Natal muito feliz!

*Presídio Tiradentes, quinta, 30 de dezembro de 1971, cela 17*

Queridos pais e manos,

Feliz Ano-Novo, acrescido ainda pelo abraço ao papai e à mamãe, que fazem trinta anos de casados. Isso deixa a gente muito feliz, ainda mais porque os filhos estão aqui (não na cadeia, mas no mundo). Tivemos um dia de Natal agitado e bonito. Pela manhã, dom Lucas Moreira Neves* veio celebrar missa. Havíamos pedido a dom Paulo missa à tarde, quando as famílias estivessem aqui. A Secretaria de Segurança não permitiu. Autorizou somente pela manhã; separou os presos de suas famílias. Solicitamos, então, que a missa fosse para todos os presos juntos, sinal de nossa união e momento de confraternização. A direção do presídio não permitiu. Queria missas separadas em cada pavilhão. Assim, os companheiros preferiram não haver celebração a aceitar uma que viesse a nos dividir. Ficamos solidários a eles, não vemos sentido celebrar o sacramento da unidade aceitando barreiras que nos são impostas.

Dom Lucas não entendeu a nossa posição. Para isso, seria necessário passar dois anos nessa situação que nega toda e qualquer unidade, nos separa e discrimina, desde as grades de ferro que limitam o nosso movimento físico às manchetes de jornais que nos difamam. Quando se vive preso, sabe-se o que é liberdade. Quem vive segregado aspira a viver o contrário disso — a unidade.

Sabíamos não ser difícil para o presídio reunir cerca de 180 presos políticos no pátio. Portanto, o desdobramento da celebração, dividida em três, só pode ser interpretado como provocação e imposição de novos limites e barreiras entre nós. Aceitar uma missa nessas condições seria compactuar com os critérios que nossos carcereiros utilizam para dizer quem é joio e quem é trigo. Dom Paulo queria celebrar para todos os presos, acompanhados de suas famílias. As autoridades não concederam.

Irritado com a nossa posição, dom Lucas foi celebrar para os poucos presos comuns que restam aqui. Para não magoá-lo, nós três decidimos comparecer. Mas voltamos à cela ao avistar, junto ao altar improvisado, quatro policiais do Deops que se encontram presos por corrupção e torturas. Um outro

---

* Nascido Luís Moreira Neves (1925-2002), era frade dominicano, tornou-se bispo auxiliar de São Paulo e, mais tarde, cardeal arcebispo.

padre, que acolitava o bispo, indignou-se ao nos ver retornar. Disse que, como cristãos, tínhamos a obrigação de perdoá-los.

O que esse padre não entende é que o próprio Deus condiciona o perdão ao arrependimento da pessoa perdoada. E, o mais importante, estava em jogo o nosso testemunho cristão aqui. São Paulo diz que devemos abster-nos de carne se, ao comê-la, escandalizamos alguém. Não havia condições de comungarmos o corpo do Senhor ao lado daqueles que fizeram sofrer o corpo do homem criado à imagem e semelhança de Deus, e templo do Espírito Santo.

Se ficássemos na celebração, transmitiríamos a imagem de uma Igreja que se submete docilmente aos poderosos, aceita as migalhas que caem da mesa dos ricos, está sempre cheia de sorrisos para os que governam e ameaçam. Não comparecendo, tomamos uma posição coerente com a nossa pregação: uma Igreja solidária aos pobres e oprimidos, disposta a expulsar do Templo os que o transformam em mercado — quanto mais os que profanam, pela tortura, o verdadeiro templo de Deus!

Na tarde do dia de Natal, dom Paulo veio cumprimentar-nos. Sua visita causou ótima impressão. Percorreu cela por cela, falou com cada família. Todos os presos deram de presente a ele uma grande cruz de couro, na qual gravamos a frase do Evangelho: "O bom pastor é aquele que dá a vida por suas ovelhas".

À noite, nós três fomos participar da missa celebrada na ala feminina para as presas comuns; a maioria prostitutas e viciadas em drogas. Fernando concelebrou, Ivo leu a epístola e eu, o Evangelho. Foi uma celebração bonita, emocionante. Tivemos oportunidade de encontrar as presas políticas e cumprimentá-las. Ao regressar à cela, fizemos a nossa "ceia" e entoamos cantos litúrgicos e populares. Foi um belo dia de Natal.

Dia 27, pela manhã, fui submetido a uma rápida cirurgia no Hospital Militar. O médico exigiu da escolta do Deops tirar-me as algemas. Correu tudo bem.

Soube que a editora Mondadori, da Itália, lançou o livro de minhas cartas da prisão sob o título *Dai sotterranei della storia* [Nos subterrâneos da história].

# 4. Cartas de 1972

*Presídio Tiradentes, fevereiro de 1972*

Querida família,

Gostamos do artigo de papai sobre Milton Campos.* No panegírico do saudoso amigo está implícita a crítica a tudo isso que é anti-Milton. Exaltá-lo como raridade é enfiar a carapuça em toda uma geração que preferiu conciliar a defender seus princípios.

Mãe, você fala pra gente fazer banana-d'água à milanesa. Descobri a mancada que dei: tem que ser d'água, né? Bem que o Fernando falou, ele que é da raça. Tasquei uma qualquer no ovo, na farinha de rosca, na frigideira, e nada de a desgraçada ficar que nem aquelas que eu comia em casa. Ficou meio estranha, mas comemos assim mesmo. O que fazer?!

E o lagarto recheado? Mãe, num fala essas coisas por carta, deixa a gente amalucado. Manda logo, pega nóis de surpresa. O doce de abóbora chegou, o

---

* Milton Campos (1900-72) foi governador de Minas Gerais (1947-51); nomeado ministro da Justiça pelo marechal Castelo Branco à raiz do golpe militar, renunciou em 1965 por discordar do Ato Institucional n. 2.

Ivo lascou uma colherada, o Fernando quase que mete o mãozão, eu entrei de sola e, num piscar de olhos, ficou ali em cima da mesa a vasilha, coitadinha, vaziinha... Eta doce bão!

Tudo acompanhado do queijão que tia Ninita* e o Tabé** mandaram. O queijão parece um monumento aqui na cela. Mas de lasquinha em lasquinha (pra num dar impressão de que vai acabar logo, vamos tirando lasquinhas) já tá diminuindo.

E os doces? Cada um mais pralém de bão que l'outro. (Vê se a carta num tá com cheiro de linguiça. É que tô com a mão toda linguiçada, às voltas com o molho do macarrão domingueiro.)

Sobre minhas cartas de prisão, sei apenas que saiu edição de 20 mil exemplares, na Itália; virou best-seller.***

Procês todos, de A. a A. (do pai ao caçula), aquele abraço pros home, um beijão pras muié. Do fio segundogênito.

*Presídio Tiradentes, domingo, 13 de fevereiro de 1972*

Caríssima irmã Yolanda,****

Você leu o documento do sínodo sobre "Justiça do mundo"? A questão da justiça me preocupa; por ela estou aqui. Me espanta é o fato de o magistério da Igreja não ter ainda abordado as causas da injustiça no mundo. Ficamos sempre nos sintomas — miséria, analfabetismo, desemprego, desnível entre classes sociais, mortalidade infantil etc. — e não vamos à raiz da questão: por quê?

Para responder, a doutrina cristã terá necessariamente que contar com o

---

* Irmã de meu pai.
** Carlos Alberto Motta, meu padrinho.
*** O exemplar contendo estas cartas em italiano — editadas inicialmente na Itália, pela Mondadori — foi proibido de ingressar no Presídio Tiradentes... Precisei contar com a boa vontade (e risco) de uma funcionária para que chegasse clandestinamente às minhas mãos.
**** Irmã Yolanda Ladeira, religiosa salesiana. Já falecida.

auxílio da economia, assim como, hoje, é impossível fazer exegese bíblica ignorando a arqueologia, a hermenêutica, a paleontologia etc.

Não é mais possível considerar o contraste riqueza-pobreza algo tão natural e inevitável como o dia e a noite. O ser humano pode perfeitamente solucionar esse problema, assim como atualmente é capaz de mudar o curso dos rios, pisar na lua e dar volta ao mundo em poucas horas — o que soaria como fábula a nossos avós.

Por que nos países capitalistas o subdesenvolvimento se expande entre amplas camadas da população, enquanto pequena parcela detém nas mãos a riqueza?

Considerar essa situação resultante da ganância dos ricos é supor que, se quisessem, tudo poderia ser diferente. De fato, resulta da ganância, mas modificá-la já não depende da vontade deles — a própria essência do sistema estabelece a desproporção social.

Meu avô tinha um laboratório.* Produzia soro vendido aos hospitais. Era o seu meio de produção em pequena escala. De repente, grandes laboratórios estrangeiros invadiram o mercado; por disporem de grande capital, produziam soro de melhor qualidade e a menor preço. Meu avô perdeu a clientela e seu meio de produção. Por quê?

Antigamente cada trabalhador era dono de seus instrumentos de produção. O camponês tinha seu pedaço de terra; ali plantava e criava animais para alimentar a família. Tudo que consumia, exceto o sal e uns poucos produtos, era produzido no pequeno sítio. Os filhos ajudavam no trabalho; produzia-se o suficiente para o consumo familiar. Dessa pequena produção, às vezes sobrava um pouco. A colheita fora favorável, havia trigo em abundância. Então, o camponês se dirigia ao mercado da cidade; trocava o excedente de trigo por um saco de sal ou uma manta de lã. Trocava-se mercadoria por mercadoria.

Veio a moeda para facilitar a troca. Ela permitia que o camponês vendesse o trigo no Sul e comprasse sal no Norte. A mercadoria era trocada por dinheiro, que era trocado por mercadoria. No início e no fim da transação comercial estava a mercadoria. O dinheiro era apenas um meio que facilitava a troca.

---

* Meu avô materno, Ismael Gomes Libanio, farmacêutico em Belo Horizonte.

Hoje é diferente. No início e no fim da transação comercial está o dinheiro. Você vai com dinheiro ao mercado, compra uma mercadoria e revende para obter dinheiro. É o caso do capitalista. Ele compra, com seu capital, matéria-prima e máquinas, faz o produto e revende no mercado para obter mais dinheiro. Em que momento da história a relação se inverteu?

A relação se inverteu quando um grupo de homens se apoderou dos instrumentos de produção dos demais homens. Assim, os velhos sapateiros que faziam calçados em casa ficaram na miséria ao aparecerem no mercado sapatos produzidos em escala industrial, de melhor qualidade e por menor preço que o produto artesanal. O pequeno produtor tornou-se operário assalariado, e tanto a extração da matéria-prima como a manufatura passaram ao controle do capitalista, com quem o pequeno produtor artesanal jamais poderia concorrer.

É interessante observar que o capitalista gasta o seu capital na compra de matéria-prima e máquinas, na construção da fábrica, no salário pago aos operários e, no fim, vende o produto, e nisso obtém mais capital. Alguém poderia supor que o produto é vendido por tão alto preço no mercado que, daí, só pode resultar um lucro fabuloso para o capitalista. Não é bem assim: o empresário não pode vender o que fabrica pelo preço que deseja, tem que vender pelo preço acessível aos compradores. É obrigado, no regime de concorrência, a se adaptar às oscilações do mercado. Se cobrar muito pelo que vende, todo mundo comprará do outro produtor, e o primeiro irá à falência.

Assim, o lucro do capitalista não reside exatamente no preço que cobra pelo produto. Aqui se situa o principal da questão: nas compras que o capitalista faz para estabelecer condições de produzir (matéria-prima, máquinas, transporte etc.) há igualmente uma mercadoria capaz de produzir mercadoria: a força de trabalho do operário. O operário é um homem que, desprovido de qualquer instrumento de produção e sem condições de produzir por conta própria, a única coisa que tem para vender é a sua força de trabalho. O empresário compra essa mercadoria (a força de trabalho) e paga por ela o salário mínimo, o suficiente para que o trabalhador possa renovar-se a cada dia e reproduzir-se biologicamente. Esse salário corresponde ao mínimo necessário à alimentação, moradia e vestuário do operário, de modo que, diariamente, ele possa voltar à fábrica para produzir.

Ocorre que em duas ou três horas de trabalho diário o operário produz o equivalente ao salário que recebe. Mas ele trabalha, no mínimo, oito horas por dia. Portanto, as cinco horas restantes trabalha de graça para o capitalista. Desse trabalho excedente, cujo produto é inteiramente absorvido pelo patrão, este extrai sua maior parte de lucro e, assim, aumenta consideravelmente o seu capital.

Por que a Igreja não vê isso? É claro como o sol e, no entanto, há quem considere justo o salário do operário. É uma gritante injustiça um homem ser obrigado, para sobreviver, a alugar por baixo preço sua força de trabalho.

Fico por aqui, aguardo sua resposta. Um grande abraço, com muita amizade.

*Presídio Tiradentes, fevereiro de 1972, cela 17*

Caro Mesters,

Ainda não recebi sua carta. Provavelmente se extraviou ou foi retida pela censura. Se veio através de portador, pode ser que chegue amanhã na visita. Sábado passado não houve visita por causa do carnaval, alegaram; de fato, foi punição: havíamos nos solidarizado com um companheiro que, no último sábado de janeiro, fora destratado por um funcionário (o que é comum aqui).

Espero que você escreva novamente. Mande a carta por portador ou junto com as de minha mãe, assim fico sabendo quando chegar aqui e posso reclamar a liberação. Como nem sei se a última chegou, não posso reclamar; diriam que não receberam nada e eu estaria sem condições de contra-argumentar.

Minha vontade seria continuar com você o papo iniciado aqui. Acho que vou fazê-lo, mesmo com as naturais limitações da carta.

Ao olhar o passado, vemos o homem nômade subsistir da caça e da pesca; sedentarizar-se através da agricultura e da criação de animais; criar meios para produzir sua vida material (alimentação, abrigo, vestuário etc.); e estabelecer formas de relações sociais suscetíveis de modificações ao longo da história.

Vemos o estado imperial sagrado dar lugar às monarquias profanas; a república e a democracia inaugurarem-se sob o veredito popular; o socialismo impor-se como ditadura de uma classe majoritária. Vemos o feudalismo, o mercantilismo e o capitalismo se sucederem na vida dos povos. Do passado ao presente, todo um ritmo de progresso, transformações, não apenas nos aspectos políticos e econômicos dos povos, mas também na moral, na religião, na ciência.

Entretanto, não somos capazes de olhar o presente — *hic et nunc*\* — da mesma forma como encaramos o passado. Para a maioria, o presente é mais ou menos absoluto, definitivo. Acreditamos sempre que as conquistas do tempo em que vivemos são as que a humanidade poderia almejar de melhor.

Sim, haverá progressos tecnológicos, dominaremos o espaço, o clima, os mares. Mas supomos que nada poderá substituir a democracia ocidental como forma de governo, a propriedade privada, a produção e o comércio de mercadoria, o matrimônio e as relações sociais — tais como existem hoje.

Acreditamos mesmo que essas coisas estão de acordo com o direito natural, por isso não podem ser muito diferentes do que são. Qualquer mudança radical na estrutura democrática em que vivemos se nos apresenta como perigo e degeneração.

Devemos perguntar: o que fez modificar as antigas civilizações? O que fez evoluir a história? Foi Ciro, Alexandre, César, Napoleão? Seria ingenuidade supor que as revoluções ocorrem, ou melhor, decorrem da vontade pessoal de um homem. Em qualquer sociedade os homens desenvolvem atividades produtivas que determinam suas relações de produção e a ideologia predominante.

Na sociedade tribal, os homens vivem em função da subsistência, produzem apenas o suficiente para o consumo. Não têm relações comerciais, nem moeda. A terra é propriedade comum da tribo. As relações são de sangue. A religião é voltada à proteção dos meios necessários à sobrevivência da tribo, e os deuses devem aplacar a hostilidade representada por aspectos da natureza. Predomina a poligamia como consequência da falta de qualquer forma de propriedade privada.

Certos fatores — como o crescimento da tribo e a invenção de instrumentos de trabalho, por exemplo, o arado — permitem à comunidade produzir seus

---

\* Expressão latina: "aqui e agora".

alimentos. É assim que a pessoa humaniza a natureza e, portanto, faz cultura, à medida que a domina e a reproduz através de seu trabalho.

Daí o trabalho ser uma atividade sagrada, pela qual o ser humano participa da Criação divina — apodera-se do mundo que lhe foi entregue e transforma o mundo natural em mundo humano. O ser humano é o mediador entre Deus e a natureza, e isso elimina qualquer espécie de panteísmo. É pelo trabalho humano que a natureza é redimida — e é no fruto desse trabalho, o pão e o vinho, que o Senhor nos redime.

A agricultura sedentariza a tribo, faz surgir nela a divisão social do trabalho. Enquanto na comunidade anterior todos caçavam e pescavam, das crianças ao mais velho, agora surgem novas formas de organização social: crianças e mulheres dedicam-se à colheita; jovens guerreiros defendem as plantações e o rebanho; outros se dedicam à derrubada das matas; a classe sacerdotal evoca os deuses "climáticos" e ora pela fertilidade.

O novo modo de produção (agrícola, sedentário) determina novas formas de relações dentro da tribo. A sociedade se organiza segundo a maneira pela qual exerce sua atividade produtiva.

No período medieval (que nós, da Igreja, supomos que havia apenas bispos, monges e senhores feudais), o camponês produzia tudo de que necessitava sua família (exceto sal e ferro) e, em troca do pedaço de terra que lhe era cedido, trabalhava a lavoura dos condes, barões e bispos. A Igreja era a maior latifundiária da época (possuía quase um terço das terras da Europa), e graças ao trabalho excedente dos camponeses e suas famílias os mosteiros se expandiam.

O camponês produzia, e o excedente da produção levava à feira para trocar. Trocava um saco de trigo por um cobertor, oito de sal por dois porcos. Era essa atividade produtiva e comercial que determinava a forma de relação social existente na Idade Média. Foi o fato de as feiras transformarem-se em cidades, e os camponeses, em artesãos, que modificou a estrutura medieval: o feudo cedeu lugar ao que viria ser o Estado moderno.

Até o capitalismo, as pessoas que produziam os bens necessários à vida material, com exceção dos escravos, eram donas dos seus instrumentos de produção (= meios de produção). O sapateiro, dono de suas ferramentas; o alfaiate, de sua tesoura; o padeiro, de seu forno; e todas vendiam o produto por um preço justo, ou seja, equivalente ao que tinham gasto para produzir o sapato, a roupa, o pão. Se a oficina do sapateiro pegasse fogo, alguém poderia emprestar-

-lhe dinheiro para montar uma nova, jamais cobrar juros, condenado pela sociedade e pela Igreja. Os teólogos condenavam o juro, e santo Tomás de Aquino considerava a monarquia o regime mais apropriado à comunidade humana. Os teólogos atuais aceitam que se cobre uma taxa de juros, e Jacques Maritain defendia a ideia de que o regime democrático é o mais apropriado à realização dos direitos naturais.

O que determinou o aparecimento do sistema capitalista — no qual vivemos e julgamos aceitável, uma vez que, até agora, condenamos seus abusos, mas não o sistema como intrinsecamente mau — foi que, a partir de certo momento, o trabalhador deixou de ser dono de seus meios de produção. Estes passaram às mãos de uma classe da sociedade — a burguesia. Assim, o alfaiate não é dono da máquina que faz a roupa, nem o padeiro do forno que produz o pão. A máquina e o forno pertencem à burguesia, que contrata o serviço de homens que fabricam roupa e pão.

Em outras palavras, outrora o trabalhador ia ao mercado oferecer o fruto de seu trabalho, que lhe pertencia; agora o trabalhador vai ao mercado sem nada a oferecer — exceto sua força de trabalho (músculos e cérebro). O patrão, dono do capital, da matéria-prima e das máquinas, aluga a força de trabalho do trabalhador. O preço que paga por este aluguel não é conforme o que produz o trabalhador, mas equivale ao preço da quantidade mínima de mercadorias de que o trabalhador necessita para poder viver em condições de produzir e reproduzir-se (gerar novas forças de trabalho). Isto é o salário, que, entre outras coisas, jamais permite ao trabalhador deixar de ser alguém desprovido de instrumentos de produção próprios.

Se a quantidade mínima de mercadorias de que o trabalhador necessita equivale a três horas de trabalho diário, e se de fato ele trabalha oito, significa que trabalha cinco horas de graça para o patrão — é desse trabalho excedente que o empregador retira sua maior fonte de lucro e consegue expandir seu capital.

Como se vê nessa rápida colocação, o sistema em que vivemos é intrinsecamente mau, sua existência supõe necessariamente a de uma classe trabalhadora explorada por outra classe que controla os meios de produção e as fontes de matéria-prima.

Se concordamos com esse raciocínio, então todo o nosso esquema pastoral e a nossa teologia passarão por uma profunda modificação. Como procurar o Reino de Deus e sua justiça sem denunciar esse mecanismo de exploração?

O Estado não passa de um instrumento a serviço da classe dominante. É inútil clamar ao Estado que sirva de conciliador nos antagonismos sociais ou impeça os ricos de serem cada vez mais ricos e os pobres cada vez mais pobres.

As leis existem de acordo com os interesses da classe que detém o poder. E não existem leis para coibir abusos da burguesia, reduzir sua taxa de lucro, controlar o aumento de seu capital. O mecanismo social é muito mais cruel do que parece superficialmente. E é tanto mais cruel quanto mais capaz de nos impor uma ideologia — através da TV, do rádio, dos jornais, da cultura vigente — que nos faz acreditar que esse é o melhor dos mundos e, por isso, devemos querer preservá-lo, ter paciência, pois as desigualdades sociais serão, com o tempo, devidamente solucionadas...

Daqui, aquele abraço com muita amizade.

*Presídio Tiradentes, sábado, 26 de fevereiro de 1972*

Léo,[*]

Gostei muito de sua carta. Não sei por que a mãe não deixou você ir a Marataízes nem à Serra do Cipó; mas a gente tem que compreender que mãe é sempre mãe, fica naquela preocupação de mãe para quem o filho é sempre filho. A gente sempre acha que mãe não entende os babados da gente. Acho que a gente tem que procurar entender a mãe.

Não entendi por que não deixou você acampar; ela sempre deixou eu e o Nando acamparmos, e isso é muito bom para quem mora na cidade. A gente perde uma porção de manias, aprende uma porção de coisas, come arroz com terra, coa café na meia, toma banho de rio, deita em cima de formigas; e no campo há menos perigo que na cidade, lá não tem carros e uma porção de desastres que todo dia pode acontecer com a gente na rua.

[*] Leonardo Libanio Christo, meu irmão.

Mas mãe tem aquela intuição, então, é bom ouvir porque, se depois dá azar, a gente fica de cuca fervendo.

Não concordo que o seu carnaval foi uma porcaria; porcaria foi o meu, passei preso, trancado aqui neste quarto cheio de grades onde estou há mais de dois anos, e você está na libertina, pode rodar de um lado ao outro e não tem direito de reclamar de barriga cheia. Você pode viajar e brincar no Carnaval do Minas Tênis Clube, sem pensar que outros caras de sua idade nunca sairão da cidade onde nasceram, porque no dia do carnaval, enquanto você brinca despreocupado, o pai deles fica de lábio inchado de tanto tocar aquela corneta, e sai sangue de vez em quando, e o cara passa o lenço para limpar, e quando para dez minutos pra descansar todo mundo protesta, e no fim dos quatro dias o pai do cara ganha uma mixaria que nem dá pro armazém do mês.

E, enquanto você vestia smoking pra ir serelepe ao Automóvel Clube, outros vestiam macacão para ganhar uns trocados lavando carro na rua, e outros iam trabalhar de garçom na festa em que você estava, e os coitados suando dentro daquele paletó, todo mundo chamando e reclamando, e ainda tem gente que dá o cano e é o coitado do garçom — salário-mínimo — quem paga do próprio bolso.

O mal da gente, Léo, é que nunca fomos ricos (isso é bom), mas fomos criados com amigos ricos, férias de rico, moda e mania de rico, e a gente cresceu com vontade de ser rico, e se não for fica frustrado e infeliz, por isso nunca está satisfeito com o que tem, e sempre reclama e troca de calça e compra camisa e arruma um cinto novo, e a gente tem empregada que faz tudo e não sabe como é duro e desumano o trabalho dela.

Vim a aprender isso aqui, agora mesmo vou ter que parar a carta, catar o arroz e lavar, pôr água pra esquentar e limpar a panela em que o leite foi fervido para fazer o arroz, e à tarde lavo o banheiro, e depois arrumo o lixo na lata. Fico imaginando o que sente a empregada, porque a pior coisa é fazer uma comida e ela ser recusada, é como se rejeitassem a gente. Se eu, que faço outras coisas mais intelectuais, sinto quando alguém reclama do meu feijão, quanto mais a empregada, que tem na cozinha sua única atividade criativa. Se aí em casa, com tanto homem, cada um lavasse o banheiro após o banho, varresse o próprio quarto, arrumasse a cama e, de vez em quando, adiantasse um café, já era u'a mão na roda; e, quando mais tarde casar, não fará da mulher empregada.

Mas sabe como é, a gente não dá importância a essas coisas, acaba não aprendendo, cresce cheio de mania e acaba ficando chato. Aqui, com uma semana de grade, cura-se qualquer chatice, todo mundo tem que fazer de tudo e ninguém é melhor que o outro.

Olha, Léo, adoro receber carta sua, porque gosto muito de você, e acho que não custa a gente trocar umas ideias. Mando aqui aquele abraço.

*Presídio Tiradentes, quarta, 8 de março de 1972, cela 17*

Queridos pais e manos,

Nosso abraço mais amigo ao papai pelo aniversário. Desejo, sobretudo, saúde e alegria a você. Se a gente tiver os dois, o resto vem por acréscimo.

Agradecemos o leite em pó e o azeite (muito bom!), os produtos Nestlé e o queijo, a goiabada e o doce de abóbora, enfim, todos esses mantimentos de fácil e agradável consumo que nos têm sido enviados.

Aqui as coisas não vão bem. Mudaram todos os presos do pavilhão 1 para o 2. As celas estão superlotadas. Suspenderam a visita por quinze dias, o banho de sol por oito. Imaginem esse calor, as celas lotadas, o pessoal sem sair ao menos um pouco para o banho de sol. A razão de toda essa mudança, dizem, é que vão entregar o presídio ao Exército. Não creio nisso, não há nenhum presídio do país em mãos do Exército, interessado em evitar uma imagem policial. Dizem isso para nos intimidar, já que temos protestado contra as péssimas condições carcerárias. Em qualquer penitenciária os presos passam boa parte do dia fora da cela, há campos de esporte, salas de estudo, oficinas. Aqui tudo é na cela. Isso, depois de dois ou três anos, torna-se insuportável. É fácil saber o que significa: basta você trancar-se num quarto, pôr um fogão e um sanitário lá dentro e deixar passar o tempo...

Às vezes ocorrem pequenas coisas que só se podem entender como provocação. Fizemos uma grande cruz de couro para dar de presente ao padre

Heitor,* que está proibido de entrar aqui e ameaçado de prisão por denunciar as mazelas de presídio. Escrevemos nela: "Heitor, as grades que nos separam não diminuem nossa amizade nem reduzem nosso amor à justiça". Ontem o diretor apreendeu a cruz. O motivo? É o que gostaria de saber; desde ontem tento descer para falar com ele. Tudo isso é um pequeno reflexo da situação do país.

Se isso ocorre conosco, imaginem o sofrimento dos presos comuns! O que se passa nas penitenciárias, nas delegacias, são coisas que nem mesmo um dramaturgo é capaz de imaginar, a menos que descreva seus personagens com requintes de perversidade.

Se vocês soubessem a vidinha tranquila que têm, cantariam hinos de louvor diariamente. Em nossa família nunca soubemos o que é sofrimento, humilhação, miséria moral, desespero — coisas que vim a aprender aqui.

Em tudo isso, apreendo o mistério redentor de Jesus Cristo. Era preciso um Deus que se fizesse o último dos homens; nascido num estábulo, perseguido, dormindo à beira das estradas, cuspido no rosto, coroado de espinhos, pregado numa cruz. Jamais poderia crer num Deus que não tivesse, ele próprio, sido o mais oprimido dos homens. Nem poderia ter uma fé que não tivesse como centro a Páscoa.

A todos aquele abração, especialmente ao papai, por quem rezo todos os dias.

Do filho e amigo.

*Presídio Tiradentes, quinta, 9 de março de 1972*

Querido Cláudio,

[...] Você retoma a questão que propus: Igreja-povo. A impressão que tive foi esta: minha posição foi considerada utópica. Sua vontade era dizer:

---

* Heitor Turrini, da Ordem dos Servos de Maria, missionário no Acre, nos visitava com frequência.

vamos parar logo com essa discussão, ela não vai levar a nada. Mas você se conteve. Preparou o caminho e, quando entro no assunto, entrou de sola. E afinal colocou o que pensa: que o povo não vai mudar, vai continuar apegado aos santos e medalhas, submisso ao padre, cheio de superstições... E no fim você diz que acha "também que a Igreja deve abrir perspectivas... Mas não espere fazê-lo quando tiver o apoio e a participação do povo, porque então nunca vai fazê-lo".

Olha, sou um cara muito teimoso. É um dos meus defeitos. Quando fico convencido de uma coisa, vou até o fim. Gosto de brigar pelas minhas ideias. Há gente que me acha convencido, pretensioso, sei lá. O fato é que amo a Igreja de modo muito especial. Mas vejo a Igreja desligada do povo. A gente aqui e o povo lá, a Teologia aqui e a superstição lá, o depósito aqui e a improvisação lá, a pregação aqui e a vivência lá.

Não posso entender que Deus queira assim. Nenhum erro, mesmo que tenha a idade dos séculos, pode se transformar em verdade. E algo está errado na Igreja. Algo precisa ser mudado. Ela precisa tornar-se a face, a luz de Cristo no mundo.

Sabemos, de fato, que não é assim. Sabemos que o "Ocidente cristão" está paganizado. Sabemos que a nossa pregação já não empolga, nem suscita vocações, quanto mais homens dispostos a romper com tudo e a dar a vida pela fé. Sabemos que a nossa pobreza é mentirosa e que, apesar da promessa de vida eterna, somos excessivamente apegados às coisas do mundo. Sabemos como nós, apóstolos, no silêncio da noite, duvidamos de que o Cristo esteja em nós e, ainda assim, acordamos dispostos a levá-lo aos outros.

Isso pode estar certo? Não, não está. Basta abrir o Evangelho para ver. Onde está o erro, onde começou? Não sei. O que interessa é que a Igreja deve purificar-se ainda mais. Deve ser o povo de Deus a caminho na história. Não podemos nos conformar com o que está aí. Seria negar a missão de João Batista...

Você afirma:

Não é com o povo que nós vamos fazer da Igreja um pouco mais a Igreja do povo. Este, pois, é muito verticalista, sacral, fatalista etc. Onde estão os leigos contestatários? Claro, eu também acho que a Igreja deve mudar, porque está traindo sua missão e maculando a sua face. Quando virá essa mudança radical? Enquanto a crise não atingir profundamente a área dos bispos e, por meio deles, o papa, nada feito.

Acredito no carisma do primado, mas não creio que a renovação venha de cima. Foi preciso a coragem de Paulo, que nem conheceu o Filho do Homem, para que Pedro não restringisse a Igreja ao mundo judaico. Quando a renovação veio de cima? Então, Francisco de Assis, Catarina de Sena, Teresa d'Ávila, Inácio de Loyola, Francisco Xavier... Lagrange, Foucauld, Cardin, Teilhard, Congar, Rahner, Lebret, Camilo... Todos que personificaram os movimentos carismáticos dentro da Igreja foram sinal da ação do Espírito na base.

Foi com João XXIII que criamos a falsa ideia de que a renovação é um produto "made in Vaticano". O velho João nada mais fez que consagrar aquilo que arduamente a base preparara durante longos anos no movimento bíblico, na Ação Católica e no ecumenismo. A Teologia conciliar é a sistematização da experiência exaurida dessas três fontes.

Mesmo que tudo dependesse dos bispos e do papa — e que a ação do Espírito só existisse através deles — não poderíamos ficar parados, esperando as fases pentecostais. Temos de encontrar uma solução. O povo é ingênuo, sacral, fatalista etc. e mais alguma coisa, mas nem sempre se comportou dessa maneira. Como você diz, "tal fenômeno não se deve apenas à área eclesiástica; deriva do clima sociocultural e político em que vivemos. Fatores culturais concorreram para que, lá atrás, a Igreja se 'constantinizasse'; hoje serão também, em parte, fatores culturais que forçarão a Igreja a purificar-se".

Que fatores concorreram para que o povo assumisse uma religiosidade tão alienada? Teríamos que pesquisar a catequese missionária no Brasil Colônia. As medalhinhas, velinhas, santinhos, aos quais o povo se apega, vieram de lá. O povo não nasceu com essa prática religiosa, aprendeu dos missionários. O povo prefere o santo, porque aprendeu a rezar novena para o santo, a pagar promessa para o santo, a ter o retrato do santo no pescoço, a ver a imagem do santo na Igreja.

O povo respeita o padre porque sabe que o padre tem prestígio, é amigo dos "coronéis" e dos políticos, vê o padre no palanque das autoridades, na casa dos ricos. O povo sabe que o padre representa e fala em nome de Deus. O povo gosta de procissão, velas, novenas, porque ensinamos tudo isso a ele; fomos ao trânsito desviar o tráfego para fazer passar a imagem de Cristo Rei, abrimos a capela à noite para o terço, incentivamos as beatas a comprarem velas na sacristia. Os sacrais, os verticalistas, os fatalistas, somos nós que ensinamos assim. (Leia a peça *O santo inquérito*, de Dias Gomes.)

Acho que não podemos aceitar a ideia de que o povo é imutável. Seria aceitar a ideia de que a pregação do Evangelho é inútil. As tradições religiosas do povo brasileiro foram criadas e alimentadas por nós, engordadas pelas religiões naturais dos índios e escravos. É o sincretismo total.

Temos que partir da realidade: nosso povo é alienado. Toda a estrutura social concorre para que assim seja. O povo é economicamente alienado, não é dono do seu trabalho nem do produto do seu trabalho; é politicamente alienado, não tem poder de decisão e influência; é ideologicamente alienado, como você descreve.

A ideologia que reprovamos é aquela que a classe dominante nos impõe através da escola, da propaganda, dos jornais, da televisão, das relações sociais. É possível em meio a tudo isso uma pregação que se pretenda correta? É possível renovar a Igreja sem renovar a sociedade?

Veja bem: não estou querendo uma Igreja protótipo. Quando ela o for, não o será mais, pois irromperá o Reino. Estou querendo uma Igreja mais evangélica, mais próxima dos doze da Palestina que dos monges de Qumran ou dos palácios de Carlos Magno.

O Mesters caracteriza bem: "Mas o senhor benze, não benze?". A mesma impressão de considerar a alienação essência do povo. O povo assiste, torce, grita, chora, mas nem sempre participa. É sempre torcida. Quando é que preparamos o povo para participar?

Acho que não basta dizer ao povo que ele precisa participar. É preciso dar a ele uma consciência de participação e oportunidade de prática. Esta consciência não se forma sem organização do povo. Uma coisa se liga à outra.

Sei de um padre que organizou um grupo catequético com adultos de um bairro operário. Saiu do bairro e deixou o trabalho por conta do grupo. Por que não organizar pequenos grupos de ação evangélica? Se vocês saíssem do Carmo,* todos os padres, ficaria alguém capaz de dar continuidade, por iniciativa própria, ao trabalho apostólico?

Para levar o povo à consciência evangélica é preciso viver junto a ele. Não o faremos de fora para dentro. Enquanto estivermos de fora, falaremos de

---

* Paróquia de Nossa Senhora do Carmo, em Belo Horizonte.

justiça, fome, doença como categorias abstratas, em torno das quais filosofamos. De dentro, justiça, fome e doença têm nomes, como diz o Alfredinho.*

Não é numa conversa de dez minutos que uma velha senhora deixaria de perguntar ao bispo: "Mas o senhor benze, não benze?". Também os camponeses da Idade Média benziam os campos. Surgiu o adubo químico e eles duvidaram da própria existência de Deus. Como organizar o povo na Igreja? A missa não basta como reunião de fiéis, pelo menos do modo como é hoje. Deveríamos voltar às reuniões dos catecúmenos. Aos grupos e às pequenas comunidades de base. O que foi feito em C. para não ter dado certo? Quando ouço a expressão "povo de Deus", entendo povo mesmo, o Zé, o Antônio, o Severino, essa gente que luta com dignidade, que mora na periferia ou no campo. É claro que não podemos saber o que essa gente significa se moramos num bairro de burgueses.

Não, não é o povo que é incapaz de renovar-se. Somos nós. Estamos presos por mil fios e temos dificuldade de libertar-nos. Então sentamos no chão e passamos a crer que a prisão é a liberdade, quando de fato a liberdade está do outro lado.

*Presídio Tiradentes, domingo, 12 de março de 1972*

Querido Mesters,

Acho que, primeiro, vou tirar um peso da consciência. Enviei uma carta ao Cláudio, retomando nossa discussão sobre Igreja-povo. Acho que fui um pouco ríspido com ele, não? Sabe, às vezes é difícil a gente conter-se aqui dentro. [...]

Excelente o seu relatório sobre o capítulo geral. Você não apenas descreve,

---

* Alfredo Kunz (1920-2001). Nascido na Suíça, lutou na Segunda Grande Guerra no Exército francês. Preso pelos nazistas, ficou quatro anos em campo de concentração na Áustria. Após a libertação, tornou-se sacerdote. Veio para a diocese de Crateús (CE), em 1968, trabalhar junto aos mais pobres. Posteriormente se transferiu para a diocese de Santo André (SP), onde se tornou morador de rua. Fundou a Irmandade do Servo Sofredor.

mas questiona os fatos. O que me impressionou foi o formalismo da reunião. Não parece um encontro de cristãos. Parece um leilão. Cada um foi dar o seu lance. Um procurou sobrepujar o lance do outro. No fim, apesar de tantas ofertas e aquisições, cada um voltou para casa com as mãos vazias.

Como você observa, o capítulo era *deles* e, no entanto, escapou das mãos deles. Como explicar isso? Cada província tem sua linha, seu modo de vida; ninguém está disposto a fazer concessões, né? Todo mundo queria impor o seu estilo como o mais correto. No fim, nada de verdadeiramente comum prevaleceu.

Você faz a pergunta-chave: a Ordem ainda tem futuro? Pessoalmente, acho que não. Todas as Ordens e congregações marcham para o declínio inexorável (não confundir com a vida religiosa...). Mesmo que algumas ainda consigam "inchar-se" de membros, já não há como desempenhar um papel específico na vida da Igreja. O papel histórico que lhes foi destinado terminou. É um fato que devemos encarar, sem lamentar que assim seja. Houve um momento em que as cruzadas e as cavalarias tiveram sua razão de ser. Passaram.

Como nasce uma Ordem? Um grupo de cristãos propõe um novo estilo, uma nova maneira de viver a fé. Reúne-se numa nova instituição dentro da Igreja contemporânea ao seu aparecimento. Ou surge para combater uma heresia. Impõe-se como alternativa para sair do impasse. Mas torna-se uma alternativa à margem do conjunto da Igreja. As Ordens e congregações são como seitas dentro da mesma religião. Não influenciam o conjunto, não levedam a massa. Fecham-se em torno de si e procuram sobreviver como podem.

Creio que os Franciscos e os Domingos do século XXI não fundarão novas Ordens (aliás, o primeiro não queria fundar nada). Não formarão novas instituições dentro da Instituição. Vão penetrar e levedar a massa. Vão atuar dentro do conjunto do povo de Deus, propondo um novo espírito, uma nova consciência, uma nova direção. As castas desaparecerão e, com elas, as diferenças entre cristãos da mesma Igreja. Por isso não me espanto com a morte das Ordens e congregações. É a Igreja que renasce. Dentro de uma unidade mais evangélica.

Você também não gostou da Semana Teológica em Petrópolis... Disse-me o mesmo um perito em história da Igreja, do Nordeste. Acho boa sua sugestão de mandar os teólogos participarem das romarias de Bom Jesus de Congonhas ou Aparecida, e indagarem: como Deus está presente nisso?

Nossa Teologia é um artigo de luxo importado da Europa; o pobre brasileiro nem pela tangente entra nela. Se perguntarem a um teólogo o que acha de Aparecida, ele certamente dará um sorriso irônico, de desprezo. O fato é que aquilo lá é o que há de mais importante em termos de expressão da religiosidade brasileira. Pode ser alienado, sincretista, sei lá, mas o povo crê e se sente atraído por aquilo. Como, a partir de Aparecida, transformar a consciência religiosa do povo?

[...]

Vou narrar um episódio curioso: há alguns anos o Hudson Institute, do Herman Khan, foi encarregado de programar a vitória norte-americana no Vietnã. Preparou todas as possibilidades de luta e enfiou no computador. Este respondeu que a vitória imperialista viria dentro de um ano (o Instituto é especializado em "prospectiva", e mister Khan é "futurólogo"...). Passou o tempo e nada da vitória. Pelo contrário, aquele povo, com suas armas precárias, continuava impondo severas baixas aos agressores (que os jornais daqui não noticiaram). Chamado a explicar-se, mister Khan disse que o erro não estava no computador, mas na programação, pois haviam-no programado para raciocinar em boa lógica, enquanto os vietnamitas, em sua sabedoria oriental, raciocinavam em poesia...

Assim é o povo. Não tem as mesmas categorias europeizadas e eruditas que ostentamos. Então, não adianta a gente falar o que ele não entende. Temos que aprender a língua dele, falar como ele, assumir as categorias dele.

Não sei se a solução está, como você sugere, em assumir a figura tradicional do padre dentro da cultura do povo. Se tirar a batina, andar de manga de camisa e tocar violão na missa não convence o povo a participar, não creio que o caminho seja também voltar ao passado. O padre tradicional impõe respeito ao povo, mas será que ele converte? Respeita, como respeita o juiz, o delegado, o prefeito. Mas não se identifica. Por isso a Igreja é, para o povo, as freiras, os padres, os bispos. Os que têm a chave do templo e ministram sacramentos.

Acho muito bom o que você fala. "Talvez não seja nem, em primeiro lugar, uma questão de 'conversão' da Igreja (hierarquia) ao povo." Nós é que temos de popularizar-nos. Não bastaria que os atuais padres fossem morar com o povo. Seria o caso de formar operários-padres, açougueiros-padres, encanadores-padres, enfim, homens simples que detivessem a real liderança religiosa de suas comunidades de vida. Estes seriam os sacerdotes presentes em vilas, fábricas, favelas, periferias, ou seja, dentro da massa.

O templo, a casa dos membros da comunidade eclesial. Nada de prédios especiais para isso. A pregação, se for o caso, numa esquina, numa praça, como fazem os pastores. Cada um vivendo do seu trabalho e, excepcionalmente, da cotização da comunidade. No máximo, uma bicicleta como transporte. Caixa comum para doentes e necessitados. As pequenas comunidades eclesiais seriam verdadeiras equipes apostólicas. É a Igreja com a qual sonho...

*Presídio Tiradentes, terça, 14 de março de 1972*

Querida irmã Yolanda,

[...] No Novo Testamento vemos que a palavra de Deus, Jesus Cristo — aquilo que ele dizia, fazia e propunha —, significa um apelo à conversão. Ele não veio para inaugurar uma obra acabada. Veio modificar o que existia, propor algo de novo. Assim entrou em choque com o velho, denunciando a farsa da religião dos fariseus. Tornou-se um polo de decisão, a pedra angular, o sinal de contradição (Mateus 10,34-9). Ouvir e aceitar sua palavra era modificar o próprio modo de vida. Quem se convertia não continuava a agir da mesma maneira. Se queria ser perfeito, vendia tudo o que tinha, dava aos pobres e o seguia.

A palavra de Jesus faz-nos ver e interpretar a realidade de outra forma. Lança nova luz sobre a vida, o mundo e a história. Estabelece a divisão entre aquilo que na história é redenção-salvação e o que é alienação-perdição. Incide criticamente sobre as coisas. Transforma a consciência e a práxis do homem. Aceitando-a na fé, o homem a vive no amor, voltado para a esperança que ela encerra.

Entretanto, a Palavra de Deus é hoje, para nós, um modo de opção? Não. Nós a ouvimos e não nos convertemos. Ela não age em nossa vida, não modifica nossa maneira de pensar e viver. E, no entanto, consideramo-nos cristãos, adeptos da Palavra de Jesus Cristo...

Julgamos erroneamente que a sociedade em que vivemos é essencialmente cristã. A organização social, estruturas e instituições, leis e formas de relações humanas — tudo existe sob inspiração cristã. Só falta os homens se tornarem autênticos cristãos. Daí por que o "ser cristão" é, em geral, algo que se refere exclusivamente à nossa vida particular. E dentro dessa esfera pessoal, onde se restringe a vida cristã, o aspecto mais problemático é o sexual. Se o abuso do sexo não fosse pecado, muita gente não teria o que confessar...

Por vezes indagamos qual a "utilidade" da nossa fé. Não fazemos mal a ninguém, cumprimos nossas obrigações, somos bons cidadãos. Portanto, a fé só pode ser aquele "algo mais" que nos garante, após esta vida, a felicidade eterna. Como vivemos sob o fantasma da culpa, procuramos não cometer nenhum pecado grave — não tanto pela ofensa que representa ao próximo e a Deus, mas muito mais pelo "risco de morte" que se nos expõe.

Então, qual a importância da Palavra de Deus em nossa vida? Fazendo um raciocínio comercial: o céu se ganha sem pecado grave, geralmente sexo, então evitamos as tentações e pronto; consequentemente ganharemos o céu. O resto é o resto. Não precisamos mais ficar ouvindo do Evangelho as parábolas de Jesus, pois, no fim, tudo se reduz a uma atitude relativamente simples, prevista por qualquer etiqueta social. Que mais se pode pedir de quem é um bom cidadão, respeita leis e costumes, não comete adultério?

Essa é a concepção farisaica, que, de fato, dispensa a Palavra de Deus, como o fizeram os fariseus. Assim pensam os que vivem apegados à letra e não ao espírito. Os que temem a culpa e não a Deus. Os que cumprem o dever, incapazes de amar. Os que querem se salvar alheios à salvação do povo.

Essa é a religião do êxito, da aparência, da ficha de cadastro, da tradição social. Essa é a religião contra a qual Jesus se voltou, qualificando publicamente seus adeptos de "hipócritas", "sepulcros caiados", "raça de víboras" (Mateus 23).

A Palavra de Deus não se confunde com nenhuma lei, rito, costume, regime político ou organização social. Ela tudo contesta, tudo transforma. Aceitá-la é passar a ver e viver de outro modo. Ela é um desafio a toda palavra de homem, e permite que penetremos no cerne dos acontecimentos. Por ela, o cristão desvela o sentido radical da história.

Qual o conteúdo dessa Palavra? Revela, em Jesus Cristo, a promessa do Reino de Deus que se manifesta a todos os homens que amam.

Jesus é a Palavra de Deus que se revela na história dos homens. Deus nos fala em seu Filho, que se faz presente entre nós como aquele que serve e não procura ser servido. O Filho de Deus, homem do povo, é pobre e perseguido. O sinal de sua presença é que "os cegos recobram a visão e os coxos andam; hansenianos são curados e surdos ouvem; mortos ressuscitam e a boa-nova é anunciada aos pobres. Feliz daquele para quem eu não for motivo de escândalo" (Mateus 11,4-6).

A revelação de Deus tem, para nós, consequências espirituais e materiais. Jesus anuncia a boa-nova, cura os doentes, multiplica o pão aos famintos. O que ele veio salvar não é só a alma, mas o homem todo.

Em Jesus, o Reino de Deus é revelado. Reino que se manifestará definitivamente no último momento da história humana. Por sua Palavra, consolidamos nossa esperança, que se traduz na expressão da esposa para o Esposo: "Vem!" (Apocalipse 22,17). Essa esperança nos joga na certeza de que nenhum tormento da história é definitivo. Tudo está em devir, tudo evolui, tudo converge.

Agora o Reino se faz presente no coração dos homens que amam.

Qual a consequência disso em nossa vida? Eu tiraria aqui algumas consequências, aquelas que me tocam mais de perto.

O caminho da Igreja é o da pobreza e da perseguição (*Lumen Gentium* 8). Esse foi o caminho de Cristo. Portanto, o cristão deve traduzir em sua vida a mesma imagem do Cristo, assim como foi na pobreza que este revelou a glória do Pai. Isso não significa que vamos nos tornar pobres no sentido de carência de alimentação, saúde, vestuário etc.

Do ponto de vista do Evangelho, bem-aventurado é aquele que tudo coloca a serviço dos excluídos e que nada retém para si em prejuízo dos outros. Implica ainda dispensar todo supérfluo, viver modestamente e lutar pela libertação do pobre carente, do homem oprimido e explorado, física e espiritualmente.

Já a promessa do Reino não nos permite considerar nenhuma ordem social como absoluta ou imutável. A linha da redenção perpassa toda a história humana, suprimindo o mal em todas as suas formas e manifestações sociais, políticas, econômicas e religiosas.

A manifestação do Reino prenuncia-se nas dores do parto da história agitada dos homens. Ela se efetiva na realização da justiça.

A revelação faz-nos conhecer a dimensão absoluta e transcendental do amor humano. Engaja o cristão como quem combate todo sinal de egoísmo.

Esse amor se traduz, sobretudo, no trabalho pela coletividade, na busca do bem do povo. Não significa "estar bem com todos". É a garantia do pobre e do oprimido. Não comporta a aceitação resignada das misérias, diferenças de classe e desigualdades sociais. Na visão do amor cristão, todos os homens são iguais.

Assim, a Palavra de Deus nos converte e faz ver tudo de modo diferente. Arranca-nos da mediocridade burguesa, fechada em redoma de ilusões e utopias. Lança-nos na aventura imprevisível da cruz — selo de garantia e valor de nossa existência. [...]

*Presídio Tiradentes, sexta, 7 de abril de 1972*

Ana,

Gostei de sua carta. O assunto, educação de crianças, me interessa também. Li *Summerhill*\* e outros textos, e até agora não cheguei a uma conclusão, mas perdi muita ilusão. Você fala entusiasmada da escola do Flávio. E mais entusiasmada a diretora disse que nenhuma criança receberá qualquer instrução moral ou religiosa. Chamou-me a atenção também a "psicologia" da diretora: deixa o garoto bater em outros, um dia ele apanha e aprende...

Sua carta suscitou em mim reflexões. Fiquei me perguntando se, de fato, Flávio não recebe nenhuma formação moral e religiosa. A diretora ou eu, um de nós está enganado.

Como qualquer outra criança que não vive abandonada nas praias do Mar da Tranquilidade, na lua, Flávio cresce sob um poderoso e esmagador rolo compressor moralizante. É como no *Processo* de Kafka: ninguém escapa. O simples fato de não ir nu à escola impõe determinada moral. Se fosse ao contrário, também uma moral estaria sendo ditada pelos hábitos e costumes. O próprio condicionamento social criará nele barreiras que não podem ser ultrapassadas. Crescerá aprendendo que não pode roubar, matar, desobedecer aos

---

\* *Liberdade sem medo*, obra de Alexander Sutherland Neill sobre a escola inglesa Summerhill, fundada por ele.

pais e professores (a autoridade constituída) etc. Ensinarão a ele amar a pátria, confiar em seu governantes, e criarão nele reflexos condicionados fortíssimos: ao ouvir o hino nacional brasileiro ele reagirá de modo diferente do que ouvindo o francês. Terá para si inúmeros símbolos carregados de significados que não correspondem à verdade dos fatos.

O laissez-faire da diretora é, por um lado, educativo, faz a criança aprender na prática. Por outro, não é preciso que eu seja esfaqueado para aprender a não esfaquear os demais. Com isso não defendo a repressão na base do castigo. O processo educativo deve canalizar as energias da criança de tal modo que ela não possa descarregá-las nos companheiros. Se Flávio fosse franzino e tímido e virasse caixa de pancada de um colega, certamente cresceria inseguro, sem confiança em si, medroso diante de qualquer sinal agressivo.

Li a respeito de uma escola infantil que visava a educar dentro do espírito de comunidade, impedindo o aparecimento do individualismo. Na escola não havia brinquedos que pudessem ser utilizados por uma ou duas crianças. Todos os brinquedos eram coletivos, e de tal modo pesados que, para movimentá-los, se fazia necessário o esforço conjunto da criançada.

Já na nossa sociedade, os brinquedos são frágeis, pequenos e detalhados na sua confecção; educam no sentido de a criança tornar-se uma boa consumista (o brinquedo quebra logo, ela quer outro), uma perfeita individualista, além de não incentivar a imaginação criativa (como ocorria no tempo em que fazíamos cavalo de um cabo de vassoura).

Pergunto-me se Flávio escapará à aspiração de realizar-se pelo dinheiro, considerar a vida modesta humilhante, alimentar um camuflado preconceito de raça. Isso não depende de vocês nem da professora. É a engrenagem social que ensinará assim. Vai impor a ele uma determinada moral — a da classe que exerce o domínio sobre o conjunto da sociedade e, como tal, detém em mãos os meios de comunicação e instrução.

Vocês ensinarão a ele a paz, a TV mostrará que as disputas se decidem pelas armas; combaterão nele o preconceito social, ele verá que há muitos negros nos trabalhos mais serviçais, e raros nas escolas, clubes e restaurantes frequentados pelos brancos; dirão que não é o dinheiro que faz o homem, mas os filmes ensinarão que o dinheiro dá prestígio, mulheres e conforto. Ele crescerá sem aprender que a miséria social é também responsabilidade dele; acreditará que o Estado democrático é neutro, justo e trata igualmente ricos e pobres; respeitará as leis como se não fossem produtos dos interesses de deputados corruptos e carreiristas; acatará a autoridade mesmo que ela se tenha apoderado do poder por um golpe militar.

Malgrado as boas intenções da escola, a moral do Flávio será cristalizada, ao longo dos anos, pela "cultura" que ele vai consumir na TV, nas histórias em quadrinhos, nos livros, nos jornais, no cinema. Tudo que estiver fora das normas dessa "cultura" ele julgará ser abuso, violência, imoralidade, desrespeito, subversão. E não achará estranho que a polícia prenda aqueles que não respeitam "os limites"...

Quanto à educação religiosa, você afirma que ele não terá nenhuma, nem na escola nem em casa. Que a escola não dê nenhuma instrução religiosa, entendo; afinal, vivemos numa sociedade paganizada e materialista. Quando criança, eu achava muito estranho ter um colega ateu; hoje, causa espanto o contrário. Que vocês não procurem educá-lo na fé representa uma opção que, para mim, constitui novidade. Afinal, há mais de dois anos não conversamos. Ando muito por fora do que vocês pensam. Deixo esse papo para outra oportunidade.

Você se refere a algo que é preocupação generalizada: a educação sexual. A nossa geração divide-se entre os que não tiveram e os que tiveram erradamente. Será a geração do Flávio beneficiada com uma educação correta? Talvez num aspecto sim, justamente este que você levanta: a naturalidade sobre a questão. Mas essa naturalidade sofrerá fortes pressões sociais e, por isso, tende a desvirtuar-se.

Creio que a geração do Flávio enfrentará mais complicações do que a nossa. Por três razões: a) em antítese à moral rígida, não vacilará em entregar-se à atividade sexual como mera diversão; b) dissociará sexo de amor, o que prejudicará seu equilíbrio e sua realização afetiva; c) esse comportamento será estimulado pelos meios de comunicação e a sociedade que incrementa a indústria do sexo.

Como hoje, nos Estados Unidos, creio que nesse aspecto teremos uma sociedade altamente desequilibrada, doentia, onde a realização afetiva é cada vez mais difícil. E, como todos os outros aspectos, este também não pode ser isoladamente corrigido. Seria querer injetar soro na veia sem atingir o coração.

Se achar conveniente, mostre a carta à diretora.

Ao Nando, um abraço cheio de amizade. A você e às crianças, um beijão!

*Presídio Tiradentes, domingo, 23 de abril de 1972*

Querido Cláudio,*

De novo achei que você tem uma visão pouco dinâmica, para não dizer pessimista, do povo. Ele é supersticioso, incapaz de participação eclesial direta etc., e você aceita isso como "uma alienação que só vai acabar na parúsia...". Penso que vai acabar com o período histórico marcado pela agonia do capitalismo. Por enquanto, o povo é tributário de seu passado oprimido, das superstições que lhe foram inculcadas, da miséria a que foi reduzido.

O que podemos exigir de um homem que passa a vida maltrapilho, subnutrido e analfabeto, trabalhando duro na enxada, como seu pai, como seu avô, como seu bisavô?... Mas agora podemos mostrar ao filho desse homem que ele tem determinados direitos e deve lutar para conquistá-los — aí estaremos rompendo o círculo vicioso da opressão. Esta me parece uma das tarefas pastorais da Igreja.

Quando falo em levar ao povo a consciência evangélica, falo em dar uma nova visão das coisas que correspondam mais propriamente ao que a Bíblia nos ensina. É o que Mesters faz, indicando-nos uma nova maneira de entender a Palavra de Deus, ou melhor, a maneira de entendê-la dentro da realidade que vivemos. Você considera que "o povo não participará nunca, senão do modo como já o faz". Isso é considerar a alienação um estado natural, algo intrínseco à própria natureza daqueles que a burguesia transformou em uma classe desprovida de qualquer direito. É aceitar a resignação do povo diante da injustiça, o silêncio diante da opressão, a submissão diante dos poderosos — como valores evangélicos!

Você acha que o "povo já nasce com tendência à superstição, e que não foi o clero que impingiu essas coisas ao povo". Este negócio de nascer com tendência a isso ou aquilo é relativo; posso ter nascido com tendências que foram corrigidas por minha formação social. No povo, elas não foram corrigidas, e sim alimentadas, estruturadas, inclusive pelo clero, com sua pastoral milagreira,

---

* Frei Cláudio van Balen.

infernal, cheia de velas e santos, novenas e primeiras sextas-feiras que prometiam títulos de propriedade no céu e certificado de garantia de salvação.

Ensinamos o povo a respeitar as autoridades constituídas, a propriedade privada, a suportar pacientemente o sofrimento, a esperar a felicidade na outra vida, a ser pacífico etc. Mas jamais impedimos os ricos de se apoderarem do aparelho do Estado; de acumular propriedades, enquanto o povo de tudo carece; de instituir o sofrimento prolongado ao povo pela exploração de sua força de trabalho; de usufruir na terra uma felicidade ostentosa; de usar todas as formas de violência em prol da perpetuação de seus privilégios.

Por que não pregamos a verdade, quer agrade ou desagrade? Por que, em tempo de opressão, não agimos como os profetas do Povo de Deus, que procuravam avivar o sentimento de justiça do oprimido?

"Acredito nos carismas, que a salvação é para todos, que todos têm necessidade do serviço apostólico." Estou de acordo, mas acredito que esse serviço apostólico não pode representar um sedativo para o sofrimento do pobre nem um estímulo à perpetuação das injustiças praticadas pela classe dominante. Não se deve esconder a verdade nem do rico nem do pobre. E é esconder a verdade aceitar passivamente a luta de classes, a má distribuição de renda, a mortalidade infantil, a proliferação de favelas, o trabalho assalariado, a prostituição, os regimes ditatoriais. É esconder a verdade aceitar que a exploração dos recursos naturais, a agricultura, a indústria, o Estado, a polícia, as comunicações sociais, a orientação escolar etc. estejam exclusivamente nas mãos da classe mais rica e menos numerosa, e a serviço exclusivo de seus interesses.

Chamamos de "gente simples" aqueles que não têm condições de explorar os recursos naturais, sem meios de produzir e colocar no mercado seus produtos. É gente que só tem a vender uma única mercadoria — a sua força de trabalho e, nesse sentido, torna-se também mercadoria, pois é obrigada a alugar seus músculos e cérebro ao patrão. Esse aluguel não corresponde ao valor do trabalho dispensado nem do produto fabricado. Equivale ao mínimo de que a gente simples necessita para poder sobreviver e reproduzir-se, gerando mais força de trabalho: alimentos, vestuário e moradia. Enquanto os ricos se apoderam de toda a riqueza produzida pela gente simples.

Também não acho que para a Igreja a solução seja enfiar todo mundo no meio operário ou camponês. A Igreja deve estar a serviço do pobre e de suas aspirações, estejam ou não os cristãos e o clero direta e fisicamente ligados aos pobres. O que não tem sentido é estar a serviço da dominação de uma classe sobre a outra, da minoria de 5% da população que explora o trabalho dos demais. O melhor serviço que podemos oferecer aos ricos é aquele que Jesus prestou aos fariseus: denunciar a cegueira que os envolve e exortá-los a converterem-se antes que chegue o tempo da ceifa.

Na linha da "boa intenção" de querer mediação entre ricos e pobres, entre a justiça e a injustiça, a opressão e o oprimido — como se pudesse haver qualquer conciliação entre esses polos antagônicos —, você admite que a sociedade em que vivemos não é "essencialmente cristã" nem tampouco "essencialmente pagã". Sim, a sociedade tem seus aspectos positivos e negativos. Mas o sistema de produção que nela predomina é intrínseca e essencialmente mau. Baseia-se na exploração do homem sobre o homem, o que significa que essa exploração só cessará quando for destruído o próprio sistema. O fim da divisão da sociedade em classes será o fim desse modo de produção.

Poderíamos considerar tudo isso utopia se a história já não nos mostrasse, hoje, que o homem é capaz de modificar radicalmente suas condições sociais de existência. Nesse sentido, ele modifica a sua própria consciência dessas condições que encobrem seus verdadeiros fundamentos. Na medida em que tomamos consciência de que as coisas podem e devem ser modificadas é porque já se inicia o processo de modificação. Há uma relação dialética entre consciência e realidade.

Não quero terminar sem abordar um último ponto de sua carta. É verdade que vivemos numa sociedade de massas e que a Igreja não pode ignorar isso nos seus métodos pastorais. Não significa, porém, que devamos retornar a procissões, desfiles e congressos eucarísticos — muito em voga na época em que o nazifascismo fazia da concentração de massas uma demonstração de força. Hoje, o Estado, para inculcar sua ideologia na massa, não precisa reuni--la semanalmente no Maracanã ou no Mineirão. Ele conta com instrumentos mais poderosos, como o rádio e a televisão, que entram em contato direto e visível com cada núcleo familiar. Da mesma forma, penso que a Igreja deve procurar dispor de novos instrumentos, não de reunião de massa (como a missa de mil fiéis), mas de organização e educação cristã das pessoas, através de pequenas comunidades. Creio que a missa de mil fiéis não resolve o problema. Qual seria, então, a solução, de modo que os fiéis não se restrinjam ao preceito dominical? [...]

*Presídio Tiradentes, quinta, 11 de maio de 1972*

Queridos pais e manos,

Um beijo à Cecília pelo aniversário; outro à mamãe pelo Dia das Mães (também dia da Cecília e da Ana). Nessas datas, sinto mais saudades de vocês; recordo os tempos em que vivemos juntos. Mas a vida é isso mesmo: árdua e imprevisível caminhada em direção ao eterno. Lá nos encontraremos e ficaremos juntos para sempre.

Aqui tivemos cinco dias de absoluta falta de água. Foi preciso os presos comuns, que trabalham na faxina, ficarem o dia todo arrastando latas para suprir nossa necessidade. A cela ficou repleta de vasilhas, nosso tanque de reserva. O pior foi coincidir o calor, quando então um banho se torna mais premente. Após cinco dias, descobriram o registro fechado...

Hoje, cinco companheiros — Celso Antunes Horta, Manoel Cyrillo, Francisco Gomes da Silva, Alberto Becker e Altino Dantas — foram transferidos; não sabemos para onde. O Deops apareceu de manhã e mandou que se arrumassem. Talvez tenham ido para a Penitenciária do Estado. Há qualquer coisa no ar...

Enviei um requerimento à Auditoria Militar solicitando exame de vista. A lente esquerda apresenta dificuldade. Aguardo resposta.

A carta é pequena; o carinho, imenso.


*Penitenciária do Estado, sexta, 12 de maio de 1972*

Queridos pais e manos,

Hoje, à zero hora, iniciamos greve de fome contra o isolamento de companheiros que, desde ontem, começaram a ser transferidos para a Penitenciária do Estado. Essa medida põe em risco a vida dos transferidos. As condições na penitenciária são bem piores que as do Tiradentes.

Ontem, cinco nos deixaram. Hoje cedo seguiram Gilberto Beloque, Manoel Porfírio de Souza,* Antônio Espinosa e Vicente Roig.

Bem cedo, quando o carcereiro abriu a cela para tirar o lixo (havia pouca coisa, ontem tomamos apenas sopa), pusemos todos os alimentos para fora, numa caixa, e um bilhete endereçando-os às obras sociais da arquidiocese de São Paulo.

Por volta das dez horas, veio à porta da cela o delegado Lessa, do Deops. Tentou demover-nos. Deixamos claro, entendimento só é possível: a) com a volta de todos os companheiros ao presídio; b) mediante a palavra do arcebispo dom Paulo Evaristo Arns, escolhido por nós como mediador.

Fez-nos entender que, certamente, dom Paulo não será autorizado a nos ver. Disse também que, ainda hoje, iriam mais seis presos políticos para a penitenciária.

No início da tarde, o chefe dos carcereiros veio avisar para arrumarmos tudo; também nós três seríamos transferidos. A lista de seis foi ampliada, na última hora, para nove. As autoridades policiais creem que os frades lideram a greve. Sem dúvida, nossa participação incomoda muito.

Os cartazes sobre a greve, que afixamos às portas das celas, foram arrancados pelos carcereiros e levados, junto com os alimentos, para a carceragem. Um fotógrafo do Deops veio tirar fotos do material.

No terceiro grupo transferido estão: Antenor Meyer, Joaquim Monteiro, Carlos Russo, Maurice Politi, Paulo de Tarso Venceslau, Vanderley Caixe,** Fernando de Brito, Ivo Lesbaupin e eu. Fomos retirados às quinze horas sob cantos de despedida dos companheiros que ficaram. Havia inúmeras viaturas do Deops, dezenas de policiais, tropa de choque da Polícia Militar, policiais com walkie-talkie etc. Durante o percurso, a sirene ligada. Fui algemado com Fernando. Conosco, na mesma viatura, Russo e Antenor.

A penitenciária é uma fortaleza, enorme, sinistra, com vários pavilhões de cinco andares cada. Na frente ficam o prédio da administração, a cozinha e o

---

* Camponês de Goiás, acusado de atuar no Partido Revolucionário dos Trabalhadores (PRT). Já falecido.
** Vanderley Caixe (1944-2012). Estudante de Direito, acusado de liderar, em Ribeirão Preto (SP), a organização revolucionária Forças Armadas de Libertação Nacional (Faln). Ao deixar a prisão, dedicou-se, como advogado, a defender os sem-terra e excluídos.

hospital. Dos lados, oficinas e escola para os presos. No fundo, dois alqueires de horta e um campo de futebol. Abriga cerca de 1100 presos comuns. Foi construída em 1922. Todos os presos ocupam celas individuais, e o regime interno é militar.

No alto do prédio da administração, uma advertência aos que chegam: "Aqui o trabalho, a disciplina e a bondade resgatam tua falta".

Alguns companheiros transferidos, como Monteiro, Antenor e Vicente Roig, não têm culpa formada nem foram julgados, embora presos há quase três anos. A vinda deles representa um prejulgamento?

Ingressar neste imenso mundo de dor e miséria, verdadeiro sarcófago de cimento e ferro, é como fazer uma romaria! Na seção de Inclusão, preenchemos ficha e fomos despidos para a revista. Olharam peça por peça de nossas roupas. Deram-nos uniforme de preso comum: calça, calção e blusão cáqui, de brim, camisa de malha amarela e sapatos pretos. Cada um recebeu um número; aqui ele vale mais que o nome. O meu é "DP 2405".

Ao contrário do que esperava, hoje não senti fome. Passei bem o dia, apenas um pouco de dor de cabeça pela manhã. Apesar da mudança cansativa, todos estamos em boa forma.

Hoje aniversaria a Cecília. O que tenho a te oferecer, mana, pela tua felicidade, é este sofrimento. Com todo o meu amor.

*Penitenciária do Estado, sábado 13 de maio de 1972 — Dia da libertação dos escravos brasileiros*

Queridos pais e manos,

Dormi muito bem à noite. Apenas um pouco de frio, não nos deram agasalhos. Enviei reclamação ao diretor.

Não tenho fome. Bebo água pura, continuamente. Vieram oferecer café; recusamos. Estamos dispostos a vencer ou morrer. Nunca encarei a morte com tanta tranquilidade, como quem aguarda um passeio na eternidade. Sei que não nos deixarão morrer — não há condições políticas de "pagarem pra ver". Seria um preço muito alto, sobretudo devido à repercussão no exterior.

Às seis da manhã, o carcereiro bate de porta em porta, até que o preso responda, para certificar-se de que não morreu durante a noite.

Belo sol de maio pela manhã. Havia tempos eu não olhava o céu como faço aqui. Ouvi um carcereiro dizer que ficaremos trancados na cela durante noventa dias. Até lá será outra vida... Geralmente, quando um preso chega à cadeia, fica na "prova", ou seja, no isolamento, em cela forte, durante o mínimo de um mês. Aqui as celas fortes são fechadas, quase não entra luz do sol, não têm água, apenas um colchão no chão. Trancado lá dentro, o preso fica nu, de cabeça raspada. Aos poucos, obtém o direito de usar roupas. No fim da "prova", passa a integrar o sistema dos demais prisioneiros.

O alto-falante do pátio transmite músicas modernas. Falei com Fernando e Ivo pela grade; ocupam celas contíguas à minha. Estão bem, conseguiram dormir e permanecem firmes. Mas Fernando se ressente da falta de cigarros.

A oração tem ocupado quase todo o meu tempo. Alegra-me viver na carne essa solidariedade aos famintos da Terra. Peço ao Senhor que nos dê força e bastante coragem.

Se a vida terminasse aqui, teria valido a pena.

Soubemos que, no Tiradentes, os companheiros não tiveram visitas dos familiares. Só oito receberam visitas. Os demais estão em greve de fome.

Cada um na janela de sua cela, cantamos em conjunto e proclamamos nome e número das celas ocupadas pelos dezoito presos políticos que aqui se encontram.

No fim da tarde, tive um pouco de dor de cabeça. Fome, nenhuma. Rezei o terço.

*Penitenciária do Estado, domingo, 14 de maio de 1972 — Dia das Mães*

Mamãe,

Um beijo. Agradeço o que mais importante você me deu: a vida e a fé. Dormi bem, acordei com dor de cabeça. Todos continuam firmes na greve. Fizemos a chamada através da grade; cada um gritou o próprio nome.

Dia magnífico, como deve ser um dia de festa familiar. Da janela, vi os presos do pavilhão 1 tomar sol.

Já não posso fazer muito esforço. Sinto que perco as forças.

O alto-falante transmitiu a homilia do pastor. O som estava ruim, não deu para entender direito. Depois, músicas modernas.

Tive ânsia de vômito e dor de cabeça no fim da tarde. O enfermeiro deu-me magnésia e aspirina. Fernando de Brito e Vanderley Caixe também foram atendidos.

O moral da turma é excelente. "Não desanimes diante deles, porque eu farei com que não temas na sua presença" (Jeremias 1,17).

*Penitenciária do Estado, segunda, 15 de maio de 1972*

Queridos pais e manos,

Hoje cedo, Ivo, Vanderley, Paulo de Tarso Venceslau e eu fomos ao ambulatório. O médico tirou nossa pressão e receitou aspirina para a dor de cabeça.

Nosso advogado, dr. Mário Simas, apareceu. Fomos revistados antes e depois da entrevista. Boas notícias: a Igreja se movimenta. Dom Paulo, nosso mediador, esteve aqui no domingo; não lhe permitiram falar conosco. O diretor disse a ele que, durante os dez dias de punição, só podemos receber advogados. O cardeal Villot, secretário de Estado do Vaticano, já foi avisado. Frei Domingos esteve aqui hoje, conversou com o diretor. Deixou para cada um de nós uma bela e animadora cartinha.

Descemos para fotografia e identificação. No setor de Inclusão, fizeram-nos a barba. Apanhamos objetos de higiene e a Bíblia. Enfim, terei o que ler.

Enviei ao diretor um bilhete, sugeri que o médico passe diariamente em cada cela, tome nossa pressão e temperatura. Respondeu que dispensa sugestões a respeito de como a direção da casa deve proceder...

Passei muito bem o dia de hoje. Faltou água durante a tarde.

Leio Jeremias.

*Penitenciária do Estado, terça, 16 de maio de 1972*

Queridos pais e manos,

Hoje é o quinto dia sem comer. De manhã, ambulatório. Fernando não se sente bem. Fui ver minha sinusite, o otorrino não estava. Recebemos vacina contra varíola, tétano e tifo.
Um antigo ocupante da minha cela deixou gravada na parede, bem junto da cama, a seguinte peça de tortura gastronômica:

Modéstia à parte, meu almoço semanal na liberdade era:
2ª-feira: bolinhos de bacalhau, salada, bife acebolado, arroz, feijão e um refrigerante;
3ª-feira: arroz, picadinho de maxixe com camarão, farofa, salada, bife e um refrigerante.
4ª-feira: aquele viradinho à paulista e um refrigerante.
5ª-feira: macarronada com molho de frango, salada mista, arroz e um refrigerante.
6ª-feira: arroz, bife de bisteca de porco, ovos fritos, salada e um refrigerante.
Sábado: aquela feijoada!
Domingo: nhoque com molho de camarão, bife à milanesa, salada mista e um refrigerante.

Não é fácil controlar o apetite da imaginação... Ainda bem que o espírito se mostra mais forte que a carne!
Ouvimos dizer que os companheiros em greve de fome no Tiradentes serão transferidos para a Casa de Detenção (Carandiru). Os que não têm prisão preventiva decretada pela Justiça Militar retornarão ao Deops. Tudo indica que a repressão está atenta ao nosso movimento. Todas as nossas consultas médicas são encaminhadas ao diretor.
Pouco depois chegou a notícia (ou boato?) de que apenas dez companheiros foram para o Carandiru. Carlos Lichtsztejn e um outro teriam saído inconscientes, transportados em ambulância. As companheiras deverão ser levadas para um presídio em Taubaté.
[...]
Paulo de Tarso Venceslau se sentiu, hoje, mais debilitado. Fernando, Monteiro e Vanderley receberam glicose, mas decidiram não aceitar mais, só

em último caso, obrigados pelos médicos. O resto do pessoal parece que vai bem. Meu único problema é controlar o apetite da imaginação...

*Penitenciária do Estado, quarta, 17 de maio de 1972*

Queridos pais e manos,

Sexto dia sem comer nada, só tomo água. Ainda dá para fazer uma boa caminhada. Parece até que perdi a fome. É assim que vivem os famintos da Terra? Quanto tempo dura um homem alimentando-se só de água?

Hoje é aniversário do Russo. Enviamos abraços; alguém improvisou um presente. Foi condenado, semana passada, a doze anos. Tem dois anos de casado e um filho.

Bem cedo fomos ao hospital; exame de urina e de sangue. Na fila da enfermaria, vi o Bandido da Luz Vermelha* — transformado pela imprensa em anti-herói.

A única coisa digna de elogio aqui é a assistência médica, ao menos para nós.

Simas veio ver-nos. Dom Paulo tem feito o que pode. Todos os companheiros do Tiradentes em greve de fome foram para o Carandiru. No Tiradentes, teriam ficado Paulo de Tarso Vannuchi, Mário Bogliani e um outro companheiro. O pessoal da cela 1 abandonou a greve diante da ameaça de retornar ao Deops.

O médico e o diretor penal passaram pelas celas; verificaram nosso estado de saúde. Maurice Politi** não passou bem hoje. Soubemos que, no presídio, a companheira Maria Aparecida Costa está mal.

---

* João Acácio Pereira da Costa (1942-98) era assim apelidado por portar, em seus assaltos, uma lanterna de bocal vermelho. Condenado a 351 anos por quatro homicídios e outros crimes, ficou trinta anos preso. Solto em agosto de 1997, pouco depois morreu assassinado por um pescador que alegou legítima defesa. Sua trajetória chegou às telas no filme *O bandido da luz vermelha*, de Rogério Sganzerla.
** Estudante de Comunicações da USP, acusado de atuar na ALN. Após sair da prisão, foi diretor de uma empresa suíça de seguros. Aposentado, dedicou-se à defesa dos direitos humanos e resgate da memória dos que lutaram contra a ditadura militar.

Sinto-me muito bem hoje. A dor de cabeça e a ânsia de vômito desapareceram. Li o dia todo o Livro dos Macabeus. Vai dar para aguentar um bom tempo. O que me impressiona são os recursos do organismo humano. Seis dias sem comer, só tomando água pura, e ainda consigo andar, pensar, escrever.
O homem forte é aquele que faz da Palavra de Deus seu único alimento.

*22h, na mesma quarta-feira*

Fomos acordados pelos guardas do choque, responsáveis pela segurança interna da penitenciária. "Saiam só com o uniforme" — gritaram. Vestimo-nos e formamos fila no corredor. Alguns dentre nós se sentiam muito fracos. Conduziram-nos ao salão nobre. Entraram o diretor, o diretor penal e um senhor, logo apresentado como dr. Werner Rodrigues, diretor do Dipe (Departamento dos Institutos Penais do Estado), promotor público há trinta anos. Fez longa preleção para dizer que entrara em entendimento com nossos companheiros detidos no Carandiru e tinha carta branca para atender as nossas reivindicações: ficaríamos todos no mesmo presídio, as presas seriam transferidas para o presídio feminino ao lado do Carandiru, e ele providenciaria condições para visitas entre os casados, desde que o juiz auditor autorizasse. Trouxe-nos uma carta assinada pelos companheiros, contendo todos esses pontos. Confiantes na palavra do dr. Werner, os companheiros haviam cessado a greve de fome. Diante disso, decidimos também cessá-la, já que as nossas exigências serão atendidas, e não haverá mais isolamento de presos políticos.
Regressamos às celas, sendo que Alberto Becker e Mané Porfírio se sentiram mal. Foram levados ao hospital, onde tomaram glicose. Pouco depois nos foi servido um chá bem forte, com bastante açúcar.

*Penitenciária do Estado, quinta, 18 de maio de 1972*

Queridos pais e manos,

Não dormi bem à noite. Mesmo encerrada a greve, continuo sem vontade de comer. No café, serviram-nos torradas. No almoço, tomei um pouco de caldo de feijão.
À tarde, esperamos a transferência. Nada. Nossa punição foi suspensa, mas não nos deixaram desenferrujar as pernas no pátio. O otorrino chamou-me; pedi que liberasse minha sandália de borracha, não posso ficar com os pés no chão, logo tenho crise de espirros.
No jantar, serviram empadão de carne moída. Não resisti e forcei o estômago. Delicioso. Pouco depois, trouxeram chá.


*Carandiru, sexta, 19 de maio de 1972*

Queridos pais e manos,

Afinal saiu a transferência. Bem cedo, descemos para a Inclusão. Fizemos a barba, trocamos de roupa, apanhamos nossos pertences. O Carandiru fica ao lado da penitenciária — ainda assim o Deops e a Polícia Militar vieram nos transportar em grande aparato. Fomos dentro de um carro-forte, conhecido por "brucutu".
Nova romaria burocrática. Ficamos um tempão na gaiola da carceragem do pavilhão 2, mortos de fome. Serviram um chá após muita insistência. Como não adiantou muito e a insistência continuou, trouxeram sanduíches. Aqui o ambiente é diferente da penitenciária. Quase não se vê guarda ou funcionário. Os próprios presos fazem praticamente tudo. Há 4700 homens aqui, creio que a maior população carcerária do Brasil.
Passamos por minuciosa revista na carceragem. Na rouparia, deixamos as roupas, proibidas de entrar. Nova revista, peça por peça de nosso vestuário, feita pelos presos... Tomamos banho, recebemos uniforme: calça e blusão azuis, de brim, muito largos. As calças não têm bolsos, nem passadores para

cintos. Na barbearia, rasparam nossos cabelos nas laterais. Preenchemos em seguida uma infinidade de fichas — tudo feito por presos. Foi tão demorado passar por essa burocracia que acabamos jantando no pavilhão 2: comida ruim.

Chegamos por volta das oito da noite ao pavilhão 5, onde já se encontravam vinte companheiros que vieram do Tiradentes. Fomos recebidos pelo companheiro Reinaldo Morano, que abraçamos efusivamente, e levados à sala do chefe de disciplina, autoridade máxima dentro do pavilhão. Falou-nos das condições da prisão: banho de sol três vezes por semana, das 7h30 às 10h30; cabelos e barba na barbearia do segundo andar, também naquele horário; cela aberta; direito a ambulatório, oficina para trabalho manual, comida especial etc. Enfim, condições que nunca tivemos.

Dissemos que tínhamos fome. Serviu-nos suco de laranja e goiabada.

Pela manhã, ao sair da penitenciária, Fernando, Ivo e eu fomos avisados de que dom Paulo nos visitaria logo que chegássemos ao Carandiru. De fato, esteve aqui, mas não conseguiu nos ver.

*Carandiru, domingo, 21 de maio de 1972, cela 5214-I, pavilhão 5*

Querida mana Cecília,

Já que não posso te dar um presente, nem um abraço pelo aniversário, pelo menos posso contar o que se passou comigo na última semana.

Dia 12, seu aniversário, fomos transferidos para a Penitenciária do Estado. Havia tempos falava-se em separar os presos políticos; na cadeia fala-se de tudo, inventam-se boatos de toda sorte; difícil prever um fato sem o largo risco de que não venha fortemente dosado de imaginação. Assim, a transferência de apenas cinco dos 105 presos políticos recolhidos ao Tiradentes foi para nós, naquela manhã, uma inquietante surpresa.

Protegidos por ostensiva e fortemente armada escolta, viajamos em viatura do Deops, ladeados por carros da tropa de choque da Polícia Militar. O percurso, com sirenes ligadas, foi coberto em menos de dez minutos.

A penitenciária é um velho casarão amarelo, em estrutura de ferro, construído na década de 1920. Lembra uma abadia beneditina da Idade Média. Constitui-se de três grandes prédios retangulares, paralelamente perfilados, com cinco andares e cerca de 480 celas individuais em cada um. Não há celas coletivas. À frente, o prédio da administração, cozinha e um hospital. Nas extremidades dos pavilhões carcerários, oficinas e escolas profissionais. Dois alqueires de horta e um campo de futebol completam o quadro da construção.

A organização interna impressiona. Chega a ser excessiva, mas compensada por uma rara virtude: a eficiência. Assistência médica permanente, cinema, barbearia, Senai etc.

Logo que chegamos, pôs-se em movimento uma possante burocracia, que no fim iria reduzir-nos a um número numa cela.

Passamos pela barbearia. Os companheiros que cultivavam densos bigodes adquiriram novo aspecto. O cabelo foi cortado no mesmo estilo que eu usava na infância. O médico, dr. Torres de Rezende, submeteu-nos a rápidas perguntas a fim de saber se alguém apresentava mal crônico ou infeccioso. Disse que é ministro da eucaristia da paróquia da Aclimação. Sugeri então que, durante o tempo que ali estivéssemos, nos trouxesse o corpo e o sangue do Senhor, já que a penitenciária está sem capelão e, evidentemente, não teríamos condições de celebrar. Respondeu não poder fazer isso sem autorização...

Na Seção Penal, preenchemos ficha de serviço religioso (culto a que pertence) e visitas — só familiares em primeiro grau. Lá os presos têm pouco menos de uma hora de visita por semana. No prontuário, preenchemos fichas pessoais mais completas. Posteriormente, passamos pela fotografia, datiloscopia, exame médico, incluindo amostra de urina e de sangue, vacinas contra varíola, tifo e tétano. Tudo muito cansativo.

O interior da penitenciária parece inspirado nos filmes estadunidenses rodados dentro de suntuosos e medonhos cenários carcerários. Corredores imensos, galerias com centenas de celas, todas de portas escuras, barras de ferro que atravessam em todas as direções, por todos os lados. Impossível andar mais de trinta metros ou dobrar à esquerda ou à direita sem ter que atravessar uma pesada grade.

Ficamos no terceiro andar do pavilhão 2. Ocupei a cela 724, recebi o número DP 2405. Uma cama de ferro, com colchão, banco, mesa, sanitário — tudo fixo na parede. Roupa de cama completa, dois cobertores e panos de brim de diferentes tamanhos a serem usados para chão, rosto, banho etc., a gosto do freguês. Se é difícil enxugar o rosto com brim engomado, imagina o corpo! Bacia, prato, colher, caneca — tudo de metal; sabão para lavar roupa. Do vestuário à roupa de cama, tudo deve ser lavado e secado pelo preso dentro da cela.

Para quem tem visto outras celas, esta difere apenas em um detalhe: a janela. É grande, amplo parapeito, barra de ferro fina por fora e, por dentro, três bandas de vidro que ficam abertas ou fechadas à vontade do preso. A única coisa "familiar" ali dentro é a janela. À tarde, quando batia o sol, eu me sentava no parapeito, ficava olhando a revoada dos pombos sobre o pátio. Dali pude ver, à noite, algo que havia tempos não me era permitido: um céu claro, limpo, estrelado, iluminado por um pedaço de lua. Lindas noites de maio.

O regime é duro, a disciplina, rigorosa. Todos os funcionários usam uma espécie de farda; são ostensivamente encontrados em toda parte. Em cada porta de ferro que o preso atravessa, sempre escoltado, um guarda anota-lhe o número. Nas portas das celas há, além do guichê só aberto por fora ao servirem refeições, uma pequena abertura, pouco maior que o gargalo de uma garrafa, por onde os carcereiros controlam, dia e noite, os movimentos dos presos. Estes são acordados às seis horas; meia hora depois é servido o café. Às oito, descem para o banho de sol, tomado no pátio defronte do pavilhão. O almoço é às 10h30. À tarde, novo sol e um café às 14h30. Às 16h30 o jantar, última refeição do dia. Embora não entre nem revista nem jornal, é permitido ter na cela rádio de uma faixa; durante as refeições, os alto-falantes do pátio ficam ligados numa emissora qualquer.

Logo que chegamos fomos punidos com dez dias sem direito a sair da cela, exceto para médico e advogado. De modo que, na semana em que lá ficamos, ninguém tomou banho, nem de sol, nem de água. Foi-nos liberada a Bíblia (reli Jeremias e Macabeus) e pude encontrar duas revistas *Seleções*, certamente anteriores ao atual regulamento que proíbe revistas; uma de 1943 e outra do ano seguinte. Quase todos os artigos sobre a guerra, enaltecendo os combatentes estadunidenses — o que não deixou de ser uma leitura interessante. Podíamos ter canetas e papel, o que também foi muito bom.

Qualquer solicitação ou reclamação que se tenha é imediatamente encaminhada ao responsável ou ao diretor e, em poucos minutos, o preso recebe resposta. Para quem se acostumara no Tiradentes a quase nunca receber respostas, esse aspecto da eficiência burocrática me causou admiração. Certo dia escrevi ao diretor; pedi a liberação de meu aparelho de barba e livros, sugeri que diariamente o médico nos tirasse pressão e temperatura. Pouco depois um funcionário apresentou-se em minha cela, deu-me uma folha datilografada para ler e assinar "ciente". Era a resposta do diretor — concedia o aparelho de barba, prometia os livros para logo que expirasse a punição de dez dias e dispensava minhas sugestões a respeito de como a administração deveria proceder com os presos...

Ficamos na penitenciária exatamente uma semana. Devo ter perdido uns cinco quilos. Vendo e vivendo tudo aquilo, refleti bastante sobre o que seria um processo de reeducação do preso comum. Bem, mas isso vou deixar pra falar em outra ocasião.

Agora, nova cadeia. Por quanto tempo? Esta é uma longa jornada por dentro das grades... e da existência humana!

Sou sempre teu amigo, com um carinho imenso. Um beijo!


*Carandiru, quarta, 24 de maio de 1972, cela 5214-I, pavilhão 5*

Meus queridos irmãos,

É bom, muito bom, receber notícias de vocês. Acabo de reler a carta que nos mandaram. Vocês não imaginam como foi oportuna: foi a primeira carta que recebi logo que cheguei a este novo cárcere.* Foi como daqui de dentro uma mão amiga se tivesse estendido para mim.

Sabe, acho que a gente pode passar tempos sem se ver nem se falar, mas, sempre que a gente se encontra nas situações mais críticas da vida, vocês, de alguma forma, aparecem. É curioso... Vocês nunca estiveram fisicamente mui-

---

\* Terminada, no dia 17, a greve de fome iniciada dia 12, os presos políticos foram transferidos, no dia 19, para a Casa de Detenção do Carandiru.

to presentes em minha vida, mas destacam-se por algo muito especial: sempre estiveram presentes nos meus momentos mais decisivos. Vocês sabem disso.

Só eu sei quanto vocês sempre me ajudaram, não apenas com palavras, advertências, às vezes paternais mesmo, mas sobretudo como irmãos, pela simplicidade, alegria, sinceridade, hospitalidade e profunda amizade. Por isso aprendi a amá-los, muito, muito mesmo.

Hoje os tempos são outros; já não podemos erguer nossas taças na tranquilidade do passado cheias de apreensões e planos para o futuro — o futuro chegou!

Dois anos e meio de cárcere — uma epopeia! Talvez o tempo mais importante da minha vida; pelo menos a fase em que tenho vivido mais intensamente. Cada dia, cada hora, cada minuto, cada segundo. O que sofri, descobri, cresci e venci durante esse tempo jamais poderá ser dito. É indizível. Só se eu fosse capaz de compor, para órgão e orquestra, a "Sinfonia da dor que se faz paz, que nos traz amor". Ou a "Balada de um jovem prisioneiro que reinventou a liberdade".

Tudo isso é uma curiosa aventura. Nunca me senti tão livre com tão pouca liberdade. Quem não tem nada a perder só pode ganhar. Muito. Para quem está de fora, impossível compreender. Sinto-me como alguém que teve de atravessar um imenso e perigoso vale. Caminhou, cortou-se, machucou-se, foi atacado por feras, caiu em armadilhas. A perda da liberdade não pode acarretar a perda da dignidade. Por isso, não me dobro às injustiças dentro da cadeia.

Há presos, infelizmente, que tudo aceitam, como se fossem surdos e cegos. Para estes, importa apenas uma coisa: recuperar a liberdade física, a qualquer preço. Não sou desses. Agir assim seria a minha destruição moral. Mesmo que aquela greve de fome venha significar a perda da liberdade condicional, não me importo.

Era isso que eu queria que vocês entendessem: bem ou mal, sou também a presença da Igreja aqui dentro. Penso que devo agir exatamente como o próprio Cristo agiria, sendo solidário com os que sofrem. Os apóstolos não entenderam quando ele disse que deveria subir a Jerusalém para ser sacrificado. As coisas de Deus ultrapassam os limites de nossa lógica. O próprio Pai sacrificou seu Filho pela nossa redenção. Na medida em que a minha prisão trouxer para os outros alguma liberdade, principalmente espiritual, eu estarei convencido de que tudo isso tem um valor, um sentido que só à luz da fé pode ser captado e assumido.

Sei que vocês julgam que isto aqui é terrível sofrimento, que terá fim tão logo eu retorne à liberdade. Não é bem assim. O sofrimento é tanto menor quanto mais somos capazes de assumi-lo, dominá-lo e transformá-lo. Isso é que faz o fardo leve e o jugo suave. Por outro lado, não há para mim perspectiva de vida que não seja entremeada de sacrifícios e renúncias. Foi o que escolhi. Como cristão, não posso pensar em descanso, senão quando eu já não tiver mais força para amar. É isso que me faz profundamente feliz. Toda essa agitação e incerteza trazem-me conforto e tranquilidade. Não posso imaginar outro caminho. Procurem entender isso. É duro beber o cálice, mas se é a vontade do Pai...

Aqui há um capelão, o reverendo A., pastor protestante. É o único capelão presente aqui todos os dias. Às dezoito horas, costuma fazer uma rápida preleção pelo alto-falante que, em seguida, transmite música até as nove da noite. Chamou Fernando, Ivo e eu para conversar. Foi muito bom. Ele é um homem de sessenta anos, mas muito jovem de espírito e profundamente ecumênico. Sugeriu que o ajudássemos na evangelização aqui dentro. Como ainda estamos chegando, não demos nenhuma resposta. Aliás, isso vai depender também da autorização do diretor e, talvez, inclusive da Auditoria Militar, que nunca permitiu que celebrássemos.

Eu gostaria de trabalhar na evangelização dos presos. Acho que seria uma experiência pastoral muito rica. Por outro lado, acho que eles teriam muito a me ensinar. Vamos ver no que isso dá.

Os dias continuam lindos, cheios de sol. Tenho jogado vôlei na hora do esporte. É outra coisa poder ter espaço para tomar sol e praticar esportes. Faço ginástica três vezes por semana, seguida de uma boa ducha fria. Sozinho na cela, leio muito mais agora. Escrevo de vez em quando. O horário aqui é: levantar às 5h30; café às 6h30; almoço às 10h30; jantar às 16h30. Na parte da manhã, entre o café e o almoço, a cela fica aberta; há dias para o banho de sol, alternados com dias para ir à barbearia. O resto do dia é trancado na cela, que nos meus cálculos tem quatro metros por dois. Tem pia e uma fossa turca. Na porta de ferro, um guichê por onde entra a comida. A luz é apagada às 22h30. O chão é de marmorite; as paredes, pintadas de verde, o que é agradável. Tem ainda cama, mesa e banco. Enfim, um produto da cabeça de algum arquiteto que certamente jamais esteve preso. [...]

*Carandiru, sábado, 3 de junho de 1972, cela 5214-I, pavilhão 5*

Queridos pais e manos,

Excelente a visita de vocês. Viram não haver motivos para preocupações. As notícias repercutem ampliadas pela imaginação. O pior — a fase inicial da prisão — já passou. Agora é a fase final, ao menos para quem deve aguardar um ano e meio para sair. Eles não têm condições de permitir que nos aconteça algo. Sabem que a responsabilidade é muito grande. Lembro que, logo após a prisão, em Porto Alegre, o diretor do Dops não me permitia tomar banho de sol — o local reservado para isso era uma sacada no segundo andar, e ele temia que eu me jogasse de lá, a fim de não revelar o que sabia. Mesmo os alimentos que os amigos levavam eram previamente examinados, poderia haver tentativa de envenenamento... Foi duro conseguir convencê-los de que, afinal, não sou tão importante quanto imaginavam, nem detinha tantos segredos assim. Só faltou perguntarem por meus contatos no Pentágono...

Em geral, as pessoas de fora não entendem bem o que significa estar preso. A simples menção da prisão provoca medo. Medo a gente perde aos poucos. Não me tornei excepcionalmente corajoso, mas dois anos e meio de grade dá pra nos temperar bastante, o próprio organismo modifica seus reflexos, adapta-se à insegurança, à incerteza, ao clima de terror. E de que vale o medo quando não há alternativa? Não adianta ter medo quando não se pode evitar o que nos ameaça. Seria o mesmo que uma pessoa com câncer temer a doença. Então, a única atitude correta, no caso, é assumir a condição em que se encontra.

Fernando e Ivo mandam abraços e dizem que o frango, a maionese e a carne são de feliz memória aqui. Um abração a cada um.

*Penitenciária Regional de Presidente Venceslau, sexta, 9 de junho de 1972, cela 8 do setor de enfermaria*

Queridos pais e manos,

Acho que sou o filho mais levado, dou um trabalho a vocês!... Mas que culpa tenho por tudo isso? Vejam como são as coisas: logo quando começávamos a adaptar-nos ao Carandiru, veio uma ordem judicial e nos mandou para a divisa de São Paulo com Mato Grosso.\* Presidente Venceslau fica a trinta quilômetros de Mato Grosso, tem cerca de 42 mil habitantes e apenas 35 anos de vida. É zona de pecuária. Só lamento não poder conhecer a cidade.

A viagem foi muito pior do que a da Rede Mineira de Viação para Pirapora. Treze horas rodando dentro do porta-presos de uma viatura do Deops; Fernando, Ivo, Vanderley Caixe e eu. Tudo fechado, sem ar e luz, um caixão de lata aquecido pelo sol e o motor. Agora sei o que sente um frango no forno. E ainda viajamos algemados um ao outro — não havia condições de qualquer dos nossos membros ficar em posição normal. Estávamos todos contorcidos. Em outra viatura, vieram Maurice Politi e Manoel Porfírio de Souza. O que ignoramos é por que escolheram nós seis para isolar tão longe assim.

Aqui o tempo é quente, abafado. Refresca de madrugada. A cela é individual. Usamos uniforme bege — mais bem cortado que o outro, tem até bolso —, e o horário nos obriga a dormir às 20h30; acordar às 5h30. Todos os funcionários usam farda inteiramente branca, qual anúncio de Omo.

Peço ficarem tranquilos. Tudo vai se resolver logo. Confiem na Igreja, saberá como agir por nós. Pensar que papai está calmo e confiante é o melhor que posso ter aqui — pois estou calmo, confiante e alegre.

Fernando e Ivo mandam abraços. Abraço cada um de vocês!

P.S.: Não se assustem por eu estar na enfermaria. Estamos todos aqui.

---

\* Atual Mato Grosso do Sul, desmembrado do estado de Mato Grosso em 1977.

*Penitenciária Regional de Presidente Venceslau, domingo, 11 de junho de 1972, cela 8 do setor de enfermaria*

Caríssima irmã Yolanda,

Espero que tenha aproveitado bem as férias fora de época. Agora podemos retomar nossa correspondência. Recebi a bonita flor que mandou; pode estar certa, você é presença obrigatória em minhas orações. Os quitutes não vieram, estou em jejum.

Ontem, nossos superiores, frei Edson e frei Sérgio, vieram visitar-nos. Foi muito bom poder vê-los. No fim do dia, recebemos a visita do bispo de Presidente Prudente, dom José Gonçalves, que foi secretário-geral da CNBB. A conversa foi ótima, entendeu perfeitamente o nosso gesto. Embora tão longe de São Paulo, sentimos a presença amiga e animadora da Igreja e, ao mesmo tempo, sua universalidade.

Fernando, Ivo e eu, com mais alguns companheiros, fazemos uma turnê pelas prisões paulistas... Não é muito agradável, mas chega a ser interessante. Após dois anos e meio no Tiradentes (do qual só saí em setembro de 1970, para passar um mês na solitária de um quartel), fomos para a Penitenciária do Estado, onde ficamos uma semana em regime de preso comum e jejum voluntário, reivindicando nossa reunificação aos demais companheiros.

Afinal, a reunificação foi prometida, cessamos a greve de fome, fomos removidos para o Carandiru, onde ficamos no meio de 5 mil presos comuns. Nada de reunificação. Agora, na última quinta, nos mandaram para cá, a trinta quilômetros de Mato Grosso, distante 640 quilômetros de São Paulo — onde temos família e advogado. Parece pesadelo tudo isso; brincam com vidas humanas, tornando-as joguetes de seus caprichos.

O que nos anima é saber que tudo isso é contado na economia da salvação. Na nossa fraqueza se manifesta a força do Espírito de Deus. Nada tememos, e a paz e a alegria permanecem conosco.

Com muita saudade e amizade, um grande abraço!

*Penitenciária Regional de Presidente Venceslau, quinta, 22 de junho de 1972, cela 8 da enfermaria*

Queridos pais e manos,

Recebi uma, duas, três cartas de vocês. Acabo de receber a terceira, cheia de palavras animadoras. Isso me tranquiliza, saber que compreendem o alcance do nosso gesto. Não reparem a letra, é sempre ruim, e hoje vai pior: escrevo na cama, ando fraco, completamos duas semanas sem comer. Vieram também a carta da Ana e os retratos dos sobrinhos, que não cansei de olhar.

Valeu a pena a primeira experiência de greve de fome. Agora entrei mais preparado, as reações são bem diferentes. Nem dor de cabeça, nada de ânsia de vômito. O moral, lá em cima. Passo os dias lendo, das oito da manhã às dez da noite, sem interrupções. Apenas fome, daquela cor que a Carolina Maria de Jesus conta em *Quarto de despejo*:* amarela, com a barriga da gente quase encostando nas costas, e a boca rançosa, amarga, saudosa de um tutu com linguiça, arroz de forno com costeleta de porco, bife a cavalo. Eta mundo bão! Só de pensar num franguinho assado com farofa de ovo e azeitona, ou numa feijoada daquelas sem gordura, com bastante paio e couve, e naquelas carnes recheadas acompanhadas de maionese, já dá uma alegria que faz a barriga roncar, doida pelo seu quinhão. É, mas ela ainda vai ficar no descanso uns dias, até essa situação ser resolvida.

Contar mesmo tudo que houve até agora, só mais tarde, de barriga cheia. Só vou resumir: ficamos na água pura uns seis ou sete dias, que nem da outra vez. Aqui tem uma equipe médica excelente; mantém-nos sob observação. Todo dia toma pressão, pulso, temperatura e peso. Este a gente perde aos poucos, a fraqueza aumentou, a cara empalideceu. Chegamos àquele ponto em que os médicos se viram obrigados a interferir. Entramos no soro e mais umas injeções. Meu braço está todo picado. Agora, o peso estacionou, a palidez sumiu, as energias voltaram. Pelo menos desapareceu a sensação de fraqueza. Para terem ideia exata a quantas ando: pressão entre $10 \times 6$ e $11 \times 8$; pulso variando entre 70 e 90; temperatura normal; e 54 quilos. Com os medicamentos que

---

* Carolina Maria de Jesus, *Quarto de despejo*. 2. ed. São Paulo: Livraria Francisco Alves, 1960.

tomo, dá pra aguentar muito. E todo o pessoal vai bem, nenhum de nós seis teve problema mais sério.

Dom José nos dá assistência; chega a ser constrangedor, pois ainda está com a saúde debilitada pelo acidente que sofreu e acúmulo de trabalho. Mesmo assim, faz questão de viajar setenta quilômetros, de Prudente até aqui, de dois em dois dias, e se prontifica a nos atender em tudo. Quando falarem com ele pelo telefone, não se cansem de agradecer. Sempre que é possível, padre Alexandre Yok, um dos dois sacerdotes que atuam nesta cidade, vem nos trazer a comunhão.

Do ponto de vista espiritual, este jejum tem sido de uma riqueza enorme. Tudo contribui: o silêncio deste lugar, o jardim em frente à cela, o céu azul limpo, limpo, como o ar que respiramos aqui, e o sentido profundamente evangélico de nosso gesto, que nos torna mais próximos de Cristo.

Faço votos que, ao receberem esta carta, já esteja tudo resolvido. Mas não se preocupem comigo, tenho é fome e sede de justiça. Como diz Guimarães Rosa, "viver é muito perigoso" — mas muito gostoso!

Todos os companheiros aqui mandam abraços. Um abraço magro, mas gordo de alegria e paz.

*Penitenciária Regional de Presidente Venceslau, segunda, 26 de junho de 1972, cela 15 da enfermaria*

Querida Ana,

Acabo de treler sua carta. Estou de acordo: precisamos bater longos papos. Às vezes, lembro os tempos em que os visitava em Laranjeiras, no Rio, e sinto saudades. E uma profunda admiração por esta virtude que em você e no Nando é natural — a simplicidade. Fez bem em mandar as fotos dos garotos; como tio coruja, mostrei para os companheiros. Quero chegar aí antes que a infância deles acabe, levando uma porção de balões coloridos; foi assim que um vizinho, o dr. Mário, deixou em mim e no Nando uma marca inefável de tempos felizes de crianças.

Amanhã completaremos vinte dias de greve de fome. Nesta fase, estamos melhor que na primeira semana, os medicamentos trazem novas energias. Fiquei com o braço todo picado de tanto soro na veia, e o pior é que aquilo é demorado, enquanto pinga não podemos mexer o braço. Agora passamos para via oral, mais cômodo, apesar do gosto horrível. E abriu aquele apetite. Tenho sonhado, várias vezes, com os mais diversos pratos... Acho que tudo se resolverá nesta semana, se Deus quiser.

Hoje mudamos de cela, passamos para o lado ímpar, onde bate sol à tarde. No momento, a temperatura é bastante agradável, mas já disseram que no verão o calor é de assar passarinho em pleno voo. A cela é a mais espaçosa que já ocupei, ladrilhada no chão, com paredes verdes. Não tem pia, apenas fossa turca com uma torneira em cima. A "mobília" é uma cama simples, de madeira, e duas pedras afixadas na parede, de modo que uma serve de mesa e outra, de banco. Do lado de fora há um jardim, o que torna a vista da janela agradável. O ar é puro como a água tirada de poço artesiano. Um silêncio de fazenda. Há cerca de quatrocentos presos comuns, com os quais não temos contato.

Tenho aproveitado este "retiro". Leio o dia todo. Agora me animei a preparar uma novena para a festa de são Domingos, em Araxá, a pedido de uma dominicana. A festa deve ser em princípio de agosto. O velho Domingos é padroeiro de Araxá que, infelizmente, não conheço.

Pensei em prosseguir o nosso papo por carta, mas por enquanto não estou em condições. O melhor seria pessoalmente, mas parece que as perspectivas são cada vez mais longínquas. O sentido daquela carta que lhe escrevi não foi de modo algum visando a interferir na educação dos meninos. Apenas citei o caso do Flávio, para situar melhor as concepções que tenho a respeito. Meu objetivo era outro: embora queira acreditar na eficácia da nova pedagogia, quis somente alertar para o contexto em que a educação se insere — o de uma sociedade em que o egoísmo e o lucro predominam nas relações sociais. Difícil estar seguro dentro do apartamento se o prédio não tem alicerces firmes e ameaça ruir.

Quanto à educação religiosa, é claro, respeito a opção de vocês; sei como estão imbuídos de valores que não hesito em qualificar de profundamente evangélicos. Pessoalmente, porém, sou favorável à educação religiosa da criança; numa sociedade pagã como a nossa, não creio que "mais tarde terão condições de optar". A opção será imposta pela ideologia que envenena a sociedade, se a família não constituir uma pequena célula da comunidade cristã, onde os filhos sejam iniciados na fé. Não falo da religião tradicional do deus juiz condenador, cheia de mitos e tabus. Falo de uma relação com Deus que liberta, encoraja e salva.

É duro ser limitado e não poder dizer tudo o que sinto. Mas não faz mal. Um dia sento na sua sala, cercado pelos garotos, e vamos papear à vontade.

Um beijo para você e as crianças, e um abraço bem forte, mas bem forte mesmo, no Nando, sempre presente comigo.

*Penitenciária Regional de Presidente Venceslau, segunda, 26 de junho de 1972, cela 15 da enfermaria*

Queridos manos,*

Para alegria geral, chegou-nos a tríplice carta de vocês.

Olha, se o negócio é rezar para o Alexandre conseguir emprego em Mato Grosso, podem contar com meus três rosários diários. É que ando aqui na divisa, afastado apenas trinta quilômetros; quem sabe, ele um dia aparece para nos visitar. Temos mudado tanto de prisão que não vou estranhar quando nos enviarem para Fernando de Noronha ou coisa parecida. Aqui somos seis presos políticos (qual teria sido o critério para a nossa escolha?): os três fradinhos; Vanderley Caixe, de Ribeirão Preto, versado em Ciências Jurídicas; Manoel Porfírio de Souza, de Goiás, filho do líder camponês Zé Porfírio; Maurice Politi, judeu nascido no Egito sob língua francesa — salada esta que lhe concede o título de "apátrida". Como veem, grupo bem heterogêneo nas origens, mas profundamente homogêneo na amizade lacrada com "sangue, suor e lágrimas".

Não queremos ficar aqui. É longe do nosso mundo. Desde que chegamos, entramos em greve de fome. Na primeira semana, tomamos só água pura, re-

---

* Carta a Auxiliadora e Antônio Ribeiro Pena. Este esteve meses preso conosco. Indiciado no processo da ALN, foi absolvido por falta de provas.

cusamos qualquer medicamento. Pelo oitavo dia começaram os problemas: perda acelerada de peso, fraqueza excessiva, princípio de acidose, má circulação sanguínea etc. Então, os médicos entraram em campo — no início, davam-nos água com alguns sais (o mesmo dado a crianças com desidratação); depois, passamos ao soro de glicose e plasma. Hoje é o décimo nono dia. Entrou um novo medicamento, por via oral; parece leite de magnésia. Apesar de tudo, ainda encontro forças para ler e escrever. Os piores dias foram os primeiros, quando o organismo só recebia água pura. O que me tortura agora é que os remédios abriram o apetite e a fome é canina — e quando penso nos pratos que comi na casa de vocês, ela aperta mesmo. Mas a vida é assim: hoje passo fome, mas sei que daqui a uns tempos voltarei a comer. E aqueles que não têm o que comer e temem o futuro de miséria ainda maior?

Folgo em saber que ficaram menos ricos. Só espero que os rapazes tenham compreendido a situação e sejam capazes de assumi-la, dividindo o estudo com o trabalho, caso seja necessário. Bem, coragem sei que têm, já deram provas disso. Mas como são preguiçosos... O contrário do pai, que não sabe ficar parado. Ah, Antônio, como te entendo! Seu sonho era ser um operário especializado que almoçasse na marmita, mas as circunstâncias de vida nem sempre são como gostaríamos. Por mim, iria ser monge numa igreja rural, horticultor e vaqueiro, dividindo orações e leituras com alfaces e queijos. Mas pelos outros estou aqui, aprendendo a ser menos egoísta e tentando ter mais fome de justiça e sede de Deus.

Tenho muita fé em vocês. Rezem por nós e pelos companheiros em São Paulo. Até que possamos estar aí nesta casa acolhedora, comendo um prato bem mineiro, recheado de carinho, temperado com amor. Tudo isso que vivemos é duro, mas extraordinário; purifica, converte, torna-nos mais lúcidos e fortes. É a pérola de que fala o Evangelho, que sempre nos resta quando perdemos tudo, porém vale mais que todas as outras coisas.

Toda amizade a vocês.

*Penitenciária Regional de Presidente Venceslau, domingo, 2 de julho de 1972, cela 15 da enfermaria*

Queridos pais e manos,

Tivemos um fim de semana movimentado. No sábado, vieram nos visitar frei Edson, os pais do Ivo e a dra. Eny.* O sr. Bernard** contou que fala com papai quase diariamente. Disse que, no início, achou papai bastante animado, mas teve a impressão de que ele ficou um pouco decepcionado com o resultado do STM.***

Fizemos aqui na minha cela uma roda grande, os seis presos e as visitas, de modo que o ambiente estava festivo, lembrava os papos descontraídos na varanda aí de casa.

Hoje tivemos agradável surpresa: a visita do núncio apostólico, dom Umberto Mozzoni, acompanhado de frei Domingos Maia Leite. Conversamos muito, falamos da consciência que temos de dar testemunho de Igreja no cárcere. Temos a obrigação de ser solidários com os que sofrem. Nossa vida já não nos pertence, pertence aos outros. Por eles devemos saber viver e morrer. Caso contrário, estaríamos vendendo a nossa fé, a nossa caridade, o nosso ideal e tudo aquilo que temos forjado nesses anos de prisão — e a expressão é apropriada ao caso atual — por um prato de lentilhas! Creio que entendeu perfeitamente e, na saída, deixou-nos uma foto do papa, autografada, que envio a vocês.

A decisão do STM não encerra a questão. Apenas autoriza o juiz a transferir presos para onde julgar conveniente, de modo que amanhã mesmo ele pode determinar nosso regresso a São Paulo. Não há nenhuma razão para estarmos aqui.

Soube que vocês estão preocupados, o que fazer para tranquilizá-los? Vir até aqui? Não é a solução; a viagem, além de penosa, é dispendiosa. Prefiro deixarem para me visitar por ocasião do meu aniversário, até lá tudo estará resolvido. E é mais fácil viajar até São Paulo.

Estou bem, graças ao soro, embora bastante magro. Não pensem que qual-

---

* Eny Raimundo Moreira, advogada de presos políticos.
** Bernard Lesbaupin, pai do Ivo Lesbaupin.
*** O Superior Tribunal Militar indeferiu recurso para retornarmos à capital paulista.

quer atitude por parte de vocês poderá apressar a solução — a Igreja faz o que pode, a ponto de o núncio vir nos visitar. É tudo uma questão de tempo. Estou tranquilo, alegre, certo de que o Senhor é o pastor que nos conduz nessas perigosas veredas.

Abraços!

*Penitenciária Regional de Presidente Venceslau, terça, 4 de julho de 1972, cela 15 da enfermaria*

Queridos pais e manos,

A grande alegria do dia foi receber carta de vocês. Vejo que estão bem, não mais preocupados do que eu imaginava. É muito bom ter certeza disso. Podem estar certos de que, em sã consciência, procuro agir em conformidade com a vontade de Deus — mesmo que essa vontade, às vezes, seja dura, dolorosa, difícil de entender. A história do povo de Deus é repleta desses momentos em que o Senhor nos pede apenas fé e obediência, acima de toda lógica e razão: foi pedido a Abraão sacrificar seu único filho;* ao pastor Moisés enfrentar e ameaçar o poderoso faraó; ao jovem Davi derrubar o gigante Golias com apenas cinco pedras e um cajado. Aos olhos humanos tudo isso era loucura! Essa provação só pode ser plenamente entendida dentro do desígnio divino. Tem um valor que transcende os nossos objetivos. Alguns frutos já podemos constatar, como a união e oração da Igreja alerta ao problema da justiça e dos que sofrem nos cárceres. O magnífico artigo do Tristão de Athayde é um reflexo disso.** Não deixem de agradecer, enviando um livro de presente.

---

* Atualmente, não tenho a mesma visão teológica de que Javé exigiu de Abraão sacrificar o próprio filho. Não creio em um Deus favorável ao filicídio... Abraão, dotado de nova fé, ainda praticava velhos rituais (como o sacrifício do primogênito). Javé o fez entender que é o Deus da vida, e não da morte.
** "O canto na fogueira", artigo de Tristão de Ataíde, publicado no *Jornal do Brasil*, de 29 de junho de 1972, em apoio às reivindicações que nos levaram à greve de fome.

Em mim e nos que aqui estão sinto um crescimento extraordinário, uma recuperação de nossas energias mais íntimas, uma retomada de nós mesmos, um reencontro com nossa humanidade em sua fase mais pura e genuína. Faço nossas as palavras de são Paulo: "Ainda que em nós se destrua o homem exterior, o interior renova-se dia a dia. A nossa presente tribulação momentânea é leve em relação ao peso extraordinário da glória eterna que nos está preparada" (2 Coríntios 4,16-7).

Vai ser sempre assim: ele nos deu muitas alegrias e nos dará muitas dores. Mas devemos agradecer o sol e a chuva. Sofre quem não tem coragem de suportar o peso da cruz; quem a abraça sabe que "o fardo é leve e o jugo, suave". Ainda não dei o bastante de mim mesmo. Isso me preocupa. Quem pensa que o caminho da ressurreição não coincide com o do calvário errou de endereço. Se alguém considera que paz é um prato de comida é porque tem visão muito limitada das coisas. Na fome encontro, atualmente, muito mais paz que em outros períodos de abundância. Não é à toa que a sabedoria oriental fez do jejum um dos estímulos à libertação interior do homem.

Não anuncio um cristianismo de sofrimento; anuncio uma fé que liberta, vivifica, redime e salva. Seria ingenuidade supor que o sofrimento é exclusivamente religioso, existe em todas as épocas e lugares. O meu esforço é por um mundo em que ele esteja reduzido às suas expressões mínimas, pois o sofrimento resulta do mal, que deve ser combatido de todas as maneiras. A fé nos permite encará-lo de outra forma, de tal modo que não exerça domínio sobre nós e nem nos deixemos abater. Por isso, a fé liberta o homem que sofre, confere à dor dimensão redentora.

Vocês não devem temer nada. De uma forma ou de outra, um dia tudo isso terminará, todos nós teremos cumprido a nossa parte, bem ou mal. Não será o acúmulo de dias vividos, o número de filhos procriados, as honrarias recebidas ou os títulos somados que contarão. Serão os momentos em que, por amor, abrimos mão de nossas posses mais íntimas, como o óbolo da viúva:* o nosso tempo, o nosso ser, a nossa saúde, a nossa vida.

Embora hoje seja o 26º dia de jejum, ainda tenho forças, tanto que dá para escrever (o que é bom indício). Entre soro e água, estou ingerindo uma

---

* Lucas 21,1-4.

média de sete a oito litros por dia, e como controlo a urina, sei que o organismo retém, nesse período, cerca de dois litros (outro bom indício). Temperatura, pressão e pulso — normais. Fome e apetite, agudos! Disposição para dois meses, se necessário.

A todos os amigos, parentes, e vocês de casa, agradeço o estímulo, as orações e a amizade.

*Penitenciária Regional de Presidente Venceslau, quarta, 5 de julho de 1972, cela 15 da enfermaria*

Queridos pais e manos,

O padre De Couesnongle, assistente do mestre da Ordem (os dois jantarão aí em casa quando vierem ao Brasil), nos escreveu dizendo que compreende nossa situação e tudo tem feito por nós.

Mas o que tocou particularmente é o que ele diz no início da carta:

É com grande alegria que recebi as cartas de vocês. Logo em seguida eu as enviei, pelo intermediário, com o qual mantenho contato permanente por causa de vocês, ao Soberano Pontífice. Não há dúvida de que Paulo vi está muito atento ao que vocês dizem. Há três semanas fui chamado à Secretaria de Estado — o adjunto mostrou-me duas folhas escritas pelo próprio papa: suas reflexões sobre as carta de Betto. Ele as leu para mim. Muito edificante; apesar de todo o seu trabalho, ele se debruçou longamente sobre estes textos.

Isso não chega a me envaidecer, embora me sinta feliz por ver que esta provação não é inútil. Mas o que me faz pensar nessa notícia é na comunhão da Igreja, no Espírito que faz de todos nós um só corpo, cuja cabeça é o Cristo glorificado. Imagino o papa lendo as cartas, e tenho a impressão de um diálogo íntimo com ele. Vivendo na prisão, tenho a certeza de uma diálogo íntimo com a Igreja. […]

*Penitenciária Regional de Presidente Venceslau, quarta, 5 de julho de 1972, cela 15 da enfermaria*

Breno,* meu mano,

Pelo menos houve um aspecto positivo nessa sua briga com a C. — ela conseguiu fazer com que você me escrevesse. Você não imagina a alegria que senti ao receber sua carta. Vibrei com a sua sinceridade, com o seu papo de irmão para irmão, e entendi perfeitamente o problema que você está vivendo.

Você sabe que não nasci frade. Já enfrentei situação igual à sua. A sensação que a gente tem é a de ter levado uma surra, ter sido traído, passado para trás, numa impotência total, porque a gente não pode mudar o sentimento da namorada, nem obrigar que goste da gente como gostamos dela. Mas, às vezes, essas marretadas fazem a gente ver claro uma porção de coisas, como você mesmo diz na carta. Aliás, pelo que escreveu, vejo que, se de um lado a ruptura foi dolorosa, de outro lado te ajudou a crescer, a amadurecer, a reconhecer uma série de falhas que havia no relacionamento de vocês, e creio que tudo isso será muito positivo em sua vida.

Vamos refletir juntos a respeito dos pontos que levanta. Você fala que o namoro acabou porque estava ficando monótono e acharam que era preciso viver outra vida, para terem certeza de que um gostava do outro. De fato, o vírus do amor é a rotina e, quando esta começa, ele entra em regime de falência. As pessoas deixam de amar para coexistir, pois um está cansado do outro. Isso é comum quando a gente pensa que amar é estar junto, mas amar é construir junto — um lar, uma atividade profissional ou social. O amor fechado entre duas pessoas, sem nenhum objetivo que vá além delas, morre por asfixia. Isso pode ter acontecido com vocês, e o rompimento veio com a necessidade de sair um pouco, tomar ar, respirar; enfim, recuperar a ânsia de viver e de amar. A relação de vocês estava enferrujada pela rotina e asfixiada pela falta de perspectiva, o que o casamento não viria certamente suprir, mas apenas adiar a crise.

Vocês romperam, e cada um tomou o seu rumo em busca de novos ares.

---

* Breno Libanio Christo, meu irmão.

Começo a acreditar que toda relação afetiva precoce e exclusiva, em que um sempre foi, até o casamento, o único namorado do outro, tende a fracassar.*

Você é o terceiro caso que conheço, com a atenuante de não ser casado, o que não cria maiores complicações. No primeiro, foi o rapaz que, após seis anos de casado e quatro filhos, chegou à conclusão de que, de fato, não era o marido, mas o pai da moça, único namorado que ela teve em toda a vida. Tudo que ela havia aprendido e conhecido tinha sido através dele, de modo que ela se despersonalizava, deixava de ser ela mesma para fazer as vontades dele. Resultado: ele se cansou, não queria uma filha adulta, mas uma esposa, e acabou gostando de outra, mais madura, independente e dinâmica, com quem vive hoje.

No segundo caso, a moça casou com o seu primeiro namorado quando tinha apenas dezesseis anos. A relação paternal foi igual, só que desta vez quem se cansou foi ela que, dez anos depois de casada, decidiu viver a adolescência que não teve e abandonou o marido para viajar, frequentar boates e ter outros "namorados".

Por isso, eu pergunto: será que você não teve sorte em ter tido essa crise antes de um compromisso definitivo?

A separação faz você ver quanto gosta dela, mas pode ser que, da parte dela, o resultado seja outro. É duro, eu sei, mas temos de ser realistas, você não pode forçá-la a amá-lo. Tem que respeitar os sentimentos dela. É por isso que não escrevo a ela, pois poderia parecer uma forma de pressão. E de que adiantaria ela voltar sem estar certa de que o ama? Diz um provérbio italiano que "o amor faz passar o tempo e o tempo faz passar o amor". […]


*Penitenciária Regional de Presidente Venceslau, sexta, 7 de julho de 1972*

Meu caro Carlos,

Sua carta do dia 19 me fez um bem enorme. Passei para os companheiros e todos leram. Nessas horas, o apoio dos amigos é o maior estímulo que rece-

---

* Hoje em dia já não penso assim. Conheço casais felizes em que um(a) foi o(a) primeiro(a) namorado(a) do(a) outro(a).

bemos. Se aqueles em quem confiamos entendem o nosso gesto, então é porque tem razão de ser.

Esta greve de fome não é um ato de desespero, e sim de esperança. Mas há dificuldades, há os que não entendem, e agem conosco como os emissários do rei agiram com Eleazar (2 Macabeus 6,18-31). Nós nos esforçamos para tudo suportar na paciência e na caridade. Na oração, sinto que Deus me fala como a Daniel: "Não temas nada, homem de predileção! Que a paz esteja contigo! Coragem, coragem!" (Daniel 10,19).

Agora o juiz acaba de proibir nossas visitas. A única exceção é dom José Gonçalves, verdadeiro pai e amigo. A disposição de trabalho desse homem é algo que poucas vezes vi em nossos bispos.

Se incomodamos tanto na prisão, por que não nos dizem: "Fora daqui!"?

Amanhã será o nosso trigésimo dia de greve. Jesus fez quarenta dias e foi tentado. Temos sido agraciados com orações, manifestações de amizade e apoio. Continuamos na água e no soro. Isso impede a perda de peso e fornece energia necessária para que possamos caminhar um pouco, ler e escrever. É ao levantar da cama que temos a sensação da perda de forças. Era assim quando tive hepatite. O soro nos fornece um mínimo de quinhentas calorias por dia. E, devido à vida sedentária de prisão, nossas reservas orgânicas são grandes.

Hoje lembrei de uma oração encontrada no bolso de um judeu morto num campo de concentração. Inspirada nela, escrevi esta que te envio de presente:

Oração de um preso

*Senhor,*
*Quando olhares para os que nos aprisionaram*
*e para aqueles que à tortura nos entregaram;*
*quando pesares as ações de nossos carcereiros*
*e as pesadas condenações de nossos juízes;*
*quando julgares a vida dos que nos humilharam*
*e a consciência dos que nos rejeitaram*

*Esquece, Senhor, o mal que porventura cometeram.*

*Lembra, antes, que foi por este sacrifício*
*que nos aproximamos de teu Filho crucificado:*

*pelas torturas, adquirimos as suas chagas;*
*pelas grades, a sua liberdade de espírito;*
*pelas penas, a esperança de seu Reino;*
*pelas humilhações, a alegria de seus filhos.*

*Lembra, Senhor, que desse sofrimento*
*brotou em nós, qual semente esmagada que germina,*
*o fruto da justiça e da paz,*
*a flor da luz e do amor.*

*Mas lembra, sobretudo, Senhor,*
*que jamais queremos ser como eles,*
*nem fazer ao próximo o que fizeram a nós.*

*Um imenso abraço do Fernando, Ivo e meu.*

*Penitenciária Regional de Presidente Venceslau, julho de 1972*

Papai,

Leio nos jornais a respeito do cinquentenário dos Dezoito do Forte e me pergunto como o atual Congresso Nacional — e mesmo o país inteiro — pode homenagear um homem como o brigadeiro Eduardo Gomes que, durante anos, portou identidades falsas com os nomes de "Eduardo Machado" e "Stanley de Oliveira Gomes"?

Usar identidade falsa na luta pela liberdade não é crime?... Perderam a memória os atuais juízes e juristas gerados pelas revoluções de 1922 e 1932?

Um abraço amigo.*

---

* A ironia da carta se deve ao fato de eu ter utilizado identidade falsa em minha atuação revolucionária.

*Penitenciária Regional de Presidente Venceslau, quarta, 12 de julho de 1972*

Queridos pais e manos,

Ontem, às dezoito horas, terminamos a greve de fome. Os companheiros em São Paulo haviam cessado na segunda à noite. Falamos com eles duas vezes por telefone. Disseram que "em vista de novas gestões" era "fundamental" também cessarmos. Estávamos dispostos a continuar até maiores esclarecimentos. Todavia, confiamos nos companheiros e atendemos ao apelo deles.

Um imenso abraço!


*Penitenciária Regional de Presidente Venceslau, julho de 1972*

X.,

Meu único talher, durante 33 dias de greve, foi uma caneca de alumínio, graças à qual sobrevivi, ingerindo água e alguns medicamentos.
Esta caneca tem agora o valor de um troféu e, na primeira oportunidade, será enviada a vocês para que guardem como lembrança.

Até!


*Penitenciária Regional de Presidente Venceslau, quarta, 12 de julho de 1972, cela 15 da enfermaria*

Queridos pais e manos,

Ontem, às dezoito horas, terminou a nossa greve de fome, que durou 33 dias nessa segunda fase e seis na primeira, um total de 39 dias — provavelmente a mais longa de que se tem notícia no Brasil. Entre os 36 presos políticos que participaram, não houve nenhuma defecção, todos firmes até o fim.

Desde o início, tínhamos definido que qualquer iniciativa partiria dos companheiros retidos em São Paulo — constituíam a maioria, e lá era o centro das negociações. Portanto, só nos restava suportar estoicamente a fome, aguardando novidades.

Na segunda à noite, o coronel Guedes* telefonou pra cá, pediu para avisar-nos que os companheiros haviam encerrado a greve. O diretor da penitenciária, dr. Zwinglio Ferreira, convocou-nos para uma reunião ontem à tarde; comunicou ter recebido diversos telefonemas confirmando o do coronel. Discutimos entre nós seis, decidimos continuar em jejum até obter confirmação pelo nosso mediador, dom Paulo Evaristo Arns. Nossa decisão foi transmitida imediatamente às autoridades em São Paulo. Por volta das dezessete horas, fui chamado ao telefone. Do outro lado da linha falava Paulo de Tarso Venceslau. Disse que todos haviam de fato cessado, por razões que não eram possíveis de ser explicadas por telefone. Insisti, mas respondeu "é muito longo, não dá pra explicar agora".

Comuniquei isso aos companheiros, discutimos e reafirmamos nossa posição de prosseguir até entendimento com o mediador. Passada meia hora, falei novamente com PT Venceslau. Comuniquei nossa decisão. Respondeu que era "opinião unânime" dos companheiros de São Paulo que também devíamos "cessar imediatamente"; acrescentou ser isso "fundamental em vista de novas gestões". Diante desse argumento, e considerando a confiança e a solidariedade que temos àqueles companheiros, decidimos parar o jejum. Supomos que o mediador não esteja alheio às "novas gestões".

Mais tarde, chegaram os médicos. Graças a eles estamos vivos, e em condições de rápida recuperação. Deram-nos assistência permanente, dedicaram-se com afinco a estudar o caso (nunca tinham tido experiência de greve de fome, aliás bastante rara, e os livros de medicina que tratam a respeito foram baseados em casos de campos de concentração durante a guerra) e mandaram vir de São Paulo os melhores medicamentos, prevendo possíveis consequências.

O enfermeiro, sr. Camolez, foi de um cuidado extremo conosco. Homem de profunda fé, não descansou um dia, trabalhando inclusive aos domingos,

---

* Fernão Guedes, coronel reformado da Polícia Militar, diretor do Carandiru.

das oito às dezoito horas. Seu otimismo foi, sem dúvida, fator de boa influência sobre nós. Fiquei tão agradecido que dei a ele de presente um crucifixo com a imagem de são Francisco, que há dias Valéria me enviou de Assis, na Itália.

O aparelho digestivo não é capaz de suportar alimentos gordurosos ou sólidos após tanto tempo em férias. Comer uma feijoada agora, para a qual não falta apetite, seria morte certa. Assim, iniciamos por pequenas e contínuas doses de leite maternalizado, sendo que o meu não contém nenhuma gordura, enquanto no dos outros a dose é de 12%. Podemos tomar também uma xícara de café. Amanhã, biscoitos de água e sal serão acrescidos à dieta.

Faço votos que até o fim da semana seja possível regalar-me com um bom prato de arroz, feijão, carne e salada, e tomar café com pão lambuzado de manteiga. Entretanto sei que a natureza reagirá, preguiçosa que ficou, e a diarreia é inevitável.

Sob vários aspectos, esta greve de fome foi muito positiva. Do ponto de vista pessoal, um ótimo retiro, espiritual e intelectual; permitiu-me um profundo reencontro comigo mesmo. A leveza que sinto não é só da magreza. Por falar nisso vocês não imaginam o que é tomar um banho depois de tanto tempo, com os cabelos brancos de tanta caspa!

Quanto ao aspecto político, o jejum levantou na opinião pública, e principalmente na Igreja, a preocupação com as condições carcerárias do preso político. Fez essa realidade emergir na consciência nacional e mesmo internacional, pois o jornalista norte-americano Jack Anderson, cuja coluna é reproduzida em setecentos jornais do mundo, publicou uma carta-denúncia. Para complementar, resta agora o nosso regresso a São Paulo que, ao que tudo indica, pode ser decidido a qualquer momento.

Dom José Gonçalves chegou hoje de viagem e veio logo nos visitar. Gostou muito do jantar que vocês lhe ofereceram, elogiou a cozinheira (viva a Alice!) e disse ter achado a Cecília "muito inteligente". Passou pelo Rio e nos trouxe um abraço do cardeal Sales.* Disse que, amanhã, dom Paulo deverá estar aqui, se a Auditoria Militar permitir. Pedi a ele livros de Teologia emprestados, pois os nossos, quase todos, ficaram na capital.

Por falta de deglutição, minha gengivite reapareceu, sem gravidade. Fiz

---

* Eugenio Sales, cardeal arcebispo do Rio de Janeiro. Já falecido.

exame de vista (até que enfim!). A minha miopia dobrou para um e meio. O oculista só não entendeu como consegui enxergar durante cinco anos com as mesmas lentes. Vou mandar trocá-las em Presidente Prudente.

P.S.: Chove torrencialmente e faz muito frio.

*Penitenciária Regional de Presidente Venceslau, quinta, 16 de julho de 1972*

Querida família,

Não sabemos se vamos ficar aqui. Nem o diretor sabe, aguarda instruções da capital. O pior é que, com isso, permanecemos confinados à enfermaria há mais de um mês, sem tomar sol, e as visitas não foram liberadas. Por que será? Nem ao dom Paulo dão permissão para nos visitar. Acho isso muito estranho...
Meu abraço atrasado ao Flávio. Tenho de prisão quase a idade dele...
Estou bem, comendo o que aparece na frente. Fiquem firmes e fortes.

Beijos e abraços.

*Penitenciária Regional de Presidente Venceslau, quinta, 16 de julho de 1972, cela 15 da enfermaria*

Querida irmã Yolanda,

Lemos, gostamos e agradecemos sua cartinha, bem como as orações e a solidariedade de todas as irmãs que tanto admiramos e a quem nos sentimos profundamente unidos pela força da Palavra de Deus.
Terminou o nosso jejum, não as nossas tribulações. Ainda permanecemos aqui, tão distantes de nossos amigos e familiares, em condições que nos fazem invejar os presos comuns, que têm banho de sol, cinema, e passam praticamen-

te o dia todo fora da cela. Permanecemos confinados à enfermaria, sem direito a receber visitas, exceto a do bispo local, dom José Gonçalves.

Sei que a cana só dá caldo depois de esmagada. As últimas gotas do cálice nos parecem as mais amargas. Contudo, temos a fé, a esperança e a força do testemunho de nossos companheiros que ainda não conhecem Aquele que é tão próximo a eles.

Ao meu lado, na cela 13, está um camponês de Goiás, Manoel Porfírio de Souza, 28 anos. Não chegou a tirar diploma de curso primário,* mas é dos amigos mais inteligentes que já tive. Aprende as coisas quase por instinto, tem memória bíblica, não há nada na natureza que lhe seja estranho. Conhece o canto de cada pássaro, a madeira de cada árvore, o brilho de cada pedra. Fala dos rios do sertão como falamos das ruas de nosso bairro. Pele curtida pelo sol, baixo, franzino, tem o espírito resistente como fibra de buriti, e pelas quebradas da vida busca a justiça como um garimpeiro persegue o cobiçado diamante.

Mané tem sofrido tanto quanto casca de seringueira. Seus irmãos perderam-se pela vastidão do mundo, sua mulher ficou no meio do caminho, incapaz de segui-lo no ideal que o anima; seu pai, Zé Porfírio, sessenta anos, líder camponês, ex-deputado federal, homem de dores e lutas, está preso em Brasília.** Ele, condenado a quinze anos, tem conhecido as prisões de Brasília, Rio de Janeiro (Ilha Grande) e São Paulo. É afilhado de dom Alano Du Noday, bispo dominicano de Porto Nacional, com quem se corresponde.

Ao voltar há pouco do banho, vi Mané em sua cela debruçado sobre um possante livro de botânica emprestado da biblioteca da cadeia. Lê com voracidade e está sempre pensando em seu povo, em sua gente, no sertanejo que é seu pai, sua mãe, seu irmão, seu passado, presente e futuro. Não desanima, vive na prisão como quem corta o sertão dentro de um trem vagaroso, puxado por maria-fumaça, que para aqui, para ali, nunca chega, mas um dia há de chegar.

---

* Hoje, ensino fundamental.
** Preso em 1972 no Maranhão, o líder camponês José Porfírio de Souza foi levado para o Doi-Codi de Brasília. A repressão o soltou no dia 7 de julho de 1973. Após almoçar com a sua advogada, Elizabeth Diniz, dirigiu-se à rodoviária para viajar a Goiânia. Nunca mais foi visto. (Cf. *Direito à memória e à verdade*, Comissão Especial sobre Mortos e Desaparecidos Políticos, Secretaria Especial dos Direitos Humanos da Presidência da República, Brasília, 2007, p. 345.)

Donde vem a força interior deste companheiro que não crê em Deus, não recebe visitas e, no entanto, está sempre alegre, firme, indiferente a qualquer ameaça ou sofrimento, como os primeiros cristãos? Basta dizer que durante o jejum ele teve febre alta, inflamação na vesícula e atrofiamento dos nervos; mesmo assim, recusou alimentação e encarava a morte como se, para ele, fosse a invasão de Deus em sua vida.

Entre homens sem fé cristã, tenho encontrado virtudes e atitudes que muitas vezes, pensando em mim e na Igreja, sinto-me envergonhado. Vejo que o Espírito sopra onde quer, como quer, e ninguém sabe de onde ele vem e para onde vai.

Irmã, reze por nós, peça ao Senhor que nos dê o maná, para que possamos prosseguir nessa caminhada pelo deserto com coragem e fidelidade. Não importa que não vejamos a terra prometida. Importa anunciá-la.

Receba, toda a comunidade, abraços do Fernando, do Ivo, do Mané, do Politi, do Caixe e deste amigo e irmão.

*Penitenciária Regional de Presidente Venceslau, quarta, 19 de julho de 1972, cela 15 da enfermaria*

Caríssimos tios e tias,

A presença de vocês confunde-se com os melhores momentos de minha infância. Ir almoçar na casa da vovó era um programa extraordinário. Cada detalhe permanece nítido em mim: o pequeno portão de ferro, o alpendre vermelho reluzente, o capacho em que tia Ninita fazia questão que limpássemos bem os sapatos (se era tempo de chuva e estavam sujos de barro, havia um gradeado onde raspávamos as solas), tia Ritinha sorridente abrindo o vitrô da porta e destrancando-a, a vovó sentada na poltrona confortável, com o terço na mão e o rádio das novelas ao lado. A gente tomava a bênção e ficava ali sentado, naquele silêncio confortador, provocando a vovó para que contasse casos dos tempos de antanho.

Um dia tive vontade de abrir o jogo e dizer: "Olha, vovó, não venho aqui pra fazer visitas, venho ouvir histórias, conhecer a São João del-Rei e a Ouro Preto de sua juventude. De modo que, quando eu entrar, a senhora pode começar a contar as coisas do passado, pois é isso que me interessa e faz bem". Mas não falei, tive vergonha, preferi continuar na minha tática de provocá-la a falar. Tanto era meu interesse que sempre levei meus amigos de fora aí: os noviços; o Luigi Manprin, fotógrafo da Abril; Conrado Detrez, jornalista francês etc. Era tão bom estar com ela que eu não admitia que passassem por Belo Horizonte sem conhecê-la.

Só não me agradavam aqueles prolongados papos políticos do papai com tio Juquinha, tio Paulinho e Tabé. Até que o Tabé nem tanto, porque ele também sabia relembrar velhas coisas de Minas, e cresci com a impressão de que ele era o mais vivido da família, além de possuir uma simplicidade que, para mim, se destacava pelo fato de só raramente usar gravata — que papai não tirava nem para tomar banho...

Eu gostava de ir aí sozinho, comer aquele arroz soltinho, os pastéis, desfrutar da geladeira que me parecia conter todas as guloseimas do mundo: gelatina, guaraná, pudim e o inesquecível e consagrado "missiguinte".* Ah, tia Ninita, nos aniversários eu ficava de olho na hora de vocês abrirem a saleta onde ficavam os doces e salgados, guarnecidos pelo olhar severo do retrato do vovô jovem, de bigode português e espada de prata à cintura.

Em todo esse quadro ficou uma presença marcante e silenciosa: tia Lota. Sentada à mesa da sala, trazia sempre um bordado ou uma costura à mão; falava devagar, com um sotaque que me deixou a impressão de ser ela estrangeira, o que foi reforçado pelo fato de não morar em Belo Horizonte. Achava, na minha geografia imaginária, que tia Lota era turista de profissão, pois vivia viajando de Curitiba para Goiânia. Um dia, em Curitiba, procurei tia Lota na travessa Monteiro Lobato (este endereço nunca me saiu da cabeça) e, como sempre, ela estava viajando. Fiquei frustrado em não poder visitá-la no Paraná.

O cenário da avenida Olegário Maciel não ficaria completo se deixasse de falar em tio Paulinho e tia Maria do Carmo. Gostava de ir à casa deles porque, não tendo filhos, eu sabia que seria tratado como tal — e de fato isso ocorreu nos períodos de férias em que "acampei" por lá. Tio Paulinho me fazia sentir

---

* Do original *Miss Guynt* britânico, bolo de finas camadas entremeadas de geleia de goiaba e embebidas em conhaque.

importante, adulto, mostrava-me seus projetos e maquetes, discutia suas ideias e planos para o trânsito da cidade, a rodoviária, a Feira de Amostras e outros.

Dele sofri a influência na primeira aspiração vocacional — a de ser arquiteto, depois substituída pelo sonho de seguir os passos do tio Juquinha e estudar no Colégio Militar, do qual ele era diretor; finalmente, acabei rendendo-me à influência paterna, de viver entre livros, escrevendo, no silêncio monástico, que nunca deixamos papai ter.

Bons tempos, tudo e todos permanecem bem vivos em mim.

Agradeço o macacão de frio, as meias, os doces e o queijo, as palavras de ânimo e as orações de vocês.

*Penitenciária Regional de Presidente Venceslau, domingo, 23 de julho de 1972*

Queridos pais e manos,

Ontem tivemos dia movimentado. Visita dos pais do Ivo, das irmãs do Fernando, do pai do Politi, da mãe do Caixe, do Simas e da Eny.

Estavam todos apreensivos com a notícia de que vamos passar ao regime de presos comuns. Os advogados conversaram com o diretor e viram o ofício do diretor-geral do Dipe que, em acordo com o juiz militar, determina essa nova medida. Já nesta semana seremos integrados como presos comuns, perdendo os direitos de "prisão especial" que a lei concede ao prisioneiro político. Passaremos a conviver com cerca de quatrocentos homens condenados pelos mais diversos delitos.

De um lado, recebo com profundo espírito de fé essa oportunidade de solidarizar-me na carne aos "condenados da Terra". De outro, sei da responsabilidade histórica que pesa sobre os nossos ombros; a conquista do direito de prisão especial ao preso político é fruto de muita luta e incontáveis sacrifícios. O futuro indagará quem foram os primeiros obrigados, no Brasil, a anular essa conquista consagrada hoje pelo direito internacional. Por isso, não será passivamente que aceitaremos a aplicação da medida. No que estiver ao nosso alcance, tudo faremos para recuperar, de fato, os direitos que a lei e o costume nos garantem.

Papai gosta de fundamentar-se nos fatos da história e este é altamente significativo: a 25 de julho de 1924, o advogado Justo Mendes de Morais impetrou habeas corpus no Supremo Tribunal Federal, pleiteando que fosse assegurada ao cidadão Eduardo Gomes a prisão especial a que tinha direito como militar e acusado de crime político. O ministro Muniz Barreto votou contra, declarou que, a respeito do réu, "não se pode compreender maior temibilidade, maior perversidade, maior atuação criminosa. Este homem não há de ser glorificado". O ministro Pedro Mibielli concedeu o habeas corpus, considerando que, como preso político, Eduardo Gomes não podia estar recolhido à Casa de Correção. Foi aparteado pelo ministro Muniz Barreto, que se dispunha a modificar seu voto, se houvesse prova de que Eduardo Gomes estava em cubículo destinado a réus de crimes comuns. Viveiros de Castro e Godofredo Cunha consideraram insuficientes as provas de que o acusado estava misturado com presos comuns. (Cf. Hélio Silva, 1922: *Sangue na areia de Copacabana*. Rio de Janeiro: Civilização Brasileira, 1971.)

Simas e Eny ficaram de repetir a história, impetrando habeas corpus ou outra medida cabível junto ao stm. Não poderiam eles recorrer diretamente ao stf?

A convivência com presos comuns é um novo capítulo na movimentada história de nossa prisão.

Aproveitando ocasião em que estávamos todos desprevenidos, o stm votou o nosso recurso e confirmou nossas penas. Não tivemos oportunidade de defesa, assim como no julgamento em primeira instância o juiz auditor não permitiu que fossem apresentadas nossas testemunhas de defesa; alegou "escassez de tempo"... Tudo isso reforça minha convicção de que só o julgamento de Deus e da história nos interessa, pois confio que estes nos absolverão.

Sei que no momento de integrar-me ao cárcere comum rasparão os meus cabelos. Jamais, porém, cortarão a minha cabeça.

Foi rápida nossa recuperação da greve de fome. Mané Porfírio ainda apresenta problemas, como inchação nas pernas e dificuldades de absorver certos alimentos. Vamos lutar para que seja concedida a ele dieta especial. Já passei ao "picadão", excessivamente oleoso, como era a nossa comida no Carandiru. Os companheiros têm se ressentido muito do fato de aqui não servirem leite.

Hoje, assisti ao culto batista. Não me apresentei ao pastor, fiquei perdido entre a centena de presos comuns que lá estavam. A orientação pastoral dele não coincide com a minha, embora anunciemos o mesmo Cristo, a mesma fé, o mesmo batismo. A certa altura disse que, presos aqui, podemos estar melhor que aí fora. Jamais eu pediria a alguém para resignar-se com a falta de liberdade. Ela é dom de Deus e a sua privação não pode ser consentida. Deve-se lutar corajosamente contra o sofrimento, fruto do pecado. Assumir o sofrimento para transfigurá-lo, nunca para suportá-lo como um bem em si. Todo sofrimento deve ser redentor, libertador, como o de Cristo. Por isso, jamais eu pediria a um homem para conformar-se com a prisão.

Hoje envio um abraço muito especial a todas as pessoas amigas que têm frequentado a nossa casa, apoiando minha família nesses momentos difíceis. A esses anjos da guarda, meu muito obrigado e a certeza de minhas orações.

*Penitenciária Regional de Presidente Venceslau, quarta, 26 de julho de 1972, cela 42 do primeiro raio*

Christina,

Pois é, agora cassaram meus direitos políticos, inclusive dentro da prisão. Consideram-me um preso comum. Ontem à tarde, fomos transferidos da enfermaria para o primeiro raio (pavilhão). Recebemos até matrícula na população carcerária do Estado: por coincidência, a minha é 25 044, dia e ano em que nasci.

De nós seis, apenas Mané Porfírio permanece na enfermaria; ainda apresenta problemas de saúde.

Aqui há quatro raios, cada um com 99 celas, das quais quatro não têm cama nem luz, para castigo dos presos. As demais são de 3 metros × 2 metros, cama de ferro fixa na parede, duas pedras servindo de banco e mesa, fossa turca com torneira-descarga em cima; lajotas vermelhas no chão e parede amarelo vivo. Como vizinhos, tenho Fernando e Politi. A porta da cela, em madeira, tem um guichê que é aberto ao servirem as refeições. O carrinho com os latões de comida percorre os dois pavimentos do raio, para de porta em porta, enche canecas e pratos expostos nos guichês das celas.

O horário é controlado por apitos e sirenes. Às seis horas, somos acordados; meia hora depois, passa o café com pão; leite jamais é servido. Quando toca o apito, saímos da cela e ficamos em frente à porta. Em seguida, formamos fila no meio do pátio. Dado o sinal pelo guarda, a fila se dispersa, e o preso pode continuar no pátio ou regressar à cela.

Às dez horas é o almoço: arroz, feijão, às vezes salada de verdura, carne com muito óleo. Doce, uma fatia para cada um, três vezes por semana. Hoje recebi uma fatia de goiabada no almoço, comi metade, guardei a outra para o jantar. Quinze minutos antes das onze horas, toca a sirene para o trabalho. Nova forma no pátio. Depois aguardamos a chamada por seção de trabalho. É quando nós seis subimos para a sala que nos foi cedida para estudo.

O café é servido às catorze horas, com pão seco, sem margarina. Às 16h30, jantar, geralmente acrescido de sopa. Nova fila no pátio às 18h30, quando começa o recreio, que vai até 20h30. Uns jogam bolas, a maioria passeia pelo pátio, troca ideias. Há sempre um grupinho jogando xadrez, muito estimulado atualmente pelo torneio Fischer × Spassky. Terminado o recreio, os presos são recolhidos. Às 22 horas, apagam-se as luzes.

O novo sistema faz-me lembrar os tempos do Jardim de Infância Bueno Brandão. Hoje cedo, regressando da enfermaria, sentei-me no pátio para tomar um pouco de sol. O guarda advertiu-me ser proibido tirar ou abrir a camisa, exceto aos sábados, domingos e feriados... Para andar dentro do presídio há, nas extremidades, ao longo dos corredores, faixas pretas, das quais o preso não pode afastar-se. Assim, temos que caminhar sempre em fila indiana, só os não presos podem andar no amplo espaço vermelho dos corredores.

Estou num outro mundo. Vai ser uma experiência rica e inesquecível. Meus companheiros agora são homens condenados a vinte, quarenta ou cem anos de prisão. A cada momento converso com um que está encarcerado há doze anos, outro que já completou dezoito, um terceiro que cumpriu dez, saiu e, pouco depois, voltou para cumprir nova sentença. Receberam-nos extraordinariamente bem. Com muita vontade de conversar e franca admiração pela união que há entre nós, presos políticos. São homens de origem social pobre, marcados pelos mais terríveis sofrimentos, curtidos nas mais duras humilhações, sedentos de luz, paz e liberdade. Homicidas, ladrões, toxicômanos, estelionatários — todos filhos de Deus. Procurarei encorajá-los e servi-los como tal, malgrado o que fizeram ou deixaram de fazer.

O desafio é maior que minhas forças. Mas nada temo e sei que, mais uma vez, encontrarei em mim energias suplementares. Se, de fato, só são convidados para o banquete* aqueles que andam pelos caminhos marginais da história, pelo menos é certo que estive no meio deles.

Mana, um beijo com muita amizade!


*Penitenciária Regional de Presidente Venceslau, sábado, 29 de julho de 1972*

Meu caro amigo Carlos,

São seis horas, ainda é noite, que aguarda o dia que já vem vindo. Daqui a pouco as trevas se dissiparão. Vai tocar o sinal para a primeira forma, mas vou ignorá-lo. Prefiro ficar aqui na cela, batendo papo contigo. Aliás, temos muito a conversar. Vamos ver o que dá para dizer hoje.

Sua carta de 6 de junho fez um bem enorme. Dei para o Mané ler, ele que é povo, camponês goiano, vivido e sofrido nos anos. Mané gostou, acha que você fala a língua do povo e sabe colocar as coisas, como na ficha com as três questões aos vicentinos.

No recreio de ontem à noite, um encontro trouxe-me sua presença. Aproximei-me de um preso, senhor de quase setenta anos, com quem ainda não tinha conversado. Sempre vejo-o no pátio, caminhando de um lado para outro. Logo surgiu uma oportunidade em que falei da parábola do pobre Lázaro e do rico avarento (Lucas 16,19-31). Para mim, o nome do rico era Abraão e descrevi a parábola com minhas palavras. O velho escutou, deixou eu terminar. Então corrigiu-me, dizendo que o rico nem nome tinha e que o pobre "foi levado para o seio de Abraão". Repetiu a parábola quase textualmente. Foi o bastante para que, durante duas horas, a gente dialogasse sobre a vida, a Bíblia,

---

* Cf. Lucas 14,7-14.

o mundo e a fé, para que eu descobrisse naquele velho, que aqui trabalha na cozinha, uma fonte de sabedoria. Dentro da cadeia, encontros como este têm uma dimensão toda especial.

Ele foi condenado a pouco mais de dez anos, por sonegação do fisco, jogatina e assalto. Dentro da prisão, onde vive há cinco anos, passou a se corresponder com pastores evangelistas protestantes. Converteu-se à vida cristã e, por correspondência, já concluiu seus cursos bíblicos. Jamais viu seus mestres, mas estes conseguiram fazer deste homem um apóstolo e, ao deixar a prisão, pretende dedicar-se à pregação evangélica, em condições que já lhe estão asseguradas pelos pastores. Aqui ele tem pregado para os companheiros presos no culto que todos os sábados é promovido pelos Adventistas do Sétimo Dia.

Diante deste homem, uma indagação perturba-me: e a Igreja Católica? Quando vamos deixar de fazer da Bíblia um segredo de eruditos para entregá-la nas mãos do povo? Quando formaremos apóstolos nessa maneira simples como Jesus chamou os doze, sem normas canônicas, confiando no Espírito?

Enquanto perdemos tempo com discussões e estudos sobre vocações sacerdotais, critérios para a formação de diáconos e renovação nos seminários, nossos irmãos separados nos dão uma grande lição, formando apóstolos do povo para o povo, confiando a Palavra a um homem tido como criminoso.

Perdemos tempo com questões burocráticas para nomeação de capelães para as penitenciárias — que aqui entram pelas mãos das autoridades, enquanto eles fazem do próprio preso o apóstolo do preso. Parece-me que nem a experiência da Ação Católica convenceu-nos disso.

Domingo passado assisti ao culto promovido pelos batistas. Embora eu tenha reservas ao conteúdo da pregação deles, não deixei de apreciar a variedade de recursos que utilizam. Fazem orações espontâneas, cantam salmos e hinos acompanhados pelo conjunto musical, apresentam moços que declamam, exibem filmes, pregam em linguagem popular e distribuem exemplares do Novo Testamento. O pessoal ficou no salão sem se cansar durante umas três horas. Via-se que o pastor e os evangelistas eram homens oriundos de meio social pobre, como os presos.

Quinta-feira foi o dia da missa. Que diferença! O padre, muito bom sujeito, mas espanhol de sotaque carregado. Como na cidade só há dois padres, eles estão sempre ocupados, correndo de um lado a outro. Chegou aqui, encontrou o pessoal na capela (o nosso culto é o de menor frequência), ensaiou dois ou três cantos "batidos" (opinião dos presos), celebrou sem participação dos fiéis, pregou o que ninguém entendeu e, no fim, consultou o relógio e disse que precisava sair logo porque tinha um compromisso a 35 quilômetros...

Não dá, mano, assim não dá. Passei pelas principais penitenciárias de São Paulo e posso dizer que o problema religioso, no que toca à responsabilidade católica, é uma lástima! De um lado, os padres ficam aguardando nomeação oficial como capelães — só assim terão direito à propina do Estado. De outro, as autoridades não querem nomear capelães, por medida econômica e de segurança, pois isso permitiria uma liberdade de trânsito dentro das penitenciárias que nem sempre é possível controlar...

Veja a situação: a Penitenciária do Estado, com mil detentos, está há meses sem capelão, pois puseram para fora o que havia e o arcebispo se recusa a nomear outro. Nesse caso específico, dou razão ao arcebispo. Mas há outros meios de pregação da Palavra lá dentro que não são utilizados, como se dependesse apenas do capelão oficial. A Casa de Detenção tem 5 mil presos e nenhum capelão. Alguns padres, acompanhados por cursilhistas,* vão lá aos domingos celebrar uma missa rápida. E só. Fiquei admirado com o capelão protestante, o reverendo Alcântara, que não dorme lá dentro, mas passa o dia todo em contato com os detentos e todas as tardes faz uma pregação de cinco minutos transmitida pelos alto-falantes.

O ideal mesmo é que a pregação seja feita por uma pessoa *de dentro*, como nós três, diante da qual o preso não tem prevenção. Em geral, o preso desconfia de qualquer pessoa de fora. Então a solução é os padres provocarem a polícia para serem presos? Não, é a Igreja formar, nem que seja por correspondência, detentos apóstolos. E confiar mais no Espírito Santo.

Teríamos que falar ainda sobre o conteúdo da pastoral carcerária, mas isso fica para outra oportunidade. Não deixe de me enviar as publicações do Círculo Bíblico e toda espécie de apostilas, pois aproveitarei esse material com o pessoal aqui.

---

* Adeptos do movimento Cursilho de Cristandade.

*Penitenciária Regional de Presidente Venceslau, domingo, 30 de julho de 1972, cela 42 do primeiro raio*

Queridos pais e manos,

Hoje, dom José veio celebrar para todos os companheiros presos. Antes, passou diapositivos holandeses sobre a parábola do filho pródigo.* A missa foi concelebrada pelo 25 045, os cânticos dirigidos pelo 25 046 e os comentários ficaram a cargo do 25 044 — ou seja, Fernando, Ivo e eu. Curioso que outras instituições que reúnem grande número de pessoas, como Forças Armadas, indústrias e escolas, não necessitam dar número aos seus membros sem que isso crie dificuldades de organização e burocracia... A participação do pessoal foi boa; muitos comungaram.

É a primeira vez que o bispo celebra aqui. Entretanto, fica sem resposta positiva a questão fundamental: o regime penitenciário recupera o preso comum? De modo geral não, apenas concede-lhe um longo período de férias de suas atividades delituosas. Quando não funciona como curso de pós-graduação. A única eficácia desse regime é afastar determinado criminoso do contato com a sociedade e da oportunidade de reincidência — por algum tempo. Nem recupera o homem, nem reduz o índice de criminalidade. Por culpa de quem? Da ordem social da qual o sistema penitenciário é reflexo.

Infelizmente os projetos educacionais do Estado esqueceram as penitenciárias, e um homem que está aqui há oito anos não terá passado do terceiro ano primário. Nem ao menos o diploma do primário é possível obter aqui, quando o mínimo desejável seria que esses presos, muitos condenados a mais de vinte anos, cursassem até o terceiro colegial ou algo correspondente, em nível profissionalizante.**

O mesmo ocorre em relação à qualificação profissional — impossível sair daqui com um certificado de tempo de serviço ou especialização. Em outras palavras, todos saem como entraram — sem nenhum título, embora dispondo de tempo e condições pessoais para adquirir as mais diversas habilitações.

Mesmo que o detento saia disposto a trabalhar e jamais retornar ao crime,

---

* Lucas 15,11-32.
** Atualmente, o primário corresponde ao ensino fundamental; o colegial, ao ensino médio.

enfrentará fora, por causa de seu passado, toda sorte de dificuldades. Por incrível que pareça, nem todas as penitenciárias permitem ao preso voltar à liberdade de posse de seus documentos de identidade. Neste ponto, aqui é exceção. O sujeito sai e, dias depois, é preso por vadiagem pela ronda policial, pois ninguém ignora como é demorado obter qualquer papel no Brasil.

A coisa chega a tal ponto que conheci vários presos correcionais *condenados ao crime*: não conseguiram emprego por falta de documentos e a polícia não lhes fornecia documentos enquanto não provassem estar trabalhando... É muito difícil, com a excessiva oferta e o reduzido valor da mão de obra no Brasil, um empregador contratar um ex-presidiário. Quando o faz é porque este possui "pistolão", alguém conhecido que se responsabiliza por ele.

Na Penitenciária do Estado, o Senai fornece diploma sem constar onde se fez o curso, tantas as prevenções contra o ex-presidiário. Muitos patrões, ao descobrir que o empregado passou por uma cadeia, tratam de despedi-lo. Foi o caso de José Gilberto. Estava muito bem como funcionário de um famoso clube paulista, até que houve um roubo lá dentro. Incluído na primeira relação de suspeitos, nada foi provado contra ele; mesmo assim, foi despedido com a clássica frase: "Vá brigar pelos seus direitos na Justiça do Trabalho". Como evitar a revolta e o retorno ao crime de uma pessoa que viveu essa experiência, sobretudo quando não lhe resta outro meio de sobrevivência?

Um preso pode se recuperar na prisão, mas é muito difícil ser reassumido pela sociedade. A começar pela própria família. Quantos não são abandonados pela mulher, incapaz de suportar a castidade involuntária? Dentro do sistema penitenciário, os critérios de recuperação podem ser facilmente burlados. Trabalhar, ter bom comportamento, demonstrar arrependimento são atitudes que o preso pode assumir com o objetivo de encurtar a pena e regressar à rua para cometer novos crimes.

Por outro lado, pode estar realmente recuperado, envergonhado de seu passado, disposto a adaptar-se à engrenagem social, mas ser tido dentro da penitenciária como elemento perigoso e indisciplinado pelo simples fato de evitar conversas com os guardas ou reclamar das condições carcerárias.

Não são muitas as pessoas, entre juristas, juízes e advogados, que consideram aceitáveis para os nossos tempos os sistemas processual, penal e penitenciário brasileiros. Um homem condenado a vinte anos pode estar recuperado na metade da pena e regenerado no momento em que a lei determina sua volta à liberdade. A falta de verbas obriga toda sorte de improvisações no cárcere e impede que sejam criadas condições mínimas de reeducação dos presos. Os regulamentos são arcaicos, servem apenas para alimentar ressentimentos e ódios. Não há uma pedagogia carcerária definida em diretrizes básicas. O emperramento burocrático é tal que a filosofia predominante é a do "deixa como está pra ver como é que fica".

Qual seria, em minha opinião de presidiário, a solução? Inútil pôr remendo novo em pano velho. As causas sociais do crime precisam ser atacadas. De nada adianta construir cadeias. Deve-se edificar uma sociedade capaz de erradicar os focos geradores de criminalidade, como a miséria, o analfabetismo, o trabalho mal remunerado, o desnível entre oferta e procura de mão de obra etc.

Entretanto, enquanto perdura a longa agonia de nossa decadente sociedade, uma solução mínima para o regime penitenciário exigiria verbas vultosas e pessoal altamente especializado, se o objetivo for realmente ajudar esses homens a se reeducarem, segundo o padrão social vigente. Isso significa possibilidade de o detento reeducar-se *na liberdade,* pela eliminação de todos os fatores coibitivos (rompimento de seus bloqueios afetivos, psíquicos, intelectuais e espirituais) e oferecimento de condições para cultivo e expansão de suas potencialidades.

Prefiro não avançar mais por enquanto, para não sair do terreno das probabilidades dentro do atual sistema, meramente paliativo. Como estamos longe desse mínimo, o jeito é suportar esses "sepulcros caiados" — expressão de Jesus que se aplica perfeitamente às penitenciárias. Enterrados aqui, esses presidiários aguardam um milagre que possa devolver-lhes a vida. Muitos pensam que somos o Messias e se agarram a nós na esperança de algo novo, que ninguém sabe bem o que pode ser. Na amizade que se estabelece entre nós, procuro desfazer ilusões e contribuir para que recuperem a autoconfiança, o respeito, a admiração por si mesmos.

Um grande abraço!

*Penitenciária Regional de Presidente Venceslau, domingo, 6 de agosto de 1972*

Querido pai,

Nosso entrosamento com os presos comuns não tem sido tão fácil como imaginávamos. É, de fato, um outro mundo, encoberto por uma linha invisível, imperceptível a quem está de fora. Acredito que mesmo o mais dedicado carcereiro jamais penetrou neste universo, embora todos eles julguem conhecê-lo melhor que os próprios presos. É ilusão. Só quem mergulha na água sabe o que é se molhar. Começo a romper essa linha invisível, e o horizonte que se abre à minha frente é surpreendente.

Encontro homens conscientes de que são reificados. Sabem-se vistos, pelos que estão do outro lado da linha, com desconfiança ou pena. Desconfiar é a atitude própria da administração; ter pena, das visitas. Ser revistado, vigiado duas ou três vezes durante a noite, observado em qualquer atitude inabitual, acompanhado em todos os seus passos, não permite ao preso alimentar a esperança de que, um dia, a sociedade haverá de confiar nele. Se vai à capela, pensam que procura ser visto, dificilmente acreditam que possa ter motivação sincera. Se erra, é advertido ou punido; se acerta demais, é porque deve estar com segundas intenções…

Frequentemente visitas percorrem a penitenciária. É proibido ao detento dirigir-se a elas. Algumas nos olham com raio X, querem captar, por trás da nossa simples aparência, todo o passado de crimes que certamente carregamos. Outro dia eu estava na sala de estudos, e alguns senhores passaram em direção ao salão. Olharam-me de relance. Na volta, pararam a observar-me; tive a impressão de ser dissecado. O guarda que os acompanhava deve ter me apontado como um dos "terroristas".

Os comuns queixam-se de que, ao vê-los trabalhar, as visitas forjam um elogio qualquer. Para eles é sinal de pena, o que repudiam. Como também não gostam de quem deles se aproxima com muitos agrados, como pacificador de índio.

Para nós seis, há dificuldades na aproximação com eles. A maior delas é provocada pela imagem que a repressão e a imprensa procuram criar: a de que somos perigosos terroristas, assaltantes de bancos, assassinos de pais de família. Aqui, a maioria ficou surpresa ao ver os "terroristas": não têm queixo quadrado e cicatriz no rosto, nem cara fechada e ódio cravejado nos olhos. Uma decepção! Mesmo assim, homens que na rua foram os mais terríveis bandidos sentem-se pequenos diante de nós. Alguns se aproximam à espera de contarmos como matamos os Kennedy ou deflagramos a guerra do Vietnã... Assustam-se quando falo que jamais peguei numa arma, mesmo descarregada.

Outros, ao contrário, temem tomar a iniciativa do diálogo, com medo de que seja informado ao diretor quem são os presos em contato conosco. Receiam sujar seus prontuários, pois, dizem alguns carcereiros, "quem com terrorista anda, terrorista é". Chegam a ter medo físico de nós.

Logo nos primeiros dias de convivência, um sentenciado passou e brincou comigo. Levantei-me e fui em sua direção. Durante a conversa, disse que, ao levantar-me, pensou que eu não tinha gostado da brincadeira e daria um soco nele...

Decidimos ter contato com todos os presidiários, indiscriminadamente. Não nos interessa saber se fulano é perigoso, mau elemento, dedo-duro ou homossexual. Importa é ser preso igual a nós. Isso tem dado bom resultado, exceto com uns poucos que são mesmo difíceis de serem abordados.

Aos poucos, pegamos os macetes:

a) Evitar a *bagageração* — não dar nada de presente a ninguém, mesmo o que eu tenha sobrando e o companheiro necessite. Pode-se vender por cigarro, emprestar ou trocar, mas jamais dar presentes. Só homossexuais agem assim com seus respectivos namorados ou com quem procuram conquistar. Portanto, não há lugar para filantropismo entre detentos.

b) Não querer igualar-se a eles, principalmente na maneira de ser. Sabem que temos mais cultura,* modos mais refinados, linguajar mais apurado. Facilmente percebem quando traímos nossa naturalidade na ilusão de que, assim, nos tornaremos mais simpáticos. Têm horror à demagogia. Mas admiram quando percebem que não nos deixamos ridicularizar, alegram-se ao constatarem nossa simplicidade e facilidade de relacionamento, respeitam ao não darmos corda para as gracinhas de um deles.

c) É bom não perguntar o que fizeram ou deixaram de fazer. Muita curio-

---

* Atualmente, eu escreveria: "mais escolaridade". Ninguém é mais culto que o outro. Há culturas distintas e socialmente complementares.

sidade traz desconfiança. Quem confia é bem possível que, no primeiro papo, nos descreva, em detalhes, o crime que cometeu.

A imprensa noticiou que havíamos montado um "aparelho" no Presídio Tiradentes, o que não deixa de ser uma desmoralização para a administração. Todas as vezes que falam nisso, os presos riem; entenderam "aparelho" como sinônimo de aparelho transmissor, principalmente porque, ao apresentar-se na tv, o promotor declarou que servia para mandar notícias para o exterior. E qualquer um sabe que montar um transmissor na cela é pôr um elefante numa caixa de fósforos. Essa notícia deixou os guardas também muito impressionados.

Como vê, pai, tateamos nesse mundo novo que se abriu a nós.

A todos em casa, aos parentes e amigos, e a você, um grande abraço do filho e companheiro.

*Penitenciária Regional de Presidente Venceslau, domingo, 13 de agosto de 1972*

Meu caro Mesters,

Não deixe de nos enviar as publicações do Círculo Bíblico. Apesar de ainda não nos facilitarem o trabalho de catequese junto aos nossos irmãos presos, fazemos o possível, principalmente através do papo pessoal e do testemunho que procuramos dar. O Fernando ficou de te escrever sobre a pastoral carcerária.

A cada dia caminho um pouco mais dentro do universo do preso comum, que me era inteiramente desconhecido. Esta subclasse de tal modo é marginalizada da sociedade que lhe faltam até mesmo os critérios mínimos de avaliação moral padronizados pela ideologia dominante. Jamais teve a consciência impregnada de valores éticos habituais. Desconhece por completo a linha divisória entre o real e o fantástico.

A maioria desses companheiros de infortúnio é acusada de homicídio e roubo. No diálogo, há um momento em que o interlocutor decide contar o seu crime: é sinal de confiança. Confesso ouvir coisas que ainda ferem minha sensibilidade, que eu julgava curtida pelos anos de prisão.

Ontem, um me contou que, ao assaltar um casal de velhos e nada encontrar de valor, ficou de tal modo revoltado que obrigou o casal a se despir e violentou tanto a mulher como o homem. Descritos em detalhes e com realismo, fatos como esse impressionam e sobretudo nos questionam: os homens chegaram a tal nível de alienação que não apenas confundem o real com o fantástico, como também transformam o fantástico em realidade. Isso melhor se configura na espiral de violência que assola o nosso século.

Nesses presos se refletem, de forma aguda, as contradições sociais. São rebotalhos de nossa sociedade, o que de pior ela soube produzir, e a camada a que pertencem só encontra similar no extremo oposto da estrutura social: a elite.

A elite e o subproletariado se caracterizam pela ociosidade e marginalidade de seus membros, violência de seus métodos de sobrevivência, esterilidade intelectual, carência de padrões, de consciência crítica e de perspectiva histórica. Na expressão de Ortega y Gasset, têm vida apenas como processo biológico, não como processo biográfico. O que diferencia a elite é o fato de situar-se no cume da pirâmide social, como detentora do poder; o subproletariado, na base, abaixo da superfície, como a camada mais oprimida, desprovida inclusive de qualquer resquício de consciência de classe. Entre seus membros predomina o mais exacerbado individualismo, incapazes de se unir, mesmo em função de seus interesses fundamentais, e nada mais têm a perder.

Nenhum desses marginais detém qualquer atributo que caracteriza as pessoas socialmente integradas: posses, títulos, formação intelectual ou profissional. Nem o sistema penitenciário lhes concede isso, mesmo que passem aqui vinte anos. São quase todos semianalfabetos, oriundos de meio social pobre e, em geral, ingressaram no crime quando menores. Dizem que para se diplomar no crime o malandro tem que fazer o primário no reformatório, o ginasial na cadeia pública e o nível superior na penitenciária... Não possuem maldade inata, embora a pedagogia penal não se tenha libertado totalmente da influência lombrosiana. O que houve foi falta de oportunidade de integração no sistema, restando-lhes a via ilusória e arriscada do crime.

As contradições sociais atingem o paroxismo nesses homens porque, se de um lado o sistema quer fazer crer que todos nascem com iguais direitos, por outro eles sabem que, de fato, suas oportunidades foram mínimas, para não dizer nulas. A possibilidade de uma vida honesta, dentro dos padrões atuais, reduzida. O mercado de trabalho está inflacionado e à mão de obra não especializada não resta alternativa senão o salário de fome, o rosário de dívidas, a instabilidade profissional.

Seja qual for a razão que um pivete atribui ao fato de portar uma arma e assaltar, é certo que ele não está matriculado numa escola ou empregado numa firma. À sua miséria e desamparo acresce-se a ociosidade, que lhe permite absorver a fantasia, extrato da cultura de massa, em condições de torná-la realidade. A moral social não permite que um homem tire a vida do outro, uma mulher fique nua em público, a juventude se refugie nas drogas. Contudo, defensores dessa mesma moral permitem e subvencionam a fantasia social divulgada por filmes, programas de TV, fotos e publicações, onde o ser humano é apresentado como agressor e agredido, despido e ridicularizado, erotizado e drogado.

Tais estímulos penetram tão profundamente no inconsciente coletivo que o homem passa a não poder viver sem uma maneira de satisfazê-los. A elite tem suas orgias e aventuras, seus crimes camuflados pela própria ideologia que impõe. O subproletário age com menos requinte e inteligência, e por necessidade de sobrevivência física. De um modo ou de outro, somos todos responsáveis, cúmplices por coexistir numa sociedade que produz tais homens.

Ivo, Fernando e eu abraçamos, com gratidão e amizade, você e cada um dos irmãos carmelitas.

*Penitenciária Regional de Presidente Venceslau, quinta, 24 de agosto de 1972*

Caríssimos amigos Cláudia e Cipriano,[*]

Não vai dar para ir ao casamento de vocês. Bem que eu gostaria, mas aqui a chave da porta fica do lado de fora. Dizem que a liberdade também, mas não acredito. Pelo menos isso não conseguem destruir dentro de mim.

Pois é, Cipriano, a vida dá suas voltas e a gente acaba se encontrando. Mas quem diria que dessa maneira? Você, consagrando seu amor a Cláudia (que imagino linda), e eu aqui, num cubículo amarelo desta penitenciária encrava-

---

[*] Amigos de Belo Horizonte.

da na esquina do mundo, com o número 25 044 carimbado nas roupas de algodão que o Estado me fornece. Aqui, meu mesmo, só o pensamento, cuja raiz machado nenhum corta.

Se fosse contar o que tenho vivido, certamente estragaria a lua de mel de vocês. Passei por oito presídios e mais de uma dezena de celas diferentes. Agora o governo militar decidiu cassar também meus direitos de prisioneiro político. Sou "contado entre os criminosos" e convivo num pavilhão que tem de tudo: homens condenados por homicídio, estupro, latrocínio, assalto, tráfico de drogas etc. São meus companheiros de viagem a bordo desse paradoxo. A experiência que tenho só poderia ser descrita por um Dostoiévski ou filmada por um Buñuel. Mas não quero estragar a festa descrevendo essa realidade, sórdida demais.

Dizem que as pedras purificam a água que corre entre elas. É verdade. Conhecer tão de perto o ódio, a tristeza e o medo me faz mais humano, alegre e corajoso. Crio resistências que até então julgava inexistentes. E descubro que viver é arriscar-se, mas isso só vale a pena por uma única razão — se somos capazes de amar a ponto de abrir mão da própria liberdade para libertar os outros.

Por ora, quero apenas cumprimentá-los, agradecer o convite que me enviaram, com as carinhosas palavras de sua mãe, e desejar que o amor de vocês seja simples e forte como a fé do nosso sertanejo. Pedirei ao Velho para abrigá-los na felicidade. Lembranças a seus pais e irmãos.


*Penitenciária Regional de Presidente Venceslau, segunda, 28 de agosto de 1972*

Caríssimos frei José Renato* e confrades,

Chego a ficar constrangido com a amizade de vocês. Fiquei muito feliz com o presente que mandaram. Foi uma ótima surpresa para quem está tão longe. Mas parece que vocês não fazem serviço pela metade e ocuparam-se, também, do papai no dia 25. Isso já é bondade demais. Também nunca vi nin-

---

* Frade dominicano de Belo Horizonte já falecido.

guém gostar tanto de vocês como meus pais. O bem que a presença de vocês faz a eles é incalculável. Pena que nem todas as famílias de presos possam ter igual assistência.

Se a estrutura paroquial funcionasse, penso que o pároco jamais deveria esquecer de uma certa categoria de pessoas, como os prisioneiros e os enfermos. Pelo menos uma vez durante a semana ou quinzena deveria visitar a delegacia ou a cadeia que fica na paróquia, como fazia o irmão Marcolino,* no tempo em que a saúde permitia. Aquele abraço cheio de saudade, Marcolino!

Infelizmente, a Igreja Católica não tem esse hábito evangélico. Os presos permanecem esquecidos pelos católicos, enquanto os protestantes prestam um serviço admirável a eles. Em matéria de pastoral carcerária, somos uma lástima. Só sei de um padre que se dedica de corpo e alma aos prisioneiros, o padre Ismael, capelão da Penitenciária do Estado, em São Paulo. Jamais o vi, mas o bom pastor se conhece pelas suas ovelhas.

Durante o noviciado, conheci aí um irmãozinho de Foucauld, Henry, cujo testemunho ainda hoje me perturba. Sua missão é entre os sem eira nem beira entregues à Providência. Pois bem, naquela ocasião, Henry foi a uma pequena cidade do litoral paulista. Um casal preparou-se para recebê-lo, mas ele preferiu estender uma rede fora da casa e dormir ao relento. Um dia, Henry desapareceu. O casal procurou-o em todos os lugares possíveis. Foi encontrá-lo na cadeia pública, comendo e dormindo entre os presos, aos quais anunciava a Palavra.

É pena que, hoje, seja tão fácil encontrar padres comendo e dormindo entre os ricos, mas difícil encontrá-los entre os pobres, embora não deixem de visitá-los... A vida de cadeia tem nos levado a pensar muito nisso. A questão da pobreza não deveria mais ser colocada entre nós como uma categoria metafísica. Porém, ela só é real na medida em que transparece em nosso testemunho. Pobre é aquele que aparece como tal. Pelo menos nos países subdesenvolvidos, como o Brasil, a pobreza evangélica deveria necessariamente ter seu aspecto material.

Em certos países da Europa, talvez seja possível falar numa pobreza apenas espiritual, pelo fato de não existir como fenômeno social. Aqui é diferente, pois quando falamos de pobre temos diante dos olhos uma imensa massa humana

---

* Frade dominicano já falecido.

desprovida do mínimo necessário à sobrevivência. Pobreza apenas espiritual no Brasil é luxo.

É claro que falo disso estando numa situação privilegiada, pois aí fora muito provavelmente eu não seria capaz de optar pelas privações que agora sou obrigado a suportar. Mas não posso negar que estou surpreendido por ver como a pobreza nos torna livres. Parece que tiramos um peso dos ombros. O único receio é, ao sair, não conseguirmos manter todas essas conquistas que a prisão nos tem propiciado. Pensando nos problemas da Província,* às vezes a gente se pergunta se a introspecção que ainda existe entre nós não seria fruto de nossa falta de inserção no meio do povo. Estamos ainda como o trigo amontoado, que cria bolor. Não chegamos a ser fermento no meio da massa.

Acho, Z., que um dia a gente chega lá. Por enquanto tornamos a bagagem menos pesada, livrando-nos dos casarões conventuais. Rezo para que o próximo passo seja atravessarmos essa linha imaginária que ainda nos separa do povo simples. Sei que você não é muito de escrever, por isso não vou insistir. Mas agradeço o modo tão fraterno como você se faz presente.

*Penitenciária Regional de Presidente Venceslau, domingo, 3 de setembro de 1972*

Christina,

Pois é, a longa caminhada pelo pátio de manhã, a visita fraterna e animadora do frei Domingos à tarde, o recreio de duas horas à noite me haviam deixado cansado. Achei que merecia o sono dos justos, embora vivendo como condenado. Deitei de roupa e tudo, mesmo porque pijama não há, e aguardei o sono percorrendo mais alguns capítulos do *Incidente em Antares*, de Erico Verissimo, que é leitura obrigatória, menina, obrigatória.

Como aqui levantamos antes do sol, fiquei à espera dele no pátio, para não perder o espetáculo de ver a noite toda ruborizada ao ser surpreendida por ele.

---

* Termo que designa toda a comunidade dominicana no Brasil.

Quando esta manhã de domingo ardia de luz, me recolhi à cela e reli sua carta cheia de flores.

Foi, então, que ouvi vozes desafinadas cantando "ou ficar a pátria livre ou morrer pelo Brasil". Era um grupo de prisioneiros ensaiando para a festa do Sesquicentenário da Independência, sobre a qual não posso falar com independência, porque esta de fato ainda não chegou.

E me veio à cabeça a história do rato que se julgava livre vivendo no porão da casa até que, um dia, por uma fresta, viu a sala e o corredor que conduziam aos quartos da casa. Percebeu como seu mundo sob o assoalho era limitado, e que podia libertar-se daquele porão. Então, convenceu-se de que conquistara a verdadeira liberdade a partir do dia em que passou a morar na sala e nos quartos, abrigando-se ora aqui, ora ali, dispondo de conforto e alimentação farta. Assim viveu durante anos, prisioneiro da própria ignorância, até o dia em que criou coragem e atravessou a porta que dava no quintal da casa. Ficou boquiaberto diante de tanto espaço, onde se movia da pequena horta ao pneu velho encostado ao muro, da lata de lixo ao carrinho de bebê carcomido pelo tempo, com uma ansiedade de quem julga a liberdade grande demais para o seu pequeno corpo. Foi longo o tempo em que o rato usufruiu de liberdade dentro daquele quintal que lhe parecia conter todo o mundo. Até que um dia enveredou por um buraco aberto no muro e sentiu fortes tonteiras ao chegar do outro lado; viu que a liberdade era infinitamente maior do que até então pudera imaginar. Não havia muros, nem cercas, nem portas, só um campo vasto, vasto, que se perdia no horizonte ilimitado. "Agora sim", pensou o rato, "sou livre, inteiramente livre", e começou a caminhar convencido de que já não haveria barreiras a detê-lo. Logo veio um gato e o comeu.

E então, mana, onde está a liberdade enquanto o rato pode ser devorado pelo gato que pode ser derrotado pelo cachorro que pode ser dominado pelo homem que pode morrer de medo do rato? Ou será que estou ficando louco por pensar nessas coisas?

Ah, mana, deixa pra lá, o melhor é não pensar, porque daqui a pouco vai dar o sinal para o almoço, e o que importa é ter a barriga cheia, pois ninguém morre por ter a cabeça vazia. E em meio a tudo isso desfruto (sarcasticamente?) de uma alegria cuja fonte é indevassável.

Volto ao Verissimo, peço desculpa pela letra e te deixo um beijo.

*Penitenciária Regional de Presidente Venceslau, domingo, 10 de setembro de 1972*

Meu caro Léo,

Mamãe disse que, provavelmente, você irá aos Estados Unidos no fim do ano. Evite viagem de turismo. Nós, brasileiros, somos como os japoneses, não sabemos viajar. Viajamos, não para conhecer, mas para nos tornar conhecidos. Se a alegria do turista japonês é fotografar tudo que vê e levar para casa o mundo em diapositivos, para mostrar a amigos e parentes que viu aquilo a olho nu ou perpetuar a viagem dentro de um álbum de fotos, a alegria do brasileiro é encontrar outros brasileiros em Paris, Roma ou Nova York, para que vejam que ele também viaja. O momento supremo da viagem é quando o brasileiro regressa e a família, com indisfarçável inveja, vai recebê-lo no aeroporto. Chega distribuindo a Europa em presentes (roupas e perfumes, cigarros, discos) e a família o abraça como se abraçasse o Velho Mundo. E, então, durante anos o fulano contará sua viagem como se ela tivesse ocorrido na semana passada, e será tido por todos como mais um membro daquela respeitável classe de brasileiros que "conhecem o exterior".

O brasileiro, se por acaso vai a Paris, quando muito sua preparação para a viagem, além das formalidades burocráticas, é aprender meia dúzia de palavras em francês. Desembarca em Orly, hospeda-se num hotel do Quartier Latin, visita a Torre Eiffel, o Arco do Triunfo, a Basílica do Sacré-Coeur, os Jardins de Luxemburgo, a Sorbonne e o Museu do Louvre. Deixa-se fotografar nesses monumentos, compra postais e prospectos explicativos. Em todos esses lugares encontra batalhões de turistas japoneses e estadunidenses, festivos e ruidosos, sob a direção de um guia, como escolares em férias. À noite, vai ao Folies-Bergère ou assiste ao *French Cancan* no Moulin Rouge, janta no La Tour d'Argent um pato selvagem regado por uma garrafa de Beaujolais e, à beira do Sena, cerca uma prostituta qualquer para dizer que "conheceu as francesas" e poder elogiá-las o resto da vida, mesmo que tenha caído no conto do suadouro, o que jamais revelará. Acabadas as férias, regressa ao Brasil absolutamente convencido de que conheceu Paris.

Este é o roteiro turístico de um brasileiro que pretende se gabar perante os amigos. Aplica-se a Paris, Roma, Londres ou Chicago. É a melhor maneira de ir a um lugar e voltar sem conhecê-lo, pura perda de tempo e dinheiro.

Há, por outro lado, como conhecer um país ou um povo sem jamais entrar em contato físico com ele. É através do estudo da história e da cultura desse povo. Os egiptólogos ingleses de hoje conhecem muito melhor o Egito de Ramsés II do que qualquer um daqueles escravos que construíram as pirâmides. Kant, sem jamais ter saído de Konisberg, conhecia Londres muito melhor que muitos ingleses que ali habitavam. Isso nos leva à certeza de que os livros nos fazem conhecer melhor um país ou um povo do que qualquer viagem. É claro que o ideal é unir uma coisa à outra.

Procure preparar-se bem para tirar o máximo de proveito da viagem. *Vá por dentro do assunto.* Não se limite a aprender um pouco de inglês. Leia o mais que puder sobre a história dos Estados Unidos, para ter uma ideia das origens e da evolução do povo estadunidense. Procure inteirar-se dos problemas que afetam atualmente aquele país: a desvalorização do dólar, o desemprego, o racismo, as eleições presidenciais, a guerra do Vietnã, a toxicomania da juventude, a poluição. Ao estudar inglês, aprenda de preferência o vocabulário relacionado com esses temas, pois lá você vai ouvir falar deles em todo lugar. E aja com os americanos como eles agirão com você — com o máximo de curiosidade. Pergunte tudo, sem receio, e vá bem-informado sobre o Brasil. Lá a nossa terra é tão conhecida pelo povo quanto aqui conhecemos o Iêmen do Sul. Eles farão mil perguntas, principalmente sobre o nosso povo e a nossa política.

Se quiser uma boa bibliografia sobre os Estados Unidos, veja aí em Belo Horizonte com algum estudante ou professor de história ou ciências sociais. Consulte também as pessoas que estiveram lá fazendo algo de útil, o que não é o caso dos turistas. E prepare-se para encontrar um povo orgulhoso e ingênuo, que se crê guardião da "civilização cristã ocidental", considera-se dono da luz (o que não deixa de ser verdade), e acredita em programas de TV. Até hoje, os estadunidenses estão convencidos de que John Kennedy foi assassinado pela loucura de Lee Oswald, que agiu por conta própria e, por sua vez, foi morto por Jack Ruby, que também agiu por conta própria; e que, pouco depois, o acaso levou Bob Kennedy a ser assassinado pelo jovem S. Sirhan, que era também outro demente agindo por conta própria!

De fato, se há um progresso que ninguém pode negar aos estadunidenses é o de terem superado qualquer sentimento de culpa. Eles semeiam a morte em

Hiroshima e Nagasaki, na Coreia e no Vietnã, e dão armas à América Latina e ao Oriente Médio, como se tudo isso fosse uma brincadeira inevitável. Este pensamento me levou a fazer um poeminha trágico:

*A criança asiática morreu sob a bomba*
*disparada pelo jovem piloto*
*formado pelo capitão*
*sob ordens do general*
*promovido pelo presidente*
*eleito pelo povo estadunidense*
*que não sabe que matou a criança.*

*Na TV a foto da criança morta*
*faz o povo suspirar*
*enquanto o homem do imposto*
*aguarda à porta.*

Mas se por acaso a viagem não sair, não vá lamentar muito. Outras oportunidades não faltarão.

Abraços pra você!

*Penitenciária Regional de Presidente Venceslau, sábado, 15 de setembro de 1972*

Meu caro Breno,

Quando esteve aqui, mamãe me disse que você andava pensando em parar de estudar. Gostaria, pois, de colocar algumas questões que, creio, poderão ajudá-lo a tomar uma decisão mais clara — não digo mais correta, porque o estudo no Brasil continua arcaico e alienado.

A estrutura social em que vivemos é um verdadeiro funil, que tende a sufocar quem não atravessa o estreito bico da formação universitária ou da especialização profissional. A prisão é um bom reflexo disso. A maioria dos presos é semianalfabeta, há alguns com curso primário completo, raros têm o ginasial, e nenhum cursou a universidade, pelo menos aqui. Isso de maneira alguma significa que quanto maior o grau de instrução, menor o índice de criminalidade.

Entre gente mais instruída a prática do crime é mais requintada. O criminoso analfabeto tem menos recursos que o criminoso universitário ou diretor de empresa. Este não precisa forçar portas ou assaltar à mão armada; age com inteligência e esmero: sonega o fisco, adultera notas fiscais, cobra preços exorbitantes pelo produto que vende, rouba no salário de seus empregados, vence concorrências por suborno, corrompe funcionários administrativos, faz negociatas, incentiva o lenocínio, explora o trabalho do menor etc. Esse não vem para a cadeia. A violência que pratica não é declarada, é dissimulada, aparentemente encoberta pelo próprio costume social. Quando acontece de o rico ou "doutor" abusar de suas imunidades de classe, e a Justiça cai em cima, então "dá-se um jeito", menos cadeia. Parafraseando Otto Lara Resende, a burguesia é solidária no crime.

Isto aqui, em se tratando de delito comum, é para quem não tem dinheiro, posição ou boas relações sociais.

Antigamente, acreditava-se que cada pessoa tinha uma "vocação" que deveria seguir, sob pena de se ver frustrada na vida. Hoje esse mito caiu; a sociedade não tem condições de propiciar ao homem um aprimoramento conforme suas tendências e aptidões.

Estamos longe do dia em que o trabalho será atividade de humanização e construção do mundo, pela qual o homem realizar-se-á plenamente no serviço ao bem comum. Ainda hoje cada um trabalha para garantir o seu salário. O sujeito perde a dignidade e a moral, mas não o salário. Então, o negócio não é ter vocação: é ter profissão, uma profissão que permita ganhar muito trabalhando pouco. "O homem é o lobo do homem." Para conseguir um bom emprego, basta analisar as tendências do mercado de trabalho.

De nada adianta, hoje, formar-se em Educação ou Direito, se o negócio é ganhar dinheiro. O mercado está saturado de advogados e professores. Estes, para sobreviver, têm que mudar de profissão. As grandes ofertas hoje são no ramo técnico-industrial, para mão de obra especializada. O resto é loteria; entre mil advogados, um enriquece; entre cem economistas, um vira Delfim.

Também o comércio é loteria, pois raros têm condições de ampliar o seu negócio. O dono de um supermercado pode levar à falência, rapidamente, dezenas de farmácias, charutarias, mercearias, armazéns, armarinhos e bares instalados na área onde ele inaugura o seu Jumbo.* Onde estão hoje os "seus" Abdallas, Nezinho, Mário, Sansão e Araújo que, na minha infância, se matavam de trabalhar atrás do balcão, da manhã à noite?

Quem atualmente pensa em seguir uma carreira humanista (não gosto do termo, mas no momento não encontro outro) deve querer viver com pouco feijão e muito idealismo. O governo está interessado é em formar uma geração de tecnocratas. Por isso, suprime cursos de geografia, história, sociologia, ciências sociais, filosofia e letras. Qualquer pessoa formada numa dessas matérias tem que arranjar um "bico" para sobreviver.

Breve teremos uma geração sem memória, sem história e sem glória. Homens plenamente identificados com seus computadores e que se sentirão satisfeitos com um bom salário, carro, piscina, quadra de tênis e uísque importado (vide *Admirável Mundo Novo*, de Aldous Huxley).

Em seu último livro, *Incidente em Antares,* Verissimo lembra que, ao convocar os homens que deviam decidir sobre a explosão da bomba atômica no Japão, em 1945, o governo dos Estados Unidos não pensou em consultar nenhum padre, filósofo, escritor ou professor. Na reunião do Pentágono havia apenas empresários, políticos e militares.

Não é preciso ter bola de cristal para ver que o mundo, hoje, gira em torno do eixo tecnocracia-militarismo. Isso domina tanto a parte da Terra sob influência dos Estados Unidos, quanto a outra metade dependente da União Soviética. As leis, as constituições, os tratados, as declarações de direitos humanos, as cartas da ONU, os acordos de Genebra, as conferências para isso ou aquilo, tudo é muito bonito, assaz louvável, mas não funciona, é inútil. Os poderosos não raciocinam por princípios, mas por interesses.

O equilíbrio internacional não é garantido pela ONU, e sim pelos arsenais de guerra. Sobrevive quem tem mais condições de matar. Quem decide não são as intenções, é o dinheiro. E a farsa é tão bem montada que os senhores da Terra conseguem total domínio da plateia, fazê-la chorar ou aplaudir.

Assim todos ficamos indignados com o Setembro Negro das Olimpíadas,**

---

* Hipermercado da época.
** Durante as Olimpíadas de Munique, em 1972, a organização terrorista Setembro Negro, de

mas permanecemos indiferentes quando dezenove presos políticos são friamente assassinados em Trelew, na Argentina,* ou quando 10 milhões de paquistaneses são trucidados, ou quando um punhado de brancos escraviza milhões de negros na África do Sul.

Olha, Breno, procure pensar bem antes de deixar de estudar. Isso é um privilégio, e quem o abandona por livre escolha mais tarde sempre se arrepende. Não digo mudar de curso, o que pode ser um progresso, pois hoje é preferível aprender línguas e fazer Senai a ser aluno de ginásio. Confesso, porém, que não vejo muitas saídas. Alguns conseguiram remar contra a maré, mas a tendência da classe média no Brasil é se tornar cada vez mais pobre. Isso ocorre em todo país onde a renda nacional tende a se concentrar nas mãos de uma minoria cada vez mais restrita.

Gostaria de ouvir sua opinião. Quando puder, escreva.

Envio um grande abraço a todos.

*Penitenciária Regional de Presidente Venceslau, segunda, 17 de setembro de 1972*

Caríssima irmã Yolanda,

Quando fomos integrados à população carcerária, os presos quiseram que déssemos aulas para eles. A maioria é semianalfabeta, e o presídio só oferece curso até o terceiro primário. O pessoal, sedento de cultura, logo nos cercou, na esperança de ensinarmos o que sabemos (chegam a reler o mesmo livro três ou quatro vezes). Todavia, a administração não permitiu. Em torno de nós sempre houve a suspeita de só abrirmos a boca "para fazer proselitismo".

Com o tempo, entretanto, descobri que a simples convivência permite que

---

origem palestina, atacou a vila olímpica e assassinou onze atletas israelenses e um policial alemão.
* Na madrugada de 22 de agosto de 1972, a ditadura argentina fuzilou dezenove presos políticos detidos na base naval Almirante Zer de Trelew, na Patagônia.

haja entre nós — presos políticos e comuns — uma troca de conhecimentos. Eles têm muito a nos ensinar. A nossa formação é acadêmica intelectualizada, abstrata, livresca. A deles, empírica, pragmática, forjada no sofrimento, rica de sabedoria. A diferença é que *nós sabemos que sabemos e eles não sabem que sabem*. Ajudar a fazê-los ver quanto sabem tem sido nossa preocupação.

Outro dia, conversando com Pardal,* perguntei:

— Quem tem mais cultura, um médico ou um índio?

— O médico, é claro — respondeu.

— Por que o médico?

— Porque o médico foi à escola, leu muitos livros, aprendeu a curar doenças e fazer cirurgias, tirou um diploma.

— Então me diga: o médico sabe pescar com arco e flecha, fazer tinta de jenipapo, reconhecer o grito da capivara, distinguir plantas medicinais, transformar tronco de árvore em canoa, cultivar mandioca e milho, tecer com fibra de buriti, acender fogo sem fósforo, caminhar na mata sem bússola e preparar carne sem sal?

O companheiro pensou um pouco e, meio surpreso, respondeu:

— É, não sabe não.

— Como então você diz que o médico tem mais cultura que o índio?

— Pelo que vejo, o médico tem sua cultura de médico; e o índio, sua cultura de índio.

A partir daquele momento, Pardal passou a compreender algo que a maioria dos diplomados em universidades ignora (apesar da obra monumental de Lévi-Strauss): que não existem homens mais cultos que outros, existem *culturas paralelas e socialmente complementares*.

O fato de a raça branca julgar como cultura só aquilo que sabe levou-a a "pacificar" os índios. A quem fazem mal os "selvagens"? A ninguém. Vivem a sua vida, a sua cultura, a sua história. Mas nós, brancos, nos julgamos uma raça superior, e esse complexo nos levou a dizimar os vermelhos, isolar os amarelos e subjugar os negros. Cremos que cultura e civilização são o nosso patrimônio. Esquecemos que o índio tem sua própria civilização, em muitos aspectos mais avançada que a nossa (vide astecas e maias). E com a nossa am-

---

* Apelido de um preso comum.

nésia continuamos nos embrenhando floresta adentro, poluindo o ar e a água, subornando o índio com presentes de grego e corrompendo-o com promessas ilusórias. A consequência de cada passo de nosso progresso é a ruína de mais uma tribo.

Um grupo japonês acaba de instalar-se no Brasil para exportar produtos de artesanato indígena. Sem falar da exploração que isso vai significar para o índio, e que todos parecem ignorar — não os índios, mas autoridades e empresários —, esse artesanato depende de aves que se tornam cada vez mais raras. Aqui o preço será a extinção da fauna.

Acompanho com muito interesse essa expedição que, junto ao rio Peixoto de Azevedo, em Mato Grosso, procura "pacificar" os índios-gigantes krenacarores. Quanto mais a expedição avança, sob cobertura aérea, mais os índios se afundam na mata. Às vezes imagino o cacique reunido com a tribo assustada para explicar o que se passa:

— Irmãos, procurem estar sempre atentos, porque a qualquer momento esses caras-pálidas selvagens podem alcançar-nos. Até a presente lua temos gozado da mesma paz e prosperidade em que viveram os nossos antepassados. Guardamos nossa inocência sem que o nosso coração se deixe contaminar pela ambição e a malícia; vivemos com o que a natureza nos fornece, sem necessidade de apoderar-nos dos bens da Terra ou delimitar nosso território; graças aos nossos deuses, jamais conhecemos a doença, a fome e a inimizade; nossos jovens são fortes e corajosos; nossas mulheres, férteis e puras. Eis que, agora, os selvagens quebram nossa secular tranquilidade. Ameaçam-nos com seus paus de fogo e suas lâminas de ferro; assustam-nos com seus pássaros metálicos e nos armam ciladas com bugigangas sem as quais temos vivido luas e luas de felicidade. Vejam como eles são: envergonham-se do próprio corpo e cobrem a pele; caminham devastando a mata, afugentando animais e secando as plantas. Querem nos confinar em seus parques, para que possam destruir a nossa terra e a nossa tribo. Contudo, não se submetam sem lutar. A terra que pisamos conheceu o homem quando aqui chegaram os nossos antepassados, que a legaram aos filhos de seus filhos. A nós ela pertence e por ela, que nos dá vida e alimento sem exigir muito trabalho, combateremos até o limite de nossas forças.

Irmã Yolanda, se dentro de alguns anos não houver mais índios no Brasil, a Igreja terá de reconhecer sua parte de culpa nisso. No passado, nossos missionários internaram-se na selva sem preparo e contaminaram os índios com o seu caldo de cultura europeizada. Acreditaram que civilizar era ensinar o índio a ter vergonha da nudez e usar roupa, a repudiar a vida coletiva da aldeia, a aprender nossas línguas e adquirir nossos costumes. Muitos missionários abriram caminho para os mascates que exploram o índio, compram seu artesanato e sua mulher por uma garrafa de álcool. Sob o pretexto de anunciar o Evangelho, contribuímos para o extermínio da raça. Levamos a morte onde havia vida.

São raros os missionários que respeitam a cultura do índio e tudo fazem para preservá-la. Raros os que se tornam índios com os índios. Mas felizmente eles existem.

Mané agradece ter-se lembrado dele; gostou muito da pasta.

*Penitenciária Regional de Presidente Venceslau, segunda, 18 de setembro de 1972*

Querida Família Trapo,*

Pois é, manos, aqui às vezes a gente tem impressão de que o mundo parou. É tudo muito calmo, como uma terrível ferida encoberta pela capa branca e asséptica de um esparadrapo. As notícias chegam, todos os dias, pelo *Estadão*. São apenas notícias, não têm mais o calor dos fatos acontecendo, como a gente sentia em São Paulo. Dá até sensação de que não preciso mais ler jornal, tudo que vem impresso já aconteceu... Talvez seja a falta de rádio, que ainda nos permite captar o fato quente. Aqui não é permitido.

O jornal chega à noite, costumo lê-lo no dia seguinte. À noite dedico-me aos livros ou a escrever. É bom, faz silêncio absoluto, todavia quase assustador quando penso nos gritos que estão sendo abafados. Sinto paz, uma enorme paz dentro da transformação que venho sofrendo. Não sei descrevê-la, mas acre-

---

* Família de Auxiliadora e Antônio Ribeiro Pena, já falecidos.

dito-a duradoura. Ninguém com sensibilidade pode ter essa convivência com presidiários e sair o mesmo daqui. Quem passou pelo Tiradentes, onde havia os *corrós*,* e acredita que pode imaginar o que seja a vida do preso comum, está enganado. Por mais que alguém tente descrever a água, só saberemos o que realmente ela é molhando as mãos ou mergulhando o corpo.

Um depósito de correcionais é como um "corredor polonês"; uma penitenciária é mais requintada, assemelha-se a um amplo e enleado labirinto onde é fácil entrar e muito difícil sair. Os corredores e galerias conduzem sempre ao ponto de partida. As portas trancam-se por fora, e as janelas têm barras que, quando bate o sol, multiplicam-se nas sombras que projetam nas paredes.

O que, porém, surpreende e me questiono por inteiro são os habitantes desse estranho mundo, onde a liberdade é tida como inacessível privilégio. Vieram para cá como criminosos, condenados a dez, trinta ou cinquenta anos de prisão, repelidos do convívio social, atirados como um bagaço humano nessa caixa de cimento onde a sociedade joga tudo aquilo que produz e expele, por não conseguir assimilar. Quem são esses homens? Impossível defini-los. Sei apenas que o contato permanente com eles propicia-me a oportunidade única de conhecer a fundo a miséria e a grandeza humanas, as dimensões trágica e heroica da existência. Nossas dores, diante do que vejo aqui, são insignificantes e ridículas. Não digo isso como consolo, mas como apelo à nossa responsabilidade.

Gosto de ficar no pátio, onde os presos se encontram e dialogam, e andam de um lado ao outro da quadra de futebol de salão. Hoje à tarde, caminhei com Risadinha: 37 anos, dois latrocínios, dezesseis anos de cadeia, condenado a 48. Até os 21 anos, contados dias e meses, passou cinco anos detido pelo Juizado de Menores. Veio para a prisão e jamais recebeu uma visita, nem mantém correspondência com qualquer pessoa. Seu mundo tem os limites dessas muralhas equipadas com holofotes, sistemas de alarme e soldados com fuzis e metralhadoras. Não há sofrimento físico que ele não tenha conhecido, sem falar dos espirituais; nunca soube o que é afeto. No entanto, é um homem que pensa e sabe que pensa. Há algo dentro dele que o fez firme e esperançoso (de

---

* Gíria para presos correcionais.

quê? não sei!). Algo que nenhuma algema quebra ou aprisiona. É o seu reduto de liberdade. Sabe que permanecerá aqui ignorado e desacreditado, mas sabe que ninguém poderá destruí-lo. Conseguiu criar em si um universo indevassável e onde, em meio à escuridão, brilham estrelas dando sinal de vida ao infinito.

Guerra Junqueiro, dirigindo-se a quem condena e comparando-o ao condenado, afirma:

*Porém, há entre os dois enormes diferenças:*
*Ele é uma paixão e vós uma sentença.*
*Assassinais com calma, inexoravelmente:*
*vós tendes consciência inteira do assassínio.*
*Ele é o desespero: e vós o raciocínio.*

Como Risadinha, há centenas de casos semelhantes. Isso aumenta a minha crença de que um Deus só poderia existir de fato, na história dos homens, aniquilando-se, solidário aos oprimidos. A imagem de Jesus Cristo feito homem foi criada à semelhança dos condenados da Terra. Por isso, quanto mais tomo contato com a opressão e a morte, mais creio na libertação e na ressurreição. O mistério da redenção chega a me parecer lógico, cristalino.

Assim como na natureza há uma interação dialética da matéria, que evolui para elementos sempre mais perfeitos, nas relações entre os seres humanos também, gerando o advento de novos modelos sociais. É compreensível que esse processo não se esgote dentro do movimento da história.

Necessariamente, a história sofre uma transformação, e creio que graças Àquele que nela se fez o menor dos homens. Esse dom não é apenas algo que virá e já foi anunciado; está impresso na própria evolução das coisas, pela ação criadora de Deus. Se o sentido da história pode ser apreendido em Jesus Cristo, então posso admitir que todo o sentido da existência humana pode ser apreendido também nesses homens enterrados vivos nas prisões.

Aliás, acabo de ler no jornal que será criado, em São Paulo, o Centro Internacional de Criminologia Legal. Terá como objetivo as pesquisas bioquímicas no campo da Biologia Criminal. Em outras palavras, irá estudar a modificação do comportamento do criminoso a partir de alterações de sua constituição química (relações entre micrometabolismo e comportamento humano). É incrível que, ainda hoje, haja quem supõe existir homens intrinsecamente vocacionados ao crime. É querer ignorar que a criminalidade tem sua origem nos problemas sociais, como a miséria, a ignorância, o desemprego, a desigualdade entre as pessoas. A propósito, leia o best-seller de Anthony Burgess, *Laranja mecânica*.

Fico por aqui. Antônio, por que não aproveita o tempo livre para lidar com passarinhos? Não digo aprisioná-los com alçapão e colecioná-los em gaiola. Vá ao mercado, compre pássaros em gaiola, leve para casa e solte-os. Verá que maravilhoso hobby!

Com muita amizade e carinho.

*Penitenciária Regional de Presidente Venceslau, quarta, 20 de setembro de 1972*

A um padre carmelita,

[...] Nesses últimos anos, tem havido uma "efervescência cristã" no Ocidente, principalmente entre a juventude e a classe média. Afinal, Jesus também virou artigo de consumo. No Brasil, não se trata propriamente de um "modismo" contestatório. É que a Igreja é uma das pouquíssimas alternativas que restaram a quem procura um meio de dar vazão ao seu altruísmo. Ao mesmo tempo, a "morte de Deus" provocou um renascimento de Jesus Cristo.

Resta saber se todo esse movimento tem contribuído para reduzir a distância que separa a Igreja da classe operária, o que foi denunciado por Pio XI. Seria o caso de questionar se nossa ação evangelizadora significa uma comunhão com os pobres. Hoje, ninguém mais duvida de que, historicamente, a pastoral da Igreja na América Latina foi antipopular e favorecedora do regime de opressão, apesar de exceções à regra, como no México. Sempre fomos uma Igreja *branca*, jamais uma Igreja crioula. Vamos ao povo, falamos ao povo, lutamos pelo povo, mas não vivemos com o povo. Somos alguém "de fora", em contradição com ele. A ineficácia do trabalho apostólico tem sua raiz nessa ausência de comunhão. Prescindir dessa comunhão é assumir, diante do povo, uma atitude paternalista que gera mútua desconfiança; da parte do povo, que não nos reconhece e sabe que o nosso "habitat" é entre aqueles que o exploram; de nossa parte, cuja atitude revela que julgamos o povo incapaz de resolver seus próprios problemas. Esse relacionamento sujeito-objeto contribui para manter o statu quo.

Convencido de que o povo é "ignorante", "cabeça dura", sem ao menos ter falado e convivido com ele (esta é mais uma deformação que herdamos da cultura dominante), julgamos poder traçar a pastoral de dentro de nossos confortáveis gabinetes e a partir de um pressuposto: aquilo que vamos levar ao pobre. Nem temos consciência de que estaremos apenas transportando esquemas e valores do mundo do opressor, que é o nosso, para o mundo do oprimido.

Precisamos analisar se, agindo dessa forma, não estamos querendo fazer tudo pelo pobre, menos ser pobre com o pobre. Essa exigência de retenção de nossa posição de classe significa que, de fato, nossa comunhão é com a burguesia. Dela bebemos a cultura, os costumes, os critérios de valor, o dinheiro. A empatia chega a tal ponto que nem percebemos a sua gravidade, mas ela se revela quando os problemas da burguesia são tidos como problemas da própria Igreja.

Se vivemos mergulhados no universo temático do opressor, dificilmente alguém pode entender o universo temático do oprimido. Sua relação com o pobre será a mesma do rico: antidialógica. Com o opressor discutimos, negociamos, pedimos, concedemos, advertimos, favorecemos. Com o oprimido, ensinamos. Quando aparentemente o ouvimos, estamos é de fato deixando-o falar, pois que proveito tirar de uma conversa com gente que não lê nossos livros, não vê nossos filmes, não sabe o que se passa em nosso mundo? No fundo, julgamos o pobre "um coitado". Não raras vezes queremos "libertá-lo", integrando-o aos valores do nosso mundo burguês.

É preciso que a nossa consciência de amor aos pobres faça-se carne em nós. Só a comunhão da vida permite uma atividade dialógica, uma relação sujeito-sujeito. A atividade antidialógica impõe, domestica, manipula, é vertical, autoritária, mistificadora, mágica. A atitude dialógica ouve, aprende, colabora, comunica; é identificadora, libertadora e converte. A questão é saber em qual dessas atitudes se enquadra nosso comportamento pastoral.

Essas são algumas reflexões que temos feito desde que passamos a conviver com esses companheiros oriundos da camada mais baixa e marginalizada de nossa sociedade. É muito interessante ouvir o que pensam da Igreja, a imagem que têm do padre, e observar como praticam ou por que perderam a fé. Essas informações nos obrigam a um exame de consciência, e nesse diálogo constatamos quanto temos a aprender com o povo. Você tem toda razão, é aqui que está a fonte da sabedoria.

*Penitenciária Regional de Presidente Venceslau, domingo, 1º de outubro de 1972*

Queridos pais e manos,

Costumo ficar na cela vinte horas por dia. Saio duas horas à tarde e no recreio da noite, que é muito agradável. O clima daqui é parecido com o de Belo Horizonte, talvez menos poluído e mais quente no verão. Há a vantagem de não se perder tempo com cozinha, como ocorria no Tiradentes. Cozinhar é bom quando se está livre e escolhe-se o que preparar. No Tiradentes, eu perdia metade da manhã, diariamente, com o preparo do almoço. Já fazia em excesso, para que, à noite, Ivo tivesse apenas o trabalho de aquecer. Fernando era lavador-chefe; Ivo, o cozinheiro-chefe-para-o-jantar; e eu, o cozinheiro-chefe-para-o-almoço.

Aqui, tudo já vem pronto, é só pôr o prato no guichê. Os alimentos são de boa qualidade, mas muito mal preparados. É difícil encontrar um pedaço de jabá comível, não se dão ao trabalho de tirar os nervos e o sebo. Politi apareceu com uma estranha doença de pele e Manuel voltou aos problemas de estômago. O médico prescreveu dieta. Minha saúde não tem apresentado problemas, graças principalmente à ginástica. A sinusite desapareceu, deve ser pela falta de umidade. No Tiradentes, ela havia chegado a um ponto em que me vi obrigado a trocar o lenço pela fronha. Depois da cirurgia no Hospital Militar, melhorei bastante. Para reforçar, tomo vitaminas que me chegaram da Alemanha pelo correio.

O juiz auditor mandou pedir informação a nosso respeito. É o que faz toda vez que pretende conceder livramento condicional. Peço que não passem essa notícia para frente, nem alimentem ilusões. Para quem está preso, a pior ilusão é a da liberdade — funciona como miragem no deserto. Prefiro que ela venha sem que estejamos à espera.

Por outro lado, não gostaria que as pessoas aí fora, mesmo os parentes mais próximos, ficassem a par da data de minha saída. Quero que ocorra sem chamar nenhuma atenção. E espero não sair da cadeia para ficar preso aí fora por compromissos sociais. Sei que mudei muito nesses três anos. Muita gente estranhará meu modo de ser, tenho certeza. Até mesmo vocês de casa. É impossível ser a mesma pessoa depois de passar por tudo isso.

*Penitenciária Regional de Presidente Venceslau, domingo, 1º de outubro de 1972*

Querido Carlos,

Lendo o livro do Boff, *Jesus Cristo Libertador*, achei interessante a descrição que ele faz da tipologia dos fariseus (p. 88), porém muito breve. Senti-me, então, motivado a estudar mais de perto a questão no Novo Testamento, considerando que o farisaísmo continua sendo o mais perigoso desvio do cristianismo. É o resultado desse estudo que ora lhe envio, pois, como "aplicado" estudante de Teologia, devo submeter meus textos aos mestres. Antes, porém, uma observação sobre a obra do Boff: ensinou-me muito, valeu como um curso de cristologia.

Não tenho condições de avaliar se o livro é ou não "avançado"; não conheci a cristologia dos manuais e tratados. O livro não é difícil, mesmo para leigos que nunca tiveram contato com obras teológicas. Apenas para não assustá-lo, acho que os dois primeiros capítulos (correntes cristológicas e hermenêuticas) deveriam ficar um pouco mais afastados — e não como estão, à porta da sala de visitas. Parece-me que Boff trouxe da Alemanha, além de profundos conhecimentos, uma máquina que produz textos. É incrível como o nome dele aparece em qualquer publicação religiosa editada no Brasil! Bem, vamos à minha dissertação.

Na pregação de Jesus, nota-se a sua preocupação em desmascarar os fariseus que, aos olhos de muitos, apareciam como autênticos cumpridores dos preceitos divinos. Justamente porque eram lobos com pele de cordeiro é que Jesus tanto se preocupou em advertir seus discípulos a respeito deles. Foi com benevolência que Jesus tratou os pobres, os coxos, os leprosos, os endemoniados, os ladrões e as prostitutas. E repudiou os fariseus como seus maiores inimigos.

Quem são os fariseus, como distingui-los entre os homens?

Eles não esquecem suas obrigações, jejuam duas vezes por semana (Lucas 18,12), dão dinheiro à Igreja (12), rezam longas orações (Mateus 6,7) e se julgam cidadãos exemplares, pois não se confundem com os demais homens, que são ladrões, injustos e adúlteros (Lucas 18,11). Gostam de ocupar os primeiros lugares nos banquetes e as primeiras cadeiras nas igrejas (Mateus 23,6). Pagam corretamente os impostos (23). Apreciam receber saudações nas praças públicas e serem chamados de "mestres" pelos homens (Lucas 11,43). Respeitam a ordem vigente e, aos olhos dos homens, são tidos como justos (Mateus 23,28). Pregam o que não praticam e sobrecarregam, com pesados fardos, os ombros dos homens, mas não querem movê-los sequer com o dedo (Mateus 23,4). Preocupam-se com as aparências e sob elas escondem seus roubos e vícios (25). O que fazem é para ser visto pelos homens (6,16; 23,5). São semelhantes a sepulcros caiados: por fora parecem formosos, mas, por dentro, estão cheios de ossos, cadáveres e toda espécie de podridão (27). Vivem de explorar os outros (14).

Os fariseus apegam-se de tal modo à tradição que, por causa dela, violam os preceitos de Deus (Mateus 15,3-6). As honras que concedem a Deus são apenas da boca para fora (7), por isso é inútil o culto que prestam, pois só ensinam preceitos forjados pelos homens (Isaías 29,13). Consideram-se donos da verdade e gostam de desafiar os discípulos de Cristo (Marcos 8,11).

São incapazes de crer no verdadeiro testemunho de Cristo e de reconhecer os seus caminhos (João 8,14). É pela aparência que julgam o próximo (15), e não praticam os principais mandamentos — a justiça, a misericórdia e a fidelidade (Mateus 23,23). Fingindo-se cumpridores da vontade divina, os fariseus fecham aos homens o Reino dos Céus, onde não entram nem permitem que os outros entrem (13).

Jesus enfrenta-os pessoalmente (Lucas 11,37-42). Ao denunciá-los em público, não procura disfarçar a raiva e o desprezo que sente por essa gente: "Ai de vós, guias cegos" (Mateus 23,16;19;24 e26); "insensatos" (23,17), "serpentes!", "raça de víboras" (23,33). Várias vezes os amaldiçoa, dizendo: "Ai de vós, escribas e fariseus hipócritas" (23,23). E não faz reserva do destino que os aguarda: "Como escapais ao castigo do inferno?" (23,33). "Sereis castigados com muito mais rigor" (Marcos 12,38-40).

A principal característica dos fariseus é a hipocrisia (Lucas 12,1; Marcos 8,15). Sob a aparência de bons e justos, conspiram com os poderosos (João 11,47) e estimulam a delação como garantia de segurança da ordem estabelecida (11,57). O tratamento que reservam aos discípulos de Jesus é a morte, execução sumária para uns, torturas para outros, perseguição para muitos (Mateus 23,24-36). O que querem é calar os que seguem Cristo (Lucas 19,39).

Na religião deles não há lugar para o próximo. Dizem que servem a Deus, mas não movem uma palha para reduzir a miséria e a injustiça. Gostam de benzer e consagrar seus bens a Deus, mas Jesus os desmascara, mostrando que essa panaceia de nada adianta se os bens que possuem não estão a serviço do próximo (Mateus 15,4-9). Isso é hipocrisia. É anular a palavra de Deus em benefício da tradição oficial (Marcos 7,9-12).

Para mostrar que "o sábado foi feito para o homem e não o homem para o sábado" (Marcos 2,27) e que de nada valem os bens e os objetos sagrados se não estiverem a serviço da libertação do homem, Jesus diz aos fariseus: "Acaso não tendes lido o que fez Davi quando teve fome, ele e os seus companheiros, como entrou na casa de Deus e tomou os pães da proposição e deles comeu e deu a comer aos seus companheiros, se bem que só aos sacerdotes era permitido comê-los?" (Lucas 6,1-5; Mateus 12,1-8; Marcos 2,23-8).

Os fariseus são incapazes de entender que o homem está acima de qualquer lei, a caridade acima de qualquer tradição, e que só ama a Deus quem serve ao próximo.

*Penitenciária Regional de Presidente Venceslau, terça, 10 de outubro de 1972*

Queridos pais e manos,

São oito da manhã e chove aguadamente. O céu está escuro como numa pintura de Sexta-feira da Paixão. O calor é abafante, principalmente aqui no "barraco", como os companheiros chamam a cela.

Ontem recebemos, para assinar "ciente", o acórdão do nosso julgamento no Superior Tribunal Militar, acompanhado da declaração do voto vencido de um ministro que esperava nos ver condenados a quinze anos. Lendo o acórdão, tive a impressão de uma reunião do sinédrio. Mas já estou vacinado contra essas coisas: Ele já nos havia prevenido (João 16,4).

Estou muito feliz esta manhã. Recebi duas cartas que me renovam a certeza de que todo esse sacrifício vale a pena. A primeira, a de vocês, com papai dando salutares instruções para o banho de sol, água e espírito. Pode ficar tranquilo, aqui tomo os três à vontade. A segunda, um cartão que veio dos Estados Unidos, Virgínia, que transcrevo:

Meu caro Frei Betto,

Acabo de receber o seu cartão, que muito me sensibilizou. A demora com que respondo se deve unicamente ao fato de que faz mais de cinco meses que minha mulher e eu estamos ausentes do Brasil. Numa prolongada visita à *metade americana* de nossa família. Só voltaremos para casa em princípios do próximo dezembro. Lá estaremos inteiramente à sua disposição. Estamos torcendo pelo McGovern, que, infelizmente, vai perder a eleição presidencial por larga margem. Os *polls* indicam que até os eleitores de dezoito anos estão, em maioria, com essa peste do Nixon. Os bombardeios de objetivos não militares do Vietnã do Norte são denunciados em livros, jornais, reportagens de TV e cinema. Mas a maior parte deste povo está anestesiada, indiferente a esse crime, ou o acha "necessário". De volta ao Brasil, eu gostaria de lhe mandar livros. Por ora, fico feliz à ideia de que o meu *Incidente* o ajudou um pouco.

Um cordial abraço de Erico Verissimo

Assim o anseio de justiça torna os homens cúmplices na construção da paz.

Beijos e abraços a todos vocês, principalmente aos sobrinhos.

*Penitenciária Regional de Presidente Venceslau, quinta, 12 de outubro de 1972*

Queridos pais e manos,

Ontem foi aniversário do Fernando, 36 anos. Recebeu muitas cartas, deu até inveja. Esta semana, o capelão da penitenciária, padre Alexandre Yok, recebeu nomeação. Trabalhará com o pastor metodista. Poderão fazer excelente trabalho junto aos presos. Não é preciso ter varinha de condão para ressuscitar (o termo é este mesmo) um presidiário, basta saber encará-lo como ser humano.

No meu raio há um rapaz que foi toxicômano e se mostrava excessivamente tímido. Aliás, aí fora ele se drogava justamente para poder vencer a timidez. Logo que cheguei, chamou-me a atenção nele o fato de jamais tirar a japona, mesmo nos dias mais quentes. Vi logo: a japona ajudava a "escondê-lo", era a sua proteção diante dos outros. Aproximei-me, ficamos amigos. Creio que os nossos papos ajudaram-no a se conhecer melhor e tomar consciência de sua grandeza humana. Fiquei surpreso e feliz no dia em que apareceu no pátio sem japona e de cabeça raspada — um ótimo sinal. Agora, tem menos uma prisão para suportar. Por sua vez, ele me ajuda a entender melhor a vida.

Só mesmo convivendo pode-se sentir o que significa a existência de um homem analfabeto ou semianalfabeto, condenado a dez ou vinte anos de prisão por um ato *do qual ele não se sente culpado*. Confesso que essa constatação me surpreendeu. Achava que um homem que matou para roubar, ou sei lá por que razão, sentisse repugnância de seu ato. Mas não é assim, embora digam que estão arrependidos, em razão de certa "ética". De fato é o contrário, percebe-se isso claramente quando nos contam por que vieram parar na prisão. Para se ter uma ideia do que é a vida aqui, imaginem uma pessoa privada de todos os sentidos. O mundo para ela não existiria, e viver dentro dele seria um absurdo. Como e o que poderia pensar uma pessoa que não pudesse ver, ouvir, tocar, cheirar e degustar?

Os "sentidos" do prisioneiro, que o colocam em contato com o mundo, são livros, jornais, TV, rádio, visitas. Já estive em situação em que todas essas coisas me faltaram, inclusive a possibilidade de diálogo com outra pessoa, e só não me vi reduzido à animalidade graças, sobretudo, à memória. Passava os dias relembrando o que aprendi a respeito de uma coisa e outra, e fazia longas conferências para uma plateia imaginária.

Aqui os presos têm possibilidade de dispor de todos os "sentidos", mas não são educados para bem aproveitá-los. Ocorre então que, progressivamente, perdem o interesse pelo que se passa fora; quase não leem, ignoram as notícias (exceto o futebol), alguns até param de escrever para a família e ficam inteiramente imersos na vida de cadeia. As únicas datas que contam são as de entrada e de saída. Se é outubro ou março, tanto faz. Curioso que a data de libertação é minuciosamente controlada. A gente pergunta de supetão: "Fulano, falta quanto pra você ir embora?". Sem pestanejar, responde: "Doze anos, oito meses e cinco dias!". Os assuntos repetem-se sempre, escutamos os mesmos casos várias vezes.

Enfim, o sistema penitenciário tem muito pouca preocupação em mantê-los informados e despertá-los para o gosto da vida intelectual. Por isso, têm dificuldade em refletir sobre a própria situação, em racionalizar o sofrimento. Tornam-se agressivos diante desse mundo que lhes parece absurdo. E que de fato é.

Fico por aqui e deixo pra vocês um afetuoso abraço.

*Penitenciária Regional de Presidente Venceslau, sexta, 20 de outubro de 1972*

Querida Christina,

Agradeço a Deus a mulher que sua mãe foi. A existência dela me causa admiração no momento em que fico a par de sua morte. Há muitas maneiras de amar; nem todas têm a grandeza do amor paciente, silencioso e profundo que sua mãe devotou a vocês.

Ela me parecia uma dessas pessoas dotadas de extraordinária energia interior, que sofria sem crer no sofrimento e se deixar dominar por ele. Tudo nela era vida, e isso não guardou para si, mas transmitiu a vocês. Não teve tempo senão para amar, e a rapidez com que a morte a surpreendeu me faz pensar que também não teve tempo para aguardar o Amor. Foi transfigurada em plena caminhada.

Nesses últimos anos me familiarizei com a morte. De várias maneiras está próxima de mim. Durante este ano, passei 39 dias meditando sobre ela;

descobri que já não me assusta. Assusta quando não estamos preparados para enfrentá-la. Se reconhecemos que o amor é uma necessidade ilimitada e que somos limitados para amar, então é perfeitamente aceitável que haja um momento de supressão de todos os nossos limites. Isso acaba de ocorrer com sua mãe, agora puro dom.

O sofrimento que nessas horas nos abate revela que uma parte do nosso ser foi arrancada. O limite da existência alheia nos coloca diante da própria razão de existir. Se não reconhecemos a dimensão transcendente dessa vida, somos tomados pelo desespero; então, tudo é absurdo. Se, porém, desvendamos que o homem é maior que sua estatura, assim como sua mãe era infinitamente superior à simples aparência de incansável dona de casa, então admitimos que a vida se prolonga e eterniza. A morte é apenas a irrupção definitiva de Deus em nós.

Sei que você é forte, mana, e que você, seu pai, seus irmãos e toda a sua família têm como melhor consolo o testemunho inesquecível da existência de sua mãe, cuja maravilha só pode ser apreendida por quem soube amá-la. Agora, na oração, peço que ela interceda por nós que prosseguimos.

Um beijo com muita paz.

*Penitenciária Regional de Presidente Venceslau, domingo, 22 de outubro de 1972*

Queridos pais e manos,

Vai meu abraço e afetuoso beijo à mamãe pelo aniversário. Mais um ano de rejuvenescimento. E de bênçãos para nós.

Quanto à condicional, por enquanto nada certo. O diretor já enviou as informações e, segundo dom José,* que as leu, não seria por elas que continuaremos presos. Acho que a questão só será decidida em dezembro. Com tanto

---

* Dom José Gonçalves, bispo de Presidente Prudente, diocese na qual se situa Presidente Venceslau. Já falecido.

livro pra ler, sair agora atrapalharia meu programa de estudos!... Meu espírito está preparado para emplacar 1973. Ontem à noite conversava com um companheiro preso há dezoito anos. Diante disso, posso reclamar? São essas conversas que suscitam em nós a fome de justiça.

Achei boa a ideia de mamãe preparar uma reflexão sobre João Batista. Ele é aquele a quem a Palavra de Deus foi dirigida no deserto (Lucas 3,2); frequentemente Deus nos dirige sua Palavra quando nossa vida se encontra na aridez, como terra seca que aspira pela chuva. João Batista pregou a igualdade entre os homens (Lucas 3,11); sua justiça confundiu a todos (João 1,20); denunciou a corrupção dos poderosos (Marcos 6,17); e preparou o caminho do Senhor (Lucas 7,24-30). Todos que anunciam a vinda do Reino de Deus e de sua justiça devem estar preparados para viver e morrer como João.

Se pensam aparecer aqui nos feriados de novembro, aconselho trazerem um chuveirinho de bolso ou um ar-refrigerado a pilha, porque o calor está saárico. As pombas usam roupa de linho e os pardais, óculos escuros; não voam mais porque a absoluta falta de ventilação deixa um enorme vácuo. Para quem mora num cubículo de cimento armado é a experiência do doce em calda fervido no forno — a gente mela suor por todos os poros. A roupa gruda na pele como se fosse nos asfixiar. É o mormaço total.

A todos um abraço com muita saudade.


*Penitenciária Regional de Presidente Venceslau, quarta, 25 de outubro de 1972*

Carlos,

Sua carta do dia 11, comentando o texto sobre o farisaísmo, está ótima e muito densa. Não fiz aquilo esperando merecer tanta atenção, mas suas observações, muito instrutivas, deixaram bem claro, para nós, o que é fazer exegese hoje. Quando era um militante leigo, eu costumava fazer "exegese espiritual". Vieram os doutores e disseram que eu estava "forçando a barra". Não devia querer encontrar na Bíblia respostas aos questionamentos próprios do nosso tempo. Fiquei, então, sem saber para que servia a Bíblia. Criei uma inibição, que só foi quebrada quando comecei a ler suas obras. A Bíblia recuperou, para mim, toda a sua atualidade.

Sentimos o seu "drama" na reunião dos teólogos sobre o uso da Bíblia na pastoral. Ainda bem que você incomoda. Na nossa modesta opinião, entre os católicos, você é o primeiro no Brasil a fazer da Bíblia aquilo que ela é: *Palavra de Deus na história dos homens.*\* Algo que nasceu do povo para o povo.

Todas as vezes na história da Igreja em que despontou o evangelismo dos movimentos de renovação, era na Escritura que se apoiavam. Lutero não foi exceção. Ele teve o grande mérito de devolver ao povo aquilo que lhe pertence e de acreditar que a Teologia, como inteligência da fé, é obra dos próprios fiéis. Isso fez arrepiar a Igreja Católica. Já que na Bíblia se baseava a "heresia", da leitura da Bíblia podiam surgir novos hereges...

Imagino a vociferação de um cardeal romano do século XVI:

Onde já se viu deixar a Bíblia ao alcance de qualquer um? Esse erro nos tem custado caro. Essa gente é ignorante, não entende hebraico, grego ou latim, contenta-se com traduções de porta de tabernas, interpreta os livros sagrados sem nunca ter frequentado uma aula de Teologia, e pensa que a Palavra de Deus pode ser compreendida por qualquer um.

Ora, durante séculos temos estudado cuidadosamente cada livro, cada capítulo e cada versículo, através de pesquisas e discussões intermináveis. Mesmo assim, de vez em quando, um padreco ou um leigo qualquer tem a ousadia de afirmar que a Bíblia diz isso ou aquilo. Não, não podemos mais deixá-la às mãos de quem não possui grossas lentes teológicas para entendê-la, sem se deixar confundir por sua linguagem aparentemente simples.

Temos que proibir traduções e restringi-la àqueles que, sob qualquer dúvida, aceitam a interpretação do supremo magistério, porque a ele estão ligados pelo voto de obediência. Onde houver uma tradução em língua vulgar, devemos confiscá-la e queimá-la, assim como punir os que insistem em fazer da Palavra de Deus algo para uso próprio. Como quem alimenta só com papinhas uma criança que, por ser muito nova, não pode comer bolo, devemos, assim, dar a Bíblia ao povo, em pequenas doses adoçadas pelas nossas sábias explicações. Dessa forma,

---

\* Título de um livro de Carlos Mesters.

restabeleceremos o respeito e a veneração pela Palavra de Deus, e impediremos que sua sagrada magnificência se perca entre a vida miserável da gentalha.

Consta que muitos cristãos morreram na fogueira por terem sido apanhados lendo tradução da Bíblia em língua viva. Naquele tempo, o simples fato podia ser considerado crime, desde que essa leitura fosse uma verdade incômoda aos poderosos. As palavras causavam temor, muito mais que a própria realidade. Pois, como diz Erico Verissimo no *Incidente em Antares*, "aquilo sobre o que ninguém fala ou escreve não existe".

Essa irritação de certos teólogos indignados com suas obras é típica de quem vê o povo bebendo na torneira o precioso vinho que, durante séculos, foi guardado a sete chaves nas adegas eclesiásticas. O petróleo é um produto caro, porque os poços estão nas mãos de poucos homens. Se, de repente, em cada quintal começasse a jorrar petróleo, ele não perderia com isso o seu valor de uso, mas os donos das companhias iriam à falência, pois deter o monopólio do petróleo é o seu meio de vida. O mesmo ocorre com certos teólogos em relação às "ciências sagradas". Isso é o meio de vida deles, e não é sem pânico que assistem ao povo falar daquilo que, durante séculos, só eles estiveram autorizados a se manifestar. Acabou-se o monopólio da Teologia e, com ele, a profissão de teólogo.

Antes de você aparecer, os exegetas brasileiros, enfurnados nos claustros e seminários, deliciavam-se com a própria erudição que comunicavam apenas aos iniciados leitores de publicações especializadas. De cima para baixo, olhavam o povo cristão com solene desprezo e ainda tinham o descaramento de dizer que o povo possuía uma "religiosidade sincretista etc. etc.", como se a culpa disso não coubesse exatamente a quem enterrou seus talentos. De repente, vem você, arranca a Bíblia das prateleiras e bibliotecas, abre-a às vistas do povo e o faz ler com os olhos da vida. Bem comparando, você está fazendo aquilo que Jesus fez na sinagoga de Nazaré (Lucas 4,16-30). Você também diz ao povo: "Vejam como isto se cumpre, hoje, na vida de vocês". Mas lembrem-se de que "a tais palavras, os que se achavam na sinagoga, tomados de cólera, levantaram-se e expulsaram Jesus da cidade, ameaçando-o de morte" (4,28-9).

Achamos que a qualificação que lhe deram de "coveiro da Teologia" foi muito acertada. Precisamos enterrar o mais depressa possível essa Teologia que não parte da fé e da vivência do povo de Deus. Aliás, foi um erro falar em "morte de Deus". Deus não morreu, quem morreu foi a Teologia tradicional. Porque quebraram-se os óculos, pensaram que a realidade havia desaparecido. As fontes da Revelação estão aí jorrando água em abundância. Só que não dá pra beber água com garfo de prata.

Nós três temos pensado muito na morte dessa Teologia elitista, abstrata, clericalista. Vou colocar aqui alguns pontos que vão assim mesmo, como "frases soltas":

1. A Teologia não é obra de teólogos, é obra de um povo que vive e reflete sua experiência redentora da revelação de Deus na história. O teólogo, como função, apenas sistematiza a reflexão crítica que o povo faz sobre sua práxis cristã. Aquilo que nele é saber racional é, no povo, sabedoria. Ele faz da experiência do povo uma doutrina, e vela para que não se cristalize em algo superado e desligado da experiência. Por isso, o teólogo só pode ser alguém que participe intensamente da caminhada do povo de Deus.

2. O profeta é o que anuncia os desígnios de Deus gravados no interior da história dos homens. Todo profeta é um exegeta; e todo exegeta, um profeta.

3. A antiga Teologia foi influenciada pelo maniqueísmo. De um lado, colocava a graça, o sagrado, o espiritual, a Igreja, Deus. De outro, via com desprezo a natureza, o profano, o temporal, o povo de Deus, o homem pecador. Dividiu o que não podia ser dividido senão com o sacrifício da própria identidade.

4. A antiga Teologia criou a teodiceia, que procura provar a existência de Deus fora da história. A história é o único lugar onde ele se revela como Aquele que fez com os homens um pacto de libertação, selado pelo seu amor (Jesus Cristo) e garantido pela sua promessa (Espírito Santo).

5. Para a antiga Teologia, o importante é o que se diz e não o que se faz. Preservar a ortodoxia, mesmo onde a práxis em nada revela o conteúdo da fé professada. Heresia é o que se afirma, e não o que se pratica. Desde que esteja preservada a inviolabilidade do princípio doutrinário, não importa que a práxis seja vazia de qualquer esperança.

6. A alienação da antiga Teologia é tanto maior quanto mais apenas recria a realidade no interior de suas categorias. O povo cristão corre o risco de ser obrigado a aceitar aquilo que é mera recriação, imagem desfigurada do real. A antiga Teologia peca por narcisismo, na medida em que faz "a leitura" do mun-

do e das fontes da Revelação dentro dos estreitos limites de sua própria tradição teológica.

7. O impasse da antiga Teologia diante dos chamados "problemas de fronteira" é um reconhecimento da pobreza de recursos em que se encontra (principalmente porque tais problemas não são, como o tempo parece indicar, os que decorrem da possibilidade de existir vida humana em outros planetas, mas os que tratam das próprias relações dos homens entre si na Terra). A antiga Teologia é fruto de um mundo imutável, ordenado, "sagrado". Não tem condições de afrontar o mundo em mutação, pluralista, "profano". A realidade recriada no interior da antiga Teologia é abstrata, em contradição com a história concreta.

8. A antiga Teologia é um sistema, e não uma reflexão crítica da experiência do povo de Deus na história. Ela se abstrai do homem como ser genérico em suas relações com os outros homens. Considera o homem atomisticamente, individualmente. Dividiu-o a ponto de ignorar suas necessidades mais elementares, sua luta pela sobrevivência, seus anseios de uma vida melhor na Terra. A antiga Teologia aliena o cristão do mundo.

9. A Teologia deve deixar de ser "ciência de Deus" para ser "ciência" de Deus-com-os-homens-na-história. A história é o lugar de revelação de Deus *no* e *para* o homem. Só dentro da história têm razão de ser a fé e a esperança. Pela gênese da história, Deus indica o caminho que conduz ao seu Reino. Por isso, Deus não pode ser procurado fora da história — embora possa aí ser encontrado.

10. A fé revela a essência e o sentido da história. A Teologia é a crítica dessa fé. Como tal, é uma crítica da história em vista de sua transformação em direção à promessa assumida pela fé. A fé revela a essência e o sentido da história quando o homem encarna a Palavra no mundo — e na medida em que o homem descobre, no próprio mundo, a realidade e a atualidade dessa Palavra.

11. A revelação bíblica, guiada por Deus, partiu da vida do povo. Da mesma forma, a Teologia, iluminada pela Revelação, deve ser mediatizada pelo real. Essa relação impede a alienação da Teologia como universo desligado do real e a faz abandonar sua função de juiz do mundo para operar na transformação redentora desse mundo. [...]

*Penitenciária Regional de Presidente Venceslau, sexta, 27 de outubro de 1972*

Queridos pais e manos,

Graças a Deus, ainda há gestos humanos profundamente comoventes. Hoje, fui alvo de um deles ao receber a carta abaixo. Antes de transcrevê-la, explico: recebo o *Lar Católico* desde setembro, toda semana. Como mamãe sempre foi assinante, pensei ter sido iniciativa de vocês. Vejo que me enganei por esta carta, escrita em letra de quem não deve ter diploma de primário:

Caro Frei Betto,
    Aqui quem escreve esta é Conceição Sê não me conhece mas eu te conheço pois já via seu retrato uma vez não sei onde. Não precisa ter medo de mim, eu sou assim mesmo, escrevo com muita naturalidade, eu gosto de todo mundo como se fosse meus irmãos, mas nunca apego as pessoas, e eu gosto não canso de agradecer a Deus esta vida assim do jeito que ele me deu e assim eu não causo sofrimento aos outros. O motivo pelo qual lhe escrevo é o seguinte. Será que você poderia me responder urgente esta carta, pois no dia 4 de setembro enviei vinte cruzeiros, sacrifício que fiz um mês sem ir ao cinema, enviei ao padre Edmundo diretor do jornal *Lar Católico* para te mandar uma assinatura. Acontece que até hoje ninguém da redação do jornal tomou a iniciativa de me mandar o recibo e eu não tou sabendo se eles estão te mandando o jornal ou não. Não sei se eles receberam o dinheiro ou não. É uma falta de consideração você não acha. É bem provável que o pessoal da redação tenha mandado o recibo procê. Sabe, frei, é que Deus me deu desde pequenina um coração muito sensível. Eu fico imaginando eu aí no seu lugar e como seria duro para mim que eternidade para o tempo passar. Então enviei procê e seus companheiros uma assinatura do *Lar Católico* uma gotinha de orvalho proceis neste deserto nesta solidão. Conte me como é a vida aí se for possível se não for não se faça a minha vontade mas a de Deus...
    Conceição Caetano

Junto, o envelope já selado para resposta.
Recebi, ontem, carta de vocês. Não foram eles que pediram a certidão. Fui

eu. Desta penitenciária o preso sai com documentos de identidade. Como minha carteira foi apreendida e anexada ao processo, preciso de outra, mesmo que só saia ano que vem.

Pelo visto, vocês não resistiram à tentação da ilusão e parecem convencidos de que estarei na rua mês que vem. Ainda bem que procuro ser realista. De qualquer maneira, deixarei a prisão com um pouco da doença conhecida como "síndrome de campo de concentração". É a dificuldade de adaptar-se novamente ao convívio social. Geralmente, nos últimos dias da pena, o prisioneiro forma uma imagem ilusória de como será recebido fora. Imagina que, como uma espécie de recompensa ao seu sofrimento, todos serão compreensivos e gentis com ele. Mas a realidade é outra. Os outros o recebem com curiosidade (querem saber como foram o crime, o julgamento, os dias de prisão) ou agressividade (evitam o ex-presidiário, olham-no com censura, desconfiam dele ou lhe fazem sermões e advertências sobre a nova vida que deve levar).

O ex-presidiário fica atordoado, não entende os novos costumes sociais, os hábitos de família, e vem a frustração, a dificuldade de encontrar a sonhada felicidade, de viver a plena liberdade. Nasce a agressividade contra o meio social incapaz de absorver um homem marcado. Logo ele está de volta à cadeia, acusado de novo crime.

É claro que, para um ex-preso político, os problemas são outros, mas existem.

Aqui o calor continua bravo. Para terem uma ideia, enquanto escrevo, o cotovelo parece bica d'água molhando o chão. Mas "seu" Chico, nosso meteorologista, já disse que amanhã chove, porque hoje à noite o vento mudou para o Norte. Sem usar nenhum instrumento, "seu" Chico não erra nunca. Quando diz que o tempo vai ficar dum jeito, fica mesmo. Está há treze anos preso.

Para todos, grande abraço afetuoso!

*Penitenciária Regional de Presidente Venceslau, sábado, 9 de novembro de 1972*

Queridos pais e manos,

Três anos de prisão não são muito tempo quando se conversa com homens que aqui estão há quinze ou vinte, entregues à ociosa expectativa de uma data incerta de saída. Saber que poderei estar na rua dentro de um ano e que muitos continuarão aqui ainda por dezenas de anos leva-me à sensação de impotência diante do mal. De muitas maneiras, sou privilegiado.
Tenho a fé cristã, a consciência histórica, a capacidade de penetrar no âmago do sofrimento e descobrir, lá dentro, sua dimensão redentora. Para eles, o sofrimento é implacável, e os dias passados atrás das grades são inúteis, perdidos, vazios. Perguntam-se por que a Justiça foi enérgica com eles e deixou tanta injustiça em liberdade...
Se há um lugar onde a figura do Crucificado se manifesta de forma tão humilhada e humilhante é na existência de um prisioneiro comum. Não posso abandonar a convicção íntima de que esses homens, forjados no ódio e na dor, ocuparão os primeiros lugares no Reino. Podem não estar próximos do Cristo pela fé, mas o estão pela dimensão expiatória de suas vidas. A eles foi negado todo e qualquer amor, e a revolta que os conduz ao crime tem raiz nos crimes legais dos senhores da Terra. A desgraça e o fracasso de suas vidas evocam o momento supremo do despojamento de Jesus no Calvário ao sentir-se abandonado, inclusive pelo próprio Pai. Merecerão o céu, porque o inferno já conhecem.
Três anos de prisão são uma longa privação quando se pensa que esse foi o tempo suficiente para Cristo cumprir a justiça. A manifestação de Deus entre nós condensou-se em três anos. É muito tempo quando se vive numa época em que um ano vale dez. Entretanto, creio não ter perdido muita coisa estando aqui. Pelo contrário, essa experiência é, para mim, fundamental. Daqui posso observar melhor a sociedade. E saber que trilho o caminho certo, mesmo tendo pisado na armadilha preparada pelo inimigo.
Li outro dia uma entrevista de Milovan Djilas, autor de *A nova classe*, ao jornalista C. L. Sulzberger, do *New York Times*. Djilas esteve preso na Iugoslávia de 1933 a 1939, durante o regime monárquico, de 1956 a 1961 e de 1962 a 1966, sob o regime socialista que ajudou a edificar, quando companheiro de Tito. Ao

todo, quinze anos de prisão por causa de suas ideias "revisionistas". Mesmo sob o regime socialista, os dirigentes ainda não descobriram uma verdade muito simples: ideias não se deixam acorrentar nem são abatidas com tiros.

Eis o depoimento de Milovan Djilas:

> A prisão faz bem, mas não por muito tempo, quando o indivíduo é um lutador e dotado de espírito de indagação. O isolamento ajuda o homem a analisar e corrigir seus pontos de vista. A prisão é um lugar raro, onde um homem forte e resistente pode descobrir suas capacidades. Na última vez que fui preso, tornei-me tranquilo e calmo, e pouco depois senti que poderia passar o resto de minha vida preso, se necessário, como um monge medieval em sua cela... Durante meu primeiro período de prisão no pós-guerra, aprofundei minhas opiniões sobre a humanidade e seu destino. De modo geral, acho que a prisão me tornou mais corajoso, não sei por quê. Hoje, sinto que minha existência no mundo é completamente minha... Hoje sou um homem mais completo, vivo num mundo meu e estou mais feliz do que quando participava do poder. A prisão conseguiu purificar-me. Sinto-me mais sincero e aberto. Posso cometer pecados ocasionalmente, mas quando isso ocorre reconheço e admito o fato de que sou pecador e imperfeito.

Essa *purificação* é um fato quando estamos distanciados dos condicionamentos sociais que concorrem para nos alienar ainda mais. Sob determinadas condições, estar preso é ser mais livre, por paradoxal que isso pareça. Na Alemanha nazista, o dramático não foi tanto ver milhares de criaturas inocentes serem conduzidas aos campos de extermínio. Isso foi terrível, sem dúvida, mas o pior foi a passividade do resto da nação, que preferiu ignorar os fatos ou esforçou-se por acreditar que tudo não passava de simples equívoco histórico. Por força dessa cumplicidade, muitos cidadãos, preocupados tão somente com a própria sobrevivência, se autopoliciavam sem escrúpulos. Havia-se chegado àquele limite em que já não é mais possível escolher, ao mesmo tempo, a vida e a dignidade. A opção por uma acarretava necessariamente a perda da outra.

Não sei quanto tempo ainda ficaremos no cárcere. Aliás, quem sabe algo sobre o futuro imediato? Vivemos um tempo de incertezas, mas não creio que se necessite de muitas certezas quando se possui apenas uma: a de que a cruz é o caminho da vitória.

Um afetuoso abraço com muito amor.

P.S.: Vejam se há possibilidade de alguém enviar-me um exemplar do Antigo Testamento, mesmo usado. Quero dá-lo a um companheiro que, creio, fará bom uso dele.

*Penitenciária Regional de Presidente Venceslau, segunda, 20 de novembro de 1972*

Queridos pais e manos,

Na sexta, vieram dom Paulo Evaristo Arns, dom José Gonçalves, dom Lucas Moreira Neves e frei Gilberto Gorgulho. Os seis presos políticos os acompanharam na visita que fizeram à penitenciária. Vieram até a nossa cela — que, aliás, não andava lá muito arrumada. Deu pra conversar com calma, e falamos da experiência de trabalho pastoral junto aos presos comuns.

A rádio da cidade veio entrevistar o arcebispo. Dom Paulo estava muito bem, comunicativo, despreocupado. Frei Gorgulho não víamos havia mais de dois anos. Passaram aqui três horas, prometeram voltar em dezembro.

Recebi o jornal com a entrevista de Jacques Maritain* ao Antonio Carlos Villaça. Este, depois que escreveu *O nariz do morto*, ficou famoso; hoje, trabalha como secretário de Carlos Lacerda. Logo na introdução da entrevista é dito que ela foi obtida graças à carta do irmão Serafim, que foi enfermeiro e secretário de Maritain. Como sabem, o filósofo do "humanismo integral" vive há doze anos na fraternidade dos irmãozinhos de Foucauld, em Toulouse. Serafim é mineiro, foi da JEC de Belo Horizonte, onde descobriu sua vocação religiosa (bem antes do meu tempo). Pois bem, conto a vocês o que não saiu

---

* Jacques Maritain (1882-1973), filósofo católico francês.

no jornal, como foi conseguida a entrevista graças ao encontro casual de um turista com um porteiro de hotel.

Como todo irmãozinho de Foucauld, Serafim vive em pobreza radical. Foi à Europa participar do capítulo geral de sua congregação. Como não tinha dinheiro para regressar, empregou-se como porteiro de hotel em Genebra. Por essa época, o *Jornal do Brasil*, antevendo a comemoração dos noventa anos de Maritain, decidiu entrevistá-lo e enviou o Villaça. Ocorre que, há tempos, o filósofo considera que já disse tudo o que tinha a dizer. Nega-se a qualquer entrevista, quase não recebe ninguém. Villaça andou pela Europa tentando por todos os meios quebrar o silêncio de Maritain. Afinal, fez uma trégua em seu assédio; foi passar um dia em Genebra, que não conhecia. Ia pela rua quando, da porta do hotel, Serafim o avistou. Há mais de quinze anos os dois se conheciam. Serafim chamou-o, mas Villaça fez que não ouviu, pensou que o porteiro uniformizado o atraía como a qualquer turista. Só quando escutou seu nome, Villaça reconheceu, naquele porteiro, o irmãozinho — que lhe abriu as portas e a boca de Jacques Maritain.

Continuo repórter, mas agora me interessam mais os bastidores da notícia.

Há calor entremeado de chuva, que não refresca. Fui ao médico ver aquelas manchas que, aliás, apareceram também no Fernando e no Mané. São micoses, disse ele, próprias da mistura de roupas na lavagem. Receitou Dermobenzol, que passo e não adianta. Chamamos essas coisas de ziquizira de cadeia. Para a qual só há um remédio eficaz: alvará de soltura.

Abraços gerais e apertados a todos vocês.

*Penitenciária Regional de Presidente Venceslau, terça, 21 de novembro de 1972*

Queridas irmãs E. e H.,

Sei que vocês iniciam agora a fase de experimentação da vida religiosa. Quando nela ingressei, chamava-se noviciado. O nome não importa, felizmente a estrutura mudou. Antes era um período artificial, nada a ver com a vida daqueles que constituem o grosso da comunidade, nem com o trabalho da comunidade. O noviço permanecia perfeitamente guarnecido numa estufa, cujo ar de sacralidade nutria-se com o odor angélico dos defumadores canônicos que exalavam suave brisa celestial. Sentia-se um eleito do Senhor e pensava, penalizado, no resto da humanidade que jamais teria oportunidade de desfrutar de tanta paz, tanto silêncio e tanto conforto espiritual! Como se a vida cristã fosse algo esotérico, ao alcance apenas de uma privilegiada minoria de iniciados. Falava-se mesmo que a vida religiosa era o estado de perfeição! Quanta pretensão, meu Deus!

Nessa linha de raciocínio, os monges essênios do Mar Morto certamente julgavam João Batista — aquele que vagava pelo deserto vestido de pele de camelo e comia gafanhoto e mel silvestre — um débil mental. E os anciãos do Templo, confortavelmente instalados em suas tradições religiosas, devem ter comentado que Jesus e seus companheiros não passavam de um bando de desqualificados...

A vida religiosa se assemelha mais ao sepulcro caiado que à comunidade dos apóstolos; ela não pode pairar acima do comum dos mortais. Há que tirar a máscara que encobre a face de Cristo. É claro que tudo tem seu tempo. O lamentável é que a Igreja Católica quase sempre caminha a reboque do tempo. Agora parece que despertamos de longo período de sonolência. De início, houve ímpetos de correr; vimos depois não adiantar pôr o carro na frente dos bois. Resta-nos ter muita paciência e assumir o trabalho de renovação junto a um povo cuja religiosidade tem raízes tortas, mas seculares. Não adianta cortar a velha árvore. Nasceria uma nova tendo, na base, a velha raiz. A própria raiz precisa ser atingida.

Muitas vezes não conseguimos ser um bom religioso por não procurar ser um bom cristão. Há padres que se preocupam em ser bons padres; bispos que se preocupam em ser bons bispos; porém não parecem preocupados em ser bons cristãos. Infelizmente, a aberração de poder ser uma coisa sem ser a outra não é de todo impossível na Igreja...

Há quem diga, manas, que a vida religiosa abriu falência; querer salvá-la é pura perda de tempo. Isso é verdade para certo tipo de vida religiosa; cabe a nós saber renová-la ou substituí-la por outros instrumentos de ação. Conforme a época e as circunstâncias históricas, a instituição eclesial varia na forma que assume.

Na sua estrutura, a Igreja já foi seita perseguida, sociedade imperial, monárquica, feudal, absolutista etc. Sua atual estrutura autocrática resulta de todo esse passado e começa a sofrer influência das tendências democráticas de nosso tempo. Creio que a perseguição e a pobreza farão com que a Igreja seja, entre o povo, presença viva d'Aquele que anuncia e traz a libertação.

A vida religiosa é uma instituição dentro da Igreja. Porém, não nasceu nela. Como muita coisa que existe na Igreja, tem origem pagã. Ao longo dos séculos, sofreu inúmeras modificações.

O noviciado — como estrutura de adaptação à vida religiosa — está em crise, porque se encontrava inteiramente voltado para um estilo de vida que já não existe: o da clausura, exceto nas comunidades especificamente contemplativas, que ainda não aprenderam com os irmãozinhos de Foucauld que o contemplativo deve atuar como o fermento na massa. Aliás, ao ensinar-nos a contemplar, Jesus nunca sugeriu viver separado dos demais homens. Hoje, os religiosos se voltam para o trabalho junto ao povo, e o compromisso de pobreza que assumem deixa de ser uma farsa para tornar-se exigência à eficácia de engajamento entre os oprimidos e explorados.

Não digo a vocês *como ser uma boa religiosa*, primeiro, por não ser redator de *Seleções do Reader's Digest* e, segundo, porque vocês já são cristãs e, creio, desprovidas dos vícios que carrego. O que importa é decidirem radicalizar essa opção por Jesus Cristo na linha do serviço aos pobres. E sobre isso gostaria de dialogar com vocês. Não tenho experiência de trabalho com o povo, mas a vida de prisão e o contato com os presos comuns, oriundos das mais baixas camadas de nossa sociedade, têm servido para me problematizar bastante.

O Evangelho não deixa dúvidas de que Cristo veio principalmente para os pobres e marginalizados. O amor que encarnava era sinal de contradição, sobretudo numa sociedade como aquela em que coxos e cegos eram tidos como criaturas castigadas por Deus. Jesus amava aqueles que as pessoas supunham rejeitados pelo próprio Deus. A pobreza foi a própria condição de vida de Jesus. Por isso, algo está errado quando reconhecemos que a Igreja *precisa ser* pobre, *deve ir* aos pobres. É entre eles que deveria estar o "habitat" dela. Pois na medida em que permanecemos em cumplicidade com ricos e poderosos, e influenciados por eles, tendemos a acreditar que suas soluções para a promoção humana são mais sensatas e corretas. Pode a mesma mão que oprime conceder a liberdade?

O conselho evangélico de sermos pobres com os pobres — e nisso reside o caminho da perfeição — não se restringe à mera comunhão de vida com o povo. De modo nenhum podemos canonizar a pobreza. Ela é uma privação, resulta da exploração do homem pelo homem. Cristo, sendo de condição divina, não se prevaleceu de sua igualdade com Deus; aniquilou-se a si mesmo, assumiu a condição de escravo, fez-se semelhante aos homens para nos libertar.* Do mesmo modo, devemos assumir a condição do pobre para libertá-lo da pobreza, em todos os sentidos. É combatendo o pecado da exploração que faremos desaparecer o mal que provoca.

Nosso modelo de inserção entre o povo é Jesus de Nazaré. Devemos observar sua pedagogia, a maneira de pregar e viver, sobretudo o despojamento que o tornava tão semelhante aos "convidados ao banquete".** Jesus manifestava, em sua comunhão com as pessoas, a mesma ternura que o unia ao Pai. Esse despojamento é condição de possibilidade à verdadeira comunhão com o pobre e significa uma ruptura sempre maior com os condicionamentos e interesses das classes dominantes.

A vida cristã supõe essa imitação do testemunho de Jesus. Porém, ele não é um simples modelo, é quem dá vida à nossa vida. Só ao desvelarmos sua presença no interior de nossa existência é que a vida cristã se torna profunda experiência de amor entre nós e o Senhor ressuscitado. O movimento que conduz a esse amor e o aprofunda é a oração.

É muito difícil falar da oração, sobre ela estamos sempre aprendendo. Pela experiência de outros sabemos que no vazio e no silêncio de nossa interioridade descobrimos pela fé a presença real do Senhor. Essa comunhão tem sua fonte na meditação do Evangelho, nos sacramentos, no contato com os condenados da Terra. Ela opera em nós aquela transformação que nos faz trocar a sabedoria do mundo pela loucura da cruz.

Várias vezes o Evangelho nos mostra Jesus, que vivia entre o povo, afastar-se e buscar a solidão para rezar. Apesar de todo o valor da oração litúrgica e comunitária, o momento de deserto permanece indispensável. Me pergunto se, de certa maneira, a obrigatoriedade do breviário e do ofício não matou a vida de oração de padres e religiosos... Não tinham tempo para

---
* Filipenses 2,6-8.
** Marcos 14,12-4.

encontrar Deus no silêncio. Da oração individual, faziam um rosário de petições. Assim, muitos não descobriram a oração como encantamento, nem ultrapassaram aquele limite em que a pessoa deixa de rezar para ser transfigurada pela oração.

Se praticar fosse tão fácil quanto falar!... Ao terminar esta carta, tenho a impressão de ter feito um exame de consciência e escrito algo que gostaria de viver mas não consigo.

Se fosse então falar da experiência do meu noviciado, veriam como não vivi nada disso. O que lá encontrei foi a pior crise de fé da minha vida, escuridão total. Por isso, faço votos de que vocês sejam realistas e corajosas. Não esqueçam que, quando os hebreus iniciaram a travessia do deserto, tornaram-se rebeldes ao Senhor, e que Elias sentiu-se saturado de viver como justo. Foi também no deserto, logo após receber o batismo, que Jesus foi posto à prova. Vocês devem estar preparadas para passar por tudo isso e mais alguma coisa.

Rezem por nós. Afetuosamente, seu irmão.

*Penitenciária Regional de Presidente Venceslau, sexta, 24 de novembro de 1972*

Pois é, Breno,* todos nós gostamos da sua letra contando os babados da viagem que acabou naquele bode e pensei que ainda bem que o anjo da guarda da família é forte e não desses anjos loque que ficam marcando por aí dando de banda por seus protegidos porque senão você se tinha estrebuchado naquela treta de viagem que perigou o Tadeu pois não é que nas agruras do tempo o Nando quase vispou na Barra da Tijuca num Citroën que capotou e virou folha e depois fui eu na porta do Minas com Toninho da Matta** que acertamos um Chevro legal que tombou na hora e o nosso Hummer que era aguentado do pai dele ficou que nem massa de pastel na carretilha e mais tarde foi o Digo na porta do Sion que entrou de pirueta e só não cascou a nuca porque milagre

---

* Breno Libanio Christo, meu irmão.
** Antônio Lúcio da Matta, amigo de adolescência, com quem sofri um acidente de trânsito no início dos anos 1960. Tornou-se automobilista e conquistou catorze prêmios na categoria Turismo.

também acontece quando a gente num pede e agora você quase marca essa e eu daqui rezo e peço pro Léo e o Tonico não entrarem nessa fria pois hoje todo mundo anda muito louco que é aquele negócio de tirar um barato daqui e dali e o cara acha que bonito é disparar o carango e ter aquelas emoções todas e um dia acontece e é a caixa de osso toda partida e o cara apagado roxo que nem casca de cará e a mãe pondo a culpa no pai que emprestou a máquina e o pai dizendo que foi a mãe que deixou ele ir mas o fato é que o Serviço Nacional do Trânsito não devia fundir a cuca com taxa de acidentes e índices de mortes pois afinal vivemos num país tropical cujo herói nacional de cara estampada em tudo quanto é jornal é o Emerson Fittipaldi e o babado é esse mesmo que a garotada aprende sem ter consciência porque se amanhã a massa glorificar um que todo dia bate na mãe o país inteiro entra na dele e ainda vão dizer que é uma curtição legal e é por isso que não dá pra entender eu preso aqui acusado de defender a violência enquanto o herói nacional é um loque que estimula a garotada a arriscar a vida toda hora ao som do ronco de um motor e o outro canta a trezentos por hora na estrada de Santos e quando na dobra da intimidade da casa da gente a TV acende é só tiro que voa e soco e pontapé tudo regado a sangue que fertiliza a morte e se dois caras decidem esmurrar um a cara do outro em Nova York o fato é presenciado por todo o país via Embratel e depois quando a onda pega e os agentes funerários começam a faturar então é aquele desespero dos pais e das autoridades e dos psicólogos e sociólogos que vão analisar o fenômeno da delinquência juvenil ou da geração pop mas ninguém vai às causas porque suprimi-las é reduzir o lucro dos bancos que usam Fittipaldi e das casas de peças e acessórios para automóveis e dos lubrificantes que garantem ao consumidor tornar-se campeão da Fórmula 1 e outros babados berliques e berloques porque quando dá dinheiro eles fabricam até bomba de napalm e revistas e objetos pornográficos e mais tarde choram porque a filha caçula não sabe explicar qual dos garotos da patota é o pai do bebê que vem aí ou porque o outro passou do cigarro pra erva e já vai estreando no pico mas a TV continua e as corridas e o boxe e o cinema que mostram quanto um homem pode ser tão animal e essa é a onda chamar o cara de bicho e a mulher de pantera ou gata e todos acham tudo um sarro e não deixa de ser mesmo numa terra onde todo ano os bacanas e poderosos reúnem-se num hipódromo pra ver um bando de cavalos fazer voltas numa pista em busca do Grande Prêmio Brasil.

Breno, meu mano, você tem razão: a gente tem muito a dizer um ao outro. Graças a Deus (e isto não é uma mera expressão!) eu escapei, mas quantos da sua geração vão escapar? Escapei até demais, tanto que agora estou aqui na cela 42 do primeiro raio da Penitenciária Regional de Presidente Venceslau, em 24 de novembro de 1972, matriculado com o número 25 044 afixado em todas as minhas roupas de cama e no uniforme que uso. Não fumo, não bebo, não jogo, não tenho conta no banco, não possuo nada, nunca matei, nunca roubei, nunca quis mal a ninguém e nem fiz inimigos e, no entanto, estou encarcerado. Qual a razão, então, de tudo isso? É que num mundo de ódio e injustiças, desconfianças, medos e fingimentos, eles têm medo de quem é livre para amar. Eles me temem, e acho graça nisso.

Dê o meu abraço aos seus companheiros de viagem. Aqui prossigo a minha, a caminho de uma libertação sempre maior que o Senhor me concede.

Afetuosamente.

*Penitenciária Regional de Presidente Venceslau, quinta, 30 de novembro de 1972*

Caros amigos Carlos e Cláudio,*

Desde que chegamos aqui, procuramos ajudar os presos comuns a emergirem da ignorância. Muitos tinham chegado a ponto de trocar a memória pela imaginação. Sem quase nenhum contato com o mundo exterior, permaneciam alheios aos acontecimentos, parados no tempo e no espaço. Dentro da cadeia, forjavam um estranho mundo carregado de tensões, e as mesmas conversas repetiam-se indefinidamente.

Nossa simples presença entre eles questionou-os. É uma nova maneira de

---

* Frades carmelitas Carlos Mesters e Cláudio van Balen.

ser, que contrasta com a deles. Sempre foram pouco solidários entre si, e a união dos seis presos políticos foi o primeiro fator de impacto. Ratazana disse ao Mané Porfírio outro dia: "Quando entrei na cadeia, ensinaram-me a desconfiar de todo cara que me tratasse bem. Assim, nunca imaginei que pudesse haver essa amizade que vocês têm com a gente".

Para nos entrosar com eles, tivemos que agir com muito cuidado. Evitamos qualquer censura ao comportamento deles e não assumimos o código de ética pelo qual se pautam. Têm por princípio que "em briga entre dois malandros, um terceiro não entra". Se há uma briga, os demais não procuram separar, mesmo que um esteja matando o outro. "Cada um que procure acertar suas diferenças."

Outro dia, porém, uma briga se iniciava, quando o Mané interferiu para acalmar os ânimos. Pela maneira de intervir, ficou claro que não fazia "papel de polícia". O companheiro que pretendia agredir o outro acatou e voltou à paz. A administração felizmente evitou puni-lo, do contrário teria posto por água abaixo todo o nosso esforço.

Procuramos mostrar que não é a força física que faz um homem. Mas não é fácil modificar certos valores enraizados neles pela própria situação social em que nasceram e cresceram. Falei a Jerônimo: "Por que não trabalha, em vez de ficar entrando e saindo da cadeia a vida toda?". Respondeu-me: "Ora, frei, se eu fosse trabalhar, tava que nem meu pai e meus irmãos, dando duro e morando em barraco, sem dinheiro até pra comprar cigarro. Roubando, montei casa com televisão e geladeira, e já comi e bebi do bom e do melhor".

Se eu disser que o ideal do homem não pode se resumir em morar numa boa casa, ver televisão, comer camarão e lagosta, ou vestir-se na última moda, ele sem dúvida pensará "este cara está por fora" — pois o que a sociedade capitalista propõe? Basta ver revistas, jornais, anúncios de rua ou TV para verificar que a imagem ideal de homem, forjada pela classe dominante, interessada apenas em aumentar seus lucros, é a daquele que procura possuir tudo do bom e do melhor. Em outras palavras, a própria sociedade contribui para corromper, incutindo-nos falsos valores.

Foi liberado aqui o uso do rádio. A penitenciária está em festa. Quase todos compraram o seu a prestação, descontada no pecúlio que recebemos do Estado. Ter rádio aqui é abrir uma janela para o mundo. Isso reduzirá, sem dúvida, o embotamento da consciência deles, especialmente daqueles que deverão ficar longos anos atrás das grades. E creio que diminuirá as tensões.

Não é nada fácil fazer um trabalho visando a afastá-los do crime. Muitos não sentem nenhuma culpa e argumentam: "O rico também não rouba? Por que não vai para a cadeia?". Outros sabem que, fora, só encontrarão desprezo e desconfiança. Um ex-presidiário é sempre um homem marcado. Benedito, que já saiu e voltou, disse-me: "Saí disposto a viver de salário. Arranjei emprego numa firma. Quando o patrão ficou sabendo que eu estive preso, mandou-me embora. Fiquei revoltado".

Depois de viver tantos anos neste ambiente poluído de cadeia, só mesmo entre malandros o ex-presidiário se sentirá à vontade. A escala de valores dele já não combina com a das pessoas honestas e trabalhadoras. São mundos e línguas diferentes. E me pergunto: de acordo com o que vemos na TV e no cinema — meios de comunicação de massa que influem no nosso imaginário —, quem é o homem feliz, próspero, inteligente: o que trabalha arduamente para sustentar os seus ou o que vive cercado de mulheres, bebidas, ludibriando a Justiça? Então, de quem é a culpa?

Fernando, Ivo e eu abraçamos todos vocês, com muito afeto.

Agora é tempo de esperança. Logo estará entre nós Aquele que traz a libertação.

*Penitenciária Regional de Presidente Venceslau, terça, 5 de dezembro de 1972*

Queridos Cecília e Dotte,

Lamento não poder comparecer à formatura do Dotte "por motivo de força maior". É bem apropriada a expressão que mamãe escrevia na caderneta de colégio, para justificar minha falta à aula. Não fosse isso — meia dúzia de portas gradeadas ou onze meses que me separam da liberdade —, aí estaria para comemorar com vocês. Mas podem estar certos, participo da felicidade dos dois. É justa e merecida. Não apenas pelo esforço representado por esses cinco anos de estudos, muito mais pelo que significa a própria profissão de médico.

Antes de vir para a prisão, não tive oportunidade de observar de perto o que significa ser médico. Aqui, porém, faço constatações interessantes. A mais importante é que a maioria das pessoas procura o doutor por exigência psicológica, que tem repercussões somáticas. Se o médico atende secamente o preso — como um veterinário que não pode estabelecer diálogo com seus clientes, porque estes não falam —, pouco adiantam os remédios indicados. Se, ao contrário, o médico encara o paciente como uma pessoa a quem deve servir, basta um olhar amigo e confiante. O melhor remédio é o interesse demonstrado ao paciente.

Há, todavia, médicos e médicos. Conheci uns que receitavam o comprimido A se o sintoma era do pescoço para baixo... Outros agiam de tal forma que fiquei em dúvida se eram carcereiros ou policiais. Entretanto, vi também homens que não mediam sacrifícios em benefício dos pacientes. Traziam sempre na face o mais eficaz analgésico: um sorriso.

Uma das maiores provas de amor de que tenho notícia foi dada por um médico cuja esposa, havia oito anos, vegetava numa cama, sem nenhuma função ou atividade, exceto a que qualquer ser humano tem durante o sono. O marido poderia, com uma simples agulha, pôr fim àquele sofrimento. Durante oito anos, diariamente, ele fazia ginástica, dava banho e alimentava a esposa por sonda. Isso me foi contado por um padre que conhecia o casal. Não sei o que ocorreu depois. Mas o exemplo deste médico me fez entender que o limite do amor é amar sem limites.

Meu abraço amigo.


*Penitenciária Regional de Presidente Venceslau, quarta, 6 de dezembro de 1972*

Caríssima irmã Yolanda,

Hoje, no recreio da noite, fiquei conversando com Miltão. Está sempre quieto, sozinho num canto, jeito de quem não gosta de se misturar em roda de presos. Entrou na cadeia com 25 anos. Está com quarenta. Tem mais dezessete de pena pela frente; espera merecer comutação. É um sujeito tranquilo e, quando sorri, o brilho de uma obturação em ouro enfeita-lhe a alegria. Isso me faz lembrar bolivianos que consideram chique ter uma plaquinha de ouro entre os dentes da frente.

Miltão é gaúcho; com esse povo que muito admiro, costumo me dar bem. Falamos do Sul, do vinho, da carne, de Santa Maria, Pelotas, Caxias, São Leopoldo e Porto Alegre. Pra ele, eu vim "ontem" de lá. Ele veio há quinze anos. Na última sexta, soube que a irmã e a mãe morreram. Faleceram há dois anos. Só agora ele teve notícias. Eis a vida desses companheiros. Veio pedir-me para rezar por elas. Pra ele, foi na última sexta que a mãe e a irmã deixaram de existir na Terra.

Devia ser com simplicidade, mas não é assim que converso com gente como Miltão. É com profunda veneração. Um homem que passou o que ele passou — e carrega dentro de si uma esperança que confunde todos os meus dogmas — merece toda a minha estima e respeito. O que Deus é capaz de operar no coração de uma pessoa jamais será traduzido por qualquer tratado de Teologia.

Ele gosta de ler principalmente livros religiosos. Enviaram-nos umas obras do Clube do Livro, entre elas *O mártir do Gólgota,* em três volumes. Fernando emprestou-as para Miltão. Outro dia perguntou se havia pressa de devolver; tinha comprado três cadernos de duzentas folhas cada um e pretendia copiar a obra toda, o que chegou a fazer com o primeiro volume. Não preciso dizer que ofertamos os livros a ele.

Recebi o material de caligrafia. Não prometo fazê-la com assiduidade. Será mesmo que, a essa altura, posso melhorar minha letra? Não custa experimentar... Não é preguiça, não, é pânico diante da quantidade de livros que temos para ler.

Às vezes fico perdido entre tanta coisa. Além de apostilas e revistas, há livros de Teologia, economia, ciências sociais e romances empilhados na minha mesa, à espera de que eu os devore. Só em matéria de espiritualidade leio: *Com Cristo Jesus*, de Voillaume; *La Fraternité au bord du fleuve*, de Frère François; *Les Ages de la vie spirituelle*, de Paul Evdokimov; e *São João da Cruz.*

Sou assim mesmo, leio três ou quatro livros ao mesmo tempo. Não consigo ficar o dia inteiro numa coisa só. *São João da Cruz* entra aí porque as carmelitas de Passos me pediram opinião sobre ele, ou melhor, como vejo sua mística dentro do atual processo de renovação da Igreja. Não sei ainda se vou responder. Prefiro não falar do que não vivo.

Mas nem só da palavra que sai da boca de Deus vive o homem... Procuro acompanhar os problemas políticos e econômicos do Brasil, e mesmo de outros países. Ainda hoje li dois estudos interessantes: um mostrava a quantidade de bombas jogadas no Vietnã— 3,5 milhões de toneladas, no período entre 1969 e 1972. Equivale a uma Hiroshima por dia, e o custo desses bombardeios é superior ao prejuízo causado a qualquer objetivo militar do inimigo. O outro estudo é sobre o fracassado "milagre brasileiro". Em nosso país, 1% da população detém renda equivalente à renda de 50% da população e 68,4% dos que trabalham ganham menos que o salário mínimo. Bem dizia Olavo Bilac: "Criança, jamais verás um país como este!"...

Todos os companheiros enviam lembranças. Reze por nós e obrigado por tudo. Um abraço com muita amizade.

*Penitenciária Regional de Presidente Venceslau, quinta, 7 de dezembro de 1972*

Queridos pais e manos,

O Natal está de tal forma comercializado e o fator presente adquiriu tal importância dentro dele que já não posso encará-lo sem certa angústia de ver o seu verdadeiro significado encoberto pela frivolidade e ambição. Para muitos, Jesus nasceu há dois mil anos. Para mim, nasce todas as noites no coração da prostituta, do operário desqualificado, do aleijado, do doente, do prisioneiro, do miserável. É uma pessoa que nasce nas pessoas.

Aos olhos desconfiados dos fariseus, o ventre inchado de uma Maria qualquer é motivo de grave suspeita, considerando que ela ainda não é casada com seu noivo. Para mim, naquela Maria que ninguém hospeda está o Salvador. Vemos o Natal de celuloide dos presentes, dos champanhes e dos perus. Quantos olham para o morro em cuja gruta ele nasce? Jesus nasceu e morreu fora dos limites da cidade, lá onde é atirado o lixo e se escondem os vagabundos. É de lá que vem a libertação que ele nos traz. Quem se fecha em si mesmo para comemorar o Natal não vê Jesus nascer.

Se eu fosse colocar isso em um poema, creio que estragaria o Natal de muita gente. Não é que eu seja pessimista, vocês me conhecem, mas sofro de angústias para que dessa gravidez da Igreja nasça, de fato, o Libertador. Ontem tive um estranho sonho que passo a relatar a vocês:

Dentro de uma suntuosa catedral, havia sido preparada uma cerimônia na qual um grupo de jovens iria receber o selo do carisma. Entre esses jovens destacava-se o Diácono que, ao contrário dos demais, tinha as mãos amarradas por grossas cordas. Diante do altar-mor da catedral, havia um trono todo de ouro, no qual estava sentada uma bela mulher ornada de ricas pedras preciosas, e suas vestes reluziam como o sol. Seu rosto tinha muitas cores e via-se que era uma prostituta. Ao lado, em outro trono, encontrava-se o príncipe, que tinha a aparência de um dragão. Teve início a cerimônia, e o primeiro jovem aproximou-se do trono de ouro. A mulher olhou para o príncipe que, com a cabeça, fez um sinal de aprovação. Então a mulher, magnífica em sua vaidade, colocou no jovem um diadema dizendo: "Eis que te consagro, porque jamais conspiraste contra o dragão, meu amado".

O segundo jovem aproximou-se. A mulher ergueu os olhos em direção ao príncipe. Este consultou um dos guardas que estavam a seu lado e, em seguida, fez sinal, dando seu consentimento. Coroando o candidato com outro diadema, a prostituta declarou: "Eis que te consagro, porque jamais abandonaste nossas tradições".

Quando o terceiro jovem tomou o seu lugar diante da poderosa mulher, o príncipe fitou-o surpreso. Jamais havia visto ou ouvido falar daquele candidato. Entretanto, não lhe negaria um voto de confiança. Ao coroá-lo, a mulher traduziu o que pensou o príncipe: "Eis que te consagro, porque jamais fizeste o bem ou o mal e, se a ninguém ajudaste, a ninguém importunaste".

O quarto jovem tinha a metade do rosto coberta. Era conhecido do príncipe, a quem outrora dera muito desgosto. Após muitas considerações, haviam decidido aceitá-lo para receber o selo do carisma. A mulher sabia que não podia ser inimiga de quem era amigo de seu amigo, nem podia ser amiga de quem era inimigo de seu amigo. Ao colocar o diadema, fez consignar: "Eis que te consagro, apesar do teu passado, porque cobriste a tua vergonha e te arrependeste dos teus pecados contra o dragão, meu amado".

O próximo foi o jovem que gozava das boas graças do príncipe. Tanto era que se estranhou o fato de ele estar em quinto lugar, e não em primeiro. A mulher o admirava e, ao coroá-lo com um belo diadema, disse: "Eis que te consagro, porque não crês no que pregas e não vives o que ensinas, aliviando o coração sem perturbar a inteligência".

O sexto jovem era o mais forte de todos. Fazia parte da guarda do príncipe. Ao aproximar-se da mulher que resplandecia em luxo, abaixou a fronte e sentiu a suavidade daquelas mãos tão finas pousar-lhe o diadema sobre a cabeça. Foi declarado pela mulher: "Eis que te consagro, porque defendes o meu amado, ajudando a perpetuar o seu poder".

Na catedral reinou absoluto silêncio quando se aproximou o sétimo jovem. Era Diácono. Tinha a face marcada pelo sofrimento e seus olhos eram como duas espadas afiadas. Suas mãos, apertadas pelas cordas, tinham as palmas abertas para o alto. A mulher fitou-o, perturbada. O príncipe, refestelado em seu trono, olhava indignado. Com a sinceridade própria à boca das prostitutas, foi dito ao Diácono: "Eis que a ti não consagrarei. Nada tenho contra ti, mas foste amarrado pelo dragão meu amado. Não posso conceder o selo do carisma a quem ele não vê com bons olhos. Se te entrego o diadema, porei em perigo o que resta de paz e harmonia entre mim e o príncipe, que é o dragão, meu amado. Estamos em tempo de deixar cicatrizar as feridas e não de abri-las ainda mais. Entrego-te a César, que reina sobre o dragão e sustenta-me com suas riquezas".

O Diácono foi conduzido da catedral ao calabouço. Jazia no chão frio e infecto, quando viu um grande sinal aparecer no céu: uma mulher revestida de sol, a lua debaixo de seus pés e uma coroa de estrelas na cabeça. Estava grávida e gritava de dores, aflita para dar à luz. E logo apareceu um outro sinal: um grande dragão que se deteve diante da mulher que estava para dar à luz, a fim de que, quando ela desse à luz, devorasse seu filho.

Ora, ela deu à luz um menino que fora destinado a reger todas as nações. Ele trazia, marcado na fronte, um instrumento de suplício: a cruz. Ao ver a face do filho da mulher, o dragão precipitou-se nos abismos. O menino tomou a cruz e colocou-a sobre a cabeça do Diácono, dizendo: "Eis que te consagro, porque não cedeste ao dragão, nem foste seduzido pela prostituta. Só a mulher que gerou a mim e a ti é pura. Pelo caminho da cruz, não terás o diadema do mundo, mas receberás a glória de Deus. Confia".

*Penitenciária Regional de Presidente Venceslau, segunda, 18 de dezembro de 1972*

Queridos pais e manos,

Soubemos que o juiz auditor não quis se pronunciar sobre o nosso pedido de liberdade condicional; remeteu-o ao Conselho Penitenciário Federal, em Brasília. Garanto que é a primeira vez que esse conselho é instado a manifestar-se sobre presos políticos. Apesar de nos acusarem de crimes políticos e nos enquadrarem na Lei de Segurança Nacional, querem agora nos tratar como presos comuns. Embora nos tratem assim, não nos permitem recorrer ao tribunal civil nem fazer uso do habeas corpus. Quem entende?

Até a semana passada, em sete meses que estamos aqui, era o diretor quem censurava nossas cartas, e podíamos remetê-las duas vezes por semana. Agora transferiu esse encargo para o serviço de censura da penitenciária, que cuida da correspondência de todos os presos. Isso significa algumas restrições. A partir do dia 22, só poderemos enviar cartas uma vez por semana, e os envelopes de quem nos escreve devem ser devolvidos para o arquivo. Antes assinávamos recibo num livro e os envelopes ficavam em nosso poder. A correspondência que nos chega do exterior é enviada a São Paulo, a setecentos quilômetros daqui, para ser traduzida. Uma carta que recebi das monjas contemplativas de Blagnac, na França, deu entrada aqui em 25 de novembro; até agora não chegou às minhas mãos.

Muita saudade e um abraço afetuoso.


*Penitenciária Regional de Presidente Venceslau, terça, 26 de dezembro de 1972*

Queridos pais e manos,

Este foi o nosso quarto Natal na prisão. É difícil compará-los, porque cada um encerrou sua beleza e significado. Todos foram marcados por uma simplicidade que nos pareceu muito próxima de tudo aquilo que se passou em Belém, há dois mil anos.

Penso na longa viagem de Maria, grávida de nove meses, e José, pela estrada poeirenta que vai de Nazaré a Belém. Penso em Maria sentada junto à fonte da aldeia, enquanto seu companheiro aflito percorria, frustrado, as hospedarias. Nas mais bem instaladas, havia lugar; José, o carpinteiro, é que não tinha dinheiro. O casal foi obrigado a ir para fora da cidade. Ali ficam os cortiços, os depósitos de lixo, os cemitérios, as prisões e os lugares onde são executados os malfeitores. Fora da cidade ficava a gruta, no morro onde os pastores levavam seus rebanhos a pastar. Nela, José e Maria acomodaram-se de qualquer jeito. Numa gamela cheia de palha, deitaram o menino envolto em faixas de um pano qualquer.

Fora da cidade e entre os mais pobres, Deus escolheu nascer.

Um pouco de tudo isso encontramos em cada cela onde passamos os natais. Nesta penitenciária, o Natal de 1972, que comemoramos cercados de tanta gente, foi tão expressivo quanto o Natal de 1971, que passamos trancados na cela, sem ao menos poder receber o abraço de nossos companheiros e familiares.

No sábado, dia 23, houve culto promovido pela Igreja Adventista do Sétimo Dia. Uma cerimônia encantadora pela simplicidade e admirável pela significação evangélica. Trouxeram um coro de crianças pobremente vestidas, que mexeu com o coração de todos nós. Um velho tocou gaita. Dois casais tocaram música de época. Uma menina recitou poesias. Um jogral de jovens emocionou-nos pelo bonito poema que, entre outras coisas, dizia: "Neste Natal, Jesus nasceu numa trincheira, porque sua aldeia foi bombardeada".

Só lamentei que ninguém tivesse tomado a iniciativa de preparar um grupo de presos para participar, de modo que não ficássemos apenas aplaudindo os que vieram de fora. Aqui não há nada que desenvolva a tendência do pessoal à arte cênica. Como seria importante pelo menos um grupo teatral... E sei que bons atores não faltam. A dificuldade é que se o regulamento não prevê é muito difícil fazer.

A cerimônia adventista terminou com a pregação de uma jovem senhora, dessas que nos dão a impressão de jamais se dobrarem diante dos obstáculos da vida. Falou com muita espontaneidade, narrando a vida de Jesus, enquanto expunha cartazes que ilustravam a pregação. Vi, então, que o preconceito católico contra a pregação feminina é uma grande bobagem... E uma grande perda para nós!

Domingo, dia 24, amanheceu chove não chove. Mas esta penitenciária tem o privilégio de abrigar um preso que jamais se engana na previsão do tempo. Consultado, garantiu que à noite não choveria. Nosso raio foi, então, enfeitado para a celebração litúrgica.

Chamados para a visita, ficamos imensamente alegres ao encontrar a advogada Eny Raimundo Moreira, que veio passar o Natal conosco. Isso é muito amor! Deixar o Rio, a família e os amigos para estar aqui nesta data com meia dúzia de clientes não pode ser explicado à simples luz da razão.

Foi aquela festa! Ela falou com muita gratidão sobre o apoio que os manos e os sobrinhos lhe deram quando esteve pela última vez aí em casa.

No fim da tarde, cada preso recebeu salgadinhos, doces e uma garrafa de guaraná. Como é bom um guaraná gelado! Bebê-lo foi, para muitos, um ato quase litúrgico. A privação ensina-nos a valorizar as "pequenas coisas", como dizia o Pipo* e repetia o Tito.

Quando saímos da cela à noite, ocorreu algo que, repentinamente, nos trouxe à triste realidade de nossa condição de prisioneiros: fomos todos revistados pelos guardas. Quem sabe, nesta noite, José não foi também revistado pelos soldados romanos que controlavam o recenseamento em Belém...

O culto ecumênico foi celebrado em nosso raio. Teve início às 21 horas. Presentes os quatrocentos presidiários, visitas, muitas crianças (como criança faz falta a quem está preso!), as famílias do diretor e do pessoal administrativo. Um coral metodista entoou hinos belíssimos. A banda dos presos abriu e fechou a cerimônia. O pastor e um padre pregaram. Muitos receberam o corpo e o sangue do Senhor.

Foi uma noite cheia de encanto. Apesar do drama dos companheiros, das ausências inesquecíveis, das famílias distantes, dos longos anos de prisão, pairava uma suave paz, como a estrela que iluminou o céu quando os anjos cantaram: "Paz na terra aos homens a quem Deus quer bem". Deus quer bem a estes companheiros que carregam as consequências do pecado de nossa socie-

---

* Apelido de frei Giorgio Callegari.

dade. Deus ama, de modo especial, a cada um deles, como jamais podemos supor e muito menos imitar.

Do fundo do pátio, participei da celebração com o coração transbordante de alegria. Ao meu lado estavam T. (condenado a 25 anos, acusado de assassinato de um motorista de táxi) e S. (condenado a 42 anos, acusado de vários assaltos e um homicídio). T. é um dos cristãos de fato que encontramos aqui. S. só agora começou a descobrir Jesus Cristo. Está na fase do entusiasmo. Sei que daqui a pouco ele vai esmorecer para recomeçar mais tarde.

Após o culto, o diretor dirigiu-se à frente e pediu a Eny que o acompanhasse. Tomou o microfone e, depois de congratular-se com todos os presentes, declarou que não podia deixar de assinalar a presença aqui, naquela noite, de uma brilhante advogada que deixara o Rio para passar o Natal com seus clientes presos nesta penitenciária. Pediu uma salva de palmas à Eny. Surpresa e bastante emocionada, ela nos dirigiu a palavra. Seria impossível tentar reproduzir aqui o que ela disse. Um canto de amor não pode ser descrito. Como um doce perfume, ela contagiou o ambiente. Seu carinho penetrou o coração de cada presidiário. Só me lembro que ela terminou dizendo: "Beijo cada um de vocês".

Eny deixou o microfone e veio em direção aos bancos onde estávamos. Enquanto a banda apresentava os números finais, ela cumprimentava os companheiros. Pegou a mão de um por um, sem exceção. Foi lindo vê-la caminhando lentamente entre aquela porção de homens uniformizados, enfileirados nos bancos.

Muitos companheiros não suportaram a ternura que extravasava daquele gesto. Um deles disse a ela: "É a primeira advogada que vejo advogar com amor". Outros disseram: "Frei, por esta mulher, eu mato qualquer um". Dentro deste mundo, isso é uma forma de elogio; "Eu não acreditava em gente boa, mas agora sou obrigado a reconhecer que estava errado"; "Não podia haver melhor presente".

Durante muito tempo, o assunto aqui será a Eny. No fim, houve confraternização geral. Ficamos no pátio até meia-noite.

Na segunda-feira, dia 25, Eny veio cedo para passar o dia conosco. Foi a única visita que nós seis recebemos. Demos a ela, de presente, uns cartazes, desenhados pelo Caixe e pelo Mané. O time campeão da casa ofertou medalhas e faixas, que ela recebeu feliz. Todos queriam agradecer-lhe de alguma forma.

Pela primeira vez, vimos a sala reservada às visitas encher de gente. Muitas crianças. Estava um ambiente bastante alegre e divertido, pelo menos para os que tiveram a felicidade de receber suas famílias. Nós seis passamos o dia cercados de crianças. O Caixe meteu-se a fazer mágicas, e o Ivo improvisou um show de mímica. A garotada não largava a gente. Um menino de cinco anos, desses de cara e alma de moleque, queria que eu contasse histórias de qualquer jeito. Inventei daqui, inventei dali e, no fim, eu me vi com ele no colo me contando a história dos três porquinhos (cujos detalhes eu já havia esquecido). Embarquei completamente na onda da criançada. Fiquei extenuado, mas plenamente satisfeito.

# 5. Cartas de 1973

*Penitenciária Regional de Presidente Venceslau, segunda, 1º de janeiro de 1973*

Querido irmão John,*

Foi um ótimo presente de Natal receber a sua carta. Fiquei admirado com o bom português. Gostei muito das fotos: sua mulher é de uma irradiante simpatia, possui um rosto luminoso. Você, John, com aquela barbicha e o boné, parece um lenhador canadense. O que encontrou nos States para substituir os cigarros Continental? Não deve ter sido difícil, afinal a Souza Cruz não é nem do sr. Souza, nem do sr. Cruz...

Acho que entendi o seu trabalho. Não deve ser pesado numa cidade como Davenport, onde é possível recolher contribuições anuais de 1 milhão de dólares! Para nós, subdesenvolvidos, é dinheiro pra burro. É incrível que haja miséria no reino da abundância, como nos Estados Unidos. O sistema capitalista tem suas curiosas contradições: a liberdade de vocês é o resultado de nos-

---

* John Boyle, religioso não sacerdote estadunidense, foi assessor da JEC brasileira no início da década de 1960.

sa opressão. Para que haja poucos muito ricos, é preciso que haja muitos pobres. Para que haja uma nação como a sua, é necessário que haja a miséria da América Latina, da África e do Sudeste Asiático. Todas as vezes que lavo as mãos com sabonete Gessy-Lever, faço a barba com gilete, acendo a luz fornecida pela Light e saboreio um chocolate da American Food, envio dinheiro para vocês. Os pobres sustentam os ricos.

O que não consigo entender é como Nixon conseguiu ser reeleito. A única explicação é que os norte-americanos vivem sob poderosíssima ditadura industrial-militar, que inclusive os convence de que são a população mais livre do mundo. É como a história da democracia em Atenas: pura farsa, mas quase ninguém põe em dúvida. Atenas tinha, no esplendor de sua "democracia", 20 mil homens livres vivendo à custa do trabalho de 400 mil escravos. Do mesmo modo, o povo estadunidense não influi na vida da nação, embora pense que sim. De fato, vocês podem criticar o sistema à vontade, só não podem pretender modificá-lo.

Outro aspecto que creio ter influído na reeleição de Nixon é o medo do futuro. Muitos de vocês devem pensar: "Não gostamos dele, mas do jeito que as coisas estão é preferível não entregar o poder a um novato como McGovern". Essa maneira de pensar revela um fenômeno curioso e muito atual: o medo da liberdade. Quem tem medo do futuro tem medo de ser livre. Talvez muitos lamentem que o mandato presidencial não seja tão longo quanto o dos faraós do Egito.

Falemos agora de vocês dois. Fico feliz ao vê-los realizados no matrimônio. O que mais me alegra é saber que essa opção em nada prejudicou suas relações com a Igreja. Os bispos ainda mantêm para com padres que casam uma atitude de franca suspeita. Até parece que a suspeita recai sobre o próprio sacramento do matrimônio. A interdição de participarem de atividades pastorais, lecionarem em seminários e pregarem é absolutamente inexplicável à luz do Evangelho. Quem deixa o ministério sacerdotal não deixa o sacerdócio nem deixa de ser cristão. E muito menos deixa de receber a graça e o amor de Deus. Pena que, em muitas ocasiões, os bispos pareçam tão incapazes de amar, principalmente os próprios "filhos" que geraram.

Já teve início a contagem regressiva de nosso último ano de prisão. O advogado solicitou nossa liberdade condicional. É provável que fiquemos aqui até novembro. O ano passado foi bastante agitado. Passamos por quatro prisões diferentes. A fim de salvaguardar nossos companheiros, fizemos duas greves de fome, sendo a última de 33 dias. Agora vivemos nesta penitenciária como presos comuns, embora legalmente sejamos presos políticos. Tem sido uma magnífica experiência a convivência com esses homens condenados pelos mais diversos crimes. Procuramos despertá-los para a grandeza da dignidade humana de cada um deles e arrancá-los da indigência mental e espiritual.

Desejo a vocês um Ano-Novo repleto de alegrias.

*Penitenciária Regional de Presidente Venceslau, terça, 2 de janeiro de 1973*

Querida Maria Inês,

Você diz que, na Itália, a pergunta mais comum que se escuta todos os dias é "em que você acredita ainda?". Você fala na necessidade de descobrir novas fontes de espiritualidade, e acho que essa exigência é mesmo condição de possibilidade de resposta à questão colocada.

A questão me parece uma consequência do amadurecimento da Teologia tornando-se capaz de criticar os seus próprios fundamentos. Não há nada inquestionável. Assim como, a partir da metade do século passado,* a filosofia pós-hegeliana pôs em xeque todo o seu patrimônio, métodos, objeto e finalidade, a Teologia foi levada a fazer o mesmo. Só que, dentro do âmbito católico, esse processo aconteceu após o Concílio. É uma verdadeira revolução copernicana. Basta ver os problemas levantados por Bultmann.

Na base de todo avanço da Filosofia está um progresso da ciência. Acho que não é possível escrever uma história daquela sem falar dos dados extraídos da percepção do homem sobre a natureza. Platão foi o filho pródigo da matemática grega, como Descartes da física de Galileu, Kant das descobertas de Newton e Marx da economia inglesa.

A Teologia não é uma ciência à parte. Ela ressente e reflete, necessaria-

---

* Referência ao século XIX.

mente, as inovações ocorridas no plano da ciência e da Filosofia. Ocorre, porém, uma defasagem entre ela e suas irmãs profanas. A ciência tornou-se, definitivamente, a espinha dorsal de todo progresso humano. A Filosofia deixou de contemplar o mundo para transformá-lo. E a Teologia? Terá conseguido ser algo mais do que a boa maneira de falar sobre as verdades reveladas?

Creio que a relação entre a questão "em que você acredita ainda?" e a própria dificuldade de responder é um resultado do secular divórcio entre Teologia e espiritualidade na Igreja do Ocidente. Quando você afirma, com razão, que é preciso descobrir novas fontes de espiritualidade, penso que isso só será possível mediante uma nova maneira de fazer Teologia. E, pela qual, Teologia e espiritualidade estejam indissoluvelmente ligadas.

A Teologia, hoje, se apoia no tripé Revelação-Tradição-Sinais dos Tempos. A leitura teológica dos sinais dos tempos não é novidade, os profetas do Antigo Testamento já a faziam. A novidade é que, agora, recuperamos esse velho costume, embora carente ainda dos instrumentos necessários. Temos que polir bem as lentes para entender o que se passa no mundo de hoje, senão corremos o risco de considerar a sarça ardente, a brisa do monte Horeb e a estrela no Oriente meros fenômenos naturais.

Todo período histórico tem sua própria estrutura. Para entendê-lo é preciso saber como ela se ergue, pois é dentro dessa estrutura que deve ressoar a Palavra de Deus. Assim, hoje é imprescindível ao teólogo saber pelo menos avaliar o alcance da economia como determinante na vida dos povos e das relações internacionais. Não basta falar o que deve ser feito na linha da fidelidade ao Senhor; mas *como* deve ser feito — de que maneira opera-se essa fidelidade, qual a práxis a ser desenvolvida.

O capítulo 21 de Lucas é uma aula magistral de Jesus sobre como ler os sinais dos tempos. Ele indica o sinal — Jerusalém sitiada por exércitos — e a consequência: sua ruína está próxima. Prescreve a ação conforme diferentes situações: os que estiverem dentro da cidade, retirem-se; os que estiverem nos campos, não entrem na cidade. Revela o sentido do acontecimento: esses serão dias de castigo para que se cumpra tudo o que está escrito.

A Igreja encontra dificuldade de encarar profeticamente os acontecimentos atuais. Parece embaraçada diante de ocorrências como as guerras do Vietnã e do Oriente Médio, a luta de libertação dos oprimidos, a emancipação feminina, os movimentos estudantil e operário, os governos ditatoriais etc. A hierarquia limita-se, em geral, a manifestar seus desejos de paz, sem prescrever qual deve ser a ação dos cristãos engajados nessas situações reais. Por isso, torna-se difícil para a Igreja desvelar o profundo significado que têm esses fatos dentro do projeto de salvação divina.

Creio que dois fatores, de ordem ideológica, pesam nos pronunciamentos da hierarquia. Em primeiro lugar, o profetismo cede lugar às conveniências diplomáticas. As coisas são ditas para não ferir nem magoar nenhuma das partes e, por isso mesmo, não atingem, não questionam e não convertem. Outro fator é a falsa ideia de que a história se faz sem partos dolorosos, o que se reflete na abordagem pessimista dos conflitos sociais como sinal de retrocesso. Ora, o que Jesus nos diz é justamente o contrário: "Quando ouvirdes falar de guerras e de tumultos, não vos assusteis, porque é necessário que isto aconteça primeiro, mas não virá logo o fim. [...] Quando começarem a acontecer estas coisas, *reanimai-vos e levantais as vossas cabeças; porque se aproxima a vossa libertação*" (Lucas 21,9.28).

É na linha de uma práxis evangélica que vejo a possibilidade de síntese entre Teologia e espiritualidade. De fato, a gente se pergunta "em que coisa creio ainda?" se a nossa crença tem por objeto um corpo de doutrina que sofre as mais severas críticas. Esse tipo de crença doutrinária não deveria existir entre nós. O objeto da fé de um cristão é uma pessoa — Jesus Cristo — e a relação que se estabelece entre eles é de amor. Quem entra em crise de fé porque os pressupostos da Teologia estão sendo revistos é porque não possui espiritualidade, ou seja, um modo de ter Cristo em sua vida, não apenas como aquele em que se crê, mas sobretudo como aquele a quem se ama. A Teologia deve ter a caridade como raiz.

Quando observamos a relação de Jesus com seus apóstolos, ficamos admirados por nunca ter tido a preocupação de infundir-lhes um corpo de doutrina. Não imitou a academia grega nem a sinagoga judia. Não formou discípulos como Sócrates e Aristóteles. Não encontramos nos Evangelhos a imagem de um Jesus acadêmico, empenhado em demonstrar a seus discípulos os princípios nos quais deviam crer. Aqui o objeto da fé, sendo uma pessoa, supõe uma relação de amor.

Jesus era aquele que ama e era amado. Vivia com seus amigos e revelava-lhes o significado evangélico dos acontecimentos mais simples da vida. Não tinha pressa, nem ansiedade de que jamais vacilassem. Pedro vacilou; Tomé, também; e Mateus nos diz que, mesmo vendo-o ressuscitado, "alguns hesitavam ainda" (28,17). Todos, porém, o amavam.

A questão deveria ser colocada, pois, de outra maneira: "O que você ama?". As pessoas podem crer em Jesus de Nazaré, mas terem maior amor a si mesmas. Podem crer naquilo que a Igreja manda crer, mas amam muito mais a sabedoria do mundo, o bem-estar da sociedade opulenta, o dinheiro e o poder. *Quando a gente revela o que ama, a gente se revela*:* "Porque onde estiver o teu tesouro, ali estará também o teu coração" (Mateus 6,21).

Crer sem amar só é possível onde Teologia e espiritualidade são duas coisas diferentes. Ou paralelas. Para superar essa defasagem, temos muito a aprender com a Igreja oriental. Ela não conhece esse dualismo. Sua Teologia, antes de ser *saber racional, é sabedoria*. Nasce de uma profunda vida espiritual e é absorvida como alimento desta.

O racionalismo latino subdividiu de tal forma os deveres do cristão que acabamos perdendo a unidade e o dinamismo evangélicos. Uns devem contemplar, outros devem agir; uns devem cuidar dos pobres, outros não; uns devem seguir as bem-aventuranças e outros podem inclusive acatar os conselhos evangélicos.

Isso é um sério desvio. Não creio que Jesus tenha estabelecido diferentes categorias de cristãos. Os chamados conselhos evangélicos são para todos — padres e leigos, celibatários e casais. Assim como a oração e a contemplação. Só há diferença de carismas e funções. As demais resultam de nossas imperfeições e infidelidades. [...]

*Penitenciária Regional de Presidente Venceslau, domingo, 7 de janeiro de 1973*

Queridos pais e manos,

O calor aqui é infernal. Acredito que no raio, todo de cimento, atinja quarenta graus ou mais. Sem nenhum exagero: as portas das celas, que são de

---

* Frase grifada pelo serviço de censura da prisão.

madeira grossa com chapas de ferro, chegam a envergar; a tinta da parede, a derreter. O banho de torneira nada refresca. À noite, o sono é atormentado pelo suor e pelos pernilongos. Parece-nos faltar disposição para qualquer coisa.

Deu uma epidemia de gripe e não escapei. Houve dias em que não consegui sair da cama. O corpo ficou mole como ramo de brejo. Agora sinto que meus anticorpos vencem a batalha.

Muitos abraços!

*Penitenciária Regional de Presidente Venceslau, segunda, 15 de janeiro de 1973*

Querida irmã Paula,*

[...] Lemos no Sedoc os textos do Encontro Monástico Latino-Americano realizado no Rio, em julho passado. A conferência de abertura de dom Weakland é admirável, sobretudo porque ele mostra que o monarquismo só pode ser analisado dentro da história como algo que, inevitavelmente, evolui com o tempo — e não como uma instituição estática, a-histórica, que tivesse para com o mundo a mesma relação que havia entre o mosteiro de Qumran e as tramas históricas nas quais Jesus se viu envolvido.

*Perfectae caritatis* indica, afirma dom Weakland, o processo para a renovação de nossa vida: "A renovação da vida religiosa comporta uma contínua volta às fontes de toda forma de vida cristã...". Por uma razão que não posso explicar — continua ele — muitos começaram a omitir o primeiro elemento da fórmula: "a volta às fontes de toda vida cristã", isto é, ao Evangelho (Sedoc 54, p. 578).

De fato, grosso modo, parece ter havido em algumas instituições na Igreja um progressivo distanciamento do Evangelho de Jesus, a tal ponto que constituições e tradições adquiriram peso maior, sagrado e intocável. É o que ocorreu com a religião judaica. Os escribas e fariseus apegaram-se tanto à

---

* Irmã Paula Ramos, beneditina.

letra da Lei e às suas próprias interpretações talmúdicas, e assim ensinaram aos seus que, quando veio o Messias, não puderam reconhecê-lo, apesar de todos os milagres.

Corremos o mesmo risco de não reconhecer a imagem de Cristo naqueles com os quais ele mais se identificou: os pobres e oprimidos. Corremos o risco de continuar a entregá-los à morte lenta e dolorosa a que são submetidos pelas mãos dos opressores, que querem perpetuar a miséria, a opulência e a desigualdade social.

Na história do monarquismo, houve vários movimentos de volta às fontes da vida cristã. A própria inspiração de são Bento é uma delas. Posteriormente, a pobreza e o despojamento de Cîteaux, em oposição à opulência e ociosidade de Cluny... Entretanto, não é fácil operar essa ruptura. Exigem-se condições subjetivas — homens suscitados pelo Espírito para cumprirem essa tarefa; e condições objetivas — o sopro de renovação na vida da Igreja. Creio que vivemos em um desses momentos históricos. Esta é a hora de nascer de novo e nascer do alto. Quem não for capaz de se atirar ao futuro, lá onde a Promessa nos aponta sua realização definitiva, e ficar olhando para trás, estará ameaçado pelo mesmo castigo que se abateu sobre a mulher de Ló.

Muitas vezes, nos enganamos quanto à fidelidade que devemos ao Senhor. Isso é bem ilustrado na carta do Senhor à Igreja de Éfeso (Apocalipse 2). Ele declara que conhece "tuas obras, teu trabalho e tua perseverança". À primeira vista, é uma Igreja digna de louvores, pois "não suporta os maus, põe à prova os falsos apóstolos, tem perseverança", fora capaz de sofrer pelo nome de Cristo sem desanimar e detesta as heresias. Como seria admirável aos nossos olhos uma Igreja local que desse esse testemunho! Entretanto, nada disso basta aos olhos do Senhor: "Tenho contra ti que deixaste esfriar o teu primeiro amor".

Em quantas de nossas Igrejas e comunidades esfriou o primeiro amor? Em quantos de nós? O primeiro amor é o mais apaixonado. Depois vem a rotina. A Igreja de Éfeso esfriou o seu primeiro amor, porque se deixara levar pela rotina. A rotina das cúrias, das paróquias, das rubricas, das regras, da boa educação, dos deveres e obrigações sociais. O Senhor considera a rotina uma grande queda: "Lembra-te de que altura caíste!". Conclama a Igreja ao arrependimento e retorno "às primeiras obras". [...]

*Penitenciária Regional de Presidente Venceslau, segunda, 15 de janeiro de 1973*

[A um religioso,]

[...] Você está preocupado com novos caminhos para a vida religiosa. Estou de acordo que Voillaume e outros encontraram uma perspectiva evangélica que rompe com o modelo tradicional. Mas não sei se a solução para quem quer reencontrar as fontes da vida cristã é mudar de uma família religiosa para outra. Hoje, uma pequena comunidade pode dispor de muita autonomia de vida e ação.

Acho que já passou a época de inventar novas estruturas para a vida religiosa. O que é mais necessário, agora, é dar a ela uma perspectiva de atuação e presença no mundo que possa ser abraçada por qualquer religioso de qualquer família. Falo de um "movimento" dentro da Igreja, o que me parece ter sido a inspiração de Francisco de Assis, que não quis institucionalizar nada. Esse movimento evangélico deverá, inclusive, romper o dualismo contemplação/vida ativa.

Dentro da Igreja, a vocação contemplativa deve deixar de ser privilégio de uma elite porque é, de fato, uma vocação (chamado) de todo cristão. A elitização da vida contemplativa levou os demais cristãos a crerem que a união mística com Deus não é para eles. E o pior: que é algo só alcançável dentro dos muros de um convento.

Ora, Jesus diz muito claramente: "Se alguém me ama, guardará minha Palavra e meu Pai o amará e viremos a ele, e estabeleceremos nele a nossa morada" (João 14,23). O próprio Jesus e os apóstolos realizaram, em suas vidas, a unidade ação-contemplação.

Creio mesmo que a contemplação tem uma dimensão social e histórica ainda não explorada. Pela sua atuação, o cristão deve preparar a história humana a fim de que, livre do pecado e da alienação, ela esteja pronta para receber o dom do Reino que irá consumá-la e transfigurá-la "a fim de que Deus seja tudo em todos" (1 Coríntios 15,28).

[*Sem data*]

Padre Gobert,*

O livro de Gustavo Gutiérrez, que o senhor nos mandou, tem sido de grande utilidade. Ele sistematiza certas preocupações que nos acompanham nesses últimos anos, principalmente na prisão, onde a realidade e o diálogo com os nossos companheiros não cristãos obrigam-nos a rever determinadas categorias de nossa Teologia e vias de nossa espiritualidade.

Assim como a Teologia em bases cosmológicas exigiu a contribuição da Física e da Astronomia para certa concepção do Universo, a Teologia contemporânea, em bases antropológicas, exige a contribuição das ciências sociais para apreender o processo histórico.

A fim de não nos iludirmos com o suposto desenvolvimento de nossos países, e ter a certeza de que o ser humano não é a sua meta, precisamos, como os profetas, ter condições de analisá-lo à luz da Palavra que cria e liberta. Isso só será possível graças, por exemplo, ao auxílio da economia política, que nos permite decifrar o mecanismo interno das relações de produção na América Latina. Nada do que é humano é estranho a Jesus Cristo.

Encontrar a maneira própria de viver o Evangelho dentro da realidade latino-americana supõe, ainda, uma espiritualidade, uma forma concreta de docilidade ao Espírito, que nos leve à comunhão com Deus na história desse povo tão explorado e oprimido. É dentro dessa história que vivemos nosso confronto com os poderosos: a perseguição, a paixão, a cruz, que conduzem à vida e à plenitude em Cristo. Durante esses anos de prisão, encontramos poucas pessoas que se envergonharam de nós e consideraram nossa situação de prisioneiros lamentável para a Igreja.

O que deveriam pensar então de Jesus, que não só foi preso e crucificado como bandido, mas também afirmou aos seus discípulos: "Lançarão as mãos sobre vós, vos perseguirão, vos entregarão aos tribunais e às prisões, arrastar-

---

* Dominicano, superior dos frades dominicanos do Peru. Enviou-nos *Teologia da libertação*, de Gustavo Gutiérrez, obra fundadora da corrente teológica de mesmo nome. O autor, padre diocesano de Lima, mais tarde ingressou na Ordem Dominicana.

-vos-ão à presença das autoridades por causa do meu nome".* Sabemos que este é o caminho pelo qual a Igreja dará testemunho do nome de Jesus.

[*Sem data*]

Frei João,

Participo da sua angústia de ser um burguês com voto de pobreza. Também fui condicionado de tal maneira pela educação recebida que só mesmo um milagre poderia evitar que os pobres não me vissem como alguém que veio do "outro lado".

Contudo, a prisão obrigou-me a viver entre eles, no mesmo regime carcerário. Foi o fim de muitas ideias erradas que tinha a respeito do engajamento na massa. Se a gente tem, de fato, uma atitude de serviço e disponibilidade perante eles, então tudo dá certo. O mal é quando só se quer ensinar e nada tem a aprender, ou quando compramos a amizade deles com ajudas materiais, sem aceitar viver com eles as mesmas dificuldades e riscos.

A Igreja deveria saber dizer aos oprimidos da América Latina o que Pedro e João disseram ao homem estirado à porta do Templo em Jerusalém: "Não tenho ouro, nem prata, mas o que tenho eu te dou. Em nome de Jesus Cristo, levanta-te e anda!" (Atos dos Apóstolos 3,6).

Já que você trabalha com rádio, falo da importância que tem aqui. Quando chegamos, o rádio era proibido. Isso trazia duas péssimas consequências: os presos permaneciam com a consciência embotada, ignoravam os fatos mais simples e corriqueiros do mundo exterior, e a ociosidade os levava a só pensar em brigas e outras bobagens.

Após reconhecer a gravidade da situação — por insistência nossa —, a direção liberou o uso do rádio. Todos os quatrocentos presos compraram um, mediante um sistema de crediário descontado no pecúlio que recebemos do Estado. De repente, foi como abrir amplas janelas na muralha. Começaram a

* Lucas 21,12.

enxergar o mundo, ganharam uma ótima companhia para os momentos em que permanecem trancados em suas celas (aqui a cela é individual). Os programas preferidos são os musicais e os de ocorrências policiais... Os crentes ouvem programas religiosos, em geral verdadeiras aulas bíblicas. [...]

*Penitenciária Regional de Presidente Venceslau, quarta, 7 de fevereiro de 1973*

Irmã Yolanda,*

Para nós, também, foi uma grande decepção não poder recebê-la aqui. Sua visita era aguardada com muita alegria. Tínhamos muito a conversar e a contar. Quando soubemos que não viria, adivinhamos o motivo. Foi duro aceitar que isso ainda exista na Igreja. Mas, afinal, nem todos os dias são de sol. Há também sombras e tempestades pelo caminho.

Ainda não agradecemos os presentes de Natal. O rádio tem sido muito útil — atualmente estamos sem ele, foi recolhido enquanto permanecemos no castigo.** Não envie mais balas e bombons. Se todos os presos tivessem oportunidade de receber o mesmo, estaria bem. Como é privilégio, melhor evitá-lo.

Sua carta sobre o Cursilho foi muito apreciada. É pena, como você observa, que ele não tenha ainda uma dimensão eclesial.

Outro fenômeno novo na Igreja é o catolicismo pentecostal. Vejo-o com desconfiança. O Espírito já foi definitivamente dado à Igreja e a nós, que nela fomos batizados. Um novo "batismo" no Espírito pode servir como memória do outro, mas não dar o que já possuímos.

O mais curioso é como seus adeptos adquirem o dom das línguas (que, muitas vezes, não é acompanhado do dom da interpretação...), esquecendo que os dons superiores são a fé, a esperança e o amor. A expressão "católicos pentecostais" não deveria ser usada. Qualquer adjetivo restringe o sentido de

---

* Irmã Yolanda foi proibida de nos visitar pela supervisora das salesianas.
** Ficamos dez dias trancados em nossas celas por nos solidarizar com o companheiro Manuel Porfírio de Souza. A nosso ver, ele fora injustamente punido por se recusar a receber um pão que caíra no chão.

universalidade do substantivo. É preciso evitar contendas entre nós, de modo que cada um declare: "Eu sou do Cursilho!", "Eu, dos pentecostais!", "Eu, de Cristo!". Acaso está o Cristo dividido? Acaso o Cursilho é que foi crucificado por nós? "Acaso em nome de uma nova fé é que fostes batizados no Espírito?" (1 Coríntios 1,12-3).

Os dias correm velozes, os meses passam, logo estaremos celebrando a liberdade. Para nós será uma nova Páscoa, um novo Êxodo.

O Senhor abateu os nossos inimigos e operou em nós maravilhas!

*Penitenciária Regional de Presidente Venceslau, quarta, 7 de fevereiro de 1973*

A uma religiosa,

[...] A sra. diz que vem questionando sua vida religiosa enquanto modalidade de serviço. Ignoro como foi possível tantas mulheres encontrarem resposta à sua completa entrega ao Evangelho na educação de meninas burguesas. É um serviço ingrato, como semear a Palavra entre espinhos. Com o tempo, os caprichos, as riquezas e os prazeres da vida de que essa classe desfruta a sufocam (Lucas 8,14). Somos enviados a evangelizar os pobres que, ansiosamente, aguardam o Reino de justiça e amor.

Muitas ordens e congregações já tomaram consciência dessa realidade. Umas são sensíveis aos sinais dos tempos, nos quais descobrem os apelos do Senhor. Não são como os fariseus e os saduceus, que sabem distinguir os aspectos do céu, mas não são capazes de reconhecer os sinais dos tempos (Mateus 16,3). Outras, infelizmente, apegam-se às suas tradições, ao seu patrimônio, ao seu prestígio, e deixam de lado o Evangelho, pois não são capazes de renunciar a tudo para segui-lo. Caíram também entre espinhos. Foram alquebradas pelo perfume de suas alunas, pelas boas maneiras das mães de suas alunas, pelos talões de cheque dos pais de suas alunas. Se em seus salões penetrasse um homem manietado, com o corpo cortado pelos açoites e a cabeça coroada de espinhos, elas certamente ficariam escandalizadas e chamariam a polícia.

Acredito, irmã, que estamos vivendo na Igreja um novo Pentecostes. Não podemos desanimar. O Espírito está nos libertando dos velhos compromissos e das velhas alienações, e nos conduzindo a uma nova terra. Se determinadas estruturas já não correspondem à nossa expectativa evangélica, devemos abandoná-las se não podemos modificá-las.

O dramático, porém, é ver tanta gente que, a pretexto de ser mais cristã fora das estruturas, acaba engolida pelos mecanismos da sociedade burguesa; arranja um emprego qualquer, um casamento precipitado e deixa esfriar o primeiro amor (Apocalipse 2,4). Creio que os que forem capazes de suportar as atuais privações serão testemunhas de uma Igreja mais evangélica, convertida aos pobres e oprimidos. Mas devemos estar preparados para o pior, para toda sorte de perseguição, desde a que procura nos amedrontar até a que pretende nos amolecer. Foi pela cruz que Jesus recebeu a glória. Não existe outro caminho. O resto são ilusões.

*Penitenciária Regional de Presidente Venceslau, quarta, 14 de fevereiro de 1973*

Queridos pais e manos,

A visita da mamãe e dos bispos foi a nossa maior alegria nesse início de ano. Essa solidariedade de nossas famílias — vocês e a Igreja — tem sido o pão nosso de cada dia nesses quatro anos de sofrimentos que valeram a pena. O sofrimento é como uma árvore cujas raízes rasgam e ferem a terra, e os galhos intrincados se cruzam sobre o tronco duro. Só vale pelos seus frutos, belos e saborosos. De certa forma, a colheita já começou, embora haja ainda muito campo a semear.

Há momentos na vida em que a gente deseja manifestar todo o carinho e gratidão que sente por uma pessoa, e parece não encontrar palavras nem gestos. Fica o desejo intenso querendo arrebentar o peito, mas as frases não surgem, os gestos ficam pequenos para exprimir a grandeza de nosso sentimento.

É o que agora ocorre conosco diante desta figura admirável e inesquecível: frei Domingos Maia Leite. Seu provincialato começou e terminou com a nossa prisão. Durante todos esses anos, mês após mês, semana após semana, ele esteve ao nosso lado, infundindo-nos coragem, esperança e fé. Foi sempre o amigo fiel e sincero, o pai que ensina os filhos a não temer o futuro, porque o futuro é o caminho do Reino.

Quando fui preso em Porto Alegre, a primeira visita que recebi no Dops foi a de frei Domingos. Aquele foi um dia de luz em tempo de trevas. Nunca ele saberá quanto significou para mim abraçá-lo e sentir que não perguntava nada, não se queixava de nada. Ele confiava, porque a confiança é a garantia do amor. Sabia que, naquele momento, a nossa missão apostólica adquiria um novo rumo e, como prova de afeição, deixou comigo sua pequena *Bíblia de Jerusalém*. Foi nela que nos períodos mais difíceis busquei luz e energias.

No Deops de São Paulo, encontrei-o com o padre De Couesnongle, enviado do mestre da Ordem. Depois, eu iria encontrá-lo todas as semanas no Presídio Tiradentes, onde se tornou uma figura conhecida e querida entre os presos. Nossos companheiros sempre falaram nele com profundo respeito e amizade. Quando fomos para os quartéis, sabíamos que não ficaríamos isolados: tínhamos um frei Domingos, um frei Edson, que partilharam conosco, durante esses anos, todos os períodos de alegria, apreensão e tristeza.

Cada estado do Brasil forjou um tipo de homem. O mineiro é habilidoso e conciliador; o carioca é alegre e comunicativo; o gaúcho é combativo e regionalista. Mas o goiano é, sem dúvida, o mais corajoso, o homem para quem as coisas ou são ou não são. Como bom goiano, sempre ligado à terra, frei Domingos jamais temeu enfrentar quem quer que fosse para nos defender. Sei como foram sofridas e difíceis suas vias-sacras pelos bastidores eclesiásticos, policiais e militares. Lembro-me do que aconteceu com o Tito. Frei Domingos, com sua firmeza e obstinação, conseguiu abrir todas as portas até chegar ao leito onde Tito recobrava a vida. Imagino o que deve ter significado, por detrás de um sorriso de paz e luz, entrar em sua cela no Hospital Militar!

Há certas coisas que nenhum agradecimento retribui. Ao amor de Deus só podemos responder com louvores. Creio que essa é também a única linguagem pela qual podemos dizer o que representou para nós ter um provincial e um amigo como frei Domingos. A ele e ao frei Edson devemos, em primeiro lugar, tudo de bom que recebemos nesses quatro anos. Dentro de nós eles permanecerão para sempre como presenças que nunca serão devidamente enaltecidas, mas também jamais esquecidas.

*Penitenciária Regional de Presidente Venceslau, quinta, 1º de março de 1973*

Breno, meu mano,

Gostei muito de sua carta. Você escreve com muita espontaneidade, quase como fala. É claro, tem lá, como eu, seus errinhos de português; podem ser sanados com a leitura de bons livros. Aliás, noto que a sua geração não é muito de ler, gosta mais de música, cinema e TV. O que já seria boa tendência se algum dos três ensinasse algo de útil. Ind'agora escutei uma música que só dizia assim: "Que musiquinha mais gostosa de cantar / é só laiá, laiá,/ é só laiá, laiá". O cinema é uma escola de violência que se manifesta inclusive no erotismo; e a TV, burrice padronizada. Há boa música e bons filmes, mas geralmente são os menos procurados. Os livros ficam para as traças.

Você diz que gostaria de escrever um livro sobre a nossa sociedade. Então procure conhecê-la a fundo: seus aspectos culturais, políticos, econômicos, religiosos etc. Compare-a a outras sociedades — antigas e contemporâneas — e verá que o ser humano, capaz de alterar os fenômenos naturais, tem competência também para sanar todos os problemas sociais. Leia, leia muito. Os livros ensinam-nos a analisar melhor a vida e as pessoas. Dão substância. No Brasil, temos excelentes romancistas, como Machado de Assis, José Lins do Rego, Graciliano Ramos, Jorge Amado, Erico Verissimo, Guimarães Rosa etc. Tive minhas fases de devorá-los. Com eles, aprendi a enxergar uma porção de coisas.

Hoje, devido à própria conjuntura nacional, parece que os jovens não se interessam por mais nada, exceto "curtir" os seus programas e divertimentos. Acho muito pobre viver assim, sem nenhuma perspectiva de aprender e construir alguma coisa. Devemos experimentar sempre o gosto de viver, e isso só é possível quando se sente que a vida tem dinamismo, persegue determinado projeto, adquire valor insubstituível. Isso não depende de sorte. Depende de nossa capacidade de trabalho e decisão. Alguns, infelizmente, perdem essa capacidade, se cansam de viver, tentam inutilmente enterrar sua covardia na bebida ou na droga. É a pior desgraça! Há tantas coisas a serem feitas, tantos caminhos a escolher, tantos estudos a fazer. Tem gente que envelhece precocemente. Aos vinte anos, não quer aprender mais nada, julga que já sabe tudo; de fato, vive encerrada no castelo de sua própria imaginação, tão vazio quanto irreal.

[*Sem data*]

Primo Arthur,*

Treli sua carta. Poxa, cê viaja nas oropas e nem um cartão pra minha coleção aqui! Achei imperdoável cê não ter ido visitar a rainha Bete em Londres. Ela teria imenso prazer de receber um conde em seu palácio todo cercado de guardas com caixas de marimbondo na cabeça. Mas te invejo, amigo, você esteve em Viena! Meu sonho é ir a uma ópera em Viena só para comer salsichão no intervalo. Dizem que o chope que acompanha foi criado pelo próprio Chopin.

Soube que, em Paris, há novos livros. Você fez uma *tournée* pelas livrarias? Pelo menos viu as críticas literárias no Le Monde, não?** Pois é, mano, até eu fiquei surpreso. Eu é quem digo: aquele cara que tinha uma camisa que parecia tela de TV colorida com defeito, e o primo dele uma igual (ou a dele é que era igual à do primo?), editado na terra de Voltaire (aquele que tinha bronca de padres), La Fontaine (uma fonte de fábulas), Lavoisier (inventor do almoço comercial em bar onde nada se perde, tudo se transforma), Victor Hugo (um miserável!) e Simone de Beauvoir (pioneira da emancipação feminina).

Também tenho viajado — entre cadeias paulistas. No ano passado, estive em quatro. Agora cheguei à divisa de São Paulo com Mato Grosso. Espero não me empurrarem pro lado de lá, pois mal aguento o calor do lado de cá. Acho que daqui sairei para a liberdade em novembro. Estranha sensação! Poder andar sozinho, viver sem ninguém a me olhar com desprezo e ódio. Encontrar os amigos, a paz e o silêncio desprovidos de tensão. Parece um sonho, mano, depois de todos esses anos de vida nos subterrâneos da história. Um sonho pelo qual não quero ser tentado antes do tempo. Tchau.

---

* Arthur Vianna Neto, meu primo.
** Referência implícita à edição francesa de meu livro, resenhado pelo jornal *Le Monde*.

*Penitenciária Regional de Presidente Venceslau, quarta, 7 de março de 1973*

Queridos pais e manos,

Meu abraço mais apertado e amigo ao papai na data de seu sexagésimo aniversário. Não é preciso ressaltar quanto sua vida foi uma fonte de bênçãos; a realidade é suficientemente evidente para falar por si. Você tem sido mesmo privilegiado: os momentos de sofrimento foram poucos e passageiros, as alegrias continuam a se multiplicar. Felizmente nossa família jamais conheceu as seduções da riqueza, nem as amarguras da miséria. As doenças encontraram cura; as dificuldades, solução; os sacrifícios, proveitosas recompensas. Agora é tempo de agradecer e louvar.

Esperávamos a visita do mestre da Ordem, mas ele telefonou do convento de Caracas, avisou que regressaria a Roma para participar da cerimônia de investidura dos novos cardeais, entre os quais dom Paulo Evaristo Arns, que aproveitará a viagem para fazer um retiro em Assis. Temos que rezar muito por dom Paulo. Sua disposição evangélica tem provocado inquietação e ira dos que preferem uma Igreja submissa aos poderes do mundo e não ao Espírito de Deus.

O calor continua infernal! À noite melhora um pouco, muito pouco.

*Penitenciária Regional de Presidente Venceslau, quarta, 14 de março de 1973*

Irmã Marguerite,*

Aqui as coisas continuam de tal modo que só nos resta crescer na paciência e na esperança. A alegria é constante, não por estar aqui, mas pela certeza de nunca ter perdido a verdadeira liberdade. Ocupo as manhãs com trabalhos de Teologia. Estou em vias de terminar um texto sobre as perspectivas da espiritualidade cristã. Encomenda de um curso que a faculdade de Filosofia de Uberaba promoverá nas férias.

* Religiosa da congregação Sagrado Coração de Maria. Já falecida.

Tive que optar entre expor as grandes tendências da vida espiritual no século XX — a pobreza de Foucauld, o cristocentrismo de Teilhard, a secularização de Bonhoeffer, o engajamento político de Mounier — ou falar daquilo que brota de nossa experiência, tanto antes quanto durante o cárcere. Por falta de uma bibliografia adequada, preferi a segunda via. Talvez menos "científica", e também menos "cerebral".

Recebemos esta semana dois excelentes livros de poemas de Ernesto Cardenal, da Nicarágua: *Salmos* e *Antologia* (Buenos Aires, Ediciones Carlos Lohlé). Militante político, esteve preso antes de ingressar na trapa de Getsêmani, em 1956; teve como mestre de noviços Thomas Merton. Depois, estudou Teologia em Cuernavaca, no México, e em Medellín, na Colômbia. Em 1965 foi ordenado sacerdote em Manágua, com quarenta anos. Traduzo um de seus salmos atualizados. Não duvido que Davi, hoje, empregaria exatamente esta linguagem:

Salmo 15: NÃO HÁ ALEGRIA PARA MIM FORA DE TI!
*Eu lhe disse:*
*Não há alegria para mim fora de Ti!*

*Eu não rendo culto às estrelas de cinema*
*nem aos líderes políticos*
*e não adoro ditadores.*

*Não assinamos os seus jornais*
*nem estamos inscritos em seus partidos*
*nem falamos com slogans*
*nem seguimos suas determinações.*

*Não escutamos seus programas*
*nem cremos em seus anúncios.*

*Não nos vestimos com suas modas*
*nem compramos seus produtos.*

*Não somos sócios de seus clubes*
*nem comemos em seus restaurantes.*

*Eu não invejo o cardápio de seus banquetes
não limparei eu suas sangrentas libações!*

*O Senhor é minha parcela de terra na TERRA PROMETIDA.
Coube-me por sorte bela terra
na divisão agrária da Terra Prometida!*

*Penitenciária Regional de Presidente Venceslau, quarta, 21 de março de 1973*

Querida Márcia,*

Gosto muito do jeito que você escreve. Quando novembro chegar, espero estar livre e, então, vou convidá-la para uma *ovada* — é uma supergemada que inventei na cadeia; dei a receita pra Tina,** mas garanto que ela não vai acertar o "ponto" da clara.

Gostei muito da visita da Tina. Disse que você gosta de ler. Percebo pelas cartas. Você pensa e escreve de um modo não muito comum na sua idade. Isso é bom sinal. Parece que o seu autor preferido é Monteiro Lobato, não? Conheci a cela em que esteve preso há anos, quando revelou que no Brasil existia petróleo. Naquela época, já era proibido falar a verdade... O petróleo continuou enterrado, e Lobato foi internado. Depois soltaram os dois. Até hoje o petróleo brasileiro "não é muito" (dizem), mas em cada esquina encontram-se postos Esso, Atlantic, Texaco etc.

Quero lhe sugerir alguns livros. Lembrei-me de dois que talvez agradem: *Robinson Crusoé* e *O excêntrico Mr. Blue*. Garanto que *O pequeno príncipe* você já tem. No Brasil, até moças analfabetas já leram *O pequeno príncipe*. Faz parte do "charme"...

Pela sua carta, fiquei na dúvida se você passou o Carnaval numa praia ou numa cidade de faroeste. Para um cavalo ter pisado no seu pé!... Foi de carruagem? Isso não é nada, mana, o pior ocorreu comigo antes de você nascer:

---

* Márcia de Assis Fonseca, onze anos.
** Christina de Assis Fonseca, irmã de Márcia.

fui atropelado por um bonde em plena Copacabana. Senti vergonha de ser mineiro...

Quanto à lembrancinha que me pede, bem que gostaria de fazê-la, mas aqui é absolutamente impossível. Só trabalho com livros e cadernos. De manual, meu único trabalho é lavar pratos, banheiro, caneca, colher. Preso não usa garfo nem faca. Já me acostumei tanto que não entendo como vocês não espetam a língua com o garfo...

Um beijo de domingo de sol e festa pra você!


[Sem data]

Carlos,

Continuamos com os Círculos Bíblicos. Após a missa, às quartas, dois grupos se reúnem. Utilizamos o Sermão da Montanha.* As reflexões têm sido boas, o pessoal gosta muito, embora o conceito de felicidade se apresente para eles como algo bastante abstrato. Para eles, a felicidade do cristão é algo extraterrestre, celestial. Acreditam ainda na história do "vale de lágrimas".


[Sem data]

Caríssima irmã provincial,**

Certas experiências de vida parecem neutralizar a nossa sensibilidade. No início da prisão, não conseguíamos dormir quando a noite era povoada pelos gritos daqueles que sentiam, na carne, as mesmas dores que Jesus experimentou na Sexta-feira Santa. Com o tempo, acostumamo-nos a não ter medo do sofri-

---

* Mateus 5,1-11.
** Superiora das salesianas, que proibiu irmã Yolanda Ladeira de nos visitar.

mento, como a enfermeira do leprosário se acostuma a não ter repugnância dos pacientes e aprende a amá-los.

Agora, a senhora conseguiu algo que havia tempos não ocorria: arrancar lágrimas dos nossos olhos. Não são lágrimas de ódio; recusamo-nos terminantemente a permitir que o nosso coração seja contaminado pelos mesmos sentimentos daqueles que nos perseguem. São lágrimas de quem aprendeu a sofrer com as limitações da Igreja, porque aprendeu a amá-la com todas as forças.

A senhora impediu irmã Yolanda de nos visitar. Isso nos doeu profundamente; nada nos pesa tanto quanto nos sentir rejeitados por irmãos na fé. Entretanto, a fé nos mostra que isso faz parte da experiência da cruz. É possível que o Senhor se tenha servido da senhora para nos conceder mais essa provação. Houve um momento em que Jesus se sentiu abandonado pelo próprio Pai — e esse sofrimento ele não soube suportar em silêncio. Seu grito foi quase de desespero.

Contudo, não há tribulação sem consolação. Não há Paixão que não seja prenúncio de Ressurreição. Se a senhora encontrou motivos para tal proibição ou deu ouvidos aos conselhos de quem nos rejeita, outros encontraram razões para agir de forma diferente: Sua Santidade, o papa Paulo VI, enviou-nos, como "testemunho de afeto", uma cruz de oliveira de Jerusalém, e inúmeros são os bispos, religiosos e leigos que frequentemente nos visitam e animam. Já estiveram em nossa cela os cardeais Alfrink, da Holanda; Vicente Scherer, de Porto Alegre; Avelar Brandão, de Salvador; e inclusive o mestre da Ordem Dominicana, padre Aniceto Fernandez, que fez questão de vir pessoalmente receber a profissão solene de frei Ivo Lesbaupin. Estão sempre conosco o arcebispo de São Paulo, dom Paulo Evaristo Arns, e o bispo desta diocese, dom José Gonçalves da Costa.

Não conhecemos pessoalmente a irmã Yolanda. Mas ela tem sido para nós um verdadeiro anjo da guarda, seja exortando-nos a permanecer firmes na fé e na esperança, seja testemunhando sua caridade com a preocupação de que nada nos falte, inclusive materialmente. A expectativa de poder recebê-la em visita nos causou imensa alegria e, certamente por isso, é grande a dor que sentimos agora.

Para nós, irmã, estar preso por causa da Justiça não é nenhuma vergonha, mas motivo de júbilo no Evangelho de Jesus Cristo: como ele, passaram pelo cárcere João Batista, Tiago, Pedro, João, Paulo, Inácio, Policarpo, Sebastião, Perpétua, Cipriano, Francisco, João da Cruz, Joana d'Arc e tantos outros cristãos.

O padre Maximiliano Kolbe, recentemente beatificado, era prisioneiro de um campo de concentração nazista na ocasião em que recebeu a graça do martírio.

Por que isso, irmã? São evidentes as palavras de Jesus: "Bem-aventurados sereis quando vos ultrajarem, perseguirem e, mentindo, disserem todo mal contra vós, por causa de mim" (Mateus 5,11). "Vos entregarão aos tribunais e vos flagelarão, sereis arrastados por minha causa à presença dos governadores e dos reis para dardes testemunho de mim diante deles e dos pagãos" (Mateus 10,17-8). "Se chamaram Belzebu ao chefe da casa, o que não dirão dos membros da família?" (Mateus 10,25). "Se a mim perseguiram, a vós também perseguirão" (João 15,20). "Virá a hora na qual quem vos matar pensará estar agradando a Deus" (João 16,2). Ele próprio nos tranquiliza: "Disse-vos isto para que em mim tenhais a paz. No mundo tereis aflições. Tende confiança porém: eu venci o mundo" (João 16,33).

Na solicitude da irmã Yolanda, desvendamos sempre o cumprimento do preceito evangélico "eu estava no cárcere e me viestes ver" (Mateus 25,31-46). Os que estavam à direita do Rei ficaram surpresos e indagaram: "Senhor, quando te vimos no cárcere e fomos ver-te?". Ele respondeu: "Em verdade vos digo: o que fizestes ao menor desses meus irmãos, a mim o fizestes".

Contudo, tanto é maior o testemunho cristão da irmã Yolanda quanto mais ela se mostra capaz de entender. Há muitos cálices amargos a serem bebidos, e temos vontade de pedir a Deus para afastá-los. Mas é neles que recuperamos nossa saúde espiritual.

Oramos pela senhora, irmã, e nos confiamos às suas orações. Suplicamos ao Pai que reverta esse nosso sofrimento em bênçãos e graças a todas as irmãs de sua congregação.

[*Sem data*]

Frei João,

Não é fácil se fazer entender por carta. Às vezes, as palavras brotam com facilidade, formam uma rampa lisa e escorregadia que nos conduz rapidamente ao fundo de nossas ideias e sentimentos. Outras, saem duras e quadradas, como blocos de pedra que servem de degraus a uma longa escada pela qual é cansativo descer. Contigo faço questão de jamais ficar à superfície.

Minha posição diante dos Cursilhos e do pentecostalismo católico não é de desconfiança, e está longe de ser uma censura. Mas reconheço, cada um enxerga com os óculos que tem. Os meus focam a dimensão social e política da mensagem cristã; portanto, é natural que eu sinta certa *insatisfação* diante de movimentos que parecem ainda não ter ultrapassado uma vivência cristã em que o pessoal não se integra com o social, e a moral permanece desligada do político.

Sei que todos esses movimentos são carismáticos, suscitados pelo Espírito para riqueza e crescimento da Igreja, o que, entretanto, não impede que tenham suas falhas e limitações, como tudo que é humano. Mas viver é superar-se. Assim como o cristão deve sempre rever suas atitudes, fazer autocrítica ou exame de consciência, igualmente deve manter o espírito crítico diante da Igreja. Desejar melhor aperfeiçoamento é sinal de maior amor.

Conheci o pentecostalismo católico por depoimentos de amigos que regressavam dos Estados Unidos, onde tiveram contato com esse movimento. Pelo que disseram, era mais um "modismo" entre tantos que aquela supersociedade fabrica. Um desses amigos (uma freira) frequentou uma comunidade carismática. Ficou-lhe a impressão de verdadeiro frenesi; o único dom manifesto era o das línguas, e infelizmente ninguém sabia interpretá-las... As reuniões, acompanhadas por uma banda, onde se destacavam as guitarras, davam a impressão de que certas pessoas buscavam ali o que outras buscam no LSD: não a experiência de alguma coisa, mas apenas "a experiência", algo "diferente".

Depois falei com um irmãozinho de Foucauld que acabava de regressar de Nova York. Havia sido convidado para uma concentração pentecostal católica em um campo de futebol: cerca de mil pessoas. Um grupo, no meio da quadra, "liberava o Espírito". Um dos animadores era tido como extraordinário glossolalista. Ninguém sabia o significado de sua oração, acreditava-se que falava português. Como o irmãozinho era brasileiro, foi levado até lá. Não era português...

Devo confessar uma limitação que ainda não consegui superar: meu arraigado preconceito em relação ao cristianismo estadunidense. Sim, a culpa é principalmente da engrenagem liberalista, essencialmente opressiva, que forjou a *sua* Igreja, do mesmo modo que o triunfalismo do século IV foi condição de possibilidade à sobrevivência da instituição (segundo alguns autores). Do lado protestante, um "protestantismo sem Reforma", na expressão de Bonhoeffer, dentro de um ambiente religioso fundamentalista. Do lado católico, uma estrutura paroquial eminentemente empresarial, onde as estatísticas e as somas são os argumentos mais convincentes.

É uma Igreja tão paradoxal quanto o povo; embora o país exerça influência decisiva sobre o mundo, quase ninguém sabe o que é sentido da história, e não se procura compreender o que se passa além de suas fronteiras. A imagem de Billy Graham jogando golfe nos jardins da Casa Branca com o presidente Nixon é tão perfeita quanto a do casal Kennedy e suas crianças saindo da missa dominical. Uma Igreja à imagem e semelhança do *American way of life*. Tudo é produto de consumo da massa, até Jesus.

Enquanto isso, o que Pio XI denominou "o imperialismo internacional do dinheiro" se agiganta e escraviza, gera o ódio, a fome e a guerra, sem falar dos problemas internos de ordem psíquica, moral e política. (É claro que não faltarão dólares para sossegar a consciência da Igreja.)

Li o livro de Haroldo Rahm e Maria Lamego, *Sereis batizados no Espírito*. Confesso que esse livro e sua carta fizeram-me encarar de modo diferente o batismo no Espírito Santo. Achei a fundamentação da obra bem consistente; os autores têm plena consciência dos exageros e más interpretações que possam surgir em torno desse fenômeno carismático. Há, porém, uma valorização do fenômeno como solução de problemas pessoais crônicos: aquisição de benefícios materiais, curas de doenças e vícios, superação de desvios sexuais etc.

Concordo que tudo isso deve ser corrigido e que a comunidade cristã representa um poderoso auxílio à pessoa que deseja encontrar uma nova maneira de viver. Mas temos que ir à raiz do capim. Não é apenas com pregações e orações que David Wilkerson vai resolver o problema da droga. É sobretudo erradicando as causas do problema, que não estão na facilidade do tráfico, mas principalmente na estrutura social que desumaniza, tornando-nos peças na engrenagem de produção e consumo. As pessoas psíquica e afetivamente integradas não recorrem à droga. Seu crescente consumo é sinal de decomposição do espírito no Ocidente, em decorrência de relações sociais cada vez mais competitivas e conflitivas.

Penso que os carismas não são necessariamente fenômenos extraordinários. Conforme depoimentos que ouvi, o dom das línguas merece prioridade, enquanto são Paulo nos mostra justamente o contrário. A glossolalia ocorre até mesmo fora da Igreja, como na mística extática do helenismo (Sibilas). Embora Paulo não rejeite esses dons extraordinários, ele relativiza a glossolalia, que nada vale sem o dom da interpretação (1 Coríntios 14,6.13), pois não edifica a comunidade e nem ajuda a quem ora. Deve, portanto, estar subordinada à profecia (14,5), e é preferível, na reunião dos fiéis, "dizer cinco palavras com a inteligência, para também instruir os outros, a dizer dez mil em línguas" (14,19). Na relação de carismas de 1 Coríntios 12,28, o dom das línguas aparece em último lugar. Em Romanos 12,6-8, nem é citado.

Carisma não é sinônimo de milagre ou fenômeno, e sim de testemunho (1 Coríntios 12,3) e serviço (12,7). É para proveito da Igreja. Cada um de nós tem o seu próprio carisma (7,7.17). Ninguém pode viver no Espírito sem que seja pelos seus dons. Creio mesmo que Cristo fez de nossas algemas um sinal da liberdade dos filhos de Deus (Romanos 8,21; 2 Coríntios 3,17); por isso podemos, em humildade e verdade, declarar no fim desses quatro anos de cárcere:

> Amaldiçoados, abençoamos; perseguidos, suportamos; caluniados, exortamos. (1 Coríntios 4,12-3) Embora tidos como impostores, somos no entanto sinceros; como desconhecidos e, no entanto, somos bem conhecidos; somos considerados como quem morre, e eis que vivemos; como castigados, ainda que livres da morte; julgados tristonhos e, no entanto, sempre alegres; como pobres, ainda que enriquecendo a muitos; como nada tendo, mas possuindo tudo. (2 Coríntios 6,8-10)

Tenho orado para que o Senhor me conceda a vida no Espírito. Há muitos caminhos para chegar a libertar inteiramente Aquele que já habita em nós. Durante esses anos, vi o Senhor operar maravilhas que, por enquanto, são indescritíveis. O mais difícil, porém, foi passar pela cruz (há certas coisas sobre as quais prefiro, por enquanto, guardar silêncio).

Permanecemos unidos e animados no mesmo Espírito e na mesma Esperança.

[*Sem data*]

Irmã Ruth,*

Você pergunta como são nossos dias na prisão. Passamos por oito cárceres e, em cada um, submetidos a um regulamento diferente. Em uns, tratados como presos políticos, com direito à prisão especial; em outros, o mesmo tratamento dos presos comuns, como ocorre aqui. Somos seis políticos no meio de quatrocentos comuns. Usamos uniformes, somos conhecidos pelo número de nossas matrículas, moramos em celas individuais, comemos apenas com colher, e tudo que recebemos ou enviamos para fora passa pela censura. A cela é de três metros por dois, com cama, mesa e banco fixos na parede, e uma torneira acima da privada turca, onde também tomamos banho. Às 5h30, soa o apito de acordar e as luzes são acesas. Esta é uma boa hora para a oração matinal. O silêncio é completo. Às seis, o café é servido como as demais refeições: os tambores de comida passam num carrinho que para junto ao guichê de cada cela, onde deixamos caneca e prato. Meia hora depois as portas são abertas e saímos em fila para o pátio. Das sete horas às 9h30, os presos trabalham nos diversos setores da penitenciária. Como o nosso trabalho é de ordem intelectual, pois continuamos o curso de Teologia, geralmente passamos toda a manhã dentro da cela. Às dez horas, é servido o almoço, aqui denominado "picadão". Às onze, recomeça o período de trabalho — vai até 16h30. O jantar, meia hora depois, encerra as refeições do dia. Às 18h30 saímos para o recreio da noite. Sem dúvida, é o que há de melhor, devido ao calor. Esta é a hora em que aprofundamos o relacionamento com os companheiros. Às 20h30, somos recolhidos; as luzes ficam acesas por mais duas horas.

Não temos nenhum problema no contato com os presos comuns. Procuramos servi-los da melhor maneira possível, seja dando aulas de português, matemática ou geografia, seja através de uma amizade desinteressada, o que nesse ambiente é surpreendente. As aulas são todas durante o recreio, em pequenos grupos. O contato com eles é uma fantástica experiência que nos coloca diante da face cruel da vida. Sobre isso, falaremos depois...

Nossa principal preocupação é dar a eles um testemunho de vida cristã.

---

* Irmã Ruth Cardoso, religiosa salesiana.

Encontramos aqui um trabalho razoável realizado pelos protestantes, mormente os adventistas, cujos pastores são homens pobres e humildes, como a maioria das famílias dos companheiros. O capelão oficial, porém, é metodista, que atua junto com o católico. Há missa e culto todas as semanas, e os frequentadores, de um e de outro, são sempre os mesmos. Aqui não há fronteiras de confissão, e não se pode falar em ecumenismo, porque nem há consciência da necessidade de unir o que está dividido.

Quem se converte, converte-se a Jesus Cristo e tem na Bíblia o seu guia principal. Costuma haver conversões muito autênticas. Temos em nosso raio um grupo que se reúne para os Círculos Bíblicos toda semana. As reflexões são muito ricas, têm fonte em vidas sofridas.

Impossível dizer numa carta o que significam esses quatro anos de prisão. Sentimos na carne quanto a perseguição por causa da Justiça é, de fato, uma bem-aventurança.

*Penitenciária Regional de Presidente Venceslau, quarta, 4 de abril de 1973*

Queridos pais e manos,

Nesta semana, nos despedimos de um companheiro que passou dezenove anos preso. O mais dramático é pensar no tipo de liberdade que ele — pobre, analfabeto, com graves problemas psíquicos — terá de enfrentar.

Rezem por ele.

*[Sem data]*

Querida Maria Inês,

A prisão é um fardo leve quando se transforma em testemunho de liberdade. Tenho grande admiração pelo seu trabalho, que imagino constituir principalmente em dar todo carinho e amor possível a essas crianças excepcionais.

No fundo, todo trabalho cristão exige a mesma coisa. As pessoas podem, às vezes, não aceitar o nosso ponto de vista, mas dificilmente se negam a receber o nosso amor, exceto quem tem medo de ser amado e abalado em seu egoísmo.

Muitas vezes no trabalho que realizamos não existe uma resposta imediata, apenas esperança. É o que sustenta todos nós que acreditamos na terra prometida, onde correm o leite e o mel — mesmo sabendo que não haveremos de pisá-la. Mas, como Moisés, já estamos contemplando-a... Isso nos fortalece e encoraja.

Já não há que ter medo dos príncipes deste mundo, que guardam seus tesouros nos cofres do The First National City Bank e confiam na imortalidade da General Motors. Se a Fiat falir, provavelmente o sr. Agnelli irá ao desespero, mas, para nós, morrer é lucro. Só perde quem vive para si mesmo e de olho nas ações que oscilam na Bolsa de Valores.

Ora, a morte é inexorável. Tudo morre um dia: o Partido Democrata Cristão, a Rolls-Royce, a dinastia soviética, o automóvel Renault, o subdesenvolvimento africano, a 20th Century Fox, os ditadores latino-americanos, os filhos, os netos e os bisnetos de Mr. Nixon e todos aqueles que têm medo de morrer.

Ninguém, contudo, pode matar o homem que já não teme perder a sua vida. Este vive de amor, que é imortal e eterno.

É procurando estar bem conscientes da dialética morte-ressurreição na história e em nossa própria vida que temos vivido nesta Páscoa de 1973. Ela representa, de fato, um passo adiante na libertação da Igreja no Brasil. Nossa Igreja nunca esteve tão rejuvenescida...

Por outro lado, as Igrejas locais parecem renascer através do dinamismo das comunidades de base. O laicato assume cada vez mais, até mesmo o culto. Sente-se uma vibração pastoral que outrora não existia. Sem dúvida, há muito ainda por fazer e nem todos são otimistas como eu. Mas é inegável que estamos numa Igreja de estruturas bem flexíveis e onde os carismas são cada vez menos abafados e marginalizados.

A crise pessoal passou, quem tinha que sair saiu, quem tinha que casar casou, e agora por toda parte surgem experiências novas. Ao mesmo tempo, a união dentro da Igreja cresce quanto mais ela é rejeitada.... Nossa Igreja está sendo agraciada com a última das bem-aventuranças.

[...]

*Penitenciária Regional de Presidente Venceslau, quarta, 11 de abril de 1973*

Queridos pais e manos,

Mamãe pergunta o que acho do problema da relação patroa-empregada. Temos de admitir, esse tipo de relação ainda traz resquícios de escravidão. O emprego quase nunca é fator de promoção humana, de modo que a pessoa, ao entrar analfabeta, despreparada e desamparada, possa sair alfabetizada, com perfeito domínio da profissão e consciente de sua dignidade. Ser empregada doméstica nada tem de humilhante. Na França ou nos Estados Unidos, onde são bem pagas, moças universitárias exercem o ofício para obter renda enquanto estudam.

Quem passa pela prisão aprende que não existem trabalhos humilhantes; existem, sim, relações humanas humilhantes. O injusto é considerar a pessoa que trabalha uma máquina que não pode errar, e tratá-la como se estivesse sempre com defeito; é exigir que cozinhe bem, sem se preocupar se os seus passam fome.

Nenhuma doméstica deveria fazer um trabalho que a patroa julgasse indigno ser realizado por ela mesma ou por suas filhas. É uma odiosa discriminação julgar que o empregado tem a obrigação de fazer coisas que o patrão jamais faria, ou que o negro é feito para trabalhos desaconselháveis ao branco, ou que o pobre deve servir de capacho ao rico. Infelizmente, vivemos numa sociedade que ainda considera tudo isso *natural* e nem se coloca o problema, como admite tranquilamente casas de prostituição, as favelas etc.

Quando Paulo estava preso em Roma, nos anos 61 e 62, apareceu-lhe um escravo, Onésimo, foragido da casa do cristão Filêmon. Além de contar com seus serviços, Paulo converteu-o. Convencido de que deveria voltar a seu patrão, Onésimo levou uma carta de Paulo, na qual este dizia a Filêmon: "Eu o reenvio a ti como se fosse o meu próprio coração. Quisera conservá-lo comigo, para que me servisse em teu lugar, nas prisões, em benefício do Evangelho". O apóstolo pediu ao amigo que recebesse Onésimo "não como servo, e sim, em vez de servo, como irmão amado, muitíssimo para mim e tanto mais para ti, segundo a carne e segundo o Senhor".* Eis um bom exemplo!

---

* Filêmon 1,16.

E o Breno, já recebeu os novos olhos?* Como vocês estão às voltas com eminentes oftalmologistas, aproveito para colocar meu problema: quase sempre obrigado a dormir de luz acesa nas várias celas por que passei, adquiri o hábito de encobrir os olhos com uma máscara feita com lenço dobrado em volta de um pé de meia escura. Como na brincadeira de cabra-cega.

Acontece que, no fim do ano passado, meus olhos começaram a expelir, pela córnea, uma secreção branca como a membrana de um ovo, tal como ocorreu com o pai de Tobias ao recuperar a visão.** No princípio, o sintoma era diário. Deixei de usar a máscara, julguei que era provocado pelo contato do tecido, nem sempre muito limpo, com os olhos. De fato, diminuiu bastante e, atualmente, é raro ocorrer; às vezes, uma vez por semana, em uma das vistas.

Nunca houve prejuízo da visão, exceto no momento mesmo da secreção. Talvez seja apenas, como se diz aqui, mais uma ziquizira de cadeia.

Páscoa é libertação.

*Penitenciária Regional de Presidente Venceslau, quarta, 18 de abril de 1973*

A uma religiosa,

Muito válido seu questionamento às experiências de pequenas comunidades — que, aliás, já estão passando da fase de simples experiência para se afirmarem como a melhor solução. O pessoal que começa a deixar os conventos fica ansioso por poder respirar os novos ares de uma vida menos opressiva e, às vezes, se embriaga com o perfume das flores. De fato, não tem sentido formar pequenas comunidades só para "não ter que aguentar superiores ou poder viver a seu modo".

Isso é coisa de moça do interior que sai de casa aos dezoito anos para fazer faculdade na capital. Se abandonamos os conventos é porque precisamos de novos instrumentos apostólicos. Os conventos eram apropriados ao sistema

---

* Meu irmão fez transplante de córneas.
** Tobias 11,11-4.

feudal, mas constituem ostentação e escândalo numa sociedade urbana industrializada, onde quem tem casa de quarto e cozinha deve se dar por satisfeito.

Mas o problema não se esgota aí. Na sociedade feudal, homogeneamente cristã, a instituição religiosa era o centro de convergência da comunidade. O ritmo era marcado pelo repicar dos sinos. Hoje, esse eixo quebrou-se. E, se a Igreja não quer ficar como fermento fora da massa, deve ir ao encontro dos homens, lá onde eles têm sua vida e seu trabalho.

A pequena comunidade é a célula missionária que corresponde à necessidade atual de uma presença diversificada, flexível e dinâmica da Igreja nos diversos setores sociais. Ela não nasce da simples exigência de acabar com a grande comunidade, mas como resposta objetiva de engajamento cristão em um meio a ser evangelizado.

Não faz sentido um grupo de religiosas, ao deixar o convento, ir morar em bairro social mais pobre simplesmente porque lá os apartamentos e casas são mais em conta. É a escolha do meio a ser evangelizado que determina o local de moradia e o sistema de vida a ser adotado pela comunidade.

Morar em um bairro operário e trabalhar no centro comercial é outra contradição. Mas, hoje, as grandes metrópoles estão com a periferia entulhada de cidades-dormitórios, o que obriga a pessoa a morar em um local e trabalhar em outro.

O problema da manutenção da pequena comunidade também precisa ser bem estudado. Geralmente os conventos oferecem um padrão de vida só usufruído por ricos: quatro refeições por dia, lavanderia própria, turma de empregados, variedade de aparelhos eletrodomésticos etc., além da tranquilidade de viver sem tomar conhecimento do preço das coisas (o que fica a cargo do ecônomo).

A primeira tendência de alguns religiosos é manter, na nova residência, o antigo padrão (afinal, um liquidificador não vai escandalizar ninguém! Uma boa discoteca faz parte de higiene mental! Máquina de lavar roupa é boa porque é prática! Todo mundo hoje em dia acompanha as novelas de televisão!...). Tudo isso exige um alto salário. Resultado: os membros do grupo acabam indo trabalhar não tanto em áreas e setores pastoralmente prioritários, mas onde se paga melhor. É o pecado de Balaão.* Se fossem um pouco menos ambiciosos, poderiam dividir as tarefas do grupo de tal modo que o trabalho remunerado de uns cobrisse o serviço gratuito de outros. [...]

*Penitenciária Regional de Presidente Venceslau, quarta, 18 de abril de 1973*

Querida irmã Paula,

[...] Pela sua carta, pudemos sentir quanto seu mosteiro é um centro de irradiação apostólica. Parece que nem mesmo a vida contemplativa escapou ao sopro de renovação que envolve a Igreja, graças a Deus! O espantoso é isso ter demorado tanto tempo, como se o mundo fosse a tal ponto hostil aos cristãos que eles devessem enclausurar-se, marginalizando-se. Sim, o mundo nos é hostil, diz o Senhor, e por isso nos persegue. Mas ele não quer que fiquemos fora do mundo, mas apenas que sejamos preservados do mal.

Dentro de uma preocupação geral com os caminhos da vida religiosa, tenho pensado alguma coisa sobre a "vida contemplativa", e gostaria de colocar sob a crítica da senhora. Em primeiro lugar, porém, devo dizer que acredito que a vida religiosa, na forma de instituição que possui atualmente, tem seus dias contados. Isso não quer dizer que devamos apressar sua agonia e negar-lhe o valor que encerra. Sejamos realistas. Caminhamos para uma Igreja em que as grandes famílias religiosas, dedicadas a um campo específico de trabalho, perdem o seu sentido.

As instituições religiosas não são mais o centro de convergência da comunidade. Conventos e mosteiros já não se autossubsistem, e os monges devem trabalhar de alguma forma para assegurar seu sustento. A grande comunidade, cuja harmonia era garantida pelo antigo sentido de obediência, torna-se problemática quando é reivindicado por todos o direito de opinar e tomar iniciativas.

Descobre-se a possibilidade de repartir o mosteiro em pequenas células missionárias, mesmo sem perder o seu caráter contemplativo. É o caso das

---

* Personagem bíblico, cuja história é narrada em Números, capítulos 22 a 24.

irmãzinhas de Foucauld, que fazem da contemplação não apenas fonte de energia vital para a Igreja, mas também testemunho marcante no seio da massa pobre e oprimida.

Tenho a convicção de que não existe propriamente o que chamamos de "vocações contemplativas". Essa denominação criou a falsa ideia de que poderiam existir "vocações ativas" não contemplativas. Ora, a contemplação é da essência mesma da vida cristã, por mais ativa que ela seja.

O cristão que não reza é como um ser vivo que não respira, e se a sua vida não caminha em direção a uma comunhão cada vez mais profunda e existencial com Deus e com os homens, então necessariamente estará regredindo. Não existe meio-termo. Por isso, creio que a poderosa e rígida institucionalização da "vida contemplativa" tornou-se uma quimera desfrutada só por uma elite de "iniciados".

Portanto, a questão que se coloca para mim é: como quebrar essa barreira e transformar os contemplativos em missionários que, no seio da massa, testemunhem que a contemplação está ao alcance de todo homem de fé, e é condição mesma de aprofundamento desta fé? Gostaria de ouvi-la sobre isso.

*Penitenciária Regional de Presidente Venceslau, quarta, 18 de abril de 1973*

Queridos pais e manos,

Feliz Páscoa! Há muitas maneiras de fazer uma via-sacra. Uma, ir ao templo de pedra, meditar diante dos quadros que representam as diversas passagens da Paixão de Jesus. Outra, viver dentro de uma dessas estações, como ocorre a quem se encontra preso. De qualquer forma, a via-sacra exige sacrifícios. Terá tanto mais significado quanto mais o cristão seguir as pegadas do Cristo.

Um homem chamado Paulo, escolhido por Deus para ser testemunha da boa-nova de Jesus Cristo, teve há dois mil anos uma visão, na qual o Senhor lhe disse num momento difícil: "Não temas! Fala e não te cales. Porque eu estou contigo. Ninguém se aproximará de ti para fazer-te mal" (Atos dos Apóstolos 18,9-19).

Outro homem, chamado Paulo* também, não temeu e não calou; sabe que o Senhor não o abandonará. Por isso, mesmo enfrentando toda sorte de perseguições por parte dos príncipes deste mundo, iniciou sua via-sacra no cárcere. Viajou setecentos quilômetros, não como cardeal, mas como peregrino, para visitar meia dúzia de presos políticos e repetir a eles o que Jesus falara aos apóstolos em Corinto.

O Senhor faz por nós maravilhas e sacia de bens os famintos!

[*Sem data*]

Irmã Paula,**

É sempre bom receber carta da senhora. Aliás, como também vive enclausurada, a senhora sabe muito bem o que significa a correspondência para nós. É algo mais que simples transmissão de notícias. É comunhão de espírito, e essa comunhão é cada vez mais necessária entre nós cristãos.

Vamos, inicialmente, às notícias: o coral até hoje não saiu. Os capelães ainda tomam pé da situação. Por outro lado, há sempre dificuldades burocráticas, e as coisas levam tempo…

Os Círculos Bíblicos funcionam há mais de um mês, todas as semanas, após a missa. As reflexões são muito ricas, porque a matéria-prima confrontada com o Evangelho é a própria vida do pessoal. Ontem, um rapaz disse que há vinte anos está no crime. Perguntei que idade tem: 26 anos. Deixou a mãe aos seis, nunca soube quem é o pai, foi viver de pequenos furtos e biscates na cidade grande. No Juizado de Menores, aperfeiçoou-se, conheceu aqueles que, na rua, formaram seu primeiro bando. Aos vinte, foi condenado a cumprir pena. Só então aprendeu a ler e deixou de passar fome.

O que será desse rapaz ao regressar ao convívio social? Todos sabem como é tratado aí fora um ex-ladrão ou um ex-homicida. Por isso, quase todos voltam. Os Círculos Bíblicos os ajudam a compreender as causas da situação

---

* Dom Paulo Evaristo Arns, cardeal arcebispo de São Paulo.
** Irmã Paula Ramos, monja beneditina.

deles e a dimensão libertadora do Evangelho em suas vidas. Aqui, irmã, o Espírito Santo não parece nada acanhado. Opera maravilhas e sacia de bens os famintos.

[*Sem data*]

Querida mana,

Sua carta é toda poesia. Os novos ares despertaram em você riquezas que andavam escondidas no fundo da alma.

Quando diz: "Sou um intervalo entre o feito e o por fazer, uma ruptura na sequência das coisas, que a noite acolheu e, ao mesmo tempo, denunciou com seu humano silêncio", a gente imagina-a tão cheia de ternura que falta pouco para que suas palavras se volatilizem em música. Há um momento em que só a harmonia das notas musicais pode expressar o que vai dentro de nós. É verdade que, além desse momento, há um outro, raro ao comum dos mortais, em que só o silêncio pode dizer tudo. O segredo do silêncio é quebrado por um brilho de olhos, um gesto da mão — só o segredo, nunca o silêncio, diz José Carlos de Oliveira, é a matéria-prima do amor...

Nada poético, porém, é o mundo carcerário que, há três anos e meio, tece em nós, com nós e apertos, um novo ser, se não na maneira de viver, pelo menos no modo de encarar a vida e a sociedade.

Só agora certos dados de nossa fé parecem brotar com evidência assustadora, como se, de repente, o botão vermelho revelasse, na quietude da tarde, que sua cor é sangue derramado pelos espinhos cravados na roseira. A flor não se tornaria menos bela, mas seria contemplada com mais carinho. Seríamos então cúmplices do segredo de sua beleza, como agora somos do mistério de um homem cujo corpo foi cravado numa cruz. Perdido num momento da história, abandonado pelo próprio Pai, nu, sedento e dilacerado por cravos e torturas, aquele homem revelou o significado da vida de todos esses companheiros que, agora, prolongam a paixão até que venha o momento da ressurreição. Esta virá e nos trará a glória e a imortalidade.

Passarão a General Electric, as Casas Pernambucanas, o Departamento de

Estado e todos os tangos de Paris; passarão os nossos dias de ociosidade, a nossa preguiça de amar, as nossas fugas do outro, o nosso medo à verdade e à liberdade; passarão os que não querem passar e os que só querem ficar; mas as suas palavras não passarão, até que surjam um novo céu e uma nova Terra, onde não haverá nem choro nem lágrimas, nem cartões de crédito, nem artigos em liquidação, nem fome, nem dor, nem supermercados, nem loteria esportiva. Então, ele será tudo em todos e viveremos em sua plenitude.

É claro que na Wall Street, na Bolsa de Londres, no Fundo Monetário Internacional e no Banco Mundial haverá choro e ranger de dentes. Mas toda lágrima será enxugada dos olhos assustados e famintos das crianças de Hué, Nova Delhi, Biafra, Recife e Porto Rico.

Esperamos que, em novembro, tudo termine. Sabemos, porém, que nem a ressurreição do Senhor suprimiu em seu corpo glorioso as marcas da cruz: Tomé fez questão de tocar em suas chagas. Levaremos conosco essas marcas, profundas, que só se fecharão se também nos fecharmos. Não queremos isso. Quando as algemas se partirem, queremos estar de braços abertos para acolher a todos, fazê-los sentir em nosso corpo, em nosso abraço, o calor dessas fornalhas que continuam a tragar vidas jamais revividas.

Enquanto isso, até que o encontro e a comunhão sejam celebrados entre nós, você continuará caminhando pelas estradas da vida, pela rua da praia, pela esperança inesgotável, pelo amor insaciável, e erguendo a flor amarela no altar de nossas lembranças, saudades e certezas.

*Penitenciária Regional de Presidente Venceslau, quarta, 25 de abril de 1973*

Queridos pais e manos,

Peço a vocês, não nos mandem mais doces. Recebê-los é privilégio, chega a nos constranger. A gente se limita a prová-los; o resto é dividido entre os companheiros mais chegados. Como não podemos distribuir a todos, melhor não receber nada. Não enviem também dinheiro, não há o que comprar aqui; nossas pequenas necessidades são supridas pelo pessoal do convento. Remeti os lenços de volta, não seriam úteis; tenho dois: uso um, lavo o outro. Não faço como o Fernando, ele deixa amontoar a roupa suja e tira uma tarde da semana para lavá-la. Como tenho preguiça de lavar, prefiro fazê-lo todo dia um pouco, sem nunca ocupar muito tempo nisso. Ontem lavei a cela, após longa temporada, assim mesmo obrigado, por ter deixado a caneca de chá-mate derramar no chão.

Fiquei feliz pela operação do Breno, mais ainda com o fato de ter recebido a córnea de um indigente, um homem a quem, provavelmente, nunca deram nada. Espero que o sofrimento de mamãe na Quaresma tenha sido apenas preocupação com as cirurgias dos filhos. Nossa família não tem do que se queixar, os problemas que enfrentamos são irrisórios, ridículos, diante do sofrimento humano que vim a conhecer na prisão. Outro dia, Demerval, há nove anos preso, recebeu carta da esposa: dizia que, ao sair, não deve mais procurá-la; vive agora com um homem que as crianças já tratam como pai.

Clodoaldo, há dezoito anos cumprindo pena de trinta, ganhou o perdão do Conselho Penitenciário Estadual. Eufórico, preparou-se para retornar à liberdade, certo de que o Conselho Penitenciário Federal confirmaria a decisão. O resultado veio negativo; agora tenta se acostumar à realidade de que ficará aqui pelo menos mais cinco anos.

Foca, casado, com filhos, vida pacata e sem problemas, veio cumprir uma pena de doze anos por ter matado a irmã durante discussão por causa de herança. Ele daria mil vidas para ver a irmã viva novamente. Já escapou de uma tentativa de suicídio. E como esses, outros casos piores. Vocês deviam, diariamente, agradecer a Deus o muito que receberam.

O inferno é aqui.

*Penitenciária Regional de Presidente Venceslau, quinta, 3 de maio de 1973*

Carlos,

Gostamos muito da liturgia para a Semana Santa que vocês prepararam. Antigamente, a gente ia à missa por obrigação ou descarrego de consciência. Nada daquilo dizia muita coisa à nossa vida. Agora, acaba a religião do templo para dar lugar à da vida.

Paralelamente, ocorre um fenômeno novo: o aparecimento da primeira geração pagã, a que começa a deixar a infância. São filhos dos rapazes e moças da minha geração que, conscientemente, não os encaminham ao batismo, nem os educam na fé cristã. Essas crianças crescem indiferentes à religião e a seus valores. Para os pais, a posição antirreligiosa é uma busca de libertação pessoal; haviam recebido uma educação religiosa repressiva e opressiva. É claro que a ausência de Deus (que, para elas, será um mito como Papai Noel) não tornará, necessariamente, essas crianças mais livres, como creem seus pais.

A cultura e a ideologia de bem-estar individualista que respiramos estão suficientemente carregadas de falsos valores para levar muitas gerações à infelicidade. E a culpa não é de Deus. A própria estrutura das relações sociais é opressiva e neurotizante. Talvez a antiga ideia de Deus tivesse, pelo menos, o mérito de dar um pouco mais de segurança aos medrosos...

Assim como nos primeiros séculos o cristianismo absorveu inúmeros hábitos e costumes pagãos, dando-lhes um novo sentido (festa do Sol = Natal; atribuição a Jesus dos títulos do imperador = Senhor, Salvador), hoje ocorre o inverso. A sociedade secular e pagã esvazia o conteúdo cristão daquilo que foi incorporado ao costume pela Igreja: domingo, dia do Senhor, é agora apenas o dia de descanso, sem falar das festas originalmente religiosas, como o Natal e o Carnaval.

A médio prazo, a maior consequência é a Igreja perder o seu lugar de "autoridade preservadora dos valores morais e religiosos" da sociedade, para situar-se em nível de uma seita, sem nenhum direito diferente das outras. Uma Igreja-minoria social e religiosa sem dúvida colocará sérios problemas para nós, que fomos educados no triunfalismo clericalista, e do qual ainda não nos libertamos. O fato de ser padre nos dá uma confortadora segurança pessoal e respeito social.

Sua sugestão de aprofundarmos certos conceitos tradicionais e centrais da fé na influência que exercem na vida do povo — no caso, os companheiros de prisão — é excelente. Estamos atentos a isso, embora sem preocupação sistemática.

Nos Círculos Bíblicos, os conceitos vêm à tona. Por exemplo: falam do céu como de um Eldorado, cuja materialidade é evidente na imaginação. O Dilúvio e o trono de Deus são tão reais e concretos quanto as grades desta prisão. O reino celestial é um lugar onde encontrarão uma justiça, não apenas muito superior à dos homens, mas inclusive antagônica, pelo que tem de pura e equânime. Malgrado quaisquer pecados que tenham cometido, a justiça celestial haverá de absolvê-los e compensá-los dos sofrimentos terrestres.

Essa convicção está enraizada no sentimento geralmente nebuloso em nível da consciência de que não seguiram "o caminho do bem" por falta de oportunidades na vida (família, cultura, recursos). Raramente trazem remorsos pelo que fizeram, e essa ausência de sentimento de culpa é quase como uma tranquilidade de consciência por terem, à maneira deles, cobrado da sociedade uma dívida que contraíra com eles. Mas sofrem por terem sido atingidos pela vingança implacável da sociedade: a prisão. Nova dívida que deverá ser cobrada! Eis aí o círculo vicioso que só o céu haverá de romper, qual um solene e eterno descanso. Talvez seja a razão pela qual não temem a morte, a ponto de brincarem com ela.

*Penitenciária Regional de Presidente Venceslau, quinta, 3 de maio de 1973*

Queridos pais e manos,

Como sabem, desde que chegamos temos procurado auxiliar os companheiros a melhorar seu desenvolvimento cultural. O sistema penitenciário nunca deu importância a esse aspecto que me parece fundamental, por tocar a própria consciência do indivíduo, e sempre valorizou a laborterapia — que, de fato, é mais uma ocupação que habilitação profissional do preso.

Há aqui um curso primário que vai até o terceiro ano apenas. Portanto, não chega a fornecer o certificado, indispensável aí fora. Muitos que já haviam concluído o primário procuravam uma oportunidade de aproveitar os anos de cadeia para completar o ginasial ou até mesmo o colegial. Agora, afinal, surge uma perspectiva, graças aos nossos esforços e ao padre Alexandre Yok, o capelão. O diretor duvidava que alguém estivesse interessado em estudar seriamente. Na última segunda, promovemos uma reunião para todos que quisessem cursar o supletivo de ginásio. Apareceram 64 candidatos, um ótimo índice, considerando que a cadeia abriga quatrocentos presos. Daqueles, 37 têm diploma de primário. Resta agora organizar o curso, para o que nos colocamos inteiramente à disposição.

Maurice Politi está "na boa", como se diz aqui. O Superior Tribunal Militar desclassificou-o dos artigos mais pesados; restou-lhe o catorze, que é o nosso. Como foi condenado a dez anos em primeira instância, acreditamos que ganhará um bom desconto logo que for novamente julgado.

Mané Porfírio tem pintado muito ultimamente. Morreu Picasso, mas nascem novos artistas...

O calor anda nos 35 graus!

*Penitenciária Regional de Presidente Venceslau, quinta, 24 de maio de 1973*

Queridos pais e manos,

Aqui são muitas as novidades. O curso supletivo afinal nasceu, depois de longa e atribulada gravidez, seguida de um parto não menos doloroso. Eta *burrocracia!*. A criança ainda apresenta problemas, mas o importante é que nasceu.

Para surpresa geral, principalmente do diretor, 64 presidiários se inscreveram. Isso quebra a falsa ideia de que esses homens não se interessam pela atividade intelectual e por oportunidades de encontrar novos caminhos na vida. Respira-se, agora, um clima de entusiasmo generalizado; contamina até mesmo aqueles que viam a iniciativa com pessimismo.

A existência do curso se deve ao esforço de alguns companheiros interessados, que já o haviam iniciado por correspondência e apelado incessantemente à administração. Mas quem transformou essa aspiração coletiva em realidade foi o capelão, padre Alexandre, por quem os presos nutrem crescente admiração.*

São três aulas por dia, de segunda a sexta, das 18h45 às 21h10. Para quem leciona é um ritmo puxado, pois são duas classes. Estamos desenterrando o que aprendemos no ginásio. Fernando ensina matemática, que certamente vai

---

* Padre Alexandre Yok deixou a batina anos depois e se casou com a filha de um fazendeiro da região de Presidente Venceslau (SP). Já falecido.

deixá-lo de cabelos mais brancos ainda. Politi se encarrega do português, Ivo, da história geral e estudo de problemas brasileiros. Caixe, de história do Brasil e geografia. Couberam-me as disciplinas de física, química e biologia, na qual serei auxiliado pelo Mané, *catedrático* em botânica. Como darei oito aulas por semana, quatro em cada turma, dedico de seis a sete horas por dia à preparação. Assim, tive que trocar a Teologia neotestamentária pelas leis de Newton e as experiências de Torricelli. A matéria é fascinante!

A novidade não se esgota no curso supletivo. O pastor Dourado, metodista, promoveu reunião com presos interessados na formação de um grupo teatral. A ideia partiu do companheiro Oyama, preso comum. Dos 72 que compareceram, 34 se inscreveram. Fui convidado para orientar o grupo.* Expliquei ao pessoal que, antes de montar a peça, temos de fabricar os atores. Não se faz uma casa sem material adequado. O objetivo, portanto, não será tanto encenar uma peça, mas, sobretudo, propiciar aos companheiros oportunidades de expandirem suas energias, sua criatividade, sua comunicação e expressão.

Nos ensaios, aos sábados e domingos, faremos exercícios de leitura e dicção, expressão corporal, improvisação, dinâmica de grupo e laboratório. Devo ajudá-los a se desinibirem, a recuperarem o Nome e a Face, a confiança em si, a objetivarem os problemas que carregam e torná-los aptos à apresentação de pequenos números. Com o tempo, o trabalho em equipe nos fará descobrir o que é possível fazer. Valorizo mais o caráter terapêutico dos ensaios.

Iniciei no sábado passado; entrevistei um por um perante o grupo. Como primeiro contato, foi muito interessante. Procurei fazer com que representassem o que diziam. Logo se sentiram à vontade, em um ambiente descontraído e alegre.

Agora me sinto muito útil. É a experiência de ressuscitar os mortos. Poder ajudar esses homens a adquirirem um diploma e novas perspectivas de vida, a expandirem seus sentimentos, ideias e afetos — é um serviço que compensa qualquer sacrifício. Nosso dia aqui ficou reduzidíssimo. Praticamente só regressamos à cela para comer e dormir, pois entre 6h30 e 17 horas ficamos na sala de aula.

---

* Além de ter trabalhado como assistente de direção na montagem da peça *O rei da vela*, como já mencionado, fui crítico de teatro no jornal *Folha da Tarde*.

*Penitenciária Regional de Presidente Venceslau, quinta, 24 de maio de 1973*

A uma religiosa,

[...] Em seus primórdios, a Vida Religiosa (VR) aparece como fuga e contestação do mundo. O aburguesamento da vida cristã urbana, causado pelos novos vínculos que unem Igreja e Império (século IV), provoca a busca do deserto por parte daqueles que se recusam a esquecer os sofrimentos e a perseverança dos confessores e mártires. As ermidas tornam-se o lugar privilegiado de autenticidade evangélica. Com o tempo, são substituídas pelos mosteiros, verdadeiros castelos feudais que abrigam a elite intelectual e espiritual da Igreja.

Do século IV para a Idade Média, de Antão para Gregório Magno, há uma verdadeira mudança qualitativa. De instituição marginal, a VR passa a instituição oficial fortemente predominante na estrutura da Igreja. Não é mais aquela que contesta o mundo, mas aquela que procura absorvê-lo. É a fase áurea do triunfalismo eclesiástico, e o monacato desfruta de amplos poderes espirituais e temporais.

Com a valorização da formação do clero secular diocesano, a partir do Concílio de Trento, a VR passa à condição de reserva espiritual e intelectual da Igreja. Os papas e bispos não serão mais escolhidos, de preferência, entre os monges, mas nas fileiras presbiterais. O centro da vida espiritual dos fiéis desloca-se do mosteiro para a paróquia. Aos poucos, os religiosos vão assumindo as atividades assistenciais da Igreja — como ensino, cuidado dos doentes, velhos e órfãos — e, ao mesmo tempo, conservam a tradição de pregadores, missionários, teólogos e místicos. Novamente há uma ruptura entre eles e o mundo, marcada pela atitude que, da parte dos religiosos, traduz mais condenação que contestação. A fuga do mundo torna-se garantia de salvação, a VR é qualificada de "estado de perfeição".

Atualmente, nova mudança qualitativa se opera. Busca-se sair do estado de isolamento e alienação para inserir-se no mundo, como fermento na massa. O risco, agora, é passar da condenação à plena aprovação do *mundo* (no sentido empregado pelo Evangelho de João). Ao contrário da época medieval, quando os mosteiros procuraram absorver o mundo, à guisa de secularização, e perderam a sua identidade escatológica.

O que define essencialmente o religioso? Não é nem a forma de vida, a estrutura ou a finalidade de sua missão, pois na Igreja não há nada que o religioso possa fazer que não esteja ao alcance do padre e do leigo. Enfim, o hábito não faz o monge. O Concílio acentua a prática dos conselhos evangélicos, principalmente através dos votos de pobreza, castidade e obediência, como que caracterizando a natureza mesma da VR. Será?

Atualmente, já há quem não esteja plenamente de acordo com isso e diga que não é teológica e pastoralmente adequada a clássica distinção entre conselhos e preceitos evangélicos. Jesus não teria estabelecido limites aos que queriam segui-lo. A todos, ele pedia tudo: "Todo aquele que dentre vós não renuncia a tudo que possui não pode ser meu discípulo" (Lucas 14,33). Este deve renunciar "até a sua própria vida" (Lucas 14,26). Portanto, não há razão para considerar que esse renunciou de menos porque casou, e aquele renunciou a mais porque se manteve celibatário. Cada um de nós tem a sua medida, e o Espírito de Deus nos faz conhecê-la.

Creio que a natureza da VR deve ser encarada por outro lado: o de um carisma dado pelo Espírito à vida da Igreja. A essência e finalidade desse carisma é testemunhar a índole escatológica do Povo de Deus. É ser sinal do Reino já presente entre nós que aguardamos, ansiosamente, a gloriosa manifestação da liberdade dos filhos de Deus. Nesse sentido, os religiosos são aqueles que, pelo dom do Espírito concedido à comunidade, vivem antecipadamente essa liberdade que a Igreja anuncia em Jesus Cristo. Isso seria o específico de nossa vocação.

Qual seria, então, a sua forma institucional? Ora, assim como o próprio carisma pode ser limitado a um período da história da Igreja, como foi o dos eremitas — o que significa que, um dia, a VR como nota distinta na vida da Igreja pode vir a desaparecer —, a forma que ela assume dentro de uma determinada época também pode variar.

Nenhuma Ordem ou Congregação pensaria, atualmente, em construir um mosteiro, com plantações ou rebanhos, para trezentos religiosos. Hoje, a tendência é a formação de pequenas comunidades, onde não se faz sentir o peso das relações hierárquicas, pois todos opinam e se sentem responsáveis, "tendo um só coração e uma só alma".* Essa reforma não se deve apenas às amplas

---

* Referência a este versículo de Atos dos Apóstolos: "A multidão dos fiéis era um só coração e uma só alma. Ninguém considerava suas as coisas que possuía, mas tudo entre eles era posto em comum" (4,32).

janelas abertas na estrutura e na mentalidade da Igreja pelo Concílio. Impõe-se até mesmo por uma necessidade econômica aliada à busca de uma vida mais evangélica.

Quando a Congregação vivia enclausurada, servindo de estufa à boa formação dos filhos e filhas das classes mais abastadas da sociedade, desfrutava então da segurança econômica. A clientela pagava bem, o governo auxiliava, havia isenção de impostos, doações de terrenos e outros bens; o número de religiosos era suficientemente grande para se dispor de um excelente corpo docente a baixo custo, pois todos moravam e comiam sob o mesmo teto, e a criadagem, disfarçada sob o nome de "familiares", "junioristas", "martinhas" etc., era igualmente vasta para trabalhar como cozinheiras, lavadeiras, copeiras, arrumadeiras, sem folha de pagamento e obrigações trabalhistas.

Mas era um corpo assentado em bases artificiais. Vivia-se do passado. Arrastamos até o século XX aquilo que era próprio, adequado e funcional nos séculos XVIII ou XIX. O resultado é este aí: um leve sopro do Espírito Santo, e a estrutura balança e desmorona.

Então, caímos na realidade: congregações fundadas para educar exclusivamente os pobres estavam educando exclusivamente os ricos; nas grandes comunidades, a ausência de um clima de amizade e caridade só não provocava sérios atritos graças ao isolamento de seus membros e à ferrenha disciplina; os colégios e conventos eram as melhores e mais espaçosas propriedades do bairro: a obrigação do ofício e do coro matara a vida de oração e contemplação; grassava a ignorância, quando não das ciências elementares, quase generalizada sobre questões pastorais e teológicas; a vida espiritual baseava-se em práticas devocionais emotivas; os alunos e alunas não eram sequer evangelizados e constituíam, para o futuro, boas safras de ateus.

Mas nem todo mundo teve a confiança de Jesus quando viu a barca balançar: muitos procuraram cair fora com medo de afundar com ela. Muita gente boa agiu precipitadamente e, quando descobriu que era necessário renovar, acreditou mais no peso das antigas estruturas que na força do Espírito — e caiu fora. Outros, com a renovação, viram desmoronar os fatores de sua segurança psicoespiritual, como o hábito, o claustro etc., e ficaram perdidos, desorientados. Alguns ainda tentam arrastar o passado e bancam o avestruz, não querendo acreditar que estamos no fim do século XX. Enfim, só um grupo aceitou a renovação como necessária, inevitável e oportuna, assumindo a tarefa de realizá-la através de experiências, descobertas nem sempre tidas como ortodoxas pelo antigo conceito e estilo da VR.

Quais serão os novos caminhos dessa família carismática? Em primeiro lugar, o seu fracionamento e disseminação através de pequenas células missionárias — as pequenas comunidades. Mesmo porque não há mais como, materialmente, manter os grandes conventos. Estes estão condenados, tanto pela falta de pessoal para ocupá-los quanto pelo contratestemunho que representam. Por mais pobres que sejam os religiosos, habitar os grandes conventos é como a história do rei que saiu nu pela cidade após baixar um decreto obrigando todos a admirarem a riqueza de seus trajes: a multidão apenas fingia acreditar.

E se mentimos quanto à pobreza, por que devem crer que falamos a verdade quanto à castidade? É aquela piada da prostituta que observava o luxuoso colégio e a residência confortável dos padres, então comenta com a amiga: "Se eles fazem isso com o voto de pobreza, o que não farão com o de castidade?!".

Enfim, a formação de pequenas comunidades possibilita, aos religiosos, inserção na massa e identificação com a vida do povo. Pelas pequenas comunidades, os religiosos abandonam suas estufas espirituais para encontrar o povo lá onde ele vive e trabalha.

Esse novo estilo da VR coloca outra questão: a reavaliação da primitiva finalidade da Ordem ou Congregação. Trata-se, agora, de adaptar-se às exigências da realidade: a pequena comunidade deverá dedicar-se ao tipo de trabalho mais útil dentro do plano pastoral da Igreja, e não necessariamente ao trabalho que corresponderia ao pensamento do fundador ou da fundadora. Como consequência, teremos uma progressiva descaracterização das famílias religiosas. Quando se trabalha no meio operário ou universitário, não importa o fato de um ser jesuíta, outro dominicano e um terceiro, franciscano. O meio determina uma forma de trabalho e presença comum aos três, e a finalidade é a mesma.

Suponhamos, por exemplo, que uma jovem operária decida abraçar a VR, impelida pelo testemunho das irmãs que moram no seu bairro. Essa jovem, provavelmente, estaria sendo atraída pelo trabalho que aquelas determinadas irmãs realizam naquele determinado meio. Não teria, pois, sentido enviá-la para um postulando ou noviciado clássicos, alheios ao campo de missão em que ela pretende engajar-se. O melhor seria formá-la em contato com a própria equipe que despertou sua vocação, entremeando a formação com a experiência (formação na ação). Assim, o fato de pertencer a essa ou àquela família religiosa seria indiferente, o importante é o tipo de trabalho a ser desenvolvido.

Temos, então, a outra consequência: a VR diretamente vinculada — não a uma Congregação com sede em Roma, mas à atividade pastoral de uma Igreja local. O religioso atuaria como tal nessa ou naquela diocese, sem vínculos que o impeçam de estar em total disponibilidade de serviço à Igreja. Não precisaria, necessariamente, haver votos (em vez de obediência, castidade e pobreza, nos tempos que correm seria preferível falar em fidelidade, gratuidade e justiça), mas haveria um compromisso pelo qual a pessoa testemunharia, diante da comunidade cristã, sua inteira disponibilidade ao serviço eclesial, na linha da índole escatológica. De certa maneira, tudo isso já existe na Igreja como semente de uma realidade futura.

*Penitenciária Regional de Presidente Venceslau, quinta, 24 de maio de 1973*

Querida irmã Paula,

Sua carta (excelente!) deu-me uma boa visão das preocupações que circundam a vida contemplativa feminina, e creio que a senhora soube muito bem precisar certos pontos cujo alcance me escapava, como o de tornar os contemplativos mais missionários e os missionários mais contemplativos. Há um esforço de purificação da VR, do qual as senhoras participam, e que, sem dúvida, exigirá, no futuro, um salto qualitativo, que porá em xeque aquilo que fazemos atualmente. É esse futuro, no qual a Igreja será desafiada a provar, definitivamente, sua identificação com as classes populares, que me preocupa.

Em algumas afirmações da senhora percebo certa diferença de perspectiva em nossas opiniões. Quando me refiro à vida contemplativa, não é exatamente porque ela me preocupa em particular, mas porque faz parte de todo um conjunto — a Igreja — que é o objeto de minha preocupação constante. Através desse estilo, próprio de vida cristã, que é mais fácil dialogarmos, já que vivemos engajados nele.

Fiquei com a impressão de que a senhora não põe muita fé nas pequenas comunidades, e considera atual e funcional, pelo menos do ponto de vista da regra beneditina, a comunidade dos mosteiros clássicos. Penso que não podemos falar sobre isso sem, antes, levar em conta a perspectiva que vai determinar o estilo de nosso engajamento comunitário.

Vamos restringir-nos ao caso do Brasil: a Igreja, aqui, entrou e se instalou sob a proteção do colonizador europeu. Esteve quase sempre atrelada ao poder político e econômico, usufruindo de privilégios (isenção de impostos, subvenções etc.) que restringiam sua liberdade. Nossas famílias religiosas vieram da Europa e procuraram fazer de nossos claustros um pedaço do solo de origem, onde se respiravam a cultura e a espiritualidade altamente sofisticadas para o nosso povo. Assim, só as pessoas da classe mais abastada ousaram aproximar-se de nossos conventos e mosteiros, onde corriam as ideias importadas da França, da Itália e da Alemanha, e havia a *finesse d'espirit* tão ao gosto desses fiéis mais interessados em participar do ofício solene que da tarefa de libertação do homem.

A burguesia é antievangélica por essência e vocação. Ela apenas usa o cristianismo para encobrir sua verdadeira face de classe opressora. Seu caráter possessivo é tão forte que sempre procurou fazer de nossos conventos e mosteiros um refúgio aos seus problemas pessoais e domésticos. Uns vão à piscina, outros ao bar, outros ao parlatório. Poucos, porém, são os que realmente se convertem e se colocam, desinteressadamente, a serviço do Evangelho e da Igreja.

Quando a senhora fala num mosteiro que é exemplo de intelectualidade, de arte e de cultura religiosa, eu lembro do seminário em que passei quase um ano.* Ficava em uma cidade de 30 mil habitantes, fundada por colonos alemães, e abrigava cerca de quinhentas pessoas, entre padres, seminaristas, irmãos leigos e centenas de garotos "arrebanhados" no interior, e que estudavam e trabalhavam animados por um entusiasmo infantil que era tido por vocação definida.

Essa comunidade brilhava sob todos os aspectos: agricultura e pecuária, que supriam até o mercado da capital; fábrica de vinho; biblioteca de 57 mil volumes; e toda espécie de oficinas necessárias à boa organização da casa. Entretanto, ninguém na cidade vacilava em apontar aquele "mosteiro" como a mais ampla, rica e bem provida propriedade da região.

Por outro lado, a irradiação apostólica daqueles quinhentos homens era

---

* Seminário Cristo Rei dos jesuítas, em São Leopoldo (RS), onde estudei Teologia em 1969.

mínima na cidade. Tudo aquilo era muito bonito, mas, em minha opinião, pouco evangélico. As pessoas estavam instaladas demais para testemunhar sobre Aquele que exige que seus discípulos renunciem a tudo, até mesmo à própria vida.

Há uma exigência clara e explícita de que somos enviados para evangelizar os pobres. No entanto, como isso nos parece difícil, pesado e custoso! É que os pobres não se sentem à vontade em nossos conventos e mosteiros, e nós não nos sentimos à vontade entre eles. Se isso é verdade, então temos de fazer uma séria revisão de vida, questionar nossa consagração religiosa, refletir sobre o sentido de nossa vida de oração. Não posso entender uma vida cristã que não esteja, de alguma forma, a serviço dos oprimidos e explorados.

Jamais conheci uma grande comunidade onde a vida cristã fosse mais autêntica que nas pequenas. Minha experiência de grande comunidade fez-me conhecer lugares onde são mais difíceis o encontro, a amizade e a comunhão entre seus membros.

*Penitenciária Regional de Presidente Venceslau, quinta, 7 de junho de 1973*

Queridos pais e manos,

Faz um ano que estamos nesta penitenciária. Não sou a pessoa indicada para dizer o que significa nossa presença aqui, mas de uma coisa tenho certeza: atualmente é muito raro surgir uma briga entre presos. O ambiente geral é mais descontraído. O rádio abriu janelas nessas muralhas. Hoje vejo rapazes — que outrora só pensavam em novas modalidades de crime — absorvidos pela matemática, o português, a química. Outro dia, fui chamado para apartar uma solene discussão sobre os elementos químicos encontrados na natureza...

No curso supletivo, permanecem quarenta alunos em cada classe. Duplas que antigamente nem podiam se encontrar hoje se abraçam nos ensaios de teatro. Tive que fechar as inscrições; estamos com quase cinquenta participantes. O horário de ensaios foi ampliado: sábados e domingos, das 12h30 às dezesseis horas. Isso me obriga a ficar torcendo para não receber visitas. Eles me terão aqui só até novembro, por isso dou prioridade a este trabalho. Para a primeira apresentação do grupo teatral, dramatizei o capítulo 9 do Evangelho de São João. Haverá também esquetes cômicos e declamações de poesias. Não quero deixar nenhum dos participantes sem fazer pelo menos uma "pontinha" — todos subirão ao palco.

É impressionante o progresso do pessoal. O melhor espetáculo vejo eu: homens que na rua mataram e roubaram despertam toda a criatividade recalcada e explodem na admirável percepção de sua própria pessoa. Nem imaginam o que isso significa!

Do mundo exterior: tocou-nos profundamente a condenação do padre Jentel a dez anos de cárcere. Mas não nos entristeceu; é sinal de que a Igreja caminha ao lado dos oprimidos. Tudo isso faz parte da nossa própria condição de discípulos do Cristo, e só à luz da fé e da história pode ser entendido como redenção. Jentel permanecerá um homem livre.*

*Penitenciária Regional de Presidente Venceslau, quinta, 14 de junho de 1973*

Querido Cláudio,**

Soubemos que 38 padres, acusados de subversão pelo tribunal militar de Juiz de Fora, foram todos absolvidos. Isso nos trouxe imensa alegria, mostrou que os próprios juízes se viram obrigados, diante da atitude absolutamente justa desses padres, a absolvê-los de qualquer acusação e, portanto, reconhecer

---

* Padre Francisco Jentel, de origem francesa, atuava em Santa Teresinha, na diocese de São Félix do Araguaia (MT), cujo bispo era dom Pedro Casaldáliga. Em 1972, uma empresa comprou uma área habitada da cidade. Jentel uniu-se aos moradores que tentaram impedir a posse da terra por parte da empresa e a derrubada das casas. Não conseguiram. Até um ambulatório foi posto abaixo. Preso, a Auditoria Militar de Mato Grosso o condenou a dez anos de prisão. A CNBB protestou, e o STM o absolveu. Seis dias depois, Jentel viajou para a França, deixando no ar a suspeita de que sua absolvição fez parte de um acordo para afastá-lo do Brasil. Em 1975, ele retornou. Preso no Ceará, transferiram-no para o Rio, onde sofreu torturas no Cenimar. A 16 de dezembro de 1975, o general Geisel, na época presidente do Brasil, decretou a sua expulsão. Alquebrado pelas sevícias, Jentel faleceu na França pouco depois.
** Frei Cláudio van Balen.

a validade e a legitimidade do protesto que emitiram por ocasião do assassinato do estudante Edson Luís.\*

Esse protesto foi recentemente repetido pelo bispo de Sorocaba e pelo arcebispo de São Paulo quando da morte, em circunstâncias atrozes, do estudante Alexandre Vannuchi.\*\* Mas contra bispos e arcebispos ainda não há processos... embora não faltem acusações e acusadores!

A nossa alegria ainda não é completa: ela seria se a perseguição viesse para purificar, de fato, toda a nossa Igreja. Bem entendido, não devemos desejar a perseguição e muito menos provocá-la. Mas quando é inevitável devemos, a conselho do próprio Mestre, abraçá-la como bem-aventurança. Não basta, porém, ter um sentimento altivo e corajoso diante daqueles que nos perseguem para saber exatamente o que pode significar a perseguição em nossa vida. Só mesmo passando por ela, vivendo-a na carne, é possível compreender o alcance e a profundidade das palavras: "Felizes sereis quando vos perseguirem".\*\*\*

Já Paulo nos adverte de que "todos os que querem viver piedosamente em Cristo Jesus hão de sofrer perseguição".\*\*\*\* No Apocalipse, João mostra claramente que ela é o antídoto contra a instalação, o aburguesamento, a frouxidão da vida cristã. A experiência ensina que ela nos coloca diante daquilo que realmente importa. Quando nenhuma ameaça pesa sobre nós, corremos o risco de nos deixar levar pelo que é secundário e supérfluo. Quando nos sentimos acuados, não demoramos a identificar o quê realmente importa.

A maturidade espiritual do homem costuma coincidir com o período em que ele ingressa na fase de seu declínio biológico. A longa vivência lhe permite encarar as coisas com acuidade e humildade de espírito. A perseguição, entretanto, antecipa essa síntese, propicia tal familiaridade com o risco de morte e a viabilidade do sofrimento que o antecipa, que a "vida além da morte" — na

---

\* Edson Luís de Lima Souto foi o primeiro estudante assassinado pela ditadura, no Rio de Janeiro, a 28 de março de 1968, ao participar de manifestação contra o aumento do preço de refeições no Calabouço, restaurante estudantil. Tinha dezoito anos.
\*\* O estudante Alexandre Vannuchi Leme, preso em São Paulo a 13 de março de 1973, foi assassinado no Doi-Codi, vítima de torturas. Tinha 22 anos.
\*\*\* Mateus 5,11.
\*\*\*\* 2 Timóteo 3,12.

feliz expressão de Boff — torna-se, para o perseguido, a realidade que dá sentido e coroa o seu sacrifício.

Assim, desfaz-se no homem tudo aquilo que outrora era alicerce de suas seguranças ou tinha caráter de absoluto; resta-lhe apenas a vertigem do mergulho que rompe o tempo e inaugura a eternidade no ato da ressurreição.

É preciso não esquecer, porém, que o caminho que conduz à vida passa pelos infernos; quanto mais somos conscientes disso, mais entendemos a razão pela qual o sofrimento pela justiça é felicidade e graça, pois se traduz em solidariedade a todos os que habitam os infernos arquitetados pelo egoísmo de ricos e poderosos.

Esses que agora foram absolvidos não podem esquecer da condenação a dez anos de cárcere imposta ao padre Jentel, uma semana antes, por defender os lavradores da ganância de uma poderosa empresa. E o que é mais importante: o *caminho*, na perspectiva do Evangelho, é esse que Jentel percorre. Devemos louvar a Deus, não somente pela absolvição alcançada, mas sobretudo pela condenação que lhe foi imposta pela causa da justiça.

Esse é o sinal de que a Igreja vai bem. É a prova de que a colheita será promissora, pois o grão morre para frutificar.

*Penitenciária Regional de Presidente Venceslau, sexta, 22 de junho de 1973*

Queridos pais e manos,

Um dos primeiros ditados que aprendi, ensinado pela mamãe, foi "acabou-se o que era doce". Na vida, só na primeira vez a gente se lambuza ao comer melado. Depois aprende. Quem não aprende com mel, aprende com fel, mas aprende. E descobre que viver também é amargo quando o egoísmo predomina sobre a bondade, o medo sobre a verdade, o interesse próprio sobre o bem comum.

Muitas coisas tenho aprendido. Uma delas é não confiar muito em situações nas quais o otimismo exagerado se confunde com a ilusão ou quando o exercício do bem, da dedicação desinteressada e do serviço à promoção humana parece se realizar sem obstáculos e dificuldades. Afinal, sou mineiro…

Quem quer ajudar ao próximo deve estar disposto a lutar contra inúmeras dificuldades. Mesmo na prisão: aqui, interessar-se pelos problemas dos outros e assumir as aspirações da coletividade são quase um crime! É explicitamente proibido pelo regulamento. Como se o individualismo pudesse conduzir à sociabilidade...

No mundo em que vivemos é assim: normal é o homem amar uma pessoa; quem ama duas é imoral; quem ama mais de três é subversivo. Ao primeiro, abençoam; ao segundo, censuram; ao terceiro, prendem ou matam. Mas quem pode derrotar um homem que ama desinteressadamente? Podem mutilá-lo, a ponto de não lhe restar mais mãos para estender, voz para consolar e animar, olhos para espelhar sua bondade e alegria — restará, pelo menos, um coração para amar e rezar. Podem matá-lo. Ficará o Nome. E isso ninguém pode apagar. Ninguém.

Faz um ano que estamos nesta penitenciária. Desde que chegamos, temos procurado transmitir um pouco de nossos conhecimentos aos companheiros presos comuns. No pátio, ensinamos português, matemática, história etc. Isso até o mês passado, diariamente. Afinal, foi organizado o curso supletivo, graças à insistência dos presos e aos esforços do capelão. Fomos convidados a dar aulas. Durante o dia, preparávamos lições e apostilas; à noite, ensinávamos. Um trabalho estafante, mas compensado pela alegria de ver esses companheiros emergirem para a cultura, a vida, o mundo, a técnica e a ciência. Quase como nascer de novo.

No início desta semana, o capelão nos chamou. Comunicou-nos que, por ordem da direção, fomos substituídos no curso supletivo por professores da cidade. Estes já assumem as aulas, apesar de sobrecarregados de trabalhos lá fora. Os alunos estão contrariados. Ficamos, porém, incumbidos das explicações complementares, fora do horário de aulas, solicitadas pelos alunos. O importante é o curso continuar.

Mário Simas, nosso advogado, esteve aqui na quinta. Veio trazer notícias da representação encaminhada ao Superior Tribunal Militar sobre nossas condições carcerárias. Foi muito mal recebido pelo diretor; este não se conforma com o fato de denunciarmos as mazelas desta prisão.

Fui ao dentista: duas cáries. Mas não há material para tratamento...

[*Sem data*]

Padre Enzo,*

Sua visita deixou laços de amizade, comunhão e saudade. Foi como se, desde há muito tempo, aquele encontro, na antessala de um cárcere, estivesse marcado entre homens que celebram a liberdade. Regressamos à cela convencidos de que nenhuma grade pode limitar o sentimento de fraternidade que une os que já possuem as primícias do Reino. Como a distância entre Verona e Venceslau se tornou tão pequena!

Queremos iniciar um diálogo com aqueles que se preparam para trabalhar em nossa terra, com o nosso povo. São bem-vindos: nossa gente é hospitaleira, carinhosa, profundamente religiosa. Nossa Igreja é jovem, dinâmica, arejada. Há um imenso campo a ser trabalhado: o que faltam são operários que queiram produzir cem por um.

Saibam, porém, de uma coisa: a Igreja no Brasil renasce porque corta seus cordões umbilicais com a Europa. Até alguns anos atrás, nossos teólogos eram apenas Congar, Guardini, Rahner, De Lubac etc. Nosso material catequético pagava direitos autorais à França e à Itália. Nosso relógio funcionava acertado pela Cúria Romana. Nossos bispos eram cidadãos do Vaticano e nossos padres eminentes, formados pelo Pio Brasileiro ou pela Gregoriana.

Após o Concílio, começamos a usar a prata da casa. Passamos a pensar e atuar a partir dos problemas concretos do nosso povo, de modo que ficaram desempregados todos os teólogos que pensavam conforme os problemas da pastoral europeia, e ultrapassados todos os padres formados no espírito de Trento.

Entre os vários fatores que influíram na renovação da Igreja no Brasil, ressaltam-se dois: a unidade de nosso episcopado, graças à CNBB, e a perseguição desencadeada a partir do momento em que a orientação pastoral entrou em choque com a política estatal. Essa perseguição, velada em algumas ocasiões, declarada em outras, faz a Igreja optar pelo único caminho que conduz

---

* Enzo Rossi, sacerdote italiano radicado no Brasil, defensor dos direitos humanos, que visitava presos políticos (Cf. Emiliano José, *As asas invisíveis do padre Renzo*. São Paulo: Casa Amarela, 2002). Já falecido.

à libertação do nosso povo e assumir suas aspirações. Hoje a Igreja é, aqui, a voz dos que não têm voz.

O que dizer a um europeu que pretende atuar junto ao nosso povo? Devemos ser francos: a Igreja penetrou em nossas terras acolitando armas e conquistas do colonizador europeu. Levou tempo para que houvesse uma Igreja nativa. É imprescindível, portanto, que o missionário venha sem pretensões de ensinar e com o espírito suficientemente aberto para aprender; seja capaz de entrar em comunhão de vida com o povo e jamais repetir o gesto do missionário alemão que, em sua casa junto à favela, possuía uma geladeira repleta de cervejas; ou o caso do estadunidense que vivia graças aos dólares enviados pela família.

Esse tipo de gente não pode entrar em comunhão com o povo enquanto não decidir romper os atavismos, os laços que os unem ao país de origem. O apóstolo, seja ele brasileiro ou estrangeiro, deve viver como o povo vive e de acordo com os recursos que seu trabalho fornece. Deve estar disposto a enfrentar todos os sofrimentos que o povo enfrenta.

No mês passado, o sacerdote francês Francisco Jentel, que trabalhava junto aos posseiros do Araguaia, foi condenado a dez anos de prisão. Há anos esse homem participa das alegrias e angústias dos pobres camponeses, sempre espoliados e oprimidos. Quando uma grande empresa agropecuária expulsou os homens de suas terras, Jentel estava ao lado deles. Sofreu com eles e por eles. Seu gesto, prisão e condenação, sua disposição de permanecer no Brasil, mesmo pagando o alto preço de dez anos de cárcere, são um sinal vivo, forte, desconcertante de que Deus é solidário com os pobres e oprimidos, e enviou seu Filho para nos libertar.

*Penitenciária Regional de Presidente Venceslau, segunda, 2 de julho de 1973*

Queridos pais e manos,

O primeiro espetáculo do nosso grupo teatral deverá ser no próximo dia 8. Apresentaremos um drama, *A cura do cego* (inspirado no capítulo 9 do Evangelho de João), cinco esquetes cômicos e a declamação do poema "I-Juca Pirama", de Gonçalves Dias. Os "atores" estão entusiasmados. E há autênticos talentos aqui.

É provável que Maurice Politi seja libertado antes de nós. Tudo depende do julgamento de seu recurso no Superior Tribunal Militar. O advogado foi chamado a Brasília no fim da semana passada. Há, contudo, um problema: Maurice é apátrida (essa palavra me soa como que significando "aquele que matou a pátria"). Como filho de judeus, ele poderia ir para Israel; mas vovó Golda* parece não sentir muito prazer em recebê-lo. Aconselhei-o a pôr um anúncio nos jornais: "Jovem judeu de língua francesa, filho de mãe egípcia e pai francês, nascido em Alexandria sob domínio da Coroa britânica, criado no Brasil e condenado por atividades terroristas, procura um solo pátrio que queira adotá-lo". Boa ficha, não?

Na vida, como diz papai, nada como um dia depois do outro. Pois bem, quando padres e militantes cristãos começaram a sofrer perseguição, tortura e prisão, alguns paladinos de certa prudência diziam solenes: "Vocês exageraram, foram longe demais!". E não disfarçavam sua covarde resignação diante do capitalismo vigente, como se esse sistema fosse perene, inalterável e de direito divino.

No fundo dos calabouços e das páginas da história jaziam aqueles que haviam recebido o mesmo carisma profético da *voz que clama no deserto*.

Mas o vento sopra também no deserto. E sopra com força, junta os pequeninos grãos de areia, amontoa-os, formando dunas e montanhas. Então, a voz encontra eco e ressoa por todos os cantos. Os guardas do Templo, desesperados, correm e apontam: é ali! Outros gritam: não, é aqui! Sim, é em toda parte. O Espírito da verdade não pode ser aprisionado ou assassinado. É livre.

Durante séculos a Igreja esteve atrelada aos interesses das classes dominantes e ajudou a erigir o capitalismo, abafando a consciência dos oprimidos. Mas palavras não enchem barriga e Deus não compactua com nenhuma forma de injustiça. Houve um tempo em que a Igreja passou a denunciar os "abusos" do sistema e exortou os poderosos a corrigi-los. Não via que o maior abuso é o próprio sistema, fundado na exploração do homem pelo homem, e que nele nada há que não seja abuso.

---

* Golda Meir, primeira-ministra de Israel (1969-74).

Os apelos da Igreja não foram atendidos. O polvo continuava a crescer e a estender seus terríveis tentáculos. A miséria propagava-se qual indomável peste. Mas sempre havia uma esperança, quem sabe, de alguma reforma social, alguma resolução da ONU, algum milagre, enfim, que viesse dar pão aos famintos e liberdade aos oprimidos.

Mas nada.

Deus, porém, ouviu os clamores de seu povo marginalizado. E enviou profetas que falaram à luz do sol, desvelando a trágica realidade que andava encoberta pelo manto colorido da mentira, exortando o povo à libertação total. Pela primeira vez, a Igreja reconheceu oficialmente, de modo claro e sucinto, que no sistema capitalista a única solução é a sua superação. Só assim haverá justiça e liberdade.

O faraó ficou horrorizado.

Dito e assinado, os bispos e superiores maiores do Nordeste divulgaram, no dia 6 de maio de 1973, o documento "Eu ouvi os clamores do meu povo"; e os bispos do Centro-Oeste, o documento "Marginalização de um povo: Grito das igrejas".

Nesses nove anos é a primeira vez que a Igreja retrata, fielmente, o passado, o presente e o futuro do Brasil.

Que o Senhor nos abençoe nos duros tempos que virão, de profundas e purificadoras bem-aventuranças.

*Penitenciária Regional de Presidente Venceslau, quarta, 4 de julho de 1973*

Queridos pais e manos,

O Superior Tribunal Militar reduziu a pena do Maurice Politi de dez para quatro anos. Daqui a sete meses, ele retorna à liberdade.

Tenho preparado o grupo teatral para a primeira apresentação, adiada para o próximo dia 15. Ontem, no ensaio, quase estourei de tanto rir. Os esquetes ficaram muito engraçados. Os atores interpretam bem e os recursos cênicos que utilizamos tornam a coisa mais cômica. Com talco, fazemos aquela poeira dentro de um restaurante. Agora resta ensaiar um pouco mais a declamação do

"I-Juca Pirama" e o drama, que carece de entrosamento entre os intérpretes. O espetáculo completo dura duas horas e ocupa trinta participantes.

O curso supletivo prossegue. Houve substituição de professores; como eles faltam muito, continuamos colaborando. Infelizmente, até hoje os alunos não dispõem de livro-base. Elaboramos apostilas e fazemos circular uns poucos livros. A frequência diminuiu. São agora uns sessenta, o que era previsto. Mesmo esse número me parece excepcional, se considerarmos que a maioria parou de estudar há anos, trabalha o dia todo e deve perder o recreio da noite para poder ir à aula, que atualmente termina às 22h30.

*Penitenciária Regional de Presidente Venceslau, quinta, 5 de julho de 1973*

Querida Márcia,

Sua carta chegou, o retrato não. Veio de avião, trem ou carro de boi? Bem, pelo menos tenho suas cartas assinadas, assim no futuro poderei provar que, há tempos, sou amigo de uma famosa bailarina. Quem sabe um dia você não será também convidada para o Royal Ballet?

Como foi o acampamento das bandeirantes? Pensava que fosse "fadinha". Disso aí manjo, fui "lobinho" e escoteiro durante cinco anos. Minha associação ficava na igreja Santo Antônio; chamava-se Adalberto Gobira. Ao treinarmos para o desfile de Sete de Setembro, passávamos marchando em frente à sua casa. Você ainda não era deste mundo.

O escotismo me ensinou muita coisa boa, principalmente cozinhar, e a prisão serviu de curso de aperfeiçoamento. Aprendi a fazer café e a coá-lo em pé de meia; arroz "unidos venceremos"; feijão com terra; e a comer doce com formiga. Deixei de lado aquele negócio de "isso eu não como", "aquilo eu não gosto", "mãe, o café tá frio", "faz outro bife pra mim" e outras manhas. Se não fosse essa preparação na infância, teria passado fome em algumas cadeias cuja comida não era identificável nem pelos olhos nem pelo paladar. Todo dia vinha "mexido à lavoisier" (nada se perde, tudo se transforma).

De certas comidas, já nem sei o gosto. Mas isso não é o pior. Não tenho a menor ideia do preço de uma passagem de ônibus. Esqueci o que é um sorvete.

Mas não lamento a minha situação. Apesar de tudo, sou livre. Lamento é a situação desses que estão aqui há quinze, dezoito ou vinte anos e nem sabem quando sairão!

*Penitenciária Regional de Presidente Venceslau, sábado, 20 de julho de 1973*

Queridos pais e manos,

Afinal nosso grupo teatral fez as primeiras apresentações. Na terça, para o primeiro e terceiro raios; na quarta, segundo e quarto. O espetáculo todo durou duas horas e meia. Modéstia à parte, um sucesso. Não fiz a menor interferência, nem fiquei andando de um lado para o outro. O próprio elenco — que inclui trinta presos — cuidou de tudo. Todos gostaram, disseram ser melhor que muitos shows profissionais que se veem pela TV.

A primeira parte constou de cinco esquetes cômicos; quase nos mataram de riso (sem nenhuma "apelação"): *Bobo do bêbado que bebe toda bebida*; *Há algo de podre no Jardim Público*; *O pega-ladrão*; *Três fregueses e um restaurante* e *Lua de mel no escuro*. A parte dramática constou de declamação do poema "I-Juca Pirama", de Gonçalves Dias, e da peça *A cura do cego*. Tudo iniciativa do próprio grupo. Durante as apresentações, fiquei tranquilamente sentado no meio da plateia. Carlitos, que se encontra há vinte anos preso, cuidou dos efeitos de som e luz.

Para os companheiros que desempenharam os diversos papéis foi uma experiência muito importante. Souberam conter o nervosismo e alguns, nas comédias, improvisaram com muita arte. Os aplausos foram calorosos. Agora os atores estão merecidamente envaidecidos. Alguns revelaram talento excepcional.

Hoje à noite faremos uma apresentação às famílias dos funcionários e outros convidados que virão da cidade. Assim, o grupo se sente mais valorizado. É impressionante como o teatro tem influído até mesmo na modificação do temperamento e da personalidade de alguns companheiros! Já penso no próximo espetáculo: provavelmente uma dramatização dos capítulos 3 e 4 dos

Atos dos Apóstolos, intitulada *Ninguém prende um homem livre*. Só não sei como ficarão as coisas após nossa saída.

Espero que o pastor Dourado, metodista, supervisor geral do teatro, encontre uma solução.

*Penitenciária Regional de Presidente Venceslau, sexta, 27 de julho de 1973*

Querida irmã Ruth,

Você diz uma coisa muito acertada: "A única maneira de ser fiel, hoje, é ser infiel àquela que era fidelidade antes". Exatamente. Essa foi a intuição evangélica de Jesus de Nazaré em relação à religião mosaica; de Antão ao triunfalismo constantiniano; de Francisco de Assis à Igreja medieval; de Thomas Münzer à Reforma; de Teresa d'Ávila ao farisaísmo religioso; de Vicente de Paulo ao clericalismo aristocrata; de Charles de Foucauld ao triunfalismo católico; de João XXIII às tradições tridentinas. Ser infiel ao passado para ser fiel ao futuro. Ter a coragem de realizar a *metanoia*,* centrando o eixo de nossa práxis na libertação efetivada pelo Cristo ressuscitado. Do contrário, veremos a banda passar na janela...

*Penitenciária Regional de Presidente Venceslau, sexta, 27 de julho de 1973*

Queridos pais e manos,

A apresentação do grupo teatral para as visitas, na última sexta, foi coroada de êxito. Vieram umas sessenta pessoas, quase todas parentes e amigos do pessoal da administração. O diretor se fez presente com toda a família. O espetáculo teve início às 20h45 e terminou às 23h30, sem que ninguém se sentisse cansado.

---

* Termo grego que significa mudança, transformação.

O que mais surpreendeu a plateia foi a desinibição dos atores; sentiram-se plenamente à vontade, após dominarem o nervosismo que os havia intranquilizado durante a tarde. Chamou muita atenção o fato de o papel de Jesus no drama ter sido interpretado por um companheiro negro. Como eu não tinha nada a fazer durante o espetáculo, fiquei calmamente sentado, saboreando-o mais uma vez.

Já começamos a ensaiar o próximo: além de novos esquetes cômicos, um drama baseado nos capítulos 3 e 4 do Atos dos Apóstolos, sobre o choque entre os fariseus e os apóstolos.

Abraços e saudades!

*Penitenciária Regional de Presidente Venceslau, quarta, 1º de agosto de 1973*

Queridos pais e manos,

Os quatro anos de cadeia estão chegando ao fim. Faltam apenas três meses. Ainda é muito cedo para avaliar o significado de tudo isso, dessa *descida aos infernos* que se situa, exatamente, entre o momento da morte e o momento da ressurreição. Mas nós, que nos recusamos a adorar a estátua de ouro talhada pelo rei, podemos já agora cantar de dentro da fornalha:

Bendizei o Senhor,
Louvai-o e exaltai-o eternamente!
Porque ele nos livrou da permanência nas trevas;
Salvou-nos da mão da morte;
Tirou-nos da fornalha ardente,
E arrancou-nos do meio das chamas.
Glorificai o Senhor porque ele é bom,
Porque eterna é a sua misericórdia.*

* Daniel 3.

Tenho muitas razões para dizer que todo esse sofrimento não foi inútil e torna-se mesmo fonte de alegrias. Para comprovar isso, transcrevo uma carta que recebi e que me tocou o fundo do coração:

Avignon, 31 de maio de 1973
Querido amigo e irmão Frei Betto,

Tive a felicidade de ler suas cartas. Quero agradecer por todo o bem que elas me trazem.

Nós dois, você e eu, estamos muito próximos um do outro pelo nosso estado de "prisioneiros".

Devo dizer-lhe que estou muito enferma, privada de qualquer movimento; [vivo] em inteira dependência e, há alguns anos, privada da visão.

Prisão dourada, sem dúvida, suavizada pelo amor incomparável de minha mãe, por amizades de grande valor e pelo socorro cotidiano da Eucaristia na minha igreja bem perto daqui... Mas nós dois fizemos e continuamos a fazer, todos os dias, a experiência dessa liberdade exterior que nos foi tirada e que nos conduz a uma liberdade interior de uma densidade espiritual intensa.

Felizes aqueles que, privados dos falsos valores do mundo, souberam, graças ao Senhor, se descobrir a sós com Deus... e aprofundar sua imensa misericórdia para com os nossos irmãos.

Rezo por você para que este encarceramento, em plena juventude, seja um testemunho de sua fé e desperte as consciências para os problemas dos direitos do homem.

Como religioso, você sabe melhor que eu "que não há nada maior do que dar a vida por aqueles que amamos".

Sua fé, sua alegria, me encorajam na minha vida pessoal. É por isso que quero lhe transmitir toda minha gratidão e lhe assegurar minha profunda união nas orações.

Christiane Fabre

*Penitenciária Regional de Presidente Venceslau, quarta, 8 de agosto de 1973*

Queridos pais e manos,

Na madrugada de sexta para sábado, três presos sequestraram a esposa do diretor e fugiram. Os três estavam no curso supletivo e, naquela noite, havia cinema para o pessoal da administração em um salão próximo à sala de aula. Ao terminar a aula de ciências, percebi uma movimentação estranha: os três arrastavam, pelo corredor, a esposa do diretor, presa por um golpe de braço e com a ponta de uma faca junto ao pescoço. Deste momento à hora em que deixaram a penitenciária, no veículo que lhes foi entregue, passaram-se seis horas. Ficamos todo o tempo retidos na sala de aula, sob tensão, esperando o pior a qualquer momento. Mais tarde, soubemos que uma viatura do Exército conseguira resgatar dona Maria Teresa; os fugitivos embrenharam-se no mato.

A penitenciária foi interditada; todos os quatrocentos homens permanecem trancados em suas respectivas celas. Nosso único contato com o mundo exterior é o rádio. Como o meu só tem uma faixa, não posso ir muito longe. Mas a emissora local é boa informante, embora de sensibilidade musical não muito a meu gosto.

Este "retiro" suplementar representa um peso a mais para os companheiros da lei comum; para nós, é verdadeiramente um descanso. Havia tempos eu não tinha momentos de solidão como nesses dias. O supletivo, o teatro, as reuniões bíblicas e litúrgicas, as inúmeras solicitações do pessoal, tudo isso deixava a gente meio disperso, embora cheio de satisfação de poder servir tanto e ver a luz surgir nas trevas.

Aproveito para dedicar-me a leituras que o trabalho não me permitia. Li atentamente o opúsculo de Eduardo Hoornaert, *Verdadeira e falsa religião no Nordeste*, muito importante para entendermos a autêntica religiosidade do povo brasileiro — a das promessas e procissões, santos e *benzeções*, velas e ladainhas — que nós, soberbamente, desprezamos como "ignorância" ou "superstição". Olhamos para os valores do povo como os fariseus encaravam Jesus e seus apóstolos. Urge agora redescobri-los e aceitar o que o povo tem a nos ensinar.

Li também as seiscentas páginas da magnífica obra de Olivier Clément, *Dialogues avec le Patriarche Athénagoras*. Toda em tom coloquial, é rica de sentimento e sabedoria, e nos revela a grandeza da Igreja de Cristo no Oriente. Ao mesmo tempo, serve para uma séria e humilde autocrítica da Igreja romana, tão marcada ainda pelo formalismo jurídico, que a impede de ser plenamente sacramento do Ressuscitado na história dos homens.

*Penitenciária Regional de Presidente Venceslau, domingo, 12 de agosto de 1973*

A um padre carmelita,

Hoje é domingo. Há mais de uma semana permanecemos trancados em consequência da fuga de três presidiários. Dois, aliás, já foram recapturados. Por enquanto, ninguém pode sair da cela. A única exceção é para os que fazem a comida. Outras tarefas indispensáveis, como a limpeza dos corredores, são feitas pelos próprios guardas. São eles também que nos servem o "picadão". *

A penitenciária parece um cemitério de vivos. Pela manhã, quando o céu está nublado e o tempo frio, quase todos dormem. O silêncio é pesado como um grito mudo de desespero. Os companheiros costumam dizer que preso só esquece as grades e encontra paz quando dorme. De certo modo, é verdade. Só que o sono, aqui dentro, não é exatamente um momento de paz. É um momento de fuga de si mesmo. É o período em que sofrimentos e desesperanças são sufocados pelo cansaço do corpo e dos longos anos de cadeia.

À tarde, o ambiente melhora. O pessoal conversa através das grades, sem conseguir, porém, ver o rosto um do outro. Apenas a voz, gritada. Falam de futebol, de antigos presidiários, de crimes e processos, alegrias e tristezas dessa vida interditada. O cenário é o de uma imensa gaiola onde os pássaros cantam em dissonância. Um pede uma revista, outro um cigarro, aqui do lado alguém canta um bolero, enquanto o vizinho batuca na grade.

Ao cair da noite, o silêncio retorna aos poucos. Ouve-se o ressoar dos pulos de quem faz ginástica na galeria superior. O ruído prolongado da água correndo nos canos indica que alguém toma banho. Com certeza muitos estão

---

* Gíria que designa a comida na prisão.

sentados, lendo, estudando, escrevendo cartas ou poesias; outros, deitados, dormindo, sonhando. É o que fazem até que a vida retorne com a liberdade. Em geral, consideram o tempo de prisão um vácuo em suas existências. Aqui apenas esperam, estoicamente.

    Para mim, tudo isso é realmente fantástico. Por mais que eu queira descrever o que vivo e presencio, menos me servem as palavras. Posso dizer apenas que contemplo nesse espetáculo — onde carne, osso, sangue e lágrimas se fundem com ferros e cimento — o prolongamento real e sacramental da agonia do Crucificado entre dois ladrões. Mais não posso dizer... Seria vã tentativa de querer traduzir os "gemidos inexprimíveis do Espírito".*

    Há mais de uma semana não converso com ninguém. Não é a primeira vez que passo por isso, nem a mais longa, mas é sempre uma nova experiência, profundamente marcante. Posso contar nos dedos as palavras que pronuncio a cada dia: grito ao Fernando se tal livro está com ele ou com o Ivo; digo ao guarda que serve a comida: "basta", "mais um pouco", "obrigado"; respondo uma ou outra coisa que um companheiro pergunta. Tem dia que falo menos ainda, duas ou três palavras na hora de receber a comida pelo guichê da cela.

    Dentro dessas quatro paredes, todavia, minha vida e meu mundo são extraordinários. A solidão me faz bem, muito bem. A vida religiosa ensinou-me a gostar dela; a prisão habituou-me a ela. Confesso que aí fora eu tinha escrúpulos em procurá-la: havia sempre algo a fazer! Agora estou retido aqui dentro, e tudo aí fora caminha como se eu não existisse... Vejo, então, que não sou insubstituível, e que há outros níveis de tarefa a meu alcance.

    A solidão pode significar demissão quando a buscamos para fugir dos outros e das responsabilidades que nos aguardam. Então, traz ao covarde o lúgubre consolo da opacidade de seus gestos e pensamentos. Mas, por outro lado, é indispensável ao homem engajado, por mais ativa e atribulada que seja a sua práxis. Ela o impede de ser tragado pelo ativismo, que põe em risco o próprio êxito da luta e proporciona o recuo necessário à visão de conjunto, à crítica e autocrítica. Sem ela, o entusiasmo pode conduzir ao fanatismo; o poder, à prepotência; a fé, ao fetichismo e ritualismo. Nela, ao contrário, o homem

---

* Romanos 8,26.

é como um espelho no qual vê tudo aquilo que, em sua vida, é detrito, carga supérflua, poeira acumulada — e essa limpeza purifica e renova-o.

O mais terrível atributo da solidão é a morte. Se permanecermos fechados em nós mesmos, somos sufocados pelo silêncio opressivo e humilhados pela impossibilidade de abordar o outro. Tentamos escapar pela imaginação, mas esta nos aterroriza e pouco a pouco consome nossas resistências. Nesse caso, a solidão é completa ausência, impotência, privação. É o inferno: o sofrimento de não poder mais amar. Somos, então, levados ao suicídio. Há várias formas de suicídio, e a pior nem sempre é a que faz cessar a vida como fenômeno biológico.

Se somos abertos ao outro e ao mundo, a solidão, tecida de silêncio, faz descobrir mais uma vez a novidade do amor. É o momento de síntese, re-união, encontro. Mantém-nos em um diálogo que não precisa de palavras, nem de gestos. Graças à solidão, tudo em nós é gratuidade e verdade. Nesse espaço, emerge toda a nossa liberdade, libertada pelo silêncio que nos faz conhecer as raízes do amor. Somos todo intimidade. Aqui não há lugar para a farsa, a trapaça. A intimidade revela a verdadeira identidade do homem.

A solidão nos conduz para além de nós mesmos. Do silêncio que exprime amor, brota a luz que aponta o caminho da interioridade, do para-além-de-nós-mesmos. Esse caminho só pode ser percorrido pelo homem quando se encontra só. Não há exceção, e ninguém pode percorrer por ele.

Aqui também a solidão conduz à morte: à morte de si mesmo, para que sejamos totalmente abertura e transcendência no outro e para o outro. É o ultrapassar de todas as alienações. Temos, agora, a completa posse de nós mesmos, porque já não nos possuímos mais; estamos salvos porque nos perdemos. No espaço ilimitado de nossa interioridade, tudo é maravilha. O mergulho em nós mesmos, para além de nós mesmos, opera a metamorfose que nos devolve à vida, transfigurados pelo Amor que nos habita e plenifica.

Para quem, como nós três, se prepara para partir, este período é de grande importância no processo de assimilação dos nossos anos de "Egito". Talvez seja esta a última parada diante da longa e penosa caminhada que nos aguarda.

*Penitenciária Regional de Presidente Venceslau, quarta, 22 de agosto de 1973*

Queridos pais e manos,

A fé é o encontro de duas pessoas. É a resposta do homem livre ao amor gratuito de Deus. Cremos, não pela evidência de uma ideia, mas pela manifestação de uma pessoa. Esta pessoa se manifesta a outra que a acolhe. Por isso, fé e amor são indissociáveis.

O encontro do homem com Deus pode traduzir-se numa relação infantil ou adulta. É infantil quando carente de seriedade, de responsabilidade e de comprometimento. É adulta quando se revela responsável, consequente e comprometida.

É infantil a fé do homem que ainda acredita no Deus "lá em cima", situado em algum lugar do espaço cósmico, zelando pelo bom funcionamento da ordem natural das coisas e vigiando os nossos bons e maus atos. Deus estático, etéreo, castigador dos desobedientes e recompensador dos que não abandonam o caminho do bem, e que só tem olhos para as nossas ações individuais. Com esse Deus temos relações distantes, cerimoniosas, rituais, dominicais, e a Ele prestamos culto principalmente por ocasião da Páscoa e do Natal. O que pensamos a Seu respeito é muito mais fruto de nossa imaginação que revelação bíblica e, de certo modo, O adequamos à nossa maneira de encarar os homens, o mundo e a história.

Fé infantil é a do padre que vive mais preocupado com a renda da paróquia que com a evangelização de seus paroquianos. É a do juiz que tem pela imagem do Crucificado pregado à sua parede mais respeito que pelo réu à sua frente. É a do médico que faz questão de ver a sua filha casada na igreja, mas não reluta em realizar um aborto por conveniência social. É a do industrial que manda benzer suas máquinas e equipamentos, esquecendo-se do caráter sagrado da vida de seus operários. É a do advogado que defende até mesmo a injustiça contida na lei e ilustra seus discursos com citações bíblicas. É a do comerciante que vai à missa e paga o dízimo, mas durante a semana rouba no preço das mercadorias. É a do jornalista que, em nome de Deus, ataca a Igreja e seus pastores. É a da moça que evita o pecado mais por receio de sua falta se tornar conhecida que por temor a Deus. É a do rapaz que confessa por medo do inferno. É a do operário que considera Jesus um santo tão importante quanto são Jorge. É a do soldado que reza na hora do perigo e trata mal os populares. É a do jogador que se benze na hora de entrar em campo, e xinga e trapaceia durante o jogo. É a do artista que faz suas orações à noite e aceita trabalhar em um filme pornográfico. É a do fazendeiro que cede animais para a festa do vigário e trata seus vaqueiros como escravos. É a do político que invoca o nome de Deus, a quem diz obedecer, e menospreza o povo que o elegeu.

Essas são algumas manifestações típicas da fé infantil, que se prende às aparências, ao acidental, ao convencional, ao tradicional, e esquece ou deixa de lado o fundamental, o essencial, o pessoal e o evangélico. O cristão de fé infantil reza com os lábios e não com o coração; considera templo a igreja de pedras e não o seu corpo; ama por dever e não por gratuidade; quer obedecer aos mandamentos sem viver as bem-aventuranças; busca a própria salvação e não a dos outros; age como quem espera reconhecimento e não como quem serve voluntariamente; satisfaz-se com a mediocridade espiritual e não ama a Deus com todas as suas forças; aspira a vida eterna e não aceita a cruz e a morte.

A fé adulta é a do homem para quem o Pai, o Filho revelado em Jesus Cristo e o Espírito de amor são o centro e eixo de sua existência. Todo o seu dinamismo vital consiste em esvaziar-se sempre mais para tornar-se alguém totalmente aberto aos outros e a Deus que o habita, transforma e transfigura.

Fé adulta é a do esposo que se doa à sua esposa, assim como Cristo se doou à sua Igreja: até as últimas consequências, fazendo com que de sua morte brote a vida de sua esposa. É a do cristão que vê no pobre não um inferior, mas alguém a quem o próprio Deus feito homem se igualou em Nazaré. É a do sacerdote que faz do seu corpo e sangue o pão e o vinho oferecidos no altar da história, e transubstanciados em corpo e sangue do Senhor presente no coração do mundo. É a do médico que não cura o paciente pensando na conta, mas na perpetuação da vida como supremo dom divino. É a do juiz que não vê o réu como um condenado, mas como alguém a ser libertado de sua desgraça e infortúnio. É a do mandatário que assume o poder como um serviço e sacrifica-se pelo bem do povo. É a do jovem que não se satisfaz em cumprir os mandamentos, vende todos os seus bens, dá o dinheiro aos pobres e O segue. É a do homem que, em sua fome e sede de justiça, conserva a esperança na certeza de que será saciado. É a do perseguido que não lamenta a sua sorte, mas encara-a como uma grande bem-aventurança. É a do oficial que se preocupa com a vida de seus comandados e para quem basta uma palavra do Senhor para que tudo seja salvo. É a do cego que suplica ao Filho de Davi não a cura de sua cegueira, mas a misericórdia que purifica o coração. É a de Maria, que se apresenta como serva do Senhor para que se faça nela a vontade daquele que derruba os poderosos de seus tronos e eleva os humildes, despede os ricos com as mãos vazias e sacia de bens os famintos.

O cristão de fé adulta reconhece sempre suas falsidades e alienações, e está sempre em processo de conversão; não reza apenas para pedir a Deus, mas para unir-se a Ele em comunhão de vida e amor; não ama porque isso é um mandamento, mas porque encontra no serviço ao próximo a razão de ser de sua existência; não vive a fé à sua maneira, mas à maneira da Igreja, a quem ele serve e obedece; não contempla Deus "lá em cima", mas dentro do coração de cada homem; não aguarda resignadamente o Céu, mas luta para fermentar e transformar a Terra, a fim de que se apresente sem rugas e sem manchas às núpcias finais com o Cordeiro.

A vida de fé tem suas fases de infância, adolescência e maturidade. Na infância, esperamos tudo de Deus e dos padres, como a criança que espera de seus pais todas as providências. Necessitamos de amparo e segurança. Se ocorre uma pequena mudança no rito litúrgico ou na maneira de explicitar o dogma, nossa fé vacila, escorrega, duvida. Ela é frágil e tênue, não suporta a dor, o sofrimento, a provação. Alimenta-se pelos sentidos: a música sacra que entra pelo ouvido e as palavras do pregador enternecem o coração; a beleza da liturgia, a harmonia da natureza, são uma festa para os olhos que entreveem o Criador; as palavras da oração vocal nutrem a alma; o ambiente austero e silencioso do templo engendra paz e recolhimento.

Essa fé é como uma superestrutura sem fundamento: brota no interior de nossa inteligência, suscitada pela amizade de Deus, mas não domina ainda a nossa vontade, entregue aos caprichos do homem velho. Cremos, mas não amamos tanto quanto podemos. Aderimos a Jesus Cristo, mas ainda não somos capazes de testemunhar essa adesão pela nossa maneira de agir e de viver. Aceitamos a verdade do Evangelho, mas permanecemos cúmplices de muitas mentiras que oprimem os homens e destroem o mundo. Confessamos a nossa fé mais por palavras que por atos. Colocamos remendo novo em pano velho. Estamos mais preocupados em não cometer certos pecados do que em proclamar a todos a libertação operada pela ressurreição do Filho do Homem.

A adolescência da fé é um período de crise. Reconhecemos, então, que o objeto de nossa fé é uma pessoa a cujo amor devemos corresponder. O conhecimento exige um engajamento que estabeleça sintonia entre fé e vida. Esse avanço representa uma ruptura com a antiga prática legalista, dominical, convencional. Vivemos agora a fé como algo que perpassa toda a nossa vida e exige de nós uma resposta à proposta amorosa de Deus como provação e acrisolamento. Porém, em nossa vida espiritual, a imaginação e os sentimentos interiores ainda exercem papel preponderante. Somos capazes de criar nossa própria atmosfera de oração e piedade, embora não consigamos conservá-la senão mediante estímulos externos.

A crise que caracteriza a adolescência da vida de fé é marcada pela tensão entre o homem velho, que se recusa a morrer, e o homem novo, que não nasce senão após um doloroso parto. Esse conflito reflete o medo que o cristão tem de abandonar suas certezas, e garantias palpáveis e sensíveis, para abraçar o imprevisível e o invisível da fé. É como querer que o grão germine sem cair na terra e morrer. Medo da entrega, da confiança em Deus, da cruz que se ergue à frente dos que devem ressuscitar com Cristo. Muitos preferem, então, recuar. Regressar à infância da fé, ao farisaísmo cômodo e descomprometido, em vez de avançar, perder sua segurança e seus critérios para viver entregues à loucura da cruz e imersos na sabedoria de Deus. Foi o que ocorreu ao jovem rico que se negou a doar seus bens; a Nicodemos, que não entendeu como pode um homem nascer quando já velho; e a todos aqueles que preferiram a glória dos homens à glória de Deus.

Atingem a maturidade da fé os que, apesar de tudo, não temem perder a sua vida para salvá-la e procuram, em primeiro lugar, a justiça do Reino de Deus. Estes creem que foram, definitivamente, libertados pela ressurreição daquele que agora é tudo em todas as coisas, e é mais íntimo ao homem do que este a si próprio. Já não rezam com os lábios ou com a imaginação, mas é o Espírito que reza neles e fala pelo silêncio. Vivem em profunda comunhão com todo o povo de Deus reunido na Igreja. São cheios dessa fé que experimenta a presença amorosa e o conhecimento de Deus, que ultrapassa as energias do coração e os limites da inteligência. Aceitam com humildade suas fraquezas, não temem a perseguição, fazem do sofrimento comunhão e redenção, e transformam suas existências em oblação de amor. São adultos no Cristo, que se manifesta em seu testemunho, que é tanto mais radical quanto mais eles se comportam como crianças que nada podem sem a entrega segura e confiante ao Deus a quem chamam: *Abba*, Pai.

Um homem maduro na fé não vive de acordo com a razão, mas segundo o Espírito. Não conhece limites para o amor, nem leis ou preceitos que possam impedi-lo de servir e libertar o próximo. Está no mundo, mas não pertence ao mundo: é o peregrino que se alimenta do corpo e do sangue que foram entregues como sinal e liame de união de todos os homens com Deus, que se tornou um deles, para que eles se tornassem deuses. Bebe da fonte da água viva e encontra sua felicidade na prática das bem-aventuranças. Ele é tanto mais reflexo de manifestação da força divina e, no fim de seu trabalho, reconhece que não foi mais que um simples servo. Não se satisfaz em dar todos os seus bens; entrega a própria vida pela manifestação do Reino de justiça e amor aos homens de boa vontade.

Esse homem sabe, entretanto, que se sua fé chegasse ao tamanho de um grão de mostarda — a menor das sementes — até as árvores e montanhas obedeceriam a sua palavra. Por isso, reza incessantemente: para que Deus se dê a conhecer a ele ainda mais, muito mais...

*Penitenciária Regional de Presidente Venceslau, quinta, 23 de agosto de 1973*

Querida Maria Inês,

Em decorrência da fuga dos três presidiários (dois já recapturados), houve alterações em nossas atividades. Ficamos dez dias trancados na cela até a poeira assentar. O curso supletivo e o grupo teatral foram suspensos. Mas o pessoal continua a estudar; e os livros, a circular. Agora terão que se esforçar mais. De nossa parte, ampliou-se o tempo de leitura e estudo de Teologia. Ficamos quase a semana toda na cela. Penso que num vestibular para cartuxo seríamos aprovados!

*Penitenciária Regional de Presidente Venceslau, terça, 11 de setembro de 1973*

Frei Domingos,

O nosso abraço mais apertado, carregado de votos de felicidade e longa vida, por este 11 de setembro. Para nós, é data de festa, traz à tona toda a beleza e riqueza desses tempos em que estamos juntos na fornalha ardente. A maravilha que aflorou de todo o sofrimento que nos foi dado suportar só pode ser contemplada, em todo o seu esplendor, por gente como você, que viu conosco a vida brotar alegre de cárceres onde só havia morte e tristeza, e o amor despontar com toda força onde o ódio emergia como única arma dos fracos e covardes.

Somos gratos, imensamente gratos, a você, que soube compreender e repetir na história o gesto do Cireneu. Muitas e muitas vezes, achamos que a cruz pesava demais para os nossos ombros. Se não desfalecemos foi, sobretudo, porque gente como você teve coragem de abraçá-la. E qual o resultado de tudo isso? Esse é o nosso segredo, o maior dom que recebemos e do qual você tanto partilhou: vimos face a face as maravilhas de Deus, que derruba os poderosos de seus tronos e eleva os humildes, sacia de bens os famintos e despede os ricos com as mãos vazias.

Quantos e quantos milagres! Você se lembra: vimos o anjo abrir portas aferrolhadas e partir algemas inquebráveis; vimos os humilhados serem exaltados e os exaltados serem humilhados; vimos poucos pães e alguns peixes saciarem a fome e a sede de justiça de centenas de jovens; vimos gente, que trazia horríveis chagas, ser curada com um toque de amor; vimos mortos recobrarem a vida; vimos os pobres serem evangelizados.

Hoje, podemos, sim, cantar o canto de Simeão, pois a jornada termina e é chegada a hora de "Completas":

Agora, Senhor, Tu podes, segundo a Tua palavra, deixar partir em paz os Teus servidores,

Pois os nossos olhos contemplaram a Tua salvação,
Que preparaste em favor de todos os povos,
Luz que ilumina as nações e glória de Israel, Teu povo.*

Nossa oração agora é de louvor pelo que você fez e continua fazendo. Nem imagina o que significou para nós vê-lo partir — não para um lugar qualquer onde pudesse se acomodar, mas para prosseguir trabalhando numa das regiões mais importantes e difíceis deste Brasil.

Do fundo deste cárcere, pedimos ao Senhor que aceite nossa gratidão pelo que você é. Contamos também com as preces de toda a Igreja na qual você vive e trabalha.

*Penitenciária Regional de Presidente Venceslau, quinta, 13 de setembro de 1973*

Queridos pais e manos,

Já não temos ânimo para colocar nos limites de um papel o que será dito no calor de um bate-papo. Há quatro anos espero por muitos encontros. Este resto de tempo quero aproveitar para conversar com aqueles que provavelmente não me verão nunca mais. Preparo-me também para enfrentar a liberdade. Sei que ela tem duas faces, não alimento ilusões. De um lado, a imensa alegria de voltar à convivência com a família, os confrades, o reencontro com os verdadeiros amigos, as coisas novas que conhecerei, o início de uma nova etapa de vida. De outro, a desconfiança de alguns, a indiscrição dos curiosos, a hipocrisia dos que têm sempre uma pedra à mão para atirar, a viscosidade da sociedade de consumo. Para mim, o que importa é conservar a liberdade que conquistei aqui. Quem puder entender, entenda.

---

* Lucas 2,29-32.

*Penitenciária Regional de Presidente Venceslau, sábado, 15 de setembro de 1973*

Querida Maria Inês,

Após a fuga, as normas disciplinares apertaram. O controle de visitas tornou-se mais rígido.

A questão fundamental, em torno da qual temos gravitado, é: como ser cristão, num continente em processo de libertação? Isso inclui todas as formas de vida cristã e leva-nos a acreditar que, tão cedo, a Igreja não haverá de recuperar a considerável estabilidade de que desfrutou até Pio XII.

Por que temer o vendaval dos tempos? Essa agitação é sinal de que o fermento cresce na massa. O Reino se dilata na história. A Igreja está grávida de si mesma.

*Penitenciária Regional de Presidente Venceslau, sexta, 21 de setembro de 1973*

Queridos pais e manos,

Seguiu para o convento de São Paulo o quadro que vocês encomendaram. O companheiro Moacir Pedroso produziu uma magnífica obra de arte; revelou, mais uma vez, o seu extraordinário talento. Nessa tela estão todos os nossos anos de prisão.

Na terça, dom Pedro Paulo Koop, bispo de Lins, vinha nos fazer uma visita, em companhia de outros padres, quando sofreu um desastre na via de acesso à penitenciária. Por não conhecerem o tráfego da cidade, entraram com o Volks na contramão e bateram de frente em um jipe. Um dos padres teve um ferimento na face e foi medicado na Santa Casa. Dizem que o carro ficou um bagaço, mas os outros nada sofreram. Regressaram a Lins sem que pudéssemos vê-los.

De resto, nos envolve aos poucos a ansiedade criada pela libertação que se aproxima. Por mais que a nossa razão e o nosso espírito estejam tranquilos, lúcidos e realistas — o que significa não alimentar ilusões —, há qualquer coisa que faz desencadear uma incontrolável atração pelo "lá fora" (para não dizer, inapropriadamente, liberdade).

*Penitenciária Regional de Presidente Venceslau, terça, 25 de setembro 1973*

Queridos pais e manos,

Darei minha opinião a respeito da tela que vocês já devem ter recebido. O companheiro Moacir Pedroso produziu uma magnífica obra de arte. Ao contemplá-la, sinto que conseguiu fazer transparecer nos limites de uma tela tudo aquilo que significou para nós esses anos de cárcere.

O motivo é um prisioneiro em sua cela, sentado à mesa de pedra. Ele escreve. A cela é terrível, como tudo aquilo que suprime ou esmaga a liberdade humana. Não tem simetria, e a janela gradeada não mostra nada, senão um conjunto opaco de cores que traduzem amargura. Tudo ali é sombrio, solitário, precário, como a cruz pregada na parede ao fundo. Sofrimento e imundície se mesclam onde o homem foi reduzido à condição de animal em uma jaula. As tonalidades do quadro são escuras e confusas, como se gotas de lágrimas tivessem pingado, espalhado, misturado as tintas, resultando num efeito que traduz todo o horror de um cárcere.

O prisioneiro, embora magro e com o corpo carcomido pelos anos de humilhação, revela em seu olhar uma poderosa força. É essa energia inefável que o impede de ser tragado por aquele esgoto onde a sociedade lança o que seu organismo doentio repele. Ele traz dentro de si uma luz que tudo aquece e transfigura. Sua altivez, sua postura e suas feições mostram um homem que não conhece a derrota nem admite o ódio como arma de defesa ou ataque. Sua tranquilidade é cheia de coragem, e a liberdade que traz em si é uma misteriosa experiência que só o amor pode conhecer e manifestar.

Ele escreve. Sabe que seus braços, longos e finos, não podem torcer as barras de ferro, nem derrubar as paredes que parecem reduzir sua liberdade às dimensões do corpo. Mas nada pode tolher ou mutilar seu pensamento, apagar sua consciência, extirpar sua alma. Nada pode impedi-lo de ser testemunha de um antro e de um tempo de atrocidades. Escreve às gerações futuras o fracasso de um presente que tenta, inutilmente, limitar a liberdade humana. Seus olhos grandes e vivos são cheios de esperança. Seu olhar não conhece ocaso.*

---

* Fernando de Brito, Ivo Lesbaupin e eu fomos libertados no dia 4 de outubro (festa de São Francisco de Assis) de 1973, graças ao recurso impetrado por nosso advogado, Mário Simas, junto ao Supremo Tribunal Federal. O ministro Aliomar Baleeiro, relator do processo, obteve a redução de nossas penas de quatro para dois anos. Do ponto de vista legal, ficamos encarcerados quase o dobro da pena a que fomos sentenciados.

# Obras de Frei Betto

EDIÇÕES NACIONAIS

1. *Cartas da prisão: 1969-1973*. Rio de Janeiro: Agir, 2008. Nova edição pela Companhia das Letras, 2017. Essas cartas foram publicadas anteriormente em duas obras: *Cartas da prisão* e *Das catacumbas*, ambas publicadas pela Civilização Brasileira, no Rio de Janeiro. *Cartas da prisão*, editada em 1974, teve a sexta edição lançada em 1976.

2. *Das catacumbas*. Rio de Janeiro: Civilização Brasileira, 1976 (3. ed., 1985).

3. *Oração na ação*. Rio de Janeiro: Civilização Brasileira, 1977 (3. ed., 1979).

4. *Natal: A ameaça de um menino pobre*. Petrópolis: Vozes, 1978.

5. *A semente e o fruto: Igreja e Comunidade*. 3. ed. Petrópolis: Vozes, 1981.

6. *Diário de Puebla*. Rio de Janeiro: Civilização Brasileira, 1979 (2. ed., 1979).

7. *A vida suspeita do subversivo Raul Parelo* (contos). Rio de Janeiro: Civilização Brasileira, 1979. Reeditada sob o título *O aquário negro* (Rio de Janei-

ro: Difel, 1986). Há uma edição do Círculo do Livro, 1990. Em 2009, foi lançada pela Agir nova edição revista e ampliada, no Rio de Janeiro.

8. *Puebla para o povo*. Petrópolis: Vozes, 1979 (4. ed., 1981).

9. *Nicarágua livre: O primeiro passo*: Rio de Janeiro: Civilização Brasileira, 1980. Dez mil exemplares editados em jornalivro (São Bernardo do Campo: ABCD-Sociedade Cultural, 1981).

10. *O que é Comunidade Eclesial de Base*. 5. ed. São Paulo: Brasiliense, 1985. Coedição com a Abril (São Paulo, 1985) para bancas de jornal.

11. *O fermento na massa*. Petrópolis: Vozes, 1981.

12. *CEBs: Rumo à nova sociedade*. 2. ed. São Paulo: Paulinas, 1983.

13. *Fogãozinho: Culinária em histórias infantis* (com receitas de Maria Stella Libanio Christo). Rio de Janeiro: Nova Fronteira, 1984 (3. ed., 1985). Nova edição pela Mercuryo Jovem (7. ed. São Paulo, 2002).

14. *Fidel e a religião: Conversas com Frei Betto*. São Paulo: Brasiliense, 1985 (23. ed., 1987). São Paulo: Círculo do Livro, 1989; reedição ampliada e ilustrada com fotos, São Paulo: Fontanar, 2016.

15. *Batismo de sangue: Os dominicanos e a morte de Carlos Marighella*. Rio de Janeiro: Civilização Brasileira, 1982 (7. ed., 1985). Rio de Janeiro: Bertrand do Brasil, 1987 (10. ed., 1991); São Paulo: Círculo do Livro, 1982. Em 2000, foi lançada a 11ª edição revista e ampliada: *Batismo de sangue: A luta clandestina contra a ditadura militar — Dossiês Carlos Marighella & Frei Tito* (São Paulo: Casa Amarela), e, em 2006, a 14ª edição (Rio de Janeiro: Rocco).

16. *OSPB, Introdução à política brasileira*. São Paulo: Ática, 1985 (18. ed., 1993).

17. *O dia de Angelo* (romance). 3. ed. São Paulo, Brasiliense, 1987; Círculo do Livro, 1990.

18. *Cristianismo & marxismo*. 3. ed. Petrópolis: Vozes, 1988.

19. *A proposta de Jesus*. São Paulo: Ática, 1989 (3. ed., 1991). Catecismo Popular, v. 1.

20. *A comunidade de fé*. São Paulo: Ática, 1989 (3. ed., 1991). Catecismo Popular, v. 2.

21. *Militantes do reino*. São Paulo: Ática, 1990 (3. ed., 1991). Catecismo Popular, v. 3.

22. *Viver em comunhão de amor*. São Paulo: Ática, 1990 (3. ed., 1991). Catecismo Popular, v. 4.

23. *Catecismo popular* (versão condensada). São Paulo: Ática, 1992 (2. ed., 1994).

24. *Lula: Biografia política de um operário.* São Paulo: Estação Liberdade, 1989 (8. ed., 1989). *Lula: Um operário na Presidência.* ed. rev. e atual. São Paulo: Casa Amarela, 2003.

25. *A menina e o elefante* (infantojuvenil). 6. ed. São Paulo: FTD, 1992; 3. ed. rev. São Paulo: Mercuryo Jovem, 2003.

26. *Fome de pão e de beleza.* São Paulo: Siciliano, 1990.

27. *Uala, o amor* (infantojuvenil). São Paulo: FTD, 1991 (12. ed., 2009).

28. *Sinfonia universal: A cosmovisão de Teilhard de Chardin.* São Paulo: Letras & Letras, 1992; 5. ed. rev. e ampl. São Paulo: Ática, 1997; 6. ed. Rio de Janeiro: Vozes, 2011.

29. *Alucinado som de tuba* (romance). São Paulo: Ática, 1993 (20. ed., 2000).

30. *Por que eleger Lula presidente da República* (cartilha popular). São Bernardo do Campo: FG, 1994.

31. *O paraíso perdido: Nos bastidores do socialismo.* 2. ed. São Paulo: Geração, 1993. Na edição revista: *O paraíso perdido: Viagens ao mundo socialista.* Rio de Janeiro: Rocco, 2015.

32. *Cotidiano & mistério.* São Paulo: Olho d'Água, 1996 (2. ed., 2003).

33. *A obra do artista: Uma visão holística do universo.* São Paulo: Ática, 1995 (7. ed., 2008); Rio de Janeiro: José Olympio, 2011.

34. *Comer como um frade: Divinas receitas para quem sabe por que temos um céu na boca.* Rio de Janeiro: Francisco Alves, 1996 (2. ed., 1997); nova ed. rev. e ampl. Rio de Janeiro: José Olympio, 2003.

35. *O vencedor* (romance). São Paulo: Ática, 1996 (15. ed., 2000).

36. *Entre todos os homens* (romance). São Paulo: Ática, 1997 (8. ed., 2008). Na edição atualizada: *Um homem chamado Jesus.* Rio de Janeiro: Rocco, 2009.

37. *Talita abre a porta dos evangelhos.* São Paulo: Moderna, 1998.

38. *A noite em que Jesus nasceu.* Petrópolis: Vozes, 1998.

39. *Hotel Brasil* (romance policial). 2. ed. São Paulo: Ática, 1999. Na edição atualizada: *Hotel Brasil: O mistério das cabeças degoladas.* Rio de Janeiro: Rocco, 2010.

40. *A mula de Balaão.* São Paulo: Salesiana, 2001.

41. *Os dois irmãos.* São Paulo: Salesiana, 2001.

42. *A mulher samaritana*. São Paulo: Salesiana, 2001.
43. *Alfabetto: Autobiografia escolar*. 4. ed. São Paulo: Ática, 2002.
44. *Gosto de uva: Textos selecionados*. Rio de Janeiro: Garamond, 2003.
45. *Típicos tipos: Coletânea de perfis literários*. São Paulo: A Girafa, 2004.
46. *Saborosa viagem pelo Brasil: Limonada e sua turma em histórias e receitas a bordo do Fogãozinho*. Com receitas de Maria Stella Libanio Christo. São Paulo: Mercuryo Jovem, 2004.
47. *Treze contos diabólicos e um angélico*. São Paulo: Planeta, 2005.
48. *A mosca azul: Reflexão sobre o poder*. Rio de Janeiro: Rocco, 2006.
49. *Calendário do poder*. Rio de Janeiro: Rocco, 2007.
50. *A arte de semear estrelas*. Rio de Janeiro: Rocco, 2007.
51. *Diário de Fernando: Nos cárceres da ditadura militar brasileira*. Rio de Janeiro: Rocco, 2009.
52. *Maricota e o mundo das letras*. São Paulo: Mercuryo Jovem, 2009.
53. *Minas do ouro*. Rio de Janeiro: Rocco, 2011.
54. *Aldeia do silêncio*. Rio de Janeiro: Rocco, 2013.
55. *O que a vida me ensinou*. São Paulo, Editora Saraiva, 2013.
56. *Fome de Deus: Fé e espiritualidade no mundo atual*. São Paulo: Paralela, 2013.
57. *Reinventar a vida*. Petrópolis: Vozes, 2014.
58. *Começo, meio e fim* (infantojuvenil). Rio de Janeiro: Rocco, 2014.
59. *Oito vias para ser feliz*. São Paulo: Planeta, 2014.
60. *Um Deus muito humano: Um olhar sobre Jesus*. São Paulo: Fontanar, 2015.
61. *Ofício de escrever*. Rio de Janeiro: Rocco, 2017.
62. *Parábolas de Jesus: Ética e valores universais*. Petrópolis: Vozes, 2017.

EM COAUTORIA

1. *Ensaios de complexidade*. Com Edgar Morin, Leonardo Boff e outros. Porto Alegre: Sulina, 1977.
2. *O povo e o papa. Balanço crítico da visita de João Paulo II ao Brasil*. Com Leonardo Boff e outros. Rio de Janeiro: Civilização Brasileira, 1980.

3. *Desemprego: Causas e consequências*. Com dom Cláudio Hummes, Paulo Singer e Luiz Inácio Lula da Silva. São Paulo: Paulinas, 1984.

4. *Sinal de contradição*. Com Afonso Borges Filho. Rio de Janeiro: Espaço e Tempo, 1988.

5. *Essa escola chamada vida*. Com Paulo Freire e Ricardo Kotscho. São Paulo: Ática, 1988 (18. ed., 2003).

6. *Teresa de Jesus: Filha da Igreja, filha do Carmelo*. Com Frei Cláudio van Balen, Frei Paulo Gollarte, Frei Patrício Sciadini e outros. São Paulo: Instituto de Espiritualidade Tito Brandsma, 1989.

7. *O plebiscito de 1993: Monarquia ou República? Parlamentarismo ou presidencialismo?* Com Paulo Vannuchi. Rio de Janeiro: Iser, 1993.

8. *Mística e espiritualidade*. Com Leonardo Boff. Rio de Janeiro: Rocco, 1994 (4. ed., 1999); 6. ed., rev. e ampl. Rio de Janeiro: Garamond, 2005; Petrópolis: Vozes, 2009.

9. *A reforma agrária e a luta do MST*. Com vários autores. Petrópolis: Vozes, 1997.

10. *O desafio ético*. 4. ed. Com Eugenio Bucci, Luis Fernando Verissimo, Jurandir Freire Costa e outros. Rio de Janeiro: Garamond; Brasília: Codeplan, 1997.

11. *Direitos mais humanos*. Org. de Chico Alencar. Com textos de Frei Betto, Nilton Bonder, D. Pedro Casaldáliga, Luiz Eduardo Soares e outros. Rio de Janeiro: Garamond, 1998.

12. *Carlos Marighella: O homem por trás do mito*. Org. de Cristiane Nova e Jorge Nóvoa. São Paulo: Unesp, 1999.

13. *7 pecados do capital*. Org. de Emir Sader. Rio de Janeiro: Record, 1999.

14. *Nossa paixão era inventar um novo tempo: 34 depoimentos de personalidades sobre a resistência à ditadura militar*. Org. de Daniel Souza e Gilmar Chaves. Rio de Janeiro: Rosa dos Tempos, 1999.

15. *Valores de uma prática militante*. Com Leonardo Boff e Ademar Bogo. São Paulo: Consulta Popular, 2000. Cartilha n. 9.

16. *Brasil 500 Anos: Trajetórias, identidades e destinos*. Vitória da Conquista: Uesb, 2000. (Série Aulas Magnas.)

17. *Quem está escrevendo o futuro? 25 textos para o século XXI*. Org. de Washington Araújo. Brasília: Letraviva, 2000.

18. *Contraversões: Civilização ou barbárie na virada do século*. Com Emir Sader. São Paulo: Boitempo, 2000.

19. *O indivíduo no socialismo*. Com Leandro Konder. São Paulo: Fundação Perseu Abramo, 2000.

20. *O decálogo* (contos). Com Carlos Nejar, Moacyr Scliar, Ivan Angelo, Luiz Vilela, José Roberto Torero e outros. São Paulo: Nova Alexandria, 2000.

21. *As tarefas revolucionárias da juventude*. Reunindo também textos de Fidel Castro e Lênin. São Paulo: Expressão Popular, 2000.

22. *Estreitos nós: Lembranças de um semeador de utopias*. Com Zuenir Ventura, Chico Buarque, Maria da Conceição Tavares e outros. Rio de Janeiro: Garamond, 2001.

23. *Diálogos criativos*. Com Domenico de Masi e José Ernesto Bologna. São Paulo: DeLeitura, 2002; Rio de Janeiro: Sextante, 2006.

24. *Democracia e construção do público no pensamento educacional brasileiro*. Org. de Osmar Fávero e Giovanni Semeraro. Petrópolis: Vozes, 2002.

25. *Por que nós, brasileiros, dizemos não à guerra*. Com Ana Maria Machado, Joel Birman, Ricardo Setti e outros. São Paulo: Planeta, 2003.

26. *A paz como caminho*. Org. de Dulce Magalhães. Com José Hermógenes de Andrade, Pierre Weil, Jean-Yves Leloup, Leonardo Boff, Cristovam Buarque e outros. Rio de Janeiro: Qualitymark, 2006.

27. *Lições de gramática para quem gosta de literatura*. Com Moacyr Scliar, Luis Fernando Verissimo, Paulo Leminsky e outros. São Paulo: Panda Books, 2007.

28. *Sobre a esperança: Diálogo*. Com Mario Sérgio Cortella. São Paulo: Papirus, 2007.

29. *40 olhares sobre os 40 anos da Pedagogia do oprimido*. Com Mário Sérgio Cortella, Sérgio Haddad, Leonardo Boff, Rubem Alves e outros. São Paulo: Instituto Paulo Freire, 2008.

30. *Dom Cappio: Rio e povo*. Com Aziz Ab'Saber, José Comblin, Leonardo Boff e outros. São Paulo: Centro de Estudos Bíblicos, 2008.

31. *O amor fecunda o Universo: Ecologia e espiritualidade*. Com Marcelo Barros. Rio de Janeiro: Agir, 2009.

32. *Oparapitinga: Rio São Francisco*. Com Walter Firmo, Fernando Gabeira, Murilo Carvalho e outros. Fotos de José Caldas. Rio de Janeiro: Casa da Palavra, 2002.

33. *Conversa sobre a fé e a ciência*. Com Marcelo Gleiser. Rio de Janeiro: Agir, 2011.

34. *Bartolomeu Campos de Queirós*: *Uma inquietude encantadora*. Com Ana Maria Machado, João Paulo Cunha, José Castello, Marina Colasanti, Carlos Herculano Lopes e outros. São Paulo: Moderna, 2012.

35. *Belo Horizonte: 24 autores*. Com Affonso Romano de Sant'Anna, Fernando Brant, Jussara de Queiroz e outros. Belo Horizonte: Mazza, 2012.

36. *Dom Angélico Sândalo Bernardino: Bispo profeta dos pobres e da justiça*. Com Dom Paulo Evaristo Arns, Dom Pedro Casaldáliga, Dom Demétrio Valentini, Frei Gilberto Gorgulho, Ana Flora Andersen e outros. São Paulo: ACDEM, 2012.

37. *Depois do silêncio: Escritos sobre Bartolomeu Campos de Queirós*. Com Chico Alencar, José Castello, João Paulo Cunha e outros. Belo Horizonte: RHJ, 2013.

38. *Nos idos de março: A ditadura militar na voz de dezoito autores brasileiros*. Com Antonio Callado, Nélida Piñon, João Gilberto Noll e outros. São Paulo: Geração Editorial, 2014.

39. *Mulheres*. Com Affonso Romano de Sant'anna, Fernando Fabbrini, Dagmar Braga e outros. Belo Horizonte: Mazza, 2014.

40. *Advertências e esperanças — justiça, paz e direitos humanos*, com frei Carlos Josaphat, Marcelo Barros, frei Henri Des Roziers, Ana de Souza Pinto e outros. Goiânia: PUC Goiás, 2014.

41. *Marcelo Barros — A caminhada e as referências de um monge*, com Dom Pedro Casaldáliga, Dom Tomás Balduino, Carlos Mesters, João Pedro Stédile e outros. Recife: Edição dos organizadores, 2014.

42. *Dom Paulo Evaristo Cardeal Arns — Pastor das periferias, dos pobres e da justiça*, com Dom Pedro Casaldáliga, Fernando Altemeyer Júnior, Dom Demétrio Valentim e outros. São Paulo: Casa da Terceira Idade Tereza Bugolim, 2015.

43. *Cuidar da casa comum*, com Leonardo Boff, Maria Clara Lucchetti Bingemer, Pedro Ribeiro de Oliveira, Marcelo Barros, Ivo Lesbaupin e outros. São Paulo: Paulinas, 2016.

44. *Criança e consumo — 10 anos de transformação*, com Ana Olmos, Adriana Cerqueira de Souza e outros. São Paulo: Instituto Alana, 2016.

45. *O budista e o cristão: Um diálogo pertinente.* Com Heródoto Barbeiro. São Paulo: Fontanar, 2017.

EDIÇÕES ESTRANGEIRAS

1. *Dai soterranei della storia.* 2. ed. Milão: Arnoldo Mondadori, 1973.
2. *Novena di San Domenico.* Brescia: Queriniana, 1974.
3. *L'Église des prisons.* Paris: Desclée de Brouwer, 1972.
4. *La Iglesia encarcelada.* Buenos Aires: Rafael Cedeño, 1973.
5. *Brasilianische Passion.* Munique: Kösel, 1973.
6. *Fangelsernas Kyrka.* Estocolmo: Gummessons, 1974.
7. *Geboeid Kijk ik om mij heen.* Bélgica; Holanda: Gooi en sticht bvhilversum, 1974.
8. *Creo desde la carcel.* Bilbao: Desclée de Brouwer, 1976.
9. *Against Principalities and Powers.* Nova York: Orbis, 1977.
10. *17 días en Puebla.* México: CRI, 1979.
11. *Diario di Puebla.* Brescia: Queriniana, 1979.
12. *Lettres de prison.* Paris: Du Cerf, 1980.
13. *Lettere dalla prigione.* Bolonha: Dehoniane, 1980.
14. *La preghiera nell'azione.* Bolonha: Dehoniane, 1980.
15. *Que es la Teología de la Liberación?* Lima: Celadec, 1980.
16. *Puebla para el pueblo.* México: Contraste, 1980.
17. *Battesimo di sangue.* Bolonha: Asal, 1983; nova ed. rev. e ampl. Milão: Sperling & Kupfer, 2000; Grécia: [s. n.], 2013.
18. *Les Frères de Tito.* Paris: Du Cerf, 1984.
19. *Comunicación popular y alternativa.* Com Regina Festa e outros. Buenos Aires: Paulinas, 1986.
20. *El Acuario negro.* Havana: Casa de las Américas, 1986.
21. *La pasión de Tito.* Caracas: Dominicos, 1987.
22. *El día de Angelo.* Buenos Aires: Dialéctica, 1987.
23. *Il giorno di Angelo.* Bolonha: EMI, 1989.
24. *Los 10 mandamientos de la relación fe y política.* Cuenca: Cecca, 1989.
25. *Diez mandamientos de la relación fe y política.* Ciudad de Panamá: Ceaspa, 1989.

26. *De espaldas a la muerte*: *dialogos con Frei Betto*. Guadalajara: Imdec, 1989.

27. *Fidel y la religión*. Havana: Oficina de Publicaciones del Consejo de Estado, 1985. Até 1995, editado nos seguintes países: México, República Dominicana, Equador, Bolívia, Chile, Colômbia, Argentina, Portugal, Espanha, França, Holanda, Suíça (em alemão), Itália, Tchecoslováquia (em tcheco e inglês), Hungria, Alemanha, Iugoslávia, Polônia, Grécia, Filipinas, Índia (em dois idiomas), Sri Lanka, Vietnã, Egito, Estados Unidos, Austrália, Rússia e Turquia. Há uma edição cubana em inglês (Melbourne: Ocean Press, 2005).

28. *Lula: Biografía política de un obrero*. Cidade do México: MCCLP, 1990.

29. *A proposta de Jesus*. Gwangju (Coreia do Sul): Work and Play, 1991.

30. *Comunidade de fé*. Gwangju (Coreia do Sul): Work and Play, 1991.

31. *Militantes do reino*. Gwangju (Coreia do Sul): Work and Play, 1991.

32. *Viver em comunhão de amor*. Gwangju (Coreia do Sul): Work and Play, 1991.

33. *Het waanzinnige geluid van de tuba*. Baarn (Países Baixos): Fontein, 1993.

34. *Allucinante suono di tuba*. Celleno: La Piccola, 1993.

35. *Uala Maitasuna*. Tafalla: Txalaparta, 1993.

36. *Día de Angelo*. Tafalla: Txalaparta, 1993.

37. *Mística y espiritualidad*. Com Leonardo Boff. Buenos Aires: Cedepo; Assis (Itália): Cittadella, 1995.

38. *Palabras desde Brasil*. Com Paulo Freire e Carlos Rodrigues Brandão. Havana: Caminos, 1996.

39. *La musica nel cuore di un bambino* (romance). Milão: Sperling & Kupfer, 1998.

40. *La obra del artista: Una visión holística del Universo*. Havana: Caminos, 1998. Nova edição lançada em 2010 pela Editorial Nuevo Milenio.

41. *La obra del artista: Una visión holística del Universo*. Córdoba: Barbarroja, 1998.

42. *La obra del Artista: Una visión holística del Universo*. Madri: Trotta, 1999.

43. *Un hombre llamado Jesús* (romance). Havana: Caminos, 1998.

44. *Uomo fra gli uomini* (romance). Milão: Sperling & Kupfer, 1998.

45. *Hablar de Cuba, hablar del Che*. Com Leonardo Boff. Havana: Caminos, 1999.

46. *Gli dei non hanno salvato l'America: Le sfide del nuovo pensiero politico latino-americano*. Milão: Sperling & Kupfer, 2003.

47. *Gosto de uva*. Milão: Sperling & Kupfer, 2003.

48. *Hotel Brasil*. La Tour-d'Aigues: Éditions de l'Aube, 2004.

49. *Non c'è progresso senza felicita*. Com Domenico de Masi e José Ernesto Bologna. Milão: Rizzoli-RCS, 2004.

50. *Sabores y saberes de la vida: Escritos escogidos*. Madri: PPC, 2004.

51. *Dialogo su pedagogia, ética e partecipazione politica*. Com Luigi Ciotti. Turim: EGA, 2004.

52. *Ten Eternal Questions: Wisdom, Insight and Reflection for Life's Journey*. Com Nelson Mandela, Bono Vox, Dalai Lama, Gore Vidal, Jack Nicholson e outros. Org. de Zoë Sallis. Londres: Duncan Baird; Lisboa: Plátano, 2005.

53. *50 cartas a Dios*. Com Pedro Casaldáliga, Federico Mayor Zaragoza e outros. Madri: PPC, 2005.

54. *Hotel Brasil*. Roma: Cavallo di Ferro, 2006.

55. *El fogoncito*. Havana: Gente Nueva, 2007.

56. *The Brazilian Short Story in the Late Twentieth Century: A Selection from Nineteen Authors*. Vancouver: The Edwin Mellen Press, 2009.

57. *Un hombre llamado Jesús* (romance). Havana: Caminos, 2009.

58. *La obra del artista: Una visión holística del Universo*. Havana: Editorial de Ciencias Sociales, 2009.

59. *Increíble sonido de tuba*. Madri: SM, 2010.

60. *Reflexiones y vivencias en torno a la educación*. Com outros autores. Madri: SM, 2010.

61. *El ganador*. Madri: SM, 2010.

62. *La mosca azul: Reflexiones sobre el poder*. Melbourne: Ocean Press, 2005; Havana: Editorial Ciencias Sociales, 2013.

63. *Quell'uomo chiamato Gesù*. Bolonha: EMI, 2011.

64. *Maricota y el mundo de las letras*. Havana: Gente Nueva, 2012.

65. *El amor fecunda el universo: Ecología y espiritualidad*. Com Marcelo Barros. Madri: PPC; Havana: Editorial de Ciencias Sociales, 2012.

66. *La mosca azul: Reflexión sobre el poder*. Havana: Nuevo Milenio, 2013.

67. *El comienzo, la mitad y el fin*. Havana: Gente Nueva, 2014.

68. *Un sabroso viaje por Brasil: Limonada y su grupo en cuentos y recetas a bordo del Fogoncito*. Havana: Gente Nueva, 2013.

69. Brasilianische Kurzgeschichten. Com Lygia Fagundes Telles, Marisa Lajolo, Menalton Braff e outros. Alemanha: Arara Verlag, 2013.

70. *Hotel Brasil: The mistery of severed heads*. Londres: Bitter Lemon Press, 2014.

71. *Minas del oro*. Havana: Arte y Literatura, 2015.

ESTA OBRA FOI COMPOSTA EM MINION PELO ESTÚDIO O.L.M./ FLAVIO PERALTA
E IMPRESSA EM OFSETE PELA GRÁFICA BARTIRA SOBRE PAPEL PÓLEN SOFT DA
SUZANO PAPEL E CELULOSE PARA A EDITORA SCHWARCZ EM NOVEMBRO DE 2017

A marca FSC® é a garantia de que a madeira utilizada na fabricação do papel deste livro provém de florestas que foram gerenciadas de maneira ambientalmente correta, socialmente justa e economicamente viável, além de outras fontes de origem controlada.